在蓝色海洋教育中
探索前行

聂明达 书

大海是儿童
成长的经验
之源

廖军

南京师范大学教育科学学院教授、博士生导师,南京师范大学学前教育研究所所长,
中国学前教育研究会理事长　虞永平

▲中国学前教育研讨会"十二五"课题"幼儿园蓝色海洋课程资源创造性开发与利用"开题会

▲时任教育部副部长刘利民(右二)、山东省副省长王随莲(右一)、青岛市教育局局长邓云锋(右三)观看孩子们的海洋美术创意活动

▲联合国儿童基金会官员苏丽文女士(右二)在时任山东省教育厅副厅长张志勇(左一)陪同下与孩子们交流沙画创作

▲邵瑜园长(右二)参加青岛市蓝色海洋教育实验学校授牌仪式

▲ "海洋小卫士"环保行动

▲ "剥蛤蜊"是孩子们喜欢的生活活动

▲ 孩子们参观渔港码头,听渔民伯伯讲出海捕鱼的故事

▲ 孩子们采访渔民阿姨

▲ 富有创意的贝壳作品展

▲赶海时孩子们发现礁石上有好多宝贝

▲古朴的渔村文化令孩子们着迷

▲孩子们在观看扇贝的养殖工具

▲孩子们到海鲜市场进行调查活动

▲孩子们专注于神奇的沙画创作

▲孩子们走进渔村了解渔船

▲孩子们的"海边垂钓"

▲孩子们在进行想象画创作
——《奇妙的海洋动物》

▲孩子们在"海边厨房"里

▲大班孩子搭建的"渔船"

▲孩子们表征的海洋游乐场

▲孩子们喜欢玩"水世界游戏"

▲海洋教育课程实施中的班级环境

▲"海之音"文艺汇演专场

▲孩子们最喜欢的海洋童话剧《小人鱼》

▲海洋文化节戏剧展演

▲孩子们的"海洋动物"走秀有模有样

▲孩子们表演的"海底龙王"

▲孩子们在表演《人鱼公主》

▲家长客座教师组织"走进贝壳世界"活动

▲家长给孩子们介绍多彩的贝壳世界

▲教师在组织"魔法小鱼"活动

▲教师带领幼儿走进社区的干海产品店
进行调查活动

▲奶奶为孩子们讲解如何编织渔网

▲渔民爷爷耐心地解答孩子们的问题

在蓝色海洋教育中探索前行

——青岛西海岸新区第一幼儿园"蓝色海洋教育"课题研究纪实

邵　瑜　南海玉　主编

中国海洋大学出版社
·青岛·

图书在版编目（CIP）数据

在蓝色海洋教育中探索前行：青岛市西海岸新区第一幼儿园"蓝色海洋教育"课题研究纪实 / 邵瑜，南海玉主编 . —青岛：中国海洋大学出版社，2018.10
ISBN 978-7-5670-1334-6

Ⅰ. ①在… Ⅱ. ①邵… ②南… Ⅲ. ①学前教育—教学研究 Ⅳ. ①G612

中国版本图书馆 CIP 数据核字（2018）第 205645 号

出版发行	中国海洋大学出版社
社　　址	青岛市香港东路 23 号　　　　邮政编码　266071
出 版 人	杨立敏
网　　址	http://www.ouc-press.com
订购电话	0532-82032573（传真）
责任编辑	孟显丽　刘宗寅　　　　　　电　　话　0532-85901092
印　　制	日照报业印刷有限公司
版　　次	2018 年 10 月第 1 版
印　　次	2018 年 10 月第 1 次印刷
成品尺寸	185 mm × 260 mm
印　　张	25.5
字　　数	621 千
印　　数	1—3 000
定　　价	66.00 元

发现印装质量问题，请致电 0633-8221365，由印刷厂负责调换。

编 委 会

主　编　邵　瑜　南海玉
副主编　谭湘菲　赵春霞　高伟华　郭　华　蒲倩倩　管文杰
编　委　（按姓氏笔画为序）

于永华　马迎春　王云霞　刘　琳　刘青青　李焕丽

李　萍　李会云　张菲洁　邵　瑜　杨　萍　杨丰语

赵瑜惠　赵　倩　赵春霞　官姗姗　南海玉　荆春霞

高伟华　郭　华　逄　超　程咸群　蓝欢欢　蒲倩倩

管文杰　谭湘菲　薛　源　薛伟伟

序

海边的孩子爱大海

当我们来到海边,面对浩瀚无垠的海洋时,你会发现在孩子们清澈的目光中有一片未知的大海。在他们的小脑瓜里会冒出许多稀奇古怪的问题——"抹香鲸比火箭还大吗?""海为什么不是黄色的?""深潜器是一种大鱼吗?""大堡礁除了小丑鱼尼莫还有什么?""企鹅为什么不能去北极熊家做客?"——孩子们的好奇心就是他们探索海洋的原动力。

提到孩子们对海洋的好奇,纪录片《海洋》的画面总会浮现在我的眼前。一个小男孩跑过来问:海洋到底是什么呢? 大人们永远都不知道孩子们的疑问究竟是什么,也不会知道孩子们的想象力到底有多么丰富。要想让他们知道海洋是什么,不仅要亲眼去看,而且要走进海洋去亲身体验,让孩子们自己来感受她的神奇和奥秘。

青岛西海岸新区第一幼儿园的可贵之处正在这里。这里的老师们不仅开展了"幼儿园蓝色海洋教育课程资源的创造性开发与利用研究"的课题研究,还从构建回归自然的、富有海洋氛围的环境入手,探索并形成了具有本园特色的蓝色海洋教育文化,并特别强调"蓝色海洋教育"的亲身感和体验感。老师们设置了具有层次性、渐进性的学习目标,设计了非常好的海洋科普活动,采取了不同的教育形式开展海洋教育,让住在大海边的孩子们去海边探索,在大海里扑腾,在玩中学,在学中玩,从而了解海洋、探索海洋、热爱海洋。

我推荐这本书,不仅是因为这本书充分展现了青岛西海岸新区第一幼儿园在海洋教育中取得的丰硕成果,体现出这些研究成果的原创性和实践性,而且是因为这本书很有参考价值,对各地幼儿园有效地开展海洋教育活动具有一定的借鉴意义和指导作用。

盖广生

2018 年 3 月

（盖广生系中国太平洋学会副会长兼秘书长,国家海洋局宣教中心原主任）

目　录

研究中的引领 ·· 001

　　蓝绿交融　持续发展

　　　　——青岛市黄岛区(现青岛西海岸新区)第一幼儿园蓝色海洋教育三年发

　　　　展规划(2011—2013) ······································· 002

　　幼儿园"蓝色海洋教育"课程资源创造性开发与利用研究

　　　　——中国学前教育研究会"十二五"研究课题开题报告 ·········· 008

　　"幼儿园'蓝色海洋教育'课程资源创造性开发与利用研究"实施方案 ······ 015

　　"幼儿园'蓝色海洋教育'课程资源创造性开发与利用研究"工作报告 ······ 021

　　"幼儿园'蓝色海洋教育'课程资源创造性开发与利用研究"研究报告 ······ 027

　　"幼儿园'蓝色海洋教育'课程资源创造性开发与利用研究"结题专家鉴定意见

　　　　·· 038

研发中的智慧 ·· 041

小班上学期主题活动——海边真好玩 ······························· 042

　　次主题活动一　金沙滩真有趣 ····································· 047

　　次主题活动二　海边宝贝多 ······································· 063

　　主题活动案例　海边真有趣 ······································· 077

　　主题活动案例　沙　趣 ··· 088

小班下学期主题活动——小贝壳大世界 ····························· 097

　　次主题活动一　拾贝壳 ··· 102

　　次主题活动二　玩转贝壳 ··· 115

主题活动案例　小贝壳　大世界 ……………………………………………… 128

中班上学期主题活动——我家住在大海边 …………………………… 136

次主题活动一　赶海去 ………………………………………………… 141

次主题活动二　凤凰岛是我家 ………………………………………… 155

主题活动生成案例　海边的传承 ……………………………………… 171

中班下学期主题活动——海洋世界真奇妙 ………………………… 178

次主题活动一　我眼中的海洋世界 …………………………………… 185

次主题活动二　我是护海小卫士 ……………………………………… 203

次主题活动三　我演人鱼公主 ………………………………………… 219

主题活动案例　有趣的海洋世界 ……………………………………… 232

大班上学期主题活动——海边的孩子爱大海 ……………………… 242

次主题活动一　海上的船 ……………………………………………… 247

次主题活动二　我是小海军 …………………………………………… 265

主题活动案例　我家住在大海边 ……………………………………… 277

主题活动生成案例　我是"小海军" …………………………………… 283

大班下学期主题活动——快乐渔村行 ……………………………… 291

次主题活动一　走进渔村 ……………………………………………… 298

次主题活动二　渔村故事 ……………………………………………… 312

次主题活动三　我们与渔民同欢乐 …………………………………… 326

主题活动案例　快乐渔村行 …………………………………………… 343

研讨中的收获 ……………………………………………………… 351

创造性开发蓝色海洋课程资源　促进师幼共同发展 …………………… 352

不断探索,将海洋活动融入园本课程 …………………………………… 355

创造性利用海洋资源开展主题探究活动 ………………………………… 357

吸纳海洋文化的优质教育资源　创设具有地域特色的幼儿园环境研究 …… 360

"蓝色海洋教育"课程资源在幼儿艺术领域的开发与利用 ……………… 362

创造性地开发与利用"蓝色海洋教育"课程资源 ………………………… 364

造　船 …………………………………………………………………… 367

听海风的声音 …………………………………………………………… 368

"海鲜饭店"的启示 ……………………………………………………… 369

真知源于生活 …………………………………………………………… 370

"我也想分享" ·· 371

不一样的设计 ·· 372

游来游去,快乐无比 ·· 373

各种各样的轮船 ··· 374

不断进步的你 ·· 375

坚持才能成功 ·· 376

勇敢的尝试 ·· 378

不同的色彩,不同的心情 ································· 379

让兴趣成为最好的老师 ···································· 380

船的航行 ·· 381

不一样的绘画——沙画 ···································· 383

有责任心的"水母爷爷" ·································· 384

我是护海小卫士 ··· 385

"腾腾黄黄"号轮船 ·· 386

学习家乡大秧歌 ··· 387

像我这样一点点地来 ······································· 388

后 记 ··· 390

研究中的引领

　　教育科研是教育发展的重要动力,教育现代化离不开教育科研的引领。教育科研的作用不仅表现在对教育规律的探索上,还表现在教育理念的创新和教学模式的变革上。

蓝绿交融　持续发展

——青岛市黄岛区(现青岛西海岸新区)第一幼儿园蓝色海洋教育三年发展规划

(2011—2013)

全国第四次教育工作会议的召开和《国家中长期教育改革和发展规划纲要(2010—2020年)》的颁布实施,使学前教育事业进入了一个蓬勃发展的时代,黄岛区第一幼儿园(现青岛西海岸新区第一幼儿园)作为青岛市乃至山东省学前教育的示范单位,面临着新的目标、新的挑战和新的机遇。尤其是青岛市中长期教育改革和发展规划纲要(2010—2020年)的重点实验项目"蓝色海洋教育"实验学校的确立,为我园的可持续发展注入了新的活力,使我园的办园特色"绿色生态教育"经过十年的研究,找到了延伸和扩展的新的生长点。我园将在深化绿色教育研究的基础上,着力挖掘蓝色海洋文化内涵,培养幼儿的创新能力和探索意识,打造高素质的教师队伍,构建积极进取、开放包容的管理体系,逐渐形成具有本土特色的蓝色海洋教育文化。因而,三年规划的制订与实施,将为我园新一轮的内涵发展绘制美好蓝图,为我园实现新的超越与腾飞奠定扎实的基础。

一、背景分析

(一)国际国内对海洋开发与利用高度关注

21世纪是海洋的世纪。1992年世界环境与发展大会确定的《21世纪议程》明确指出:海洋是全球生命支持系统的一个基本组成部分,是一种有助于实现可持续发展目标的宝贵财富。海洋是人类赖以生存和发展的一个重要空间,开发利用海洋是解决人口、资源、环境这三大全球性难题的一条出路。2009年4月,中共中央总书记、国家主席胡锦涛在视察山东时指出:"要大力发展海洋经济,科学开发海洋资源,培育海洋优势产业,打造山东半岛蓝色经济区。"面对重大的战略机遇,我市制定了明确的目标:"要在建设山东半岛蓝色经济区中走在前面,当好龙头;打造山东半岛蓝色经济区,是实现科学发展的新坐标。"在这样的大背景下,《青岛市中长期教育改革和发展规划纲要(2010—2020年)》确立的重点实验项目"蓝色海洋教育实验"的开展,必将成为我园新的发展契机与起点,必将促进我园教育的整体改革与发展。

(二)黄岛区(现青岛西海岸新区)具有丰富的地理环境资源与人文景观资源

海洋是人类生命的摇篮,也是人类赖以生存的第二空间。我园所在的黄岛区(现青岛西海岸新区)面对黄海,毗邻胶州湾,具有独特的海洋自然资源与海洋人文资源,拥有美丽的凤凰岛、亚洲第一大沙滩——金沙滩、景色迷人的银沙滩、被誉为"海上西湖"的唐岛湾、世界第一跨海大桥、海底隧道等特殊的海洋性地域环境以及海洋文化风貌和人文景观,成为我园构建新型海洋教育文化的优质资源,是我园开展海洋教育得天独厚的优越条件。

(三)我园自身的发展优势

园所管理 我园现有大、中、小、托四个年龄层次的 20 个幼儿班,在园幼儿为 700 余名,教职工为 80 名。近三年来,我园在"三步走,创品牌"("立足实际抓服务,夯实基础树形象""立足教研抓质量,开拓思路创特色""立足特色育文化,内涵发展创品牌")工作目标的引领下,以"管理精细、教学精深、服务精心"的"三精"理念为支撑,实施了"一调二塑三打造"的品牌战略工程,科学调整我园发展格局,积极探索"一园多址"的管理模式,不断突破我园的发展瓶颈,使我园向着内涵发展的方向迈进,在实践中探索出了一条绿色教育的特色发展之路。目前,我园为山东省最具特色的十佳幼儿园,省、市两级十佳幼儿园,青岛市教育改革十面红旗单位之一,管理经验多次在全省各地进行交流。

园所文化 我园不断凸显"绿色教育"的办园特色,坚守"以绿色教育追求卓越"的办园理念,形成了"自然和谐、民主人性"的文化氛围。我园所处的地理位置决定了海洋文化教育自然成为绿色教育中的重要部分。在发展的过程中,我园注重从管理、教研、服务三个方面培育并丰富幼儿园文化,逐渐形成了科学、有序、有效的管理文化,共融共生、合作共享的教研文化,和谐、信任、宽容的服务文化。

师资队伍 针对新老优秀教师"青黄不接"的问题,我园实施了三大工程,打造教师发展梯队:一是"架梯、筑桥、搭台"的经验型教师提升工程,二是"照镜子、带徒弟、挑担子"的青年教师成长工程,三是"促、扶、练、赛、想"的职初教师培养工程,使教师队伍的整体素质不断提升。目前,我园有中学高级教师 1 名,幼儿园高级教师 15 名;有山东省教学能手 1 名,青岛市教学能手、优秀教师、学科带头人、青年教师优秀专业人才共 18 名;多名教师在省、市优质课评选中获奖并展示公开课。另外,我园教师大部分在海边长大,对大海有着浓厚的感情,这为开展蓝色海洋教育奠定了扎实的情感基础。

教育科研 近几年来,我园在"绿色教育"研究方面进行了深入探索,先后承担了国家、省、市四项课题的研究并顺利结题,教师具有扎实的科研功底,尤其在绿色教育课程构建的研究中取得了良好的实效,海洋环保等方面的内容已被纳入课程体系。我园教师多次参加山东省、青岛市幼儿园教材的编写,并在全省进行过课程实施经验的推广,我园园本课程方案在青岛市幼儿园课程方案评选中多次获一等奖。

综上所述,我园具备了开展"蓝色海洋教育"实验的综合条件,但对于海洋教育资源的挖掘和利用还刚刚起步,海洋教育主题课程系统还需要着力构建;另外,作为海洋文化建设与实施的主体,新、老教师年龄结构与专业发展水平皆不均衡,这一问题仍是幼儿园整体质量提升的首要问题。

二、发展目标

（一）三年发展总目标

在"以绿色教育追求卓越"理念引领下，以"蓝绿交融，持续发展"为主题，着力开发海洋主题教育课程，丰富绿色教育内涵；以建构"海洋文化"为目标，初步探索物质、行为、精神三个层面的文化创建，有步骤地创设凸显海洋特色的幼儿园环境，营造自然和谐、民主人性、开放包容的幼儿园文化；不断提高教师的海洋资源开发和实践能力；培养一批具有开放、包容、创新、进取精神和海洋价值观的幼儿，把幼儿园办成特色突出、品牌响亮的山东省龙头园、全国名园。

（二）年度发展目标

——2011 年

年度主题：建设环境、构建文化

年度目标：探索海洋教育物质文化创建，完成海洋主题环境规划建设；启动教师海洋知识阳光培训工程和海洋教育网站建设工程；开展海洋科学启蒙教育研究，初步确立大、中、小三个年龄段的课程目标。

主要措施：

1. 打造海洋主题幼儿园，丰富海洋教育物质文化建设。将新开办的怡和嘉园幼儿园打造成海洋教育主题幼儿园；从建筑规划、装修设计、室内外环境布置等方面进行全方位的特色打造，让海洋文化渗透到幼儿园的每一个角落，充分展现海洋文化教育的特征。具体做法是：室外创设微缩景观"美丽的金沙滩"；建立幼儿园微型海洋科技馆；建立海洋教育文化墙，创设充满童趣、富有海洋特色的班级环境；让幼儿在认识海洋资源的同时，感受浓浓的海洋文化氛围，并且透过这些外显的物质环境创设，传达幼儿园所追求的开放、包容的精神与理念。

2. 开展海洋知识全园培训工程。依托大学资源，与中国石油大学、山东科技大学建立联系，组织培训教师团队，制订详细的培训计划。每月一次，从海洋国防、海洋环保、海洋法规、海洋工程、海洋经济、海洋科技等多方面开展多样化的培训，使教师具有广博的海洋知识，提高教师开展海洋教育的能力。同时，在幼儿园网站开辟"海洋教育"专栏，开设"海洋知识""海洋教育主题活动"等版块，及时更新，打造海洋教育网上学习平台。

3. 建立课题研究激励机制，评选学术标兵、科研先进等，引导教师赏识他人、自我激励。幼儿园结构工资、奖金发放向课题研究优秀教师倾斜，每年选送优秀教师"走出去"考察与学习。

4. 开展"幼儿海洋科学启蒙教育实践"课题研究，把研究的重心落在目标的制定和内容的选择上。

——2012 年

年度主题：课程开发、科学发展

年度目标：在海洋教育物质文化初步构建的基础上，探索行为文化建设；挖掘、梳理海洋教育资源,初步构建较为完善的海洋教育主题课程,根据各分园特色,以适当的比例与绿色教育园本课程相融,使教师、幼儿、课程、文化协调共生;启动海洋文化节活动;建立1～2处园外海洋教育实践基地。

主要措施:

1. 开展海洋文化系列活动,丰富海洋教育行为文化建设。结合黄岛区(现青岛西海岸新区)文化旅游节各项活动,组织幼儿园第一届海洋文化节系列活动,内容包括海洋文化节吉祥物征集活动、以海洋特色为主题的教育活动、海洋文化环保作品制作展示活动、沙雕活动、沙滩运动会、护海宣传活动、海洋生物调查交流活动、海洋科普知识亲子手抄报制作活动以及"爱海护海"等社会公益活动等。这些活动涉及面广,主题教育覆盖园内所有幼儿,并有幼儿家长积极参与。通过以上活动,对幼儿进行热爱大海、热爱家乡及关注海洋环境保护等教育,进一步拓展海洋科学启蒙教育的方式,提升幼儿对海洋文化的认知能力。

2. 构建海洋教育主题课程,完善绿色教育课程体系。开展海洋教育资源调查活动,充分挖掘周围资源的教育价值,从海洋国防、海洋环保、海洋工程、海洋经济、海洋科技、海洋旅游、海洋生物、海洋艺术(文学、美术、音乐)等方面丰富课程内容,建构较为完善的海洋教育主题课程,并根据各园发展特色,选择不同比例的海洋教育主题活动充实到园本课程中。

3. 建立海洋教育实践基地。依托青岛市旅游局、环保局等建立唐岛湾主题公园、中海油、造船厂等实践基地,定期开展社会实践活动,引导幼儿产生对海洋的浓厚兴趣,激励幼儿热爱海洋、开发海洋的使命感。

——2013 年

年度主题:品质提升、固化特色

年度目标:构建海洋教育主题课程配套资源库;开发海洋教育教师手册、亲子读本;提升教师和幼儿的海洋意识和探究能力,引导他们养成良好的环保习惯,并进而内化为可持续发展的品质;努力建设省内海洋教育知名幼儿园。

主要措施:

1. 梳理海洋意象特征,深化海洋教育的精神内涵。"海,身藏万物,聚集千流。博大而存同,深远而求异。"大海的宽广渊博、深沉宽容、生生不息、开拓创新等意象特征,对于国家、民族来说是一种精神,对于幼儿园来说是一种文化,对于教师来说是一种品质,对于幼儿来说是一种个性。作为幼儿园,需要这些意象特征,形成博大而浑厚的文化底蕴,以文化熏陶幼儿,以精神感染幼儿。开展海洋意向特征征集活动,将抽象的海洋意象具体化,形成对教师、幼儿的精神指引,丰富幼儿园的精神内涵。作为教师,要有海洋一般的胸怀,善待他人,不计较个人得失,勇于奉献;理解、信任、尊重幼儿,多一分宽容与支持,为幼儿营造宽松、愉快的教育环境;善于学习,不断提升师德修养,丰富知识结构,努力成为知识渊博、底蕴丰厚的研究型教师;勇于创新,在教学之路上不断开拓,实现对本地海洋特色文化的接纳、继承、弘扬和超越,形成个人独特的教育风格。作为幼儿,需要在学习、生活、活动中成长,思维像海一样宽广,体魄像海一样刚健,创新像海浪一样奔涌,从而形成他们鲜明的个性品质。

2. 建立海洋教育课程资源库,完善课程体系。建立"海洋知识""海洋文学""海洋科技""海洋生物"配套资源库,收集整理关于海洋的电影、动画片、绘本等充实到资源库中,为课程的高质量实施提供物质保障;重点编辑海洋教育教师手册和亲子读本,不断提高教师、家长对幼儿进行海洋教育的意识。

3. 开展第二届幼儿园海洋文化节。组织公益宣传、海洋环保童话剧表演、海洋题材故事比赛、海洋科普知识图片展等活动,提高幼儿热爱海洋、关心海洋的意识,同时带动周围的人关注海洋,认识到海洋的重要性。

4. 组团培养,着力打造"蓝色海洋教育研究专业发展团队"。根据海洋科技、海洋生物、海洋文学、海洋艺术、海洋音乐、海洋工程等不同领域,将教师组建成各种研究团队。开展以"合作、联动、共享、发展"为主题的交流研讨活动,打造团结协作、优势互补、能充分发挥每个成员创新力和责任感的研究发展共同体。

三、规划实施步骤

(一)规划准备阶段(2011年1月—2011年3月)

1. 挖掘、整理海洋文化的丰富精神内涵,制订海洋文化引领下的幼儿园三年发展规划,并在园内进一步组织学习,达成全园教职工的共识。

2. 建构蓝色海洋教育物质文化。

3. 建构蓝色海洋科学启蒙教育园本课程目标体系。

(二)全面实施阶段(2011年3月—2012年9月)

1. 全面启动、建构蓝色海洋文化教育体系,落实规划的实施措施。

2. 开展幼儿园管理、教学等方面的改革、创新、研讨,在贯彻幼儿园的发展规划的过程中,边实践研究,边总结反思。

3. 实施蓝色海洋科学启蒙教育园本课程。

(三)规划总结阶段(2012年9月—2013年12月)

1. 全面总结规划的实施情况,建成具有海洋文化特色、符合时代特征的幼儿园,并形成书面成果。

2. 在系统总结本规划实施的基础上,提出新一轮的三年规划。

四、保障机制

(一)以人为本,强化管理措施

1. 坚持以人为本的管理,发挥民主管理作用,通过自下而上、上下结合互动的方法,在分析幼儿园发展背景的基础上,确立幼儿园"蓝色海洋教育"三年发展目标,经教代会审核通过后实施。

2. 认真制定与幼儿园三年发展目标相配套的各部门分层目标,责任到部门到人,确保三年目标的落实。

3. 成立由园长、工会主席、教研组长、家长代表组成的"幼儿园发展规划小组",定期研讨幼儿园的发展工作,及时调控计划的执行。

4. 做好园长和教师每月"一分钟交心话"活动,彼此走进"心门",共同营造自由开放、宽松和谐的学习、工作氛围;在合作中相互支持,在互动中求发展、求创新、求和谐。

(二)健全制度,营造育人环境

1. 树立依法"自主办园、自主发展"的办园思想,根据课改精神,依据《幼儿园教育指导纲要》,健全各项工作制度。

2. 进行制度创新,完善园本研修制度、教育科研制度,用制度来规范人、引领人,发挥制度的长效机制和保障机制作用。

3. 重视安全制度的落实,完善《师生健康检查制度》《安全责任追究制度》《设施设备管理制度》等,明确各线工作人员的安全工作职责,保证幼儿在安全环境中健康成长。

4. 健全各项工作制度与预案,落实责任与措施,完善"人防""物防""技防"为一体的防范体系,营造安全、文明、健康的育人环境。

(三)课题引领,加强师资队伍建设

1. 以"蓝色海洋教育课题实施"为抓手,以"创造性教师团队打造"为载体,促进教师队伍的快速成长。

2. 深化人事制度改革,实行人力资源整体开发,规范岗位聘任,柔性流动教师,优化师资结构。

3. 通过调整结构工资、激活优秀教师奖励机制,调动教职工的工作积极性。

4. 建立青年教师三年培养目标和个人成长档案,认真确定"园本培训"项目,运用领导小组引领、骨干教师带动、全员参与共进等方式,在园内营造良好的学习、"自培"氛围,使每一位教师都成为"园本培训"的主人,使幼儿园成为教师成功施教的舞台、成长的沃土。

5. 建立"蓝色海洋教育"课题专家团队。

(四)经费保障,夯实物质基础

1. 将每年总收入的 1%～2% 用于设立研修专项基金和科研成果基金。

2. 合理预算经费,确保蓝色海洋教育实验的物质需要。

幼儿园"蓝色海洋教育"课程资源创造性开发与利用研究

——中国学前教育研究会"十二五"研究课题开题报告

一、课题提出的背景与意义

（一）课题提出的背景

海洋是地球上一切生命存在、发展的前提和基本条件，是人类赖以生存和发展的重要空间。21世纪是海洋的世纪。1992年世界环境与发展大会确定的《21世纪议程》明确指出：海洋是全球生命支持系统的一个基本组成部分，是一种有助于实现可持续发展目标的宝贵财富。开发利用海洋是解决人口、资源、环境这三大全球性难题的一条出路。胡锦涛总书记提出要打造山东半岛蓝色经济区的重要指示，我市确立了打造"蓝色硅谷"的目标，《青岛市中长期教育改革和发展规划纲要（2010—2020年）》中提出了要推进蓝色海洋教育实验、打造海洋教育优势区、探索形成以海洋教育为特色的创新型人才培养模式，这使得海洋教育成为我市教育改革和幼儿园、学校特色发展的品牌项目。

当前，人们在适应和利用海洋环境的过程中，对海洋的破坏达到了惊人的程度。环境污染、能源危机、生态平衡的被破坏等都直接威胁着人类的生存，对海洋的保护已刻不容缓。幼儿海洋保护的意识水平决定其将来参与海洋保护的程度。因此，幼儿应成为海洋教育的重要对象，保护海洋的教育必须从幼儿阶段抓起，使幼儿初步形成"认识海洋、重视海洋、利用海洋、开发海洋、保护海洋、发展海洋"的意识及正确的海洋价值观和可持续发展观。我园所在的黄岛区（现青岛西海岸新区）面对黄海，毗邻胶州湾，具有独特的海洋自然资源、海洋人文资源，为课题研究提供了充分保障。

（二）课题研究的意义

本研究拟以"幼儿园蓝色海洋教育课程资源创造性开发与利用研究"为切入点，充分利用我园所处的特定环境、资源优势，从对幼儿进行海洋教育的重要性、必要性这一角度出发，进行"蓝色海洋教育"园本课程的建构，激发幼儿探究海洋奥秘的兴趣，促使幼儿形成热爱海洋的人文情怀，践行保护海洋的公益行动，在幼儿的心里埋下一颗"爱与责任"的种子。

经过十多年的研究，我园针对"绿色教育"研究进行了深入探索，在"绿色教育"课程构建方面取得了明显的成效。"幼儿园蓝色海洋教育课程资源创造性开发与利用研究"课题的研究与实施,将为"绿色教育"的进一步研究与深化找到延伸和扩展的新生长点,为我园进一步充实、完善"绿色教育"课程体系、实现新的超越奠定坚实的基础。通过此课题的研究,我园将在总结经验的基础上,着力梳理、挖掘海洋教育资源,构建具有本区域特色的"蓝色海洋教育"主题课程,培养幼儿的创新能力和探索精神,打造高素质的教师队伍。

二、课题界定与研究依据的理论

(一)课题界定

课程资源是指课程要素来源以及实施课程的必要且直接的条件。幼儿园课程资源开发是指在专家的指导下,充分发挥教师的主体性,由各方面力量参与,依据地方实际资源,对幼儿课程资源进行选择、修订和创造的过程。课程资源开发与利用的目的是为了促进幼儿的终身发展,同时提高教师的教科研水平以及资源开发和实践教育能力。

具体到幼儿园海洋教育课程资源的开发,则是指在教育专家、行家的指导下,充分发挥教师的主体性与创造性,利用独特的海洋自然地理资源与人文资源,建构"蓝色海洋教育"园本课程,使幼儿在与各种材料交互作用中以及直接探究、感知自然和环境的实践活动中,积极、主动地丰富知识经验,发展幼儿对本土资源的认同感和亲社会行为,在促进幼儿的全面和谐发展的同时促进教师的专业成长。

(二)理论依据

1. 《幼儿园教育指导纲要》指出:"各类幼儿园必须从实际出发,综合利用各种教育资源,为幼儿的发展创造良好条件。""幼儿园应确立大教育意识,充分利用社区的教育资源。教师要根据儿童的兴趣、爱好、需要和发展水平,将周围的自然环境、社会环境作为发展儿童的重要资源。"

2. 著名教育家苏霍姆林斯基的"大自然"教育观认为:大自然是美育的源泉,从对家乡自然美景的赞赏到对祖国山川的热爱,是德育的起步内容和有效途径;花朵树木、阳光空气是养身至宝,变幻万千的自然现象是综合训练观察、思考、语言表达能力的极好手段。

3. 著名教育家陈鹤琴"大自然、大社会就是活教材"的理论认为:学前儿童是在周围的环境中学习的,应该以大自然大社会为中心组织课程。

4. 幼儿园课程开发利用相关教育理论。南京师范大学教授、博士生导师虞永平认为,课程资源的开发更能关注幼儿的个体差异,落实因材施教,更有效地促进幼儿的发展。南京师范大学教育科学学院副院长、学前教育系教育研究所边霞教授认为,要采用"走出去""请进来"的办法,开发与利用自然资源;首先要带领幼儿"走向大自然,接触大自然,引导幼儿感受大自然、认识大自然、亲近大自然、享受大自然"。

5. 幼儿园生态环境教育理论。教育部教学指导委员彭蝶飞教授认为,幼儿园生态环境教育应致力于使幼儿与自然、社会和谐共处并促进其心理和谐统一,通过基本生态环境知识教育、初步的环境意识培养,以及热爱、珍重自然的美好情感的萌发与环保行为习惯的培养等,促进其真、善、美统一的完善人格的形成。宁夏大学周笑冰教授指出,环境教育的核心理念是培养人们正确的生态意识、良好的生态道德观以及生态审美能力;最终目标是提高人的素质,树立人们对待环境正确的价值观和态度,使人们积极地关注环境、主动地保护环境,促进社会的可持续发展,实现人的全面素质的提升。

三、相关的课题研究综述

目前国内外对"蓝色海洋教育"的研究主要是针对学校组织、开展,内容多指向了解海洋知识、保护海洋环境等方面。例如,浙江鹿西义校在实施"蓝色海洋"地方课程、发挥学校教育的育人功能等方面做了有益探索,从实施对象、教学总体目标、教学内容、课时安排、实施步骤等方面出发开展了深入研究,认为实施"蓝色海洋"地方课程对于发挥学校教育的育人功能具有积极作用。另外,有些学校对秉承"蓝色"理念探索海洋特色鲜明的办学之路进行了研究,建立了具有地方特色的、面向21世纪的中小学海洋教育体系,编写了中小学海洋教育教材,形成了中小学海洋教育模式,并成功创建了中小学海洋教育网站。

四、研究的目标、内容和方法

(一)研究目标

本着"以幼儿发展为本"的理念,我们将课题研究目标界定为:在"绿色教育"理念引领下,紧紧围绕海洋特色,依托黄岛区(现青岛西海岸新区)地理资源优势,梳理、整合、利用优质独特的环境资源与人文资源,创设具有海洋文化特色的幼儿园环境,构建海洋科学启蒙教育主题课程,进行幼儿海洋文化启蒙教育,激发幼儿探究海洋奥秘的兴趣,培养具有开放、包容、创新、进取精神和正确海洋价值观的幼儿;不断提高教师的海洋教育资源开发和实践能力,探讨教师创造性利用海洋资源开展主题探究课程的策略和方法,不断充实、优化"绿色教育"课程体系。

(二)研究内容

1. 海洋教育资源(海洋地理、历史、艺术、气象、生物、国防、环保、经济、科技、旅游、文化等)在幼儿园"蓝色海洋启蒙教育"课程建构中的选择、利用与开发。

2. 各年龄班教师创造性利用海洋教育资源开展主题探究课程的策略和方法。

3. "蓝色海洋教育"课程资源在幼儿艺术领域的开发与利用研究。

4. 吸纳海洋文化优质教育资源,建设具有地域特色的幼儿园环境。

（三）研究方法

1. 行动研究法。

贯穿整个研究始终。在研究过程中，教师共同拟订具体行动方案并实施，研教合一，研究"蓝色海洋教育"资源的利用对幼儿海洋意识的建立及发展水平的影响。

2. 文献法。

通过 CNKI、万方等电子数据库，充分利用幼儿园图书馆藏书、文献等查找有关课程资源开发与利用的文献资料作为研究的起点，关注国内外研究动态，力求在前人研究的基础上有所突破和创新。

3. 观察比较法。

观察、对比幼儿在研究实施前后的发展情况，分析教师的经验做法，归纳总结课程资源的开发利用与幼儿发展的关系。

4. 问卷法。

自编并发放问卷，了解教师对海洋教育资源的掌握情况及家长对幼儿的海洋教育情况。

五、课题研究的实施步骤

（一）准备阶段（2011 年 3 月—2011 年 12 月）

1. 撰写开题报告、课题研究实施方案。
2. 准备相关资料，召开开题会。
3. 对课题组成员进行相关培训。
4. 各园申报子课题，撰写子课题开题报告和研究实施方案。

（二）全面实施阶段（2012 年 1 月—2014 年 8 月）

1. 成立"蓝色海洋教育"课程实施指导小组。
2. 建立幼儿园"蓝色海洋教育"课程资源库；组织并指导教师进行教材的选编，构建"蓝色海洋教育"园本课程，并邀请专家进行课程的鉴定。
3. 全面实施"蓝色海洋教育"课程，逐步完善园本课程体系，建立课程评价机制、幼儿发展评价机制。
4. 举办家庭海洋知识竞赛，邀请专家进行讲座，充分利用社区资源进行"蓝色海洋教育"理念的宣传，实现家庭、幼儿园、社区教育一体化。
5. 进行课题研究的中期总结，对子课题的研究进行交流、汇报。

（三）总结阶段（2014 年 9 月—2015 年 9 月）

1. 撰写结题报告、工作报告。
2. 总结研究成果及相关过程性材料。

3. 聘请专家对研究过程及相关成果进行评审、鉴定。

六、预期的研究成果和形式

（一）理论成果

《幼儿园蓝色海洋教育课程资源创造性开发与利用研究》结题报告;《蓝色海洋教育优秀论文集》《蓝色海洋教育家长工作手册》《蓝色海洋主题教育园本课程》《蓝色海洋教育主题活动案例集》《蓝色海洋教育在幼儿园环境中的呈现与实施》等集结成册。

（二）实践成果

召开"幼儿园蓝色海洋教育课程资源创造性开发与利用研究"全市现场观摩会、经验交流会,推广课题研究成果。

建构"蓝色海洋教育"资源库(海洋地理、历史、艺术、气象、生物、国防、环保、经济、科技、旅游、文化等),建立主题配套资源库。

建立科学、有效的"蓝色海洋教育"评价体系,如幼儿发展评价标准、"蓝色海洋教育"课程实施质量评价标准等。

七、课题研究的保障

（一）以人为本,强化管理措施

1. 坚持以人为本的管理,发挥民主管理作用,通过自下而上、上下结合互动的方法,在分析幼儿园发展背景的基础上,确立《幼儿园蓝色海洋教育课程资源创造性开发与利用研究》三年课题研究目标,经教代会审核通过后实施。

2. 认真制定与幼儿园课题研究发展阶段相配套的各部门分层目标,责任到部门、到人,确保三年目标的落实。

（二）健全制度,营造育人环境

制定并落实"幼儿园蓝色海洋教育课程资源创造性开发与利用研究"课题研究制度,实行子课题项目管理机制,落实责任与措施,发挥课题研究制度的长效机制和保障机制的作用。

（三）课题引领,加强师资队伍建设

1. 以"幼儿园蓝色海洋教育课程资源创造性开发与利用研究"为抓手,以"创造性教师团队打造"为载体,促进教师团队成长。

2. 通过调整工资结构、激活课题实施优秀教师奖励机制等,调动教职工参与课题实施的积极性。

3. 建立青年教师三年培养目标和个人成长档案,认真落实"蓝色海洋资源的挖掘与

利用园本培训"项目,运用领导小组引领、骨干教师带动、全员参与共进等方式,在园内营造良好的学习、自培氛围,使每一位教师都成为"园本培训"主人,贯彻以课题研究促发展的教师培训理念,使幼儿园成为教师成功施教的舞台、成长的沃土。

4. 建立"幼儿园蓝色海洋教育课程资源创造性开发与利用研究"课题专家团队。

(四)经费保障,坚实物质基础

1. 将每年总收入的 $1\%\sim2\%$ 用于设立研修专项基金和科研成果基金。

2. 合理制定经费预算,确保"幼儿园蓝色海洋教育课程资源创造性开发与利用研究"课题研究的物质需要。

3. 严格课题经费公示制度,提高社会、家长对幼儿园的美誉度。

评审专家意见

中国学前教育研究会"十二五"研究课题、青岛市教科所"十二五"教育科学规划课题"幼儿园蓝色海洋教育课程资源创造性开发与利用研究"的开题论证及专家评审于 2012 年 1 月 6 日在青岛市黄岛区第一幼儿园(现青岛西海岸新区第一幼儿园)以会议形式进行。经过会上的论证和评审,专家组对于本课题研究的开题最终形成如下一致意见:

本课题研究与当前《青岛市中长期教育改革和发展规划纲要》中提出的要推进蓝色海洋教育实验,打造海洋教育优势区,探索形成以海洋教育为特色的创新型人才培养模式,使海洋教育与我市教育改革和幼儿园、学校特色发展品牌项目这一精神相吻合,符合幼儿园绿色教育课程纵深发展的需要,具有重要的社会价值和现实意义。课题研究对于相关研究的已有成果和今后发展的趋向,有较清晰的把握。

本课题试图本着以幼儿发展为本的理念,将课题研究目标界定为:在绿色教育理念引领下,紧紧围绕海洋特色,依托黄岛区(现青岛西海岸新区)地理资源优势,梳理、整合、利用优质独特的环境资源与人文资源,创设具有海洋文化特色的幼儿园环境,构建海洋科学启蒙教育主题课程,进行幼儿海洋文化启蒙教育,激发幼儿探究海洋奥秘的兴趣,培养具有开放、包容、创新、进取精神和正确海洋价值观的幼儿;不断提高教师的海洋资源开发和实践教育能力。研究的内容着重探讨教师创造性地开发和利用海洋资源开展主题探究课程的策略和方法,不断充实、深化绿色教育课程体系,促进幼儿园、教师、幼儿的可持续发展。研究目标、内容均与所拟研究的问题是统一的、一致的,并且突出了以幼儿生活为基点、以主题教育为载体、以区域资源为脉络的特点。

此课题研究所确定的理论依据具有针对性和科学性,研究方法以行动研究法贯穿整个研究始终,同时综合运用文献法、观察比较法、问卷法、经验总结法等,这些研究方法对于本课题的研究十分适宜,对目标实现具有积极的作用。课题研究所确定的研究步骤从理论构建和文献整理,到行动性的实践验证和效果评估,符合课题研究步步渐进的层次性和逻辑性,也体现出研究思路的系统性。

在基于以上肯定意见的基础上,建议本课题在研究中注重幼儿园特色课程的创建,以及课题研究效果评价制度的完善,使课题研究能够真正地落实到孩子的发展上。

总之,我们认为"幼儿园蓝色海洋教育课程资源创造性开发与利用研究"课题的论证和设计十分科学、严谨,期待该课题的研究能够获得预期的成果和效益,争取在相关领域研究中发挥重要的引领和示范作用。

专家(签字):李一鸥　于立平　薛梅　辛明　刘永春

2012 年 1 月 6 日

"幼儿园'蓝色海洋教育'课程资源创造性开发与利用研究"实施方案

一、课题研究领导小组成员及分工情况

为加强对课题研究工作的统筹和领导,幼儿园成立专门的课题研究工作领导小组,具体安排如下。

组长:邵瑜

分工:课题总负责、总指导,把握研究方向和进程,为课题研究提供必要性服务保障,撰写《幼儿园"蓝色海洋教育"课程资源创造性开发与利用研究》研究报告。

组员:香江园——杨萍、谭湘菲、李赢

分工:负责研究子课题"海洋教育资源在幼儿园蓝色海洋启蒙教育课程建构中的选择、利用与开发"。

组员:天泰园——于永华、南海玉

分工:负责研究子课题"各年龄班教师创造性利用海洋资源开展主题探究课程的策略和方法"。

组员:怡和嘉园分园——薛栋、赵春霞

分工:负责研究子课题"如何吸纳海洋文化的优质教育资源,建设具有地域特色的幼儿园环境"。

组员:盛世江山分园——祝晓敏、高伟华

分工:负责研究子课题"蓝色海洋教育课程资源在幼儿艺术领域的开发与利用的研究"。

组员:蓝欢欢

分工:负责整理课题研究的相关资料。

二、课题研究时间安排表与路线图

研究领域	研究目标	研究内容	主要措施	时间	责任人
文化建设	挖掘海洋教育内涵，构建"蓝色海洋教育"文化体系；完善管理制度，形成规范、有序、高效的工作流程，保障"蓝色海洋实验教育"实验顺利进行。	1. 挖掘海洋文化内涵，坚持"以人为本"的办园理念，形成自我完善、自我管理的工作机制；初步建立"蓝色海洋教育"保障管理机制，采取切实措施，保证实验顺利进行。 2. 以"怡和家园"分园的创建为契机，以科研保障幼儿园品质的提升，初步形成"蓝色海洋教育"课程特色。	1. 成立幼儿园文化建设领导小组，组织教师广泛讨论并梳理海洋的文化内涵，进行海洋文化意向征集活动。	2011.3	办公室、各分园负责人
			2. 开展"海洋文化人人讲"活动，丰富海洋文化知识。	2011.10—2014.10	
			3. 开展读书活动，提升教师的文化素养，引导教师理解开放，包容的海洋文化内涵。	2011.3—2014.3	
			4. 每学年召开教职工代表大会，建立幼儿园民主管理监督委员会，定期向教职工和家长、社区展示幼儿园"蓝色海洋教育"课题研究的进展情况；分解实验课题目标与任务，实行团队PK项目工作捆绑式评价机制。	2011.7	
			5. 实施教职工工作考方案，建立"蓝色海洋教育"实验考核评价机制，实施动态分配制度、评优、评职称考核向课题实验考核偏者倾斜。	2012.2—2014.9	
		1. 深化人事制度改革，不断提升教师对"蓝色海洋教育"课题研究的积极性以及创造性。 2. 梳理各工作流程，健全反馈制度，建立多元、开放的发展性评价体系。	1. 组织开展各个年龄段幼儿的海洋文化节庆活动，突出"蓝色海洋"主题特色。	2012.7	
			2. 梳理各工作流程，健全反馈制度，开展"蓝色海洋教育"实验环境创设、主题教育实施评比活动。	2012.12	
			3. 完善海洋文化制度建设，在海洋文化的引领下，贯彻"以人为本"的管理思想，倡导民主，开放的领导方式，建立多元、开放的发展性评价体系。	2012.12	办公室、各分园负责人
		建立完善的管理运行机制，探索符合"蓝色海洋教育"的科学管理模式，形成较为完善的文化管理文本资料。	1. 开展"蓝色海洋教育特色幼儿园标识设计大赛"，打造"蓝色海洋——幼"文化的亮丽名片。	2013.3	
			2. 结合"蓝色海洋教育"课题的研究，组织教师进行一日活动各环节的观摩与评析。	2014.9	
			3. 编写《蓝色海洋文化教育手册》。	2015.3	
队伍建设	渗透海洋文化思想，打造创新性教师团队；提升教师创新力，创新、创富有"蓝色"	1. 启动教师海洋知识阳光培训工程和海洋教育网站建设工作，鼓励各类人员利用多种途径参加海洋教育培训。	1. 依托大学资源，成立海洋教育专家顾问团。	2011.6	各分园园长及业务负责人
			2. 邀请中国海洋大学教授来园进行生态教育、海洋教育、艺术教育的理论培训活动，丰富教师的海洋知识。	2011.7	

续表

研究领域	研究目标	研究内容	主要措施	时间	责任人
队伍建设	海洋教育"特点的教师培养策略,打造一支能引领、辐射整个区域发展型的实践型、研究型、智慧型、梯次合理、德高尚、业务扎实、充满活力的具有海洋文化思想的教师队伍领军团队。	2. 打造教师发展梯队,加强教师队伍建设,以满足"蓝色海洋教育"课题研究的需求。	3. 教师自选与课题相关的培训内容,开展"自培"活动。	2011.9	
			4. 申报、确立"蓝色海洋教育实验研究"课题。	2011.9	
			5. "师徒结对"申报具体课题研究项目,老教师带动青年教师对课题进行深入研究。	2011.10	
			6. 举办海洋课程环境创设评比活动。	2012.6	
			7. 在幼儿园网站开辟海洋教育专栏,打造海洋教育网上学习平台。	2012.7	
			8. 选送优秀教师到实践基地考察、学习,丰富海洋知识。	2012.9	
			9. 进行海洋主题课程实施评选活动。	2012.12	
		组团培养,着力打造"蓝色海洋教育"研究专业发展团队,健全与教师个性特长相匹配的自主发展机制,逐步形成一支在全省、市乃至全省有一定影响力的教学骨干队伍。	1. 组建海洋科技、生物、文学、艺术研究团队。	2013.4	
			2. 编写海洋教师培训手册,提高教师对幼儿进行海洋教育的意识。	2013.7	
			3. 撰写"蓝色海洋教育实验研究"阶段性研究成果报告。	2013.3	
			4. 在国家、省、市、区的专业论坛上发布研究成果,交流经验。	2014.10	
			5. 撰写"蓝色海洋教育研究"课题结题报告。	2015.3	
环境设施	创设体现蓝色海洋文化理念、促进幼儿健康发展的室内外环境,以完善现代化教育设施为抓手,挖掘一切可利用的资源,办成体现蓝色海洋教育特色的主题幼儿园。	以"怡和家园"分园的创建为契机,以"海洋文化"为特色,营造蓝色海洋文化环境,进行初步的环境建设。	打造"怡和嘉园"海洋教育主题幼儿园。从建筑规划、装修设计、室内外环境布置等方面进行全方位的创设打造,创设室外微缩景观"美丽的金沙滩",建立海洋教育文化墙。	2011.12	各分园园长及业务负责人
		探索行为文化建设的途径,挖掘、梳理海洋教育资源,创设适应海洋教育的幼儿园环境和班级区域环境。	1. 创设海产品一条街、海产品工艺文化长廊,海产品创意制作手工坊。	2012.3	
			2. 班级创设海洋工程(海底隧道、跨海大桥)模拟环境。	2012.4	
			3. 建立幼儿园微型海洋科技馆(从海洋生物、海洋国防、海洋工程等方面进行创设)。	2013.5	
		完善幼儿园内部的环境及设施,形成具有"蓝色海洋教育"特色的环境。	1. 班级内创设社会性区域"海味店""海边厨房"等。	2013.5	
			2. 增添海洋生物标本,海湾大桥等的模型,进一步丰富海洋科技馆的内容。	2013.6	

续表

研究领域	研究目标	研究内容	主要措施	时间	责任人
课程建构	结合本园实际，建构具有蓝色海洋主题特色的园本课程，灵活地实施本课程，并采用多元化方式对蓝色海洋课程进行评价。	在深化"绿色教育"研究的基础上，开展海洋科学启蒙教育研究，初步确立"蓝色海洋教育"主题课程计划，构建海洋教育启蒙课程体系的雏形。	1. 成立"蓝色海洋教育"课题研究小组，制订课程实施三年规划。	2011.3	各分园园长及业务负责人
			2. 进行海洋教育资源调查，充分挖掘、梳理海洋资源中的教育价值，确立小、中、大三个年龄段幼儿的课程目标及主题内容。	2011.4	
			3. 参观极地海洋世界，了解海洋动生物的多样性。	2011.5	
			4. 开展"我爱我的家乡——金沙滩、银沙滩、唐岛湾"游览活动，增加幼儿的感性认识。	2011.9	
			5. 参观海军部队，了解海军的生活情况及服饰。	2011.10	
			6. 开展海洋小记者"采访渔民"活动，了解渔民的生活情况及环境。	2011.11	
			7. 组织幼儿观看以海洋生态纪录片为教材的VCR，激发幼儿了解、认识，探索海洋的兴趣，增强幼儿保护海洋的意识。	2011.11	
		构建海洋教育主题课程体系，使"蓝色海洋教育"的理念能够真正落实到课程实施之中。	1. 进行"小记者"调查活动，尝试写信给"环保局"，希望他们能改善水质污染的问题，引起社会各界人士的重视。	2012.3	
			2. 开展"我是护海小卫士"社会公益活动，设计保护海洋的宣传单、海报，向社区宣传保护海洋的知识。	2012.4	
			3. 举办幼儿园第一届海洋文化节系列活动，开展海洋文化节吉祥物征集活动，"我和大海的故事"讲故事比赛、保护海洋长卷绘画、海洋环保童话剧表演、"大海是我的家"摄影与绘画大赛。	2012.5	
			4. 参观海底隧道、跨海大桥。	2012.10	
			5. 确定"海洋教育月"，利用国旗下讲话时间，为幼儿讲述关于海洋的传说、歌曲、儿歌等。	2012.10	
			6. 以海洋为主题的教育活动展示，并纳入园本课程之中，逐步形成具有海洋特色的主题课程模式。	2012.12	
			7. 调整课程，将"蓝色海洋教育"生成活动内容纳入课程。	2012.12	

续表

研究领域	研究目标	研究内容	主要措施	时间	责任人
课程建构		结合本园实际，优化"蓝色海洋主题教育"课程，完善"绿色海洋教育"课程体系。	1. 组织"黄岛区（现青岛西海岸新区）小导游"活动。了解家乡的民俗文化。	2013.3	各分园园长及业务负责人
			2. 举办幼儿园第二届海洋文化节系列活动，开展争做"保护海洋小卫士"活动。	2013.5	
			3. 访问海洋管理所，访问海洋科学家。	2013.6	
			4. 参观造船厂，进行自制船模大赛教育实践活动。	2013.7	
			5. 举办"海洋动物之最"信息交流会。	2013.9	
			6. 举办"海洋知识小竞赛"。	2013.10	
			7. 开展"拯救鲨鱼"的签名活动，增强幼儿保护海洋的意识。	2014.10	
			8. 课程评议小组成员对"蓝色海洋教育"课程活动进行全面、客观、科学的评价，完善幼儿园"蓝色海洋主题教育"课程，完成《蓝色海洋主题教育案例集》《蓝色海洋园本课程背景下的主题活动生成活动集锦》《蓝色海洋与生态文明"主题书画作品集》和《蓝色海洋教育优秀论文集》的编写工作。	2014.12	
家庭社区	密切与家庭、社区的联系与沟通。采取多种形式，宣传"蓝色海洋教育"的内容；利用社区的有利资源，开展丰富多彩的活动；吸收家长参与"蓝色海洋教育"实验研究过程，形成一个良好的、互动的、有效的、协作的共赢格局。	1. 利用社区有利资源，采取多种形式，宣传"蓝色海洋文化"。 2. 建立家长参与幼儿园课程建设制度，实现家园的有效合作。	1. 开展"亲子海洋资源大调查"活动，丰富幼儿的海洋知识。	2011.5	各分园园长及业务负责人
			2. 举办金沙滩亲子创意沙雕展 第一届金沙滩运动会。	2011.6	
			3. 发放"海洋教育家长家长座谈会问卷"，邀请从事高校海洋教育、渔业、港口、边检、环保、旅游等方面职业的家长家客教师来园授课，参与课程建设。	2011.9—2013.11	
			4. 海洋图书漂流：《幼儿十万个为什么》《科学童话》《最奇特的动物》《海的女儿》《小黑鱼》《郑和下西洋》，推荐 VCD《海洋动物奇观》，亲子撰写读书心得。	2011.9—2013.12	
			5. 海洋科普知识亲子手报制作。	2011.9	
			6. 幼儿园及班级建立"蓝色海洋教育"实验网络信息平台，家长了解实验开展情况，提出意见及建议。	2011.10	
			7. 亲子海洋主题童话剧展演。	2011.12	

续表

研究领域	研究目标	研究内容	主要措施	时间	责任人
家庭社区		1. 采取节庆活动等多种形式,吸引家长参与"蓝色海洋教育"主题课程建设;充分发挥家委会的作用,鼓励家长积极参与海洋教育课程实施中大型活动的组织协调工作。 2. 密切与家长的联系与沟通,吸收家长参与幼儿园日常海洋教育的过程。	1. 征募幼儿园第一届海洋文化节家长志愿者,为文化节提供支持。	2012.5	各分园园长及业务负责人
			2. 开展亲子海洋文化节吉祥物征集活动。	2012.5	
			3. 开展亲子制作展示、义卖活动。	2012.6	
			4. 建立网上家长学校,海洋教育家长沙龙;结合"蓝色海洋教育"主题课程内容,向家长进行介绍班级的研究主题,让家长了解课题的研究进程。	2012.6	
			5. 开展金沙滩亲子护海行动。	2012.8	
			6. 编写蓝色海洋活动月报(网络版)。	2012.12	
			7. 开展家园航海模型制作活动。	2013.6	
			8. 组织幼儿到社区进行"大海是我家"的环保宣传活动。	2013.9	
			9. 开发海洋教育亲子读本,为家长对幼儿进行海洋教育提供指导。	2014.12	
			10. 积累前期资料,编写蓝色海洋教育家长工作手册。	2015.3	

中国学前教育研究会"十二五"研究课题

青岛市教育科学研究所"十二五"规划课题

"幼儿园'蓝色海洋教育'课程资源创造性开发与利用研究"工作报告

我园承担的中国学前教育研究会"十二五"研究课题、青岛市教育科学"十二五"课题"幼儿园蓝色海洋教育课程资源创造性开发与利用研究"课题,从 2011 年 1 月开始研究,至今已历时三年。在三年的研究中,该课题大致经过了课题确定、课题研究与实施、课题结题三个阶段。现将课题研究的组织与实施情况做以汇报。

一、课题的确定

自 1998 年开始,我园开展了"绿色教育"研究。"绿色教育"是指在教育过程中,遵循人的自然成长规律,尊重幼儿的天性、个性和主体性,通过创造一种自然、自由、平衡、和谐、无污染的教育环境,使幼儿园充满生命的活力,富有人文气息,使幼儿能积极主动、健康和谐地发展,从而为他们一生的可持续发展奠定坚实的基础。在研究中,我们提炼了"绿色教育"的八大核心理念。

1. "绿色教育"顺乎幼儿的自然天性,强调天人合一。它与幼儿爱玩、好玩、好动、好奇、爱探索的天性不谋而合,是尊重幼儿意愿,满足幼儿兴趣、爱好、需要,由幼儿自主设计或选择内容的教育。

2. "绿色教育"注重幼儿的全面发展,强调和谐均衡。"绿色教育"不等于放任而长的野草,而要把基本的规范教育、养成习惯教育、知识能力培养作为教育的一个整体,使每个幼儿在童年时期就拥有诚实、善良、谦虚、友爱、宽容、平等、合作、进取的精神,以及对自己、他人、周围的事负责的责任心。

3. "绿色教育"尊重幼儿的个体差异,强调个性张扬;善于发现每一名幼儿的闪光点,主张人人都是"天才",人人都能够获得成功。

4. "绿色教育"关注幼儿的精神世界,强调幼儿的心理健康。"绿色教育"主张"排污抗压",给幼儿创设良好的生态环境,追求健康、丰富、美满的教育生活;提倡"健康至上"的理念,在教育过程中排除精神污染、社会污染,抵制金钱、暴力、色情等的诱惑以及家长望子女成龙、成凤的压力,让幼儿在无毒、无污染、无压力的情境中轻松主动地学习。

5. "绿色教育"倡导自主探究式学习,强调主体意识。探究性学习是最能体现幼儿的自主性、创造性的学习活动,也是最能体现"绿色教育"实质的一种学习活动,因此,"绿色教育"将主题探究活动作为课程实施的主要模式。

6. "绿色教育"体现幼儿的愉快与欢乐,强调寓教于乐。幼儿阶段是人生唯一可能愉快欢乐的阶段,幼儿园以游戏为基本活动的特征在"绿色教育"中得到鲜明的体现。

7. "绿色教育"力求突破幼儿园的围墙,与社会、家庭融为一体,强调开放整合,充分利用有价值的教育资源,进行"三位一体,资源共享"的教育。

8. "绿色教育"的最高目标是追求幼儿成长的生态平衡,强调幼儿的可持续发展;着力处理好天然自然、愉快欢乐与基本规范、知识能力的关系,给幼儿的成长创造一个良好的生态环境。

"绿色教育"的核心与灵魂就是"天人合一,和谐均衡,个性张扬,心理健康,主体意识,寓教于乐,开放整合,可持续发展"。

"绿色教育"强调开放整合、生态优化,关注从幼儿的生活中获取课程资源,让幼儿自然地进入学习。我园所处的黄岛区(现青岛西海岸新区)是海边城区,有着浓厚的海洋文化资源和丰富的海洋资源,因此,海洋资源成为我园"绿色教育"中重要的课程资源。但是,如何在"绿色教育"课程体系中凸显海洋特色,使海洋教育更加科学、更加系统,进一步丰富"绿色教育"的内涵和外延?针对这一问题,我们申报并确立了"幼儿园蓝色海洋教育课程资源创造性开发与利用研究"的课题,力求通过课题研究带动我园课程质量的提升,促进教师和幼儿的全面发展。

二、课题研究与实施

(一)准备阶段

1. 确立研究目标,制订研究方案。

为了使我们的研究更具有针对性和实效性,本着"以幼儿发展为本"的理念,我们将课题研究目标界定为:

在"绿色教育"理念引领下,紧紧围绕海洋特色,依托黄岛区(现青岛西海岸新区)地理资源优势,梳理、整合、利用优质独特的环境资源与人文资源,创设具有海洋文化特色的幼儿园环境,构建海洋科学启蒙教育主题课程,对幼儿进行海洋文化启蒙教育,激发幼儿探究海洋奥秘的兴趣,培养具有开放、包容、创新、进取精神和正确海洋价值观的幼儿;不断提高教师的海洋资源开发能力和实践教育能力,探讨教师创造性利用海洋资源开展主题探究课程的策略和方法,不断充实、深化"绿色教育"课程体系。

在目标的引领下,确定了研究的主要内容:① 海洋教育资源(海洋地理、历史、艺术、气象、生物、国防、环保、经济、科技、旅游、文化等)在幼儿园蓝色海洋启蒙教育课程建构中的选择、利用与开发;② 教师创造性利用海洋资源实施主题探究课程的策略和方法;③ 海洋教育资源利用与开发对幼儿海洋意识、环保意识等情感、态度形成的作用;④ 蓝色海洋教育资源利用(家庭、幼儿园、社区教育一体化)研究;⑤ 如何吸纳海洋文化的优质教育资源,建设具有地域特色的幼儿园环境。在此基础上,形成了切实可行的研究方案。

2. 分解研究内容,明确研究责任。

　　为了保证课程的顺利实施,我们还从文化建设、队伍建设、环境设施、课程建构、家庭社区五个方面进行了课题研究三年规划的设计,明确了每一年度的发展目标、具体工作,并把每一项工作落实到人,明确责任。同时,我们充分利用各分园的优势,将课题进行合理分解,每个分园选择一个切入点进行深入研究,形成研究的合力。香江路园确立了海洋教育资源(海洋地理、历史、艺术、气象、生物、国防、环保、经济、科技、旅游、文化等)在幼儿园"蓝色海洋启蒙教育"课程建构中的选择、利用与开发研究;天泰园确立了利用海洋资源创造性开展主题探究课程的策略和方法研究;盛世江山园确立了"蓝色海洋教育"课程资源在幼儿艺术领域的开发与利用的研究;怡和嘉园确立了吸纳海洋文化的优质教育资源,创设具有地域特色的幼儿园环境的研究。各园制订了详细的研究方案,活动内容明确具体,保证了课题研究的顺利进行。各班教师也都在大目标的引领下制订了切实可行的研究计划,目标指向牢牢把握"兴趣"二字,引导幼儿在无压力的、轻松愉快的气氛中自然而然地对海洋文化产生兴趣,增强海洋意识、环保意识,促进幼儿健康和谐地发展。

　　3. 结合研究需要,确定研究人员。

　　根据研究需要,我们确定了研究人员及范围。为了确保研究的质量,我们聘请青岛市黄岛区(现青岛西海岸新区)教育体育局副主任督学张成霞为我们研究的总顾问,青岛市黄岛区(现青岛西海岸新区)教育体育局教科所所长刘永春为我们的指导顾问;幼儿园园长、教师全部参与,发挥团队的研究作用,实现研究资料共享、研究成果共享,取得了课题研究与教师成长、幼儿发展的三赢效果。

(二)研究阶段

　　在三年的研究过程中,我园根据课题研究方案,扎实有效地开展各项研究工作,着力挖掘"蓝色海洋文化"的内涵,努力构建积极进取、开放包容的研究氛围,广开言路,深入推进。课题研究小组成员共同努力,从构建回归自然、富有海洋气息的环境入手,以课程实施作为课题研究的载体,探索并形成了具有园本特色的"蓝色海洋教育文化",推动了幼儿、教师、家长及幼儿园的整体发展。

　　1. 专家引领提升水平。

　　任何研究都要有理论依据,而这正是我们的短板,老师们对海洋知识理解粗浅。针对这一现状,我们有效借助专家的引领和指导,不断提高自身的研究水平。2011年1月6日,我园召开了课题开题会。青岛市教育局原学前教育处李一鸥处长,青岛市教科所于立平所长,青岛市学前教研室薛梅主任、辛明老师,黄岛区政府督导室主任督学位俊生局长,黄岛区(现青岛西海岸新区)政府督导室副主任督学张成霞局长,黄岛区(现青岛西海岸新区)教体局教科所刘永春所长参加了开题会。各位专家和领导对开题报告进行了精辟的点评,从理论和实践两方面进行了现场指导。在专家指导的基础上,我们对研究报告进行了反复修订,为课题顺利开展奠定了坚实的理论基础。作为青岛市海洋教育实验园,中国学前教育研究会"十二五"研究课题、青岛市教育科学"十二五"课题"幼儿园蓝色海洋教育课程资源创造性开发与利用研究"的研究者,我们经常参加由青岛市基教处、教科所、教研室组织的阶段性成果交流活动,每一次都得到领导、专家的倾情指导,不断提高了我们的课题研究水平。结合课程内容,我们也积极邀请专业人员来园培训,提高教师实施课程的能力,如邀请山东社会科学院海洋经济研究所孙吉亭所长来园指导、邀请青岛职业学院的教授来园开展有关海洋生物及海洋环境等方面的讲座等。

2. 同伴互助共同发展。

我们的研究注重全体教师广泛参与,发挥团队互帮互助、共同研究的作用,实现研究资料共享、研究成果共享,取得了课题研究与教师成长、幼儿发展的三赢效果。

(1)在多元途径中优化园本教研。

教师是研究的主体。为保证研究顺利进行,我们加强了对教师的培训,总结出几种园本培训模式:体验式培训、共享式培训、观摩式培训、参与式培训,同时开展了微格教研,如开展海洋教育知识论坛、"海洋教育一人一课"活动、海洋主题环境评比活动、海洋主题案例经验交流等。此举进一步调动了教师参与科研活动的积极性、主动性,发挥了教师在科研活动中的创造性,为开展海洋教育实验、促进教师整体教科研水平的提高打下了坚实基础。

同时,我们大力推广"海洋知识一人一讲"的读书工程,倡导教师阅读海洋书籍、知晓海洋信息、掌握海洋最新动态;组织教师认真学习青岛市小学海洋教育地方课程教材。青岛市小学海洋教育地方课程教材内容涵盖量大,目标明确,层次清晰,呈现方式生动活泼,极其生活化,为我园海洋教育课程建构提供了很好的借鉴。

(2)在集体备课中深化主题实施。

在海洋教育主题活动实施前,我们专门设置了海洋主题集备活动,包括海洋知识体系架构、系列活动的开展等,一方面引领教师踊跃参与、精心准备、详细介绍,并用多媒体、图片等方式与大家共享自己收集的信息资料,从而熟知主题内容;另一方面引领教师根据幼儿的年龄特点、兴趣及周边资源,寻找主题活动的切入点,深入分析主题,同时吸纳家长参与,引领班级家委会成员到附近调查、采访,对各种有价值的资源进行汇总、筛选,为课程注入新的活力。

(3)在不断调整中完善园本课程。

课题研究的目的是促进幼儿发展,而课程是其重要载体。在研究过程中,我们以课程的优化和完善为抓手,将"蓝色海洋教育"主题课程纳入"绿色教育"园本课程体系中,并在研究中不断调整,使我园的园本课程一直处在动态发展之中。

同时,我们建立了"蓝色海洋教育"课程资源库并使之不断丰富,有效地保障了课程实施质量。

3. 物质保障构筑坚实基础。

为了保证课题研究的顺利开展,我园本着"低成本、高质量"的原则投入资金,为课题研究奠定坚实的物质基础。例如,投资10万元进行了幼儿园海洋特色建设,从建筑设计、环境布置等方面创设具有海洋文化特色的幼儿园环境,让海洋文化渗透到幼儿园的每一个角落,努力展示海洋文化教育的特征;建立并不断丰富了海洋教育资源库,投入5万元购买了丰富多彩的海洋教育图书(包括科学、文学、艺术、历史、海防等)、碟片、幼儿绘本等,为教师实施课程提供了丰富的知识、信息支持;投入足够的资金保障教师培训学习及幼儿外出参观、采访等。在幼儿园本身投入的同时,我们也积极争取社会、家长的支持,他们积极捐赠渔船、渔具等供幼儿开展活动。

(三)结题阶段

经过三年的研究,在全体教师的共同努力、专家的精心指导和各级领导的关心支持下,我们的研究取得了一些成果,并涌现出一大批优秀教师。

1. 理论研究方面。

(1)教师挖掘和利用周边的海洋资源,构建了"蓝色海洋教育"课程,并作为我园特色纳入"绿色教育"园本课程方案中,拓展了"绿色教育"课程,凸显了海洋教育特色,并荣获青岛市园本课程评选一等奖。

(2)本课题研究总结的"海洋课程资源开发与利用的有效策略和方法",极大地丰富了海洋教育研究的相关理论。本课题研究首先提出幼儿园"蓝色海洋教育"主题课程的构建必须建立在普查、筛选本土海洋资源的基础之上,在构建过程中要把握三大原则,即兴趣性原则、适宜性原则、生活性原则;其次明确了幼儿园应以"亲近海洋—探索海洋—保护海洋"为线索来确立不同年龄段幼儿的发展目标,并关注幼儿园海洋教育目标的整体性、联系性、层次性、针对性,保证教育目标在课题研究中的导向作用;最后在关于整合利用各类资源创造性实施幼儿园海洋教育课程方面,认为课程资源的开发、利用可以从挖掘教师资源、打造环境资源、创新节日活动资源、吸纳家长资源、融合社区资源几方面进行。以上研究结论将对各地幼儿园进行相关领域研究提供重要借鉴。

2. 教育实践成效方面。

(1)构建了集目标、内容、评价于一体的园本课程,编写了《蓝色海洋主题教育园本课程方案》《蓝色海洋主题教育背景下的主题活动案例集》《蓝色海洋主题教育生成活动集锦》《蓝色海洋教育资源库》《海洋文化节资料集》及《蓝色海洋教育家长工作手册》。

(2)特色教育活动视频荣获全省特色教育活动评选一等奖,视频中介绍了我园室内外的海洋环境、教师组织幼儿开展的海洋主题区域活动等。

(3)祝晓敏老师撰写的《"蓝色海洋教育"实验管理侧记》发表在《幼教园地》2012年第10期。

(4)2012年在全市中小学海洋教育论坛活动中,南海玉老师做了"幼儿园蓝色海洋资源的开发与利用"的专题发言。

(5)2013年邵瑜园长参加青岛市幼儿园课程改革成果交流会,会上交流了"幼儿园蓝色海洋资源创造性开发与利用研究"课题阶段性总结报告。

(6)刘晓晓老师在"中国学前教育研究会'十二五'课题研究阶段成果交流暨教育活动展示"活动中,展示了公开课——海洋科学教育活动《爱讲故事的小鱼儿》。

(7)刘磊老师撰写的《快乐渔村行》荣获全区区域活动评比一等奖。

(8)成功组织了海洋节系列活动。此项活动每年至少组织一次,并编辑成《海洋文化节资料集》。

(9)成功组织了外出参观实践活动。组织幼儿到与海洋教育有关的周边环境中,自发地调查、采访、参观并收集相关资料。此项活动每年至少组织一次。

（10）指导家长创编了亲子共读海洋绘本，大家分享阅读感受，实现了海洋图书阅读共享。

（11）在青岛市科技节——头脑奥林匹克挑战赛中，我园教师、幼儿自编、自演的童话剧三次在"和谐海洋"竞赛项目幼儿组中获奖：2010年《鲨——我们的好朋友》获一等奖，2011年《保护海洋》获一等奖，2012年《海底旅行》获最佳指导奖。

课题研究有效地推动了教师专业化成长，打造了优秀的教师队伍，促进了幼儿的和谐均衡发展。我园有一名教师被评为青岛市教育科研先进个人，一名教师被评为青岛市优秀教师，一名教师荣获青岛市教学能手荣誉称号，两名教师获青岛市优秀专业人才荣誉称号，七名教师荣获青岛市教育教学优秀成果奖公开课荣誉称号。课题研究的开展，极大地丰富了幼儿的海洋知识，激发了幼儿爱海、护海的情感，同时提高了幼儿社会实践探索能力，带动均衡发展。

本项研究取得的显著成果将在研究报告中做详细陈述。

三、反思

（一）应不断提高海洋课程内容与幼儿发展的匹配度

幼儿对海洋的兴趣点比较广泛，因此，在日常活动中，教师如何确定海洋课题研究的核心因素，并将其与各年龄段的幼儿课程内容匹配，与幼儿的发展契合，是决定课题研究质量、确保课题研究价值的关键之处。我们实施的课程是教师根据周边的海洋资源和自己教育实践经验而形成的，其科学性、适宜性、系统性、层次性有待进一步提高。

（二）海洋主题课程评价不足，需要不断尝试和实践

课程实施是否有效，需要通过课程评价体系来评价。制定科学的海洋课程评价标准是我们今后要探索的方向，如加大教师平时对幼儿参加海洋主题活动时语言、行为等的观察，随时记录幼儿在活动中的表现，为客观评价海洋课程实施效果和幼儿发展水平提供依据。

中国学前教育研究会"十二五"研究课题
青岛市教育科学研究所"十二五"规划课题

"幼儿园'蓝色海洋教育'课程资源创造性开发与利用研究"研究报告

一、问题的提出

海洋是地球上一切生命存在、发展的前提和基本条件,是人类赖以生存和发展的重要空间。21世纪是海洋的世纪。1992年世界环境与发展大会确定的《21世纪议程》中明确指出:海洋是全球生命支持系统的一个基本组成部分,是一种有助于实现可持续发展目标的宝贵财富。开发利用海洋是解决人口、资源、环境这三大全球性难题的一条出路。但是,人们在适应和利用海洋环境的过程中,对海洋资源、海洋危机、海洋灾害的认识还远远不够,对海洋的污染、破坏也达到了惊人的程度,对海洋的保护已是刻不容缓。党的十八大报告提出:提高海洋资源开发能力,发展海洋经济,保护海洋生态环境,坚决维护国家海洋权益,建设海洋强国。青岛市以打造"蓝色硅谷"为目标,在贯彻落实《青岛市中长期教育改革和发展规划纲要(2010—2020年)》中提出:要推进"蓝色海洋教育"实验、打造海洋教育优势区,探索形成以海洋教育为特色的创新型人才培养模式,这使得海洋教育成为我市教育改革和幼儿园、学校特色发展的品牌项目,其核心目标是"人的发展",就是使岛城的每位儿童从小学习丰富的海洋知识,拥有热爱海洋的人文情怀,践行保护海洋的公益行动,从小埋下一颗"爱与责任"的种子。

以幼儿作为海洋教育的对象,对其进行海洋生态、环保、资源利用教育,使其初步形成"认识海洋、重视海洋、利用海洋、开发海洋、保护海洋、发展海洋"的意识及正确的海洋价值观和可持续发展观,增强幼儿的海洋保护意识,提高其将来参与海洋保护的能力。

黄岛区第一幼儿园(现青岛西海岸新区第一幼儿园,以下简称"一幼")所在的黄岛区(现青岛西海岸新区)面对黄海,毗邻胶州湾,具有得天独厚的海洋自然资源与海洋人文资源。黄岛区(现青岛西海岸新区)拥有美丽的凤凰岛,被誉为"亚洲第一大沙滩"的金沙滩、景色迷人的银沙滩、"海上西湖"唐岛湾等自然景观;拥有世界第一跨海大桥、海底隧道、造船厂、青岛港等人文景观,还有山东科技大学、青岛理工大学、中国石油大学等高等院校资源。跨海大桥、海底隧道的开通,使黄岛区(现青岛西海岸新区)与市区步入同城时代,也使栈桥、奥帆基地、极地海洋馆、海底世界、中国海洋大学、海洋研究所等优质资源成为幼儿园开展海洋教育的有利条件。

经过十多年的研究,"一幼"在"绿色生态教育"研究方面进行了深入的探索,先后承担了国家、省、市四项课题研究并顺利结题,因而具有扎实的科研功底。尤其在"绿色教育"课程构建的研究方面取得了良好的实效:多次参加山东省、青岛市幼儿园教材的编写,并在全省进行了课程实施经验的推广;2010 年在青岛市幼儿园课程方案评选活动中获一等奖。2011 年,"一幼"又被青岛市教育局确定为"蓝色海洋教育实验园"。"幼儿园'蓝色海洋教育'课程资源创造性开发与利用研究"课题的研究与实施,为"绿色教育"找到了延伸和扩展的新的生长点,将为我园进一步充实、完善"绿色教育"课程体系、实现新的超越奠定扎实的基础。

二、研究综述

目前国内外对"蓝色海洋教育"的研究主要面向基础教育学校。国内部分学校,如青岛市的同安路小学、文登路小学、胶州市少海小学,浙江省舟山市定海区中小学、普陀区虾峙中心小学、浙江鹿西义校,大连金州新区滨海学校等,对秉承"蓝色"理念探索海洋特色鲜明的办学之路进行了研究,探索建立了具有地方特色的、面向 21 世纪的中小学海洋教育体系,形成了中小学海洋教育理论体系、中小学海洋教育教材体系,构建了中小学海洋教育模式,并成功地创建了中小学海洋教育网站。近年来,青岛市投入专项资金,从基础教育学段抓起,加强海洋教育,开发编制了全国首套海洋教育地方课程教材《蓝色的家园(海洋教育篇)》,小学开设了蓝色海洋教育课程,成为全国首个在小学阶段全面普及海洋教育的城市。但是,学前教育领域,关于海洋教育的研究非常缺乏,尤其对幼儿园海洋课程资源的开发利用、幼儿园海洋课程的构建更是研究较少。

三、课题研究的价值

本课题研究旨在以"幼儿园蓝色海洋教育课程资源创造性开发与利用研究"为切入点,充分利用幼儿园所处的地域优势,梳理、挖掘海洋教育资源,构建具有本区域特色的"蓝色海洋教育"主题课程,激发幼儿探究海洋奥秘的兴趣,培养幼儿热爱家乡、热爱海洋、保护海洋的思想感情,培养幼儿的创新能力和探索意识,为幼儿的发展奠定基础;同时,坚持研、教一体,在研究过程中打造高素质的教科研队伍,促进教师的专业成长,不断提高教师海洋教育资源开发能力和实践教育能力,探讨教师创造性利用海洋教育资源开设主题探究课程的策略和方法,不断充实、深化我园的"绿色教育"课程体系。

四、研究思路与方法

在我园"绿色教育"理念的引领下,广泛调研并充分挖掘本土海洋资源,根据幼儿发展的特点,构建"蓝色海洋教育"课程,并以满足幼儿主动探索的需求为出发点,探索不同课程内容的实施方式。

行动研究法——贯穿于整个研究始终。在研究过程中,教师共同拟订具体行动方案并予以实施,研教合一,研究"蓝色海洋"教育资源的利用对幼儿海洋意识的形成及发展水平的影响。

（一）文献法

通过 CNKI、万方等电子数据库，充分利用幼儿园图书馆和青岛市、黄岛区（现青岛西海岸新区）馆藏文献等查找有关课程资源开发与利用的文献资料作为研究的依据，关注国内外研究动态，并力求在前人研究的基础上有所突破和创新。

（二）观察比较法

观察、对比幼儿在研究实施前后发展情况，分析教师的经验和做法，归纳总结课程资源的开发利用与幼儿发展的关系。

（三）问卷法

自编并发放问卷，了解教师对海洋教育资源的掌握情况以及家长对幼儿进行海洋教育的情况。

（四）经验总结法

总结利用优质教育资源实施课程，促进幼儿发展的经验与策略，归纳提升后进行推广。

五、课题界定

课程资源是指有课程要素来源以及课程实施的必要且直接的条件。幼儿园课程资源开发是指在专家的指导下，充分发挥教师的主体性，由各方面力量参与，依据地方实际资源，对幼儿园课程资源进行选择、修订和创造的过程。课程资源开发与利用的目的是为了促进幼儿的终身发展，同时提高教师的教科研水平，提升教师的资源开发和实践教育能力。

具体到幼儿园海洋教育课程资源的开发，则是指在教育专家、行家的指导下，充分发挥教师的主体性与创造性，利用独特的海洋自然地理资源与人文资源，构建"蓝色海洋教育"园本课程，使幼儿在与各种材料的交互作用中以及直接探究、感知自然和环境的实践活动中，积极、主动地丰富知识经验，发展对本土资源的认同感和亲社会行为，在促进幼儿全面和谐发展的同时促进教师的专业成长。

六、研究框架和主要内容

（一）对海洋教育课程资源的调查与开发研究

幼儿园所处的环境是重要的课程资源，如何将这些资源转化为课程内容，从而促进幼儿的发展成为幼儿园课程开发的第一要务。为此，我们从普查汇总海洋资源、创设海洋环境入手丰富课程资源。资源选取主要有三个层次。

1. 普查社区资源。

幼儿园围绕青岛市特别是幼儿身边的黄岛自然资源和人文风情进行查阅、学习和调查,在收集整理的基础上,从海洋风景、民俗风情、海洋物产、人与海洋四个方面绘制了本土化海洋资源的网络图(图1-1)。

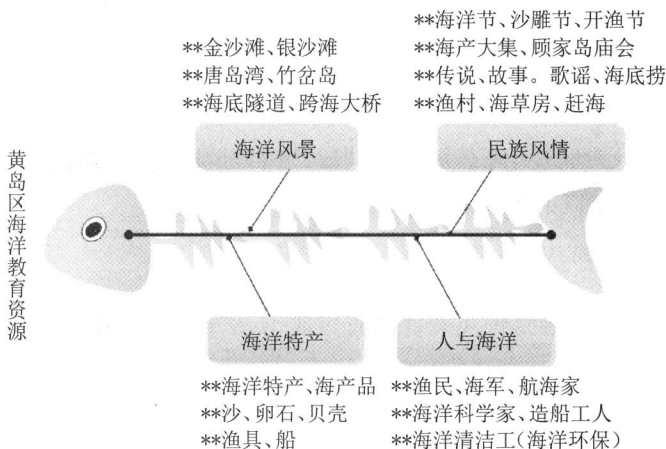

**海洋节、沙雕节、开渔节
**海产大集、顾家岛庙会
**传说、故事。歌谣、海底捞
**渔村、海草房、赶海

**金沙滩、银沙滩
**唐岛湾、竹岔岛
**海底隧道、跨海大桥

海洋风景　　民族风情

黄岛区海洋教育资源

海洋特产　　人与海洋

**海洋特产、海产品　　**渔民、海军、航海家
**沙、卵石、贝壳　　　**海洋科学家、造船工人
**渔具、船　　　　　　**海洋清洁工(海洋环保)

图1-1　本土化海洋资源网络图

2. 创设室内环境资源。

园所环境是传递幼儿园文化理念的载体,展现着幼儿园发展的轨迹,折射出幼儿园的课程特色,同时也成为润泽无声、唾手可得、至关重要的教育资源。幼儿园以海洋文化为特色,从建筑设计、环境布置等方面丰富着物质文化建设,努力使海洋元素渗透到幼儿园的每一个角落,凸显鲜明的海洋文化特色,营造海洋教育的氛围,并力求体现海洋教育中幼儿快乐探索的深层内涵。例如,创设了充满童趣、隐含探索精神的"小海螺"主题墙和体现快乐、愉悦理念的形象墙;在多功能厅将代表每一个幼儿形象的小鱼吊挂成一组壮观的鱼群,让幼儿感受到大海包容、进取的精神,激发幼儿探索海底秘密的热情;走廊里挂满了以大海为主题的幼儿绘画作品和手工作品,鼓励幼儿用稚嫩的笔触展现自己丰富的想象力和令人惊叹的表现力;在大厅中设置海洋知识图片展、海洋工具实物展,加深幼儿对海洋的了解,培养他们探究海洋的兴致。

除此之外,教师结合"蓝色海洋教育"主题课程中"我是一条小小鱼""大海我的家"等内容,创造性地创设了班级的整体环境,从互动墙饰到主题信息分享区,从活动区墙饰到幼儿活动材料的提供,都充分地体现了课程目标,有效地激发了幼儿参与主题活动的兴趣,为幼儿获得海洋知识、体验爱海护海的情感搭建了直观生动、富有情趣的平台,凸显了环境的隐性教育价值,生动地传达了幼儿园所追求的海洋文化理念。

3. 开发院落环境资源。

幼儿喜欢在户外游戏,幼儿园院子里的树叶、石头、沙池都会成为开展游戏的资源,而且这些资源淳朴自然、比比皆是、唾手可得。因此,教师在准确把握幼儿园户外环境资源的基础上精心创设了户外海洋游戏区域,提供了大型木船、帆船、渔网、彩色轮胎、水管等,引发幼儿自主开展各种游戏。游戏中幼儿把木船布置成军舰,玩起海上侦查巡逻的游戏;

把轮胎当成渔民的灶台,进行海鲜大卖场的游戏;利用渔网玩渔民伯伯拉网捕鱼、织网晒鱼的游戏。幼儿在院子里进行帆船比赛,在沙池里寻宝、筑桥、进行沙塑等。就这样,幼儿以院子里的自然环境为背景,以朴实的自然材料为玩具,乐此不疲地开展着自己的游戏,在游戏中感受活动的快乐,感受家乡的民俗,从而达到传承和发扬海洋文化的目的。

从上述资源中,我园根据幼儿的学习特点筛选出有关内容作为海洋课程的主题。

(二)海洋主题课程的构建研究

我园开发了集目标、内容、评价于一体的园本课程,编写了《蓝色海洋主题教育园本课程方案》《蓝色海洋主题教育背景下的主题活动案例集》《蓝色海洋主题教育生成活动集锦》《蓝色海洋教育资源库》《海洋文化节资料集》及《蓝色海洋教育家长工作手册》。

1. 海洋主题课程目标的确立。

要想充分利用丰富的海洋资源,使之真正促进幼儿的发展,必须有科学的目标作指导。我园确定了"蓝色海洋教育"课程幼儿发展总目标,即培养幼儿亲近海洋、认识海洋、热爱海洋、保护海洋的强烈意识,引导他们建立正确的海洋价值观,为他们未来生存和终身发展奠定良好基础。

同时,在《幼儿园教育指导纲要》《3～6岁儿童学习与发展指南》的指导下,建立了"蓝色海洋教育"课程教育目标,注重教育目标的整体性、联系性、层次性、针对性,保证教育目标在课题研究中的导向作用。具体目标为:

(1)引导幼儿亲近海洋,享受海洋带给生活的美好和快乐;

(2)引导幼儿了解关于海洋的知识,并积累丰富的经验;

(3)激发幼儿对神奇海洋的浓厚兴趣,乐于主动探究其中的奥秘;

(4)引导幼儿能够从身边的小事做起,付诸保护海洋的公益行动;

(5)激发幼儿树立热爱家乡、热爱海洋、保护海洋的情感;

(6)使幼儿拥有热爱海洋的人文情怀,形成开放、包容、创新、进取的精神和正确的海洋价值观。

同时,根据大、中、小班幼儿的年龄特点,以"亲近海洋—探索海洋—保护海洋"为线索,确立了大、中、小班不同年龄段的目标。

小班:能发现和关注海边常见的海洋生物,乐于参与玩沙玩水的游戏,喜欢亲近海洋。

中班:欣赏家乡的海边美景,认识奇妙的海洋动物,感受海洋的神奇博大。

大班:了解简单的海防知识,探究海边的渔文化,树立保护海洋的意识。

2. 海洋课程主题的构建。

在确定目标的基础上,结合幼儿的年龄特点和本土课程资源的实际,再次进行了筛选、加工和重新整合。在筛选过程中我们遵循了三个原则,即生活性原则、兴趣性原则、适宜性原则,并在三原则的指导下最终确定了六个适合在不同年龄阶段开展的海洋主题(表1-1);又根据季节、幼儿发展等因素,将其纳入我园《"绿色教育"课程方案》的体系中(表1-2),上下学期各一个主题活动。由于海洋主题具有极强的开放性和实践性,因此,海洋教育课程一般安排在十月份前后和五月份前后实施,便于幼儿走出幼儿园开展相关活动。

表1-1　活动目标与主题名称

班级	目标	主题名称
小班	能发现和关注海边常见的海洋生物,乐于参与玩沙玩水的游戏,喜欢亲近海洋	海边真好玩 小贝壳大世界
中班	欣赏家乡的海边美景,认识奇妙的海洋动物,感受海洋的神奇博大	我家住在大海边 海洋世界真奇妙
大班	了解简单的海防知识,探究海边的渔文化,树立保护海洋的意识	海边的孩子爱大海 快乐渔村行

表1-2　大班主题活动安排表

学期	序号	主题名称	活动时间
上学期	1	大班趣事多	2周
	2	我是中国人	3周
	3	海边的孩子爱大海★	2周
	4	丰收的秋天	3周
	5	做一做真神奇	2周
	6	我和图书交朋友	2周
	7	神通广大美猴王	3周
	8	幼儿园生日快乐	1周
下学期	1	爱心对对碰	3周
	2	生活好帮手	1周
	3	树世界真大	2周
	4	劳动真光荣	2周
	5	我就是我	2周
	6	快乐渔村行★	3周
	7	我上小学了	3周

　　在确立大中小各主题内容及可利用的资源后,各教研组又根据不同年龄段幼儿发展水平和主题目标要求,遵循"一日活动即课程"的理念,平衡五大领域内容,汇总、整理出具体的课程实施安排(表1-3),初步构建起"蓝色海洋教育"主题课程体系。

表1-3　中班上学期主题目标及内容安排

活动目标	教育活动	生活活动	家长与社区	户外活动
1. 认识螃蟹、蛤蜊、海星、牡蛎、海虹、海蜇等常见海洋生物主要特征、习性,以及赶海常用的工具,了解这些工具的作用,知道赶海受天气、潮汐等因素的影响。	1. 赶海(半日) 2. 我们赶海去(社会) 3. 赶海的小姑娘(音乐)	1. 结合午餐报告环节向幼儿介绍园内食谱中各种贝类、鱼虾等的营养,引导幼儿喜欢吃海鲜,不挑食,不剩饭。	1. 建议家长指导幼儿一起将赶海收获的蛤蜊、海虹等进行清洗、蒸煮、品尝。	体育活动: 企鹅向前冲 体育游戏: 渔网

续表

活动目标	教育活动	生活活动	家长与社区	户外活动
2. 初步掌握赶海工具的正确使用方法；能运用泥工、绘画、沙画、搭建等技能表现赶海时看到的海洋生物、海边风光等；能创造性地运用身体动作自由地表现赶海的愉悦心情，在赶海的过程中会保护自己。 3. 体验和家长、小伙伴、老师一起在海边嬉戏、玩耍、赶海的快乐心情。	4. 赶海（语言） 5. 海边风光美（美术）	2. 向幼儿介绍关于食用海鲜的禁忌，养成健康饮食的好习惯。 3. 指导幼儿定期理发、勤换内衣、洗澡、剪指甲等，注意保持清洁的个人卫生。 4. 指导幼儿午睡时平躺或右侧卧睡，盖好被子。	2. 家长带领幼儿到海鲜市场购买海鲜，在购买的过程中向幼儿介绍各种海鲜的名称、营养、食用方法等，感受家乡海产的丰富和特有的饮食文化。 3. 家长和幼儿一起到海边进行沙画、沙雕活动。 4. 经常带领幼儿去海边赶海，体验赶海的乐趣，同时注意保护海边的环境，和孩子一起捡拾垃圾。	自选活动： 1. 提供沙水玩具，指导幼儿进行沙塑活动。 2. 提供各种贝壳、食品包装袋、炊具、餐具等，幼儿开展游戏"海边的餐厅"。 3. 提供小桶、铲子等工具，幼儿在沙水池开展"赶海"的游戏。

（三）海洋主题课程的实施方式研究

我园以满足幼儿主动探索的需求为出发点，确定不同课程的实施方式。

1. 丰富区域活动。

区域环境的创设，尤其是区域材料的提供，能有效引发幼儿积极参与活动的兴趣，促使其充分发挥主体意识，在与材料的交互作用中获取新的关于海洋的有益经验。例如，在大班主题《快乐渔村行》中，教师创设了丰富的区域环境，促进了幼儿个性化的发展。

在信息区，教师和幼儿围绕问题"黄岛区（现青岛西海岸新区）的渔村有哪几个"共同搜集信息，将黄岛区（现青岛西海岸新区）渔村布局图呈现在区域中。为了使参观渔村的活动真正促进幼儿的发展，教师组织幼儿将参观渔村分为几个小的系列活动在信息区中展示与交流：参观采访的准备工作——小组参观采访计划以及对应的小组采访记录表——表征、掠影各小组的活动情况。针对幼儿的需要，教师还创设了"渔村知多少"信息专栏："渔民祭海"专栏向幼儿展示了黄岛区特有的民俗文化；"神秘的陈姑庙"专栏向幼儿讲述了家乡神秘的古老传说；"有趣的渔谚和成语"专栏引导幼儿在感受渔民文化有趣的同时大大丰富了幼儿的词汇；"制作干海产品"专栏记录了幼儿亲手制作干海产品的精彩瞬间，增强了幼儿的成功体验。信息区支持并帮助幼儿丰富与海洋课程相关的知识经验，勾画出海洋课程实施的脉络。

在棋苑，教师设计棋盘"渔村行""小船的航行"等供幼儿游戏。在语言区，教师指导幼儿根据自己参观渔村的所见所闻，结合小组内拍摄的图片进行排图讲述。在建构区，教师引导幼儿拼搭渔村富有乡土气息的古老的海草房、海边小屋等。在科学区，教师引导幼儿进行"海洋食物链对对碰"，引导幼儿了解海洋中大鱼吃小鱼、小鱼吃虾米的自然生存方式，大大满足了幼儿的好奇心。在角色区，教师和幼儿共同创办"海鲜市场"，教师引导幼儿进行"海鲜买卖"的游戏,鼓励幼儿大胆向"顾客"推荐海产品,介绍海鲜的特点和营养价值,提高幼儿的社会交往能力。在表演区,教师制作了海洋动物饰演用具,如鲸鱼、螃蟹隔断和各种海洋服装、美人鱼头饰等,供幼儿进行创造性的表演。在美工区,教师组织幼儿进行水墨画《渔舟唱晚》、剪影画《捕鱼归来》、版画《丰收的渔民》等不同表征方式的美术活动。

2. 创新节日活动。

重大的节日活动总能够给幼儿留下难忘的印象。将节日活动与幼儿园海洋教育课程进行有效整合,能创新节日活动的组织形式,极大地丰富节日活动的内涵。我园借助"六一"儿童节,开展了连续三届的海洋文化节。教师引导幼儿全方位参与文化节的活动,帮助幼儿梳理、提升海洋教育主题的活动经验,同时给幼儿提供展示自我、张扬个性的机会与场所。

在文化节期间,我园组织幼儿开展了与海洋教育有关的系列活动;每个班级除了先后开展了关于海洋的主题活动外,还举办了"幸福六一——欢乐海洋"专场活动,包括"大海的故事"绘本制作活动、童话阅读展演活动、"我是海洋小博士"海洋知识竞赛活动、"海洋动物本领大"体育竞赛活动、贝壳亲子制作展评活动、亲子绘画活动,"游艇嘉年华"海洋主题游园活动等。幼儿在活动过程中进一步丰富了海洋知识,培养了团结合作精神,萌发了热爱海洋的情感以及争当海洋小博士的志向,充分感受了文化节带来的别样乐趣。

3. 进行社区调查。

社区里的人、事、物在幼儿眼中总是充满新鲜感和好奇感。我园整合并利用周边社区资源,带幼儿走出园门、走进社区。在与社区里的人、事、物互动的过程中,幼儿总有意想不到的惊喜和收获。

大班幼儿在实施"快乐渔村行"主题活动中,教师带领幼儿分成"渔民采访组"和"渔村探秘组"走进社区周边的渔村,观看了渔民织网,参观了海草房,在渔港码头亲眼见证并分享了渔船归来渔民收获的喜悦以及了解了渔民捕鱼的工具等。活动中,幼儿大胆地向渔民提出了自己的疑惑。在与渔民爷爷、奶奶以及织渔网的阿姨的积极互动中,幼儿了解了许多有趣的故事,如已有80多年历史的海草房具有冬暖夏凉的特殊功能;养殖扇贝原来住在9~10层的"楼房"里,为了让扇贝有足够的呼吸空间,每层的托盘都带有小洞洞等,激发了进一步探究渔村的欲望。追随幼儿的兴趣,生成活动"我和渔民同欢乐"衍生出来了。教师带领幼儿再赴渔村,以大海为背景,开展了精彩的演出活动,表达了幼儿对渔民的敬重与热爱之情,进一步促进了幼儿的成长。

除此之外,教师还把握时机,创造性地组织幼儿进行海鲜市场大调查、参与金沙滩文化旅游节、举办童话剧场进社区、开展"爱海护海"等社区宣传活动。

(四)拓展课程实施主体资源

1. 挖掘教师智慧,灵活实施海洋课程。

我园依靠海洋课题研究的契机,大力倡导教师在深入实施海洋课程的基础上发挥主观能动性和创造性,使每一个海洋主题活动都充满活力。每学期海洋主题活动开展之前,我园都会组织教师进行主题集体备课活动。活动中回放以往海洋教育课程实施过程,通过观看海洋教育课程实施的视频、照片等重温主题课程内容,点亮教师创造性实施海洋课程的智慧之灯,激发教师深入研究海洋教育课程的兴趣和热情。

在此过程中,生成活动成为课程实施的一大亮点。大班开展"快乐渔村行"的主题活动中自然生成"制作干海产品"的活动。整个活动教师和幼儿一起买海鲜—洗海鲜—煮海鲜—扒海鲜肉—烤海鲜—晒海鲜—吃海鲜,一次亲身的制作体验让幼儿从中收获的不仅仅是知识、技能,更多的是在这个过程中体验到的合作的乐趣、制作成功的欣喜以及在海边生活的幸福。

生成活动有的利用固定资源生成,如:大班"我家住在大海边"的主题中生成活动"我设计的船只推荐会""了不起的造船工人""快乐渔村行"的主题中生成活动"海产品交易会";中班"美丽的凤凰岛"的主题中生成活动"我是凤凰岛的小导游""海鲜市场大调查""有趣的海底世界"的主题中生成活动"搭建海洋动物馆""海洋动物剧场";小班"海边真有趣"的主题中生成活动"我和小鱼交朋友",等等。支撑这些活动的固定资源具有可复制性,因此,活动过后教师会再一次对活动进行优化、筛选,纳入我园的园本课程方案中,使海洋教育课程不断丰富和完善。

有的活动利用一过性的资源生成,如在跨海大桥建成之际生成活动"海上最美的大桥"、在海底隧道开通之际生成活动"隧道开通了"、在东营老师来园挂职之际生成活动"东营来的客人老师"等。由于这些生成活动的资源具有不可复制性,因此,教师将这些活动整理成生成活动案例进行交流分享,并纳入主题资源库中,供教师借鉴和学习。生成活动的开展,极大地提高了教师创造性设计、实施课程的能力,更重要的是通过这些活动的开展有效地促进了幼儿的全面发展。

2. 家长成为主题活动的助教。

为激发家长参与海洋教育课程实施的积极性和主动性,扩展主题活动内容,我们根据海洋主题活动的内容安排设计了"家长主题资源提供信息表",将主题活动的目标、所需的活动资源呈现在表格中,家长根据自己的条件自愿报名提供、充实课程资源。同时,家长还根据幼儿活动的需要提供了大量物质材料,如有关海洋的图片、相片、视频、标本、渔具、各种贝壳、鹅卵石等,为幼儿的活动提供了有力的支持和保证。

伴随着海洋主题活动的开展,家长对主题活动目标的理解越来越深刻。关于主题活动的实施,家长们有很多有价值的想法,他们所策划的活动丰富了课程内容,得到了幼儿的青睐。例如,山东科技大学的家长,组织幼儿参观了海洋生物化石展;文化馆工作的家长,带领孩子们参观了黄岛民俗馆;中国石油大学的家长,为幼儿介绍海底石油的开采;渔业局的家长,带领幼儿参观渔港码头,等等。今年的海洋文化节中,家长们还特意邀请了专业沙画老师为幼儿送上了一场美轮美奂的沙画表演。

每位家长都有自己的特长和强项。在活动中,我们充分挖掘和利用他们的优势,邀请他们来园助教,亲历幼儿学习与成长的过程。在"海鲜小厨房"活动中,家长来幼儿园为幼儿现场煮海鲜,向幼儿讲解生海鲜慢慢变熟的过程以及生海鲜肉与熟海鲜肉的不同,同时介绍食用海鲜的禁忌以及海鲜的营养价值等知识。在"听渔民爷爷讲出海的故事"活动中,我们邀请了有 30 年出海捕鱼经历的渔民爷爷来幼儿园做客座教师,为幼儿讲述出海前后的故事。活动中,渔民爷爷向幼儿讲述了出海时遇到恶劣天气怎么办、如何看云识天气、如何把握航行方向等惊险故事,并给幼儿展示了织渔网的绝活,使幼儿进一步感受了渔民的质朴、善良、勤劳和智慧,产生了对渔民深深的敬意。在"海上的船"主题活动中,武船重工的家长来幼儿园做客座教师,给幼儿讲解船的种类、用途、船的制造过程。在"海上战士——海军"的主题活动中,为了让幼儿更多地了解海军的生活及工作,海军家长做客座教师,利用课件生动、形象地向幼儿介绍了海军的服饰、武器装备、生活环境以及艰巨的任务等内容。通过家长客座教师的讲解,幼儿对海军产生了敬仰之情,增强了幼儿对海军、国防的了解。紧接着幼儿园联合家委会,共同组织幼儿到青岛海军博物馆进行了实地参观活动,进一步激发了幼儿热爱海军、保卫祖国的美好情感。

家庭与家庭之间自由组合的亲子俱乐部活动是海洋教育课程实施不可或缺的阵地。俱乐部的活动有专门的家长做负责人,每个学期都会组织丰富多彩的活动,既增加了幼儿进行社会交往的机会,又增加了课程活动的内容,如组织幼儿到海鲜市场认识各种贝类海鲜,到金沙滩开展海洋环保实践活动、沙滩拓展活动、亲子海洋报展览、亲子海洋绘本制作、亲子沙雕、亲子海边一日行,亲子摄影大赛等。这些活动是对园内课程的有益补充,在丰富幼儿经验的同时提高了家长对海洋课程的认识。

七、结语

"幼儿园蓝色海洋教育课程资源的创造性开发与利用研究"经过三年的研究与实践,形成了一套具有幼儿园特色的课程资源开发与利用的有效模式。幼儿阶段"蓝色海洋教育"目标的确定、幼儿园"蓝色海洋教育"主题课程的建构及海洋课程的创造性实施,不但丰富了海洋教育的理论,为幼教同行和家长朋友提供了借鉴,更重要的是总结出海洋课程资源开发与利用的策略和方法,为促进幼儿和谐均衡的、可持续的发展和成长进行了有益的探索与尝试。

本课题研究,首先提出幼儿园"蓝色海洋教育"主题课程的建构必须建立在普查、筛选本土海洋资源的基础之上,在筛选整合资源、确定海洋课程内容的过程中要把握三大原则,即兴趣性原则、适宜性原则、生活性原则;其次明确了幼儿园应以"亲近海洋—探索海洋—保护海洋"为线索来确立不同的年龄段发展目标,并关注幼儿园海洋教育目标的整体性、联系性、层次性、针对性,保证教育目标在课题研究中的导向作用;最后在关于整合利用各类资源创造性实施幼儿园海洋教育课程方面认为,课程资源的开发、利用可以从挖掘教师资源、打造环境资源、创新节日活动资源、吸纳家长资源、融合社区资源这几个方面进行。这些研究结论将对各地幼儿园进行相关领域的研究提供重要指导。

海洋资源的创造性开发与利用策略和方法的总结和提升,深化了"绿色教育"的理念,提升了教师的教学实践能力,促进了幼儿的全面发展,但在课题研究取得丰硕成果的同时,我园也在不断地反思研究中存在的问题,确定今后的努力方向。

1. 继续加强教师的海洋知识储备。

海洋课题研究涵盖的知识面广、专业性强，教师对海洋信息的知识储备需要长时间的积累，因此不断地跟进学习成为教师培训及教师自我学习的重中之重。

2. 不断提高海洋课程的评价水平。

课程评价是诊断、检验、调整、完善"蓝色海洋教育"课程的科学性和适宜性的重要途径。今后的研究中，幼儿园还需要更多地关注评价内容的多元性、评价视角的全面性、评价方法的科学性，从而增强评价的实效性，不断提高教师对海洋课程评价的能力和水平。

参考文献

[1] 吴刚平. 国家基础教育课程改革报告——关于课程资源的开发与利用问题. 2005.

[2] 国家海洋局海洋发展战略研究所课题组. 中国海洋发展报告 [M]. 北京：海洋出版社，2010.

[3] B·A·苏霍姆林斯基. 苏霍姆林斯基选集. 蔡汀译 [M]. 北京：教育科学出版社.

[4] 陈鹤琴. 陈鹤琴教育论著选 [M]. 北京：人民教育出版社，1994.

[5] 虞永平. 学前课程价值论 [M]. 南京：江苏教育出版社，2002.

[6] 边霞. 试论"生态式教育"的基本思想 [J]. 早期教育，2002（09）.

[7] 彭蝶飞. 幼儿园生态环境教育探析 [J]. 学前教育研究，2007（01）.

[8] 周笑冰. 环境教育的核心理念及目标 [J] 北京师范大学学报（人文社会科学版），2002（03）.

[9] 徐质斌. 海洋国土论 [M]. 北京：人民出版社，2008.

[10] 熊建设，张亭禄，史宏达. 蔚蓝海洋知识丛书（《海洋地理》《物理海洋》《海洋地质》《海洋生物》《极地海洋》《海洋技术》《海洋环境》《海洋经济》《海洋文化》《海洋军事》《海洋权益》）[M]. 北京：海洋出版社，2009.

[11] 刘承初. 海洋生物资源综合利用 [M]. 北京：化学工业出版社，2006.

[12] 乔恩·埃里克森著. 蓝色星球. 党皓文，徐其刚译 [M]. 北京：首都师范大学出版社，2010.

[13] 黄寰等. 向海洋进军 [M]. 北京：百花文艺出版社，2011.

[14] 杨广军. 海洋生态揭秘 [M]. 上海：上海科学普及出版社，2011.

中国学前教育研究会"十二五"研究课题
青岛市教育科学研究所"十二五"规划课题

"幼儿园'蓝色海洋教育'课程资源创造性开发与利用研究"结题专家鉴定意见

2014年9月29日,青岛市教育科学工作领导小组办公室组织有关专家对黄岛区(现青岛西海岸新区)第一幼儿园邵瑜同志主持的中国学前教育研究会"十二五"研究课题、青岛市教育科学研究所"十二五"规划课题"幼儿园蓝色海洋教育课程资源创造性开发与利用研究"进行了课题成果鉴定。专家组认真审阅了课题材料,听取了课题研究工作汇报,并观摩了现场展示,在充分讨论的基础上,形成如下意见。

一、课题研究立足实际,突出园本特色

该课题立足于当前幼儿园"绿色教育"研究的现状和问题,是幼儿园"绿色教育"研究的拓展和深化,与"绿色教育"一脉相承,是典型的应用性研究。

二、课题研究目标明确,过程扎实有效

幼儿园对该课题的研究进行了详细的规划和设计,课题组成员及全体教师明确每一年度的研究目标,并把具体工作落实到人、责任到人。研究中,幼儿园着力挖掘"蓝色海洋教育"文化的内涵,努力营造积极进取、开放包容的研究氛围,广开言路,深入推进,从构建回归自然的、富有海洋气息的环境入手,以海洋课程的创造性实施作为课题研究的主要途径,探索并形成了具有园本特色的"蓝色海洋教育"文化,有效地推动了幼儿、教师、家长、幼儿园的整体发展。

三、课题研究成果显著,具有重要价值

本课题的研究创造性地解决了关于"蓝色海洋教育"课程资源的开发与利用的问题,形成了一套具有园本特色的"蓝色海洋教育"课程资源开发与利用的有效模式,极大地丰富了海洋教育研究的相关理论。"幼儿阶段蓝色海洋教育目标的确定""幼儿园蓝色海洋主题课程的构建""幼儿园海洋课程的创造性实施"等研究成果,在全市乃至全国该领域中的研究中处于领先地位。同时,课题组经过不断的实践与积累,取得了较为丰硕的实践

成果:《蓝色海洋教育课程方案》《家长工作资料集》《蓝色海洋主题环境创设集》《海洋文化节集锦》《幼儿作品集》《蓝色海洋课程配套资源库》。这些研究成果的原创性和实践操作性极强,将对各地幼儿园进行相关研究提供重要指导。

专家组一致认为该课题高质量地完成了研究任务,同意该课题结题。

研发中的智慧

　　智慧就是文化进程中独创的执行力。教育的智慧就是教师的智慧,教师的智慧表现为在教育过程中的创造力和执行力。遵循教育规律,唤醒孩子沉睡于心灵深处的自我意识、学习意识、探究意识,促使孩子价值观、生命感、创造力的升华,为孩子的终身发展奠基,这正是教育智慧的真谛所在。

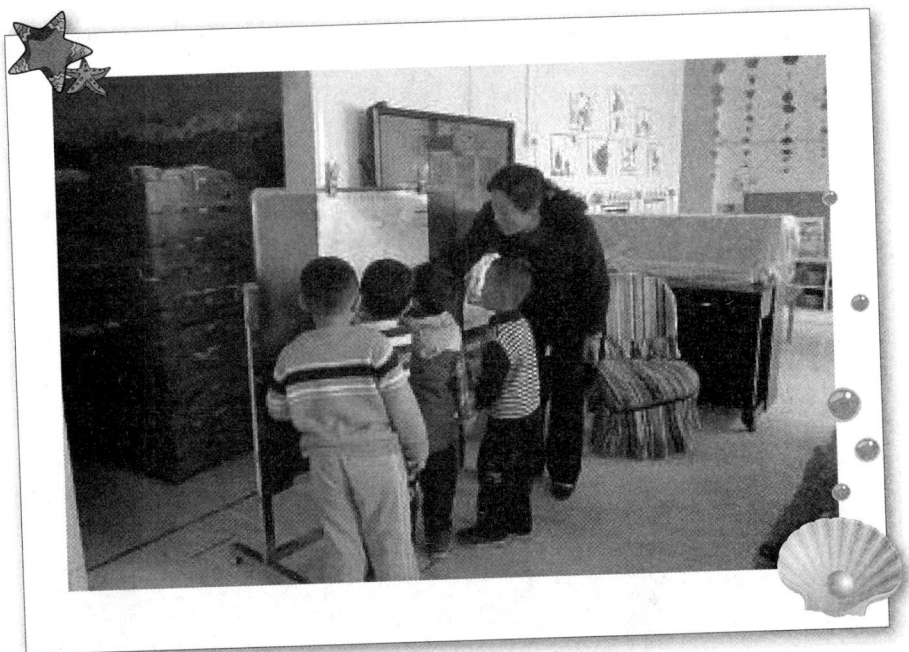

小班上学期主题活动

海边真好玩

　　主题活动"海边真好玩"包括"金沙滩真有趣"和"海边宝贝多"两个次主题活动,其活动目标及内容安排、区域活动与环境创设分别见表 2-1-1、表 2-1-2、表 2-1-3 和表 2-1-4。

表2-1-1 海边真好玩——"金沙滩真有趣"活动目标及内容安排

活动目标	教育活动	生活活动	家长与社区	户外活动
1. 知道大海的颜色、味道,了解海边玩的快乐与事,知道在海边游玩要注意的安全事项。 2. 能够用自己喜欢的方式表达在金沙滩游玩时的心情,能通过玩沙、舞蹈、诗歌等方式表达对金沙滩的喜爱。 3. 感受在海边玩沙、捉蟹、拾贝壳等活动的快乐,愿意把自己的发现告诉他人,主动与同伴交流、游戏。	1. 金沙滩——我们来了(半日)。 2. 细细沙儿,我爱你(科学)。 3. 画只小螃蟹(美术)。 4. 海浪和脚丫(音乐)。 5. 小小船儿当摇篮(语言)。	1. 利用一日活动的过渡环节,组织幼儿交流自己到海边游玩的趣事。 2. 日常生活中,引导幼儿观察带回来的小螃蟹、小鱼、小海螺、海藻等,定期引导幼儿给海洋小动物换水,喂食,主动将自己的发现和同伴交流。 3. 在午餐前,引导幼儿了解剥虾、摘鱼剥的方法和步骤,并自己动手练习剥虾、摘鱼刺,能将剥下来的皮、剥扔到垃圾桶内;养成吃完海鲜后及时洗手的良好卫生习惯。	1. 教师与家委会成员协商,制订"赶海"方案。家委会利用周末时间,组织家长和孩子们一起到海边玩水、堆沙丘,捉虾蟹、捡贝壳等,从而感受大海带给我们的乐趣。 2. 引导家长在家中教给孩子剥虾、摘鱼剥的方法,提高幼儿自理能力;提醒幼儿饭和鱼不混在一起吃,以便于取出鱼刺。 3. 招募一名家长教幼儿制作寿司,使幼儿知道寿司是用海苔做成的,了解海产品可以做出很多美味的食物。 4. 给家长推荐有关海产品制作的营养食谱,重点指导平时不爱吃海鲜的幼儿。(附食谱)	体育活动: 勇敢的小海军 体育游戏: 捉小鱼 自选活动: 1. 提供带有磁性的各色鱼玩具,磁性钓鱼竿若干,指导幼儿比一比谁的速度最快,钓的鱼最多。 2. 提供铲子、水桶、印模等用具,引导幼儿堆砌城堡、生日蛋糕等沙塑组合,感知湿沙子能抱团的特性。 3. 提供砖头、积木等,引导幼儿用沙子和水混合自制"水泥"盖房子,感知和沙泥混合的黏合力。

表 2-1-2 海边真好玩——"金沙滩真有趣"区域活动与环境创设

区域名称	活动内容	活动目标	环境创设
美工区	1. 海洋动物 2. 有趣的沙画	学习团、搓、捏等技能，能用橡皮泥做出简单的海洋动物。 尝试用沙子制作沙画，体验沙画创作的乐趣。	主题氛围营造： 1. 教室布置成"美丽的大海"场景，引导幼儿用画、抓、贴等多种方式表达自己对大海的感受。 2. 布置"海边宝贝多"展。师幼共同收集各种贝壳、卵石进行清洗、洗晒，并收集有关大海的图片、海洋生物标本、工艺品等。 互动墙饰： 金沙滩真有趣 主题信息区： 1. 教师和幼儿共同搜集的金沙滩美丽的金沙滩景色照片，分类张贴，布置墙面"美丽的金沙滩"。 2. 用孩子们在海边游玩的照片布置墙面"海边趣事多"展区。 3. 教师和幼儿共同搜集的紫菜、海带、龙须菜等图片，布置墙面"我认识的海菜"。
益智区	1. 钓鱼 2. "海洋宝宝"夹夹乐	能把小鱼钓上来，投放在相应数字的小桶里，发展手眼协调的能力和专注做事的能力。 知道章鱼有八条腿，并能点数 1～8；体验操作夹子肌肉的乐趣。锻炼双手肌肉的灵活性。	
科学区	神奇的海菜	认识几种常见的海菜，知道其名称；能发现海菜发生变化的全过程，并能与同伴讲述自己的发现。	
表演区	1. 游泳真快乐 2. 海边走秀	能随音乐有节奏做出相应的游泳动作，感受"游泳"的乐趣。 能根据音乐大胆地进行走秀活动，并在活动中创造性地装扮自己，感受和同伴一起表演的乐趣。	
阅读区	海洋绘本	提供《莎莉，离水远一点》《猫大喵哩噗噜在海里》等海洋绘本；能根据看到的图画来猜测故事情节，并将自己的猜测表达出来。	
角色区	海边小厨房	了解店员与顾客交流的礼仪和点菜、上菜的简单流程，能根据提供的海鲜大餐图片点菜和上菜，能有礼貌地与客人交流。	
建构区	海洋馆	了解海洋馆的外部结构，能用围拢、叠高等技能搭建"海洋馆"。	

表2-1-3 海边真好玩——"海边宝贝多"活动目标及内容安排

活动目标	教育活动	生活活动	家长与社区	户外活动
1. 了解海边有很多的宝贝，知道它们与我们的生活密切相关，给我们的生活带来了很多帮助与欢乐。 2. 能说出海洋里常见宝贝的名字，并大胆地在伙伴面前介绍；能主动参与沙画、撕纸画等制作活动。 3. 喜欢参与海边宝贝沙、玩水游戏；能主动做玩沙、玩水游戏，愿意对老师和同伴表达自己的感受，体验玩沙、水的乐趣。	1. 海边宝贝多（科学） 2. 鱼儿好朋友（音乐） 3. 小金鱼逃走了（语言） 4. 好吃的鱼（美术） 5. 海鲜小厨房（健康）	1. 指导幼儿在幼儿园沙池玩沙、水、玩沙时注意安全和卫生，不要将沙子弄到眼睛里；玩完沙子后应洗手，注意个人卫生。 2. 指导幼儿掌握穿雨鞋、脱雨靴的方法；玩完沙子后，能将鞋子里的沙子抖干净再进教室。 3. 指导幼儿用五部关紧水龙头正确洗手；洗完后能关紧水龙头，知道保护水源的重要性，养成节约用水的好习惯。 4. 指导幼儿餐后及时漱口，养成良好习惯；指导幼儿喝水时喝大半杯，漱口小半杯，口渴时能主动喝水。	1. 指导家委会组织家长进行"亲子沙滩运动会"的活动，感受在沙滩上嬉笑、玩耍、运动带来的乐趣。活动结束后，家长可自由与幼儿一起玩水、玩沙，合作制作沙雕，让幼儿了解沙、水的特性。提醒家长关注幼儿玩沙、玩水的安全。 2. 引导家长利用周末时间带领幼儿观看沙雕展，感受沙玩沙的美，从而激发幼儿玩沙的兴趣。 3. 联系沙画师，为幼儿进行沙画表演，引导幼儿感受沙画表演的艺术美。 4. 给家长发放"防溺水的一封信"，引导家长了解了防溺水方面的知识，并指导幼儿了解这方面的安全常识。	体育活动： 快乐的小鱼 体育游戏： 大鱼来、小鱼来 自选活动： 1. 提供过滤沙子的沙漏，引导幼儿感受沙子的流动性。 2. 提供水枪、彩球，引导幼儿用水枪击中水中的彩球，感受水的流动性。 3. 引导幼儿在沙池中借助工具进行堆沙堡的游戏。 4. 组织幼儿将好玩的贝壳、塑料海洋动物藏到沙中，引导幼儿进行玩沙滩寻宝的游戏。

表2—1—4 海边真好玩——"海边宝贝多"区域活动与环境创设

区域名称	活动内容	活动目标	环境创设
美工区	1. 海底世界	了解海底世界的特点，能在沙盘上绘画出自己喜欢的海底世界。	主题氛围营造：师生共同收集沙子工艺品图以及和家人到海边戏水踏浪的照片装饰教室，让孩子们感受海边游玩的快乐。互动墙饰：我们是沙画大师 主题信息区：1. 组织孩子们搜集沙子和水的作用图以及沙画制作和水印画作品，将孩子们搜集的材料张贴或摆放在信息区。2. 将幼儿制作的沙画和水印画作品布置在展示区，教师利用餐后，自由活动等时间组织幼儿进行信息资料的分享。
	2. 泥娃娃	学习搓、捏、压等技能，尝试利用辅助材料制作泥塑娃娃。	
	3. 石头画	喜欢在石头上涂色、作画，了解多种作画方式。感受石头画这种特殊的作画方式。	
益智区	1. 沙中挖宝	能手口一致地正确点数提示卡中所藏宝贝数量，并将找出宝贝里寻找宝物的快乐。	
	2. 热带鱼	知道三角形是有三条边和三个角的封闭图形，能用三角形组合变化出热带鱼。	
科学区	1. 帮水宝宝搬家	尝试用合适的工具帮助水宝宝搬家，体验活动的乐趣及成就感；用适当的方式表达交流、探索的过程。	
	2. 海沙的声音	初步感知沙的干与湿，多少与所产生的声音是不同的，认真倾听声音，能辨别声音的不同。	
	3. 饲养小金鱼	观察金鱼的外形特征，了解金鱼的生活习性，萌发爱心照料小金鱼的情感。	
表演区	鱼儿好朋友	能随音乐的节奏自由结伴做画面，理解故事内容，感受与同伴一起游戏的快乐。	
阅读区	我读海洋绘本	仔细观察图书画面，理解故事内容，从图书中增进对海洋的了解，能静下心来认真阅读，养成良好的阅读习惯。	
建构区	好玩的游泳池	学习延长排列和围拢的技能，将积木和辅助材料搭建好玩的"游泳池"。	

次主题活动一　金沙滩真有趣

本活动包括"活动1　金沙滩——我们来了""活动2　细细沙儿,我爱你""活动3　画只小螃蟹""活动4　海浪和脚丫""活动5　小小船儿当摇篮"以及区域活动。

活动1　金沙滩——我们来了(半日活动)

活动目标

1. 知道大海是蓝色的,海水咸咸的,了解海边玩耍的安全注意事项。
2. 能说出自己在海边游玩过程的感受,能用绘画的方式表达出来。
3. 体验与同伴集体外出的快乐,愿意和同伴一起在海边玩。

活动准备

1. 请家长为幼儿准备外出游玩所需的物品,如沙水玩具、备用的衣服等。
2. 邀请家长志愿者协助教师录像、拍照,组织幼儿在海边游玩。
3. 药箱、喇叭、小篮子各一个;绘画纸、彩笔若干。

活动建议

一、组织谈话,引出主题

1. 组织幼儿交流海边游玩的打算,介绍去金沙滩玩耍的安全事项。

教师提问:去海边需要带什么东西?到海边想玩什么,要注意什么事情?乘车要注意什么?

教师小结:去海边游玩需要带玩沙用具、水、遮阳帽、食物等物品。海边玩耍需注意以下事项:不到处乱跑,要跟好教师和家长;在沙滩上活动时,不单独玩水,遇到问题要及时向老师、家长、志愿者寻求帮助。乘车需注意系好安全带坐稳,不能把手、头伸到窗外,在车上不大声喧哗。

2. 向幼儿介绍家长志愿者,让幼儿了解他们的职责。

请出家长志愿者,介绍家长志愿者的职责:录像,拍照,协助老师组织活动,保护小朋友的安全。小朋友有问题时可以请家长志愿者帮忙。

二、沙滩游戏,引导幼儿感受游戏的乐趣

1. 组织幼儿讨论交流在海边的感受与见闻。

（1）请幼儿看一看大海的颜色，尝一尝海水的味道，听一听海浪、海鸥发出的声音……鼓励幼儿大胆说出自己的发现。

（2）组织幼儿赤脚在沙地上走一走，看看自己留下的脚印。引导幼儿说一说在沙滩走的感受。提醒幼儿踏浪要在家长、老师的带领下进行，确保自己的安全。

2. 组织幼儿在沙滩上游戏。

（1）教师将幼儿分成5～6个人一组，由家长志愿者和教师带领，在沙滩上进行堆沙丘、挖蛤蜊、画沙画、堆沙堡等活动。

（2）组织幼儿在浅水里或水洼处寻找小鱼和小蟹、挖蛤蜊、拾贝壳和卵石，在海边踏浪、戏水等。教师与家长志愿者要密切关注幼儿的安全。

请幼儿说一说：小螃蟹（蛤蜊）藏在哪里？你是怎样找到它们的？

（3）教师可引导幼儿用捡到的贝壳、卵石等拼摆各种图案。

（4）可组织集体游戏——拾海螺，锻炼幼儿听指令完成任务的能力。

教师提前将若干海螺壳散放在较大的空场地上，组织幼儿围成圆圈，教师和幼儿一起拍手念儿歌《小海螺》。念完后，教师请幼儿每人拾一个海螺，放在小篮子里。游戏进行2～3遍后，拾贝壳的数量可逐渐增加。

三、分享交流，引导幼儿表征海边趣事

1. 出示海边游玩的照片，引导幼儿回忆在海边游玩的情景。

教师提问：在海边你看到了什么？玩了什么？怎样玩的？

2. 引导幼儿用"有的……有的……还有的……"句式大胆讲述照片内容。教师可先示范，如"沙滩上有的在游泳，有的在晒太阳，还有的在打球"，然后引导幼儿用此句式说一说海边游玩的趣事儿。

3. 请幼儿把自己在海边的活动，用绘画的形式表现出来。

活动延伸

把幼儿的作品张贴到互动墙上，创设互动墙饰《金沙滩真有趣》。

附：儿歌

小海螺

小海螺呀小海螺，

歌儿唱得多快乐，

海螺唱的是什么，

竖起我的小耳朵，

哗哗哗哗哗哗，

唱的是那大海的歌。

活动2　细细沙儿,我爱你(科学)

活动目标

1. 尝试用不同的工具玩沙,感知沙子细小、颗粒状等特性,比较干沙和湿沙的不同。
2. 能用湿沙堆积、塑造各种简单有趣的形象。
3. 喜欢玩沙,体验创造性玩沙的乐趣。

活动准备

1. 幼儿有玩沙的经验。
2. 各类玩沙工具:小铲子、小桶、筛子、模子、漏斗、塑料瓶等,一盆水。

活动建议

一、自由玩沙,引导幼儿感知干沙的特点

1. 引导幼儿自由玩沙,提出活动要求:玩沙时,要把袖子卷起来,不要用手揉眼睛,不要把沙弄到了自己和别人的身上,不要上扬沙子以免伤到眼睛。

2. 通过看看、摸摸、踩踩,感受沙子的特性。

教师提问:抓起一把沙,握紧手,看看沙子跑到哪去了。

小结:沙子是细小的,一粒粒的,容易流动。

二、选择玩沙工具,引导幼儿体验玩沙的乐趣

1. 幼儿自选玩沙工具,自由玩沙。引导幼儿把沙子放到小筛子、漏斗里,观察所发生的现象。

2. 教师梳理幼儿的体验,带领幼儿大胆地进行各种玩沙活动。

(1)筛沙子。

教师提问:你们筛沙时发现了什么现象? 留在筛子里面的沙子和漏下去的沙子有什么不一样?

教师小结:沙子有粗有细,人们分别称它们为细沙和粗沙。引导幼儿将筛出的粗沙和细沙装在不同的容器中。

(2)沙子做"汤圆"。

教师提问:用沙来团"汤圆",可以吗? 为什么橡皮泥可以团成"汤圆",而干沙团不成"汤圆"呢?

教师小结:干沙是松散的。

(3)自制沙锤。

将两个瓶子装不同量的沙,引导幼儿摇摇,听听声音。摇动已装沙的瓶子为歌曲伴奏。

三、湿沙塑型,引导幼儿感知湿沙的特性

1. 沙子里放上水,引导幼儿看看、抓抓、堆堆,观察、比较干沙和湿沙的不同。

教师提问:湿沙的颜色变得怎么样了?用手抓一抓、堆一堆,与刚才玩干沙的感受有什么不同?

教师小结:干沙颜色浅,比较松软,不易捏合。湿沙颜色深,不容易流动,容易捏合、塑型。

2. 鼓励幼儿进行沙塑的游戏。

教师提问:你想用湿沙堆出什么东西?

3. 幼儿互相观看沙塑作品,鼓励幼儿说一说用沙塑的是什么。

四、整理衣服及玩具,引导幼儿养成收拾整理的习惯

指导幼儿清理身上的沙子,抖抖鞋里的沙子,收拾玩沙玩具。

活动3 画只小螃蟹(美术)

活动目标

1. 学习用拓印和图形线条组合的方法表现螃蟹的主要特征。
2. 大胆构图,并能适当添画背景,展现画面情节。
3. 体验拓印作画的乐趣。

活动准备

1. 在自然角饲养小螃蟹,供幼儿观察,让幼儿了解螃蟹的外形特征。
2. 墨汁、宣纸、水彩笔、围裙套袖若干。

活动建议

一、组织游戏,导入活动

1. 组织幼儿猜谜,引发幼儿兴趣。

谜语:"大大圆圆一块糕,糕的两侧八把刀,上方两把大钳子,画上眼睛横着跑。"

2. 教师用手影做螃蟹爬行的样子,激发幼儿作画兴趣。引导幼儿将两个手掌重合在一起尝试用手影做"螃蟹"。

二、观察螃蟹的特点,鼓励幼儿大胆作画

1. 教师讲解螃蟹的画法:先用一只手放在海绵里按一下,五指要伸直,手放平,使手掌、手指都蘸上墨汁;然后五指张开、伸直压在纸上,印下手印。再换另一只手,用同样的方法蘸颜料进行操作。印的时候和做手影螃蟹一样,两个手掌印重叠,手指的方向相反。

两只手印都印好后,螃蟹的身体和大脚就出来了;接着,用笔画上大钳子、小腿和爪子。

2. 带领幼儿一起以游戏的方式空手练习螃蟹的画法。

三、幼儿作画,教师巡视指导

1. 提出作画要求:将五指伸直手放平,手指都蘸上墨汁;两个手掌印重叠,手指方向相反;画完后用抹布将手擦干净,注意卫生。

2. 教师可提示幼儿将螃蟹的身体印得大一些,腿画得细细的,大螯画得粗粗的,再适当添画水草、气泡,丰富画面。

四、展示作品,引导幼儿交流分享

引导幼儿分享交流作品,说一说:你喜欢哪一幅作品?为什么?

活动4 浪花和脚丫（音乐）

活动目标

1. 熟悉音乐旋律,尝试跟随音乐分角色游戏,掌握游戏的玩法。
2. 能用动作大胆表现关于浪花和脚丫的不同游戏。
3. 体验和同伴一起游戏的快乐。

活动准备

1. 教师事先在活动场地上画两条相距 1.5～2 米的直线。
2. 浪花、脚丫的角色头饰若干。

活动建议

一、欣赏乐曲,激发幼儿的活动兴趣

1. 完整感知乐曲,感受乐曲活泼、欢快的情绪。

教师提问:乐曲带给你什么感觉?让你想到了什么?

2. 教师将幼儿追逐浪花的情景编成故事,帮助幼儿理解游戏情境。

夏天里真热闹,大家都到海边来乘凉。看,蓝蓝的大海,一朵朵浪花,哗啦哗啦冲上岸边;小朋友们光着小脚丫在水里走呀走、跳呀跳……浪花追着小脚丫,小脚丫躲着小浪花,他们追逐着、嬉戏着,玩得多开心啊。

二、结合乐曲旋律,引导幼儿自主创编浪花和脚丫的动作

1. 启发幼儿编创小浪花和小脚丫的嬉戏情节。

（1）引导幼儿随音乐节奏做"轻轻踩浪花"和"海浪花向前涌来"的动作,进一步熟

悉歌曲旋律和节奏。

（2）鼓励幼儿大胆尝试用拍拍手、走一走的动作来表现小浪花和小脚丫的嬉戏情节。

2. 请配班老师配合示范"浪花"和"脚丫"的游戏，幼儿认真欣赏，熟悉游戏玩法。

（1）介绍游戏玩法。

教师提问："浪花"和"脚丫"做了什么游戏？他们是怎么样做的？引导幼儿尝试扮演角色进行游戏：分成男孩组和女孩组，分别扮演"浪花"和"脚丫"。

（2）教师重点指导幼儿的互动与配合，提示幼儿："浪花"在拍手时"脚丫"在做什么？

3. 请幼儿分成两组，相隔一段距离面对面站好，能用相应的动作，大胆地模仿浪花和脚丫做不同动作。

教师提示幼儿："浪花"在唱歌时，请扮演"浪花"的小朋友一起做游戏；"脚丫"在唱歌时，请扮演"脚丫"的小朋友一起做游戏。

三、组织完整的游戏，引导幼儿体验一起游戏的快乐

1. 引导幼儿随音乐玩"浪花和脚丫"的游戏。

2. 提醒幼儿随音乐的结束部分，表现浪花和脚丫在一起嬉戏的情节。

教师提问：浪花和脚丫碰到一起时是什么样子呢？

3. 引导幼儿完整跟随音乐反复游戏，并互换角色体验游戏的快乐。

附：歌曲

浪花和脚丫

游戏玩法

幼儿分成两组在间距2米左右的地方面对面站成两排,两组的幼儿分别扮演"浪花"和"脚丫"。

音乐开始,幼儿手拉手随音乐的节奏左右摇头。

【1~4】扮演"浪花"的幼儿,身体屈膝随音乐左右摇晃;表现"浪花"在海里的游戏。扮演"脚丫"的幼儿原地站立不动。

【5~8】扮演"脚丫"的幼儿,左右脚随音乐节奏一拍一次踏地动作,表现"脚丫"在水里游戏。扮演"浪花"的幼儿原地站立不动。

【9~10】扮演"浪花"的幼儿,跟随音乐的节奏××|×× ×| 拍手。扮演"脚丫"的幼儿原地站立不动。

【11~12】扮演"脚丫"的幼儿,跟随音乐的节奏××|×× ×| 拍手。扮演"浪花"的幼儿原地站立不动。

【13~16】扮演"浪花"的幼儿,一起手拉手跟随音乐节奏小碎步向前跑。扮演"脚丫"的幼儿原地站立不动。

【17~20】扮演"脚丫"的幼儿,一起手拉手跟随音乐节奏一拍一次向前走。扮演"浪花"的幼儿原地站立不动。

【21~22】面对面的两组幼儿手拉手随音乐节奏高高举起再落下,表现"浪花"和"脚丫"在嬉戏、玩耍。

【23~24】全体幼儿跟随音乐节奏小碎步转身跑回原处,音乐结束并站好慢慢蹲下,表现浪花退回到海里,脚丫也回到岸上休息。

活动5 小小船儿当摇篮(语言)

活动目标

1. 理解诗歌内容,学习朗诵诗歌。
2. 能大胆地在集体面前朗诵,尝试仿编儿歌。
3. 感受诗歌美好的意境,萌发热爱大海的情感。

活动准备

诗歌课件,舒缓的音乐。

活动建议

一、组织谈话,引出主题

出示大海背景图,引导幼儿说一说在海面上会看到什么、美丽的大海里有什么。

二、朗诵诗歌,引导幼儿理解并学说诗歌内容

1. 教师配乐诗朗诵,帮助幼儿理解诗歌内容。

教师提问:诗歌的名字叫什么? 天是什么颜色的? 海是什么颜色的? 重点引导幼儿用诗歌里的话说一说,丰富词汇:摇篮。

2. 结合课件,教师再次朗诵,幼儿跟读诗歌并理解诗歌内容。

教师引导幼儿讨论:为什么说大海是"家"? 大海被风吹过来会发生什么? 巨帆是什么? 为什么说巨帆带我到处玩?

3. 采用多种方式练习朗诵儿歌,感受诗歌的美好意境。

(1)教师可引导幼儿先每人一句接龙朗诵诗歌,再过渡到集体朗诵。

(2)引导幼儿有表情地朗诵,可以加上自己的动作、表情等来表现诗歌意境。

三、了解诗歌句式,启发幼儿学习仿编诗歌

1. 鼓励幼儿大胆想象、讲述,引导幼儿仿编童谣。

教师提问:除了小船可以做摇篮,我们周围还有什么可以做摇篮?

教师可以将幼儿讲述的内容画在黑板上,然后带领全体幼儿念一念仿编的句子;也可以让全体幼儿自由仿编童谣,如:天蓝蓝,海蓝蓝。小鸟窝当摇篮,树是家,风做伴,风儿带我到处玩。

2. 教师引导幼儿将创编的内容添加到诗歌里,并进行朗诵。

3. 做游戏"划船",加深幼儿对诗歌的理解。

附:童谣

小小船儿当摇篮

天蓝蓝,海蓝蓝。
小小船儿当摇篮。
海是家,浪做伴,
巨帆带我到处玩。

区域活动

美工区

1.海洋动物

活动目标

了解鱼的基本形状和特征,学习团、搓、捏等技能,能用橡皮泥做简单的"海洋动物"。

活动准备

橡皮泥、海洋动物图书等。

活动建议

1. 引导幼儿观察图片中小鱼的形状,能按照自己喜欢的方式尝试用橡皮泥做"小鱼"。

2. 指导幼儿看图示,用团、搓、捏的方法制作"小鱼"。

方法及步骤:取一块橡皮泥团圆,将一边搓小变成圆锥形。轻轻压扁,将一边切开一个嘴型出来,再用橡皮泥搓成两个细条,压在鱼身上。捏一个椭圆三角形,安装"鱼尾巴",捏一个白色及黑色的圆球压扁,作为"鱼的眼睛",一条"鱼"完成了。

3. 引导幼儿尝试制作其他海洋动物,组成一幅"有趣的海底世界"画面。

2.有趣的沙画

活动目标

尝试用沙子制作沙画,体验沙画创作的乐趣。

活动准备

胶水、细沙、画有各种图案轮廓的白纸若干。

活动建议

1. 请幼儿选择自己喜欢的图案,在图案内均匀地涂好胶水。

2. 把沙子轻轻洒在图案上,等沙子粘住以后,轻轻抖掉多余的沙子。

3. 提醒幼儿使用棉棒、牙签、冰糕棍等辅助工具作画。待幼儿熟练后,可将沙子涂上喜欢的颜色来增强沙画难度。

4. 鼓励幼儿欣赏同伴的作品,并向同伴讲述自己的作品。

益智区

1.钓 鱼

活动目标

能借助磁性鱼钩,手眼协调地进行钓鱼游戏,并将钓的"鱼"投放在标有数字的小桶里。

活动准备

带有磁铁的钓鱼竿,镂空成水的波纹(里面藏有"鱼"),小猫头饰,带点数的小桶。

活动建议

1. 引导幼儿带上"小猫"的头饰,能专心"钓鱼"。
2. 用鱼竿将藏在波纹下的"小鱼"钓上来,放在旁边的小桶中。
3. 鼓励幼儿将钓上来的"小鱼"按照颜色或身上数字进行分类。
4. 指导幼儿观察"小鱼"为什么会被吸到,了解磁铁的性能。

2.海洋宝宝夹夹乐

活动目标

1. 知道螃蟹、章鱼有八条腿,并能正确地点数 1～8。
2. 体验操作夹子的乐趣,锻炼小手肌肉的灵活性。

活动准备

各色小夹子,螃蟹、章鱼的身体图片等。

活动建议

1. 能手眼协调地使用小夹子,将夹子对应地夹在"螃蟹""章鱼"等"海洋动物"的身体上。
2. 指导幼儿根据图片中海洋动物身上所缺的部位,用夹子代替,进行配对游戏。
3. 指导幼儿正确点数"螃蟹""章鱼"的腿,锻炼幼儿小手的肌肉。

科学区

神奇的海菜

活动目标

1. 认识几种常见的海菜,知道其名称。
2. 能发现海菜发生变化的全过程,并能与同伴讲述自己的发现。

活动准备

各种海菜如紫菜、海带、龙须菜等,热水,容器。

活动建议

1. 认识各种海菜如紫菜、海带、龙须菜,并能说出其名称和主要特征。

2. 观察海菜的不同点、相同点。

3. 通过实验，认识海菜经过热水的浸泡后发生变化的全过程，并能向同伴讲述自己的发现。

表演区

1. 游泳真快乐

活动目标

能有节奏地随音乐做出相应的游泳动作，感受"游泳"的乐趣。

活动准备

《游泳真快乐》图谱、音乐。

活动建议

1. 播放游泳视频或图片，引导幼儿了解游泳的动作并尝试模仿。

2. 引导幼儿编创游泳前准备活动的动作，并随音乐做一做。

3. 重点指导幼儿掌握小碎步、压腕、划水等动作，并随音乐有节奏地表现游泳的情景。

附：音乐

游泳真快乐

$1=F \frac{2}{4}$　　　　　　　节选自《卡普里岛》

$\underline{6\dot{1}}\ \underline{\dot{1}\dot{2}}\ |\ \dot{1}\ 6\ |\ \underline{5}\ \overset{\frown}{3.}\ |\ 3\ -\ |\ \dot{2}.\ \underline{\dot{3}}\ |\ \dot{2}\cdot\ \dot{1}\ |$

$3\ -\ |\ 3\ -\ |\ \underline{6\dot{1}}\ \underline{\dot{1}\dot{2}}\ |\ \dot{1}\ 6\ |\ \underline{5}\ 3.\ |\ 3\ -\ |$

$\dot{1}.\ \underline{\dot{2}}\ |\ \dot{3}\ \underline{\dot{2}\dot{1}}\ |\ \dot{2}\ -\ |\ 2\ \underline{07}\ |\ \dot{1}\ 5\ |\ \dot{1}\ 0\ |$

动作参考

1—2 小节：双手向体前同时推出，经身侧做划水状，两拍一次。脚步可做小碎步。

3—4 小节：双手压腕于体测，头上仰左右摆动做戏水状。

5—6 小节：同 1—3 小节。

7—8 小节：同 3—4 小节。

9—10 小节：单臂轮流向体前做划水状，脚步动作不变。

11—12 小节：双手压腕于体测，头上仰左右摆动做戏水状。

13—14 小节：同 9—10 小节。

15—16 小节：同 11—12 小节。

17—18 小节：自由造型结束。

2. 海边走秀

活动目标

能根据音乐大胆进行走秀活动,并在活动中创造性地装扮自己,感受和同伴一起表演的乐趣。

活动准备

背景音乐、泳镜、泳帽、泳衣、游泳圈、冲浪板等。

活动建议

1. 引导幼儿选择自己喜欢的泳衣,手中拿着海边游玩的工具,将自己装扮成海洋小明星的形象。

2. 引导幼儿根据音乐在舞台上大胆地进行走秀活动。

3. 鼓励幼儿创编各种造型,也可以和同伴合作走秀、造型。

阅读区

我读海洋绘本

活动目标

1. 仔细观察画面,捕捉其中的信息,理解故事内容。

2. 能根据看到的图画来猜测故事的情节,并将自己的猜测表达出来。

活动准备

提供《莎莉,离水远一点》《猫太噼哩噗噜在海里》等海洋绘本。

活动建议

1. 教师进入阅读区,与幼儿共同阅读,激发幼儿阅读兴趣。

2. 引导幼儿观看图片并自由讲述故事,主动和同伴、老师一起讲述看到的内容。

3. 引导幼儿一页一页地翻看图书,看完后将书放回原位。

角色区

海边小·厨房

活动目标

1. 了解店员与顾客交流的礼仪和简单流程。

2. 根据提供的海鲜大餐图片点菜和上菜,能有礼貌地与客人交流。

活动准备

半成品的海产品,低结构的操作材料,如报纸、泡沫块、小石子、瓶盖、各种贝壳、橘子皮、树上的球、彩纸等。

活动建议

1. 引导幼儿将低结构材料自制成各种口味的"海产品"。
2. 指导"服务员"根据"顾客"的要求,自制"海产品"并"上菜"。
3. 鼓励幼儿在"服务员"与"顾客"交往过程中,学习就餐的礼貌用语以及就餐礼仪。

附:食谱

1. 豆腐海鲜汤

材料

豆腐,葱姜末,盐,白胡椒,虾仁,蛋清,西兰花。

做法

(1)一锅水,加入豆腐、葱姜末、盐、白胡椒,煮开。

(2)打入加了虾仁的蛋清,别忘了放些香油,成蛋花状。

(3)临出锅前加入西兰花末,烧开就好。……

2. 酸甜菠萝海鲜炒饭

材料

新鲜小型菠萝1个,白米饭1杯,冻熟虾12只,九层塔叶5~6片,蒜蓉1汤匙,大青椒1个,蛋2只(打成蛋浆),中个洋葱1个(切丁),冻大扇贝肉4只,油适量,调味粉:辣椒酱1汤匙、水2汤匙、咖喱汁2汤匙、糖1汤匙、白醋2茶匙。

做法

(1)先将菠萝横切开1/4(用刀,插到最深,但不要切穿菠萝,再沿边一路划开),然后用铁汤匙一匙舀出菠萝肉。

(2)快火下油起锅,爆香蒜蓉,加洋葱粒至炒软,再加入虾、贝壳,加2汤匙调好的泰国酸甜酱炒至全熟,再加青椒略炒,熄火,加入菠萝肉,加少许盐略炒调味,放入沥水用的篱,沥掉所有水及油分。

(3)快火下油起锅,下米饭,加1/3蛋浆,快手炒匀,加少许盐调味;再加1/3蛋浆,快手炒匀,加适量鱼露调味;再加1/3蛋浆,快手炒匀;最后加入调好的泰国酸甜酱快速翻匀。加入所有材料,略炒,最后才加上九层塔叶炒匀即成。

3. 蒜味奶油海鲜千层面

材料

千层面80克,蛤蜊肉6颗,虾仁6只,蟹腿肉4条,起司条20克,蒜味奶油酱1大匙,洋葱末20克,综合香料1/4茶匙,白酒30CC,盐1/4茶匙,胡椒1/4茶匙。

做法

（1）千层面放入滚水中煮熟后，捞起泡冷水至凉，再以少许橄榄油（材料外）拌匀备用。

（2）将蛤蜊肉、虾仁、蟹肉放入滚水中氽烫至熟捞起备用。

（3）热油锅，以小火炒香洋葱末、蒜味奶油酱、综合香料及作法2的海鲜料，最后加入调味酱拌匀成酱汁。

（4）准备一烤盘，将以一片作法（1）的千层面，一层作法（3）的酱汁及铺上起司条的方法放入食材，依序重复动作4次，放入已预热的烤箱中，以250℃焗烤10分钟至上层起司呈金黄色即可。

4.儿童菜谱海鲜类：清炸花锦鳝鱼

材料

剖净去头尾花锦鳝400克，西红柿2个，姜3片，葱2条；精盐2克，酒5克，胡椒粉少许。

做法

（1）花锦鳝鱼用刀切成厚件洗净，用毛巾吸干水分，加入上述调料拌匀腌约15分钟。

（2）将鱼件放入热油中炸熟，表面干香而色泽金黄取出，西红柿洗净切片伴入便成。

建构区

海洋馆

活动目标

了解海洋馆的外部主要结构，能用围拢、叠高等技能搭建"海洋馆"。

活动准备

木头积木，易拉罐，水草、小鱼图片。

活动建议

1. 引导幼儿观察海洋馆图片，利用叠高、围拢的技能搭建"海洋馆"。

2. 引导幼儿利用辅助材料装饰"海洋馆"的环境。

3. 在分享环节中，鼓励幼儿在小朋友面前大方地介绍自己的搭建作品。

体育活动

勇敢的小海军

活动目标

1. 练习走梅花桩，掌握平衡的动作要领。

2. 大胆挑战不同难度的梅花桩，并能按规则进行游戏。

3. 懂得只有勇敢、大胆,才能取得成功的道理。

活动准备

1. 学做小海军操。
2. 背景音乐,三种不同难度的梅花桩若干,拱形门三个,高低不同的旗子若干。

活动建议

一、做热身活动,引发幼儿的兴趣

1. 教师带领幼儿随音乐《我是小海军》进行操练,活动身体的各个关节,练习走、跑、跳等基本动作。
2. 教师介绍小海军闯关游戏情境,激发活动兴趣。

二、练习走梅花桩,引导幼儿掌握平衡要领

1. 讲解平衡的要领,指导"小海军"初步练习走难易程度不同的梅花桩。

(1)请个别"小海军"尝试走第一层次的梅花桩,梳理动作要领。

教师提问:你们会走小石墩吗？谁想来试试？

教师小结平衡的动作要领:手臂伸开,身体挺直,眼睛看准小石墩,脚踩在石墩的中间,不慌不忙,一步一步向前走。

(2)全体"小海军"自主探索尝试走第一层次、第二层次和难度最大的梅花桩,教师强调动作要领。

重点指导:"小海军"在走梅花桩时踩在石墩的中间,不着急,站稳以后再走。提醒顺利走过第二层次梅花桩的"小海军",挑战更高难度的梅花桩。

教师小结:分析个别"小海军"失败的原因,再次强调平衡的动作要领。

2. 创设"小海军"闯关情境一,引导"小海军"自主选择三种不同难度的梅花桩,夺得棋子,巩固练习平衡的动作。

(1)交代任务,引导"小海军"练习钻山洞的动作:屈膝、弯腰、低头。

(2)引导"小海军"观察旗子高低与梅花桩难易的对应,选择与自己能力相匹配的梅花桩,在小河前站好。

(3)交代游戏规则:"小海军"钻过山洞后,一次只夺一面旗子,从小河的两边返回,将旗子放入筐中。

(4)组织"小海军"有序夺旗子。重点鼓励夺得旗子的"小海军"尝试夺高处的旗。提醒"小海军"遵守游戏规则。

教师再次强调动作要领,重点强调走高的石墩时,小脚一定要踩在中间,表扬遵守规则的"小海军"。

3. 创设"小海军"闯关情境二:引导"小海军"走更远的路,摘更高的旗子。

(1)介绍游戏的玩法和规则:夺得高处的旗子必须要走过三条小河,钻过三个山洞,每人只能夺一面旗迅速返回。

（2）组织勇敢"小海军"游戏。鼓励"小海军"不怕困难、坚持到最后,适时给予个别"小海军"以帮助和鼓励。

三、做放松活动,引导幼儿舒缓身心

教师带领幼儿随音乐做放松动作。请"小海军"躺在草地上做踢踢腿、打个滚等动作,并给"小海军"们按摩,达到放松身体的目的。

体育游戏

捉小鱼

经验

1. 随音乐旋律,一个跟一个模仿鱼游的动作前行。

2. 能按音乐指令迅速做出捉鱼的动作。

3. 体验捉鱼游戏的乐趣,萌发对海洋的热爱之情。

材料

小鱼头饰若干。

玩法与规则

全体幼儿围成圆圈,逆时针方向站立。两位教师双手相握高举做"渔网"。全体幼儿一边唱歌,一边做小鱼游的动作,一个跟着一个从"渔网"处低头游过。

当歌曲唱到"快快捉住"时,扮作渔网的人把手放下,把"小鱼"套在"网"里。被捉到的"小鱼"坐到自己的座位上,游戏继续进行,直到把"小鱼"捉完,游戏结束。

提示

1. 在唱到"快快捉住"的"捉"时,"渔网"才能捉"鱼"。

2. "小鱼"必须边唱歌,边一个跟着一个做小鱼游的动作,钻过"渔网",不能停滞不前。

3. 提醒幼儿遵守游戏规则,注意活动安全。

4. 鼓励幼儿模仿不同的小鱼游的动作。

附:音乐

捉小鱼

1＝C 2/4   佚名 词曲

5 6 5 4｜3 4 5｜2 3 4｜3 4 5｜
许多小鱼 游来 了,游来 了,游来 了,

5 6 5 4｜3 4 5｜ 2 5 ｜ 3 1 ‖
许多小鱼 游来 了, 快 快, 捉 住。

次主题活动二　海边宝贝多

本活动包括"活动 1　海边宝贝多""活动 2　鱼儿好朋友""活动 3　小金鱼逃走了""活动 4　好吃的鱼""活动 5　海鲜小厨房"以及区域活动。

活动1　海边宝贝多（科学）

活动目标

1. 了解海边宝贝的种类和特征,观察认识蛤蜊壳、扇贝壳。
2. 能大胆地在集体面前介绍自己在海边捡到的宝贝以及特征。
3. 萌发热爱海洋的情感。

活动准备

1. 请家长提供周末带幼儿到海边捡宝贝的照片,教师做成课件。
2. 海边捡的各种宝贝,大小不同的贝壳若干。

活动建议

一、播放照片,引发幼儿回忆

出示幼儿海边拾贝的照片。

教师提问:周末大家到哪里去玩了? 和谁一起去的? 你们都干什么了?

二、出示"宝贝",引导幼儿认识了解"宝贝"的种类和特征

1. 教师鼓励幼儿大胆地介绍自己捡到的宝贝,提问:你在海边捡到了什么宝贝? 它长得什么样子? 谁的宝贝和他的不一样?

重点引导幼儿从宝贝的名称、大小、颜色、花纹等方面进行介绍。

2. 出示蛤蜊壳、扇贝壳,观察认识其特征。

教师提问:大家看这是什么宝贝? 它们长得有什么不一样?

重点引导幼儿和小伙伴一起观察、比较,并用语言表述自己的贝壳和同伴的贝壳有哪些相同点和不同点。

三、合作游戏,引导幼儿将宝贝归类

教师出示几个空盒子,引导幼儿将相同的宝贝放在一起。

活动延伸

请幼儿将贝壳送到美工角,利用区域活动时间再次进行装饰与绘画。

活动2 鱼儿好朋友(音乐)

活动目标

1. 学唱歌曲,初步感受三段歌曲的不同旋律。
2. 能随音乐模仿小鱼摆尾游水的动作,积极地参与游戏。
3. 体验歌曲中一条小鱼的孤单以及和好朋友在一起游玩的快乐。

活动准备

《鱼儿好朋友》歌曲。

活动建议

一、出示一条小鱼图片,引出歌曲

教师提问:猜一猜,谁来了? 小鱼在做什么?

二、引导幼儿理解歌词,学唱歌曲

1. 教师一边做鱼游的动作,一边用缓慢的速度,唱出"一条鱼,水里游,东游西游找朋友",并伴有孤独、苦恼的表情。

教师提问:这条小鱼怎么了? 我们应该怎样帮助它?

2. 教师和幼儿一起模仿小鱼游,用简单的动作和表情表现两条小鱼交朋友的动作。

教师提问:有条小鱼愿意来和它做朋友了,两条小鱼碰到一起会做些什么动作?

教师用中速唱出"两条鱼,水里游,摇摇尾巴点点头",并伴随高兴的表情,帮助小朋友理解第二段歌词内容。

3. 启发幼儿大胆想象,鼓励幼儿大胆地用动作和表情表现三条小鱼交朋友的动作。

教师提问:另一条鱼看到两条小鱼这么快乐,也来和它们做朋友了。三条小鱼碰到一起会怎样呢?

教师和两名幼儿边做鱼游的动作,边用较快的速度唱出"三条鱼,水里游,快快乐乐做朋友",并伴随愉快的表情,帮助小朋友理解第三段歌词内容。

4. 引导幼儿完整演唱歌曲,唱出三段歌曲的不同旋律。

三、听音乐,做游戏

1. 播放音乐,带领幼儿一边唱歌,一边做动作,感受共同游戏的快乐。

2. 请三名幼儿戴上头饰,按照三段歌曲的内容幼儿依次出场,表演"鱼儿好朋友",提醒幼儿注意表情和动作,以此巩固幼儿对歌曲内容的理解。

活动延伸

将头饰投放到音乐表现区,鼓励幼儿分组戴头饰表演歌曲。

附:歌曲

鱼儿好朋友

1=C 4/4 优美地   放 平 词
                                        瞿希贤 曲

```
3  2 3  1 — | 5  5 6  5 — | 6 6 5 3 2  2 3 | 1 — — — ||
一 条  鱼,  水 里  游,   孤 孤 单 单 在 发  愁。
两 条  鱼,  水 里  游,   摇 摇 尾 巴 点 点  头。
三 条  鱼,  水 里  游,   快 快 乐 乐 做 朋  友。
许 多  鱼,  水 里  游,   转 个 圈 圈 做 朋  友。
```

活动3　小鱼逃走了(语言)

活动目标

1. 了解小鱼逃走的有趣经历,知道有朋友是件快乐的事。
2. 观察比较画面中与小鱼相似的形象,能在越来越复杂的图画中找到逃跑的小鱼。
3. 体验和好朋友一起阅读的乐趣。

活动准备

《小鱼逃走了》课件。

活动建议

一、出示小鱼图片,引发幼儿的活动兴趣

出示小鱼图片,引导幼儿观察小鱼的外形特征。

教师提问:这是谁?它长什么样子?可引导幼儿为小鱼起名字,拉近小鱼与幼儿的距离。

教师小结:小鱼红红的身体,圆圆的眼睛,还有一条爱心似的尾巴,真可爱。

二、阅读故事,引导幼儿发现画面中小鱼的形象

1. 引导幼儿看"孤单的小鱼"。

教师提问:小鱼生活在哪里?你觉得小鱼心情怎么样?它为什么不高兴?

教师小结:一个人住在鱼缸里,没有朋友,太孤单了,它决定逃走,去找自己的朋友。

2. 引导幼儿看小鱼的第一个朋友——小圆点。

教师提问:小鱼逃到了哪儿呀?你能找到它吗?窗帘上除了有小鱼,还有什么呢?小鱼愿意和小圆点做朋友吗?它会对小圆点说什么呢?

教师小结:你和我真像,红红的,圆圆的,做我的朋友真好!可重点突出"红红的""圆圆的"这两个词语,让孩子们反复练习。

3. 引导幼儿看小鱼的第二个朋友——糖果。

教师提问:这会儿小鱼红红又躲到了哪儿呢?谁来把它找出来呢?猜一猜小鱼会愿意和哪个糖果宝宝做朋友,她会对红红的糖果宝宝说什么。

教师小结:小鱼红红在糖果罐里玩了一会儿,又出发了,这回它要和小朋友玩个捉迷藏的游戏。它躲在两个不同的地方,拍下了照片,等你们去把它找出来!

4. 引导幼儿看小鱼的第三、四个朋友。

教师提问:小鱼躲在哪里?你是怎么看出来的?谁能一下子把小鱼躲的两个地方都找出来?小鱼躲在草莓和花朵中是怎样伪装自己,而不让别人发现的?

教师小结:要一动不动,才不容易被发现。幼儿游戏:一动不动的小花。

5. 整体欣赏,引导幼儿边看图片边念儿歌。说一说:小鱼逃走了,逃到哪里去?逃到××里,和××宝宝做好朋友。

三、欣赏图片,引导幼儿体验有朋友是件快乐的事

1. 欣赏图片——小鱼的家。

教师提问:小鱼红红遨游了整个世界,最后来到哪里了?你能找到它吗?

教师小结:小鱼在大海里自由自在地游着,一会儿游到东和你亲亲,一会儿游到西和它抱抱,它再也不想逃走了,因为这里有它的许多朋友。

2. 情感体验,教师提问:你们有好朋友吗?找找你的好朋友在哪儿,抱一抱他。

教师小结:有朋友真是件幸福的事,我们也像小鱼一样去结交更多的朋友吧。

活动4 好吃的鱼(美术)

活动目标

1. 学习运用撕撕、画画、贴贴的方式做出"一盘好吃的鱼"。

2. 能创造性地撕出各种形状的"鱼"和"辅料"。

3. 体验撕贴鱼的快乐,感受做小厨师的自豪。

活动准备

1. 认识各种各样的鱼，了解清蒸鱼的做法。

2. 清蒸鱼图片，《做饭饭》音乐，黑板、烤箱各一个，手套两副。

3. 厨师帽、围裙、抹布、胶水、纸盒、水彩笔每组一份；盘子、塑料盒每人一个；刷子、红黄绿白色纸片若干；白纸每人一张。

活动建议

一、扮演"厨师"，引发幼儿活动兴趣

播放音乐《做饭饭》，教师谈话：你们吃过鱼吗？你们看过爸爸妈妈做鱼吗？爸爸妈妈是怎么做鱼的？

二、出示图片，教师示范，引导幼儿学习撕纸的方法

1. 播放清蒸鱼的图片，幼儿观察、认识做清蒸鱼需要的材料及其形状。教师引导幼儿认识各种做鱼的材料，如细细的葱丝、一块块的姜片等。

2. 教师示范撕纸的方法以及清蒸鱼的制作步骤。

（1）教师朗诵儿歌（两只小小鸟一起来捉虫，你捉一只，我捉一只，前后前后捉捉捉！）和幼儿一起练习撕纸的技能。

（2）教师示范"撕鱼"，并进行添画。

（3）出示彩纸，撕出辅料放到塑料盒里备用。

（4）教师讲解清蒸鱼的制作步骤。

三、幼儿做鱼，教师巡回指导

1. 教师提出要求：要撕出跟别人不一样的"鱼"，添画上眼睛、嘴巴；垃圾放到垃圾盒里，调料要撒均匀；"鱼"做好后放到"微波炉"里。

2. 幼儿操作，教师巡回指导。

3. 请"小厨师们"将准备好的"鱼"放到"烤箱"里。

四、交流分享作品，引导幼儿感受做小厨师的自豪

教师可引导幼儿说一说自己喜欢哪盘鱼、原因是什么，重点在于引导他们分享对作品的感受。

活动延伸

教师根据活动情况，引导幼儿在美工区继续练习撕纸的技能。

活动5 海鲜小厨房(健康)

活动目标

1. 认识各种海产品,了解海产品的营养。

2. 能用完整的语言介绍自己熟悉的海鲜,介绍品尝海产品的感受。

3. 喜欢吃各种海产品,体验集体品尝海鲜的乐趣。

活动准备

1. 邀请家长客座教师在班级现场制作海产品,引导幼儿品尝。

2. 蛤蜊、扇贝、虾、海虹等各类海产品;电磁炉、锅、铲子、餐具;各种调料等。

3. 幼儿、教师提前佩戴小厨师帽、围裙、套袖。

4. "我最喜欢的海鲜"统计表、笔、每人一颗小星星。

活动建议

一、播放课件,激发幼儿制作兴趣

播放"海产品真美味"课件,教师利用课件展示各种海产品,重点从海鲜的名称、口味、营养等方面进行介绍。

教师提问:你吃过什么海鲜?味道怎么样?你喜欢吃吗?为什么?

二、参与制作,引导幼儿观看制作过程

1. 家长客座教师引导幼儿观察海鲜的品种,介绍制作的材料与工具,使幼儿了解海产品制作的准备工作。

2. 请幼儿将海鲜产品装盘准备制作。

3. 幼儿观看家长现场煮蛤蜊、扇贝、虾等海产品,倾听家长讲解其制作步骤与方法,如蛤蜊、扇贝张开口就熟了,虾的颜色变红了就熟了等。

4. 邀请幼儿参与海产品的制作,体验操作的成功感。

三、品尝海鲜,引导幼儿分享快乐

1. 幼儿自由品尝,体会不同海鲜的味道,感受分享的快乐。

2. 可以播放轻松的音乐,增添愉悦、轻松的氛围。教师提醒幼儿注意品尝时的卫生和礼仪。

四、交流分享

交流分享品尝后的感受,评选"我最喜欢的海鲜",请幼儿将星星贴到统计表中最喜欢的海鲜上。

教师提问:你品尝了哪些海鲜?你最喜欢哪种海鲜?它的味道怎样?

区域活动

美工区

1. 海底世界

活动目标

1. 了解海底世界有千奇百怪的海洋生物,感受海底世界的奇妙与美丽。
2. 能在沙盘上画出自己想象中的海底世界,培养幼儿热爱海洋的情感。

活动准备

各色颜料、一次性纸盘、白乳胶、抹布、海洋动物图片范例、海底世界图书。

活动建议

1. 引导幼儿自主选择画有海底世界的纸盘。
2. 引导幼儿在一次性纸盘上均匀地涂抹一层白乳胶,将细细的海沙均匀地撒在沙盘上,将涂好的沙盘放到通风处晾干。
3. 重点指导幼儿:
（1）涂胶水要均匀,尤其注意边、角保证涂上胶水。
（2）借助雪糕棒或小刷子等辅助材料进行绘画。
（3）将多余的沙子抖掉。
4. 引导幼儿在晒干的沙盘上用颜料涂色,表现出自己喜欢的海洋动物的形象。

2. 泥娃娃

活动目标

学习搓、捏、压等技能,尝试利用辅助材料制作泥塑娃娃。

活动准备

音乐《泥娃娃》、泥巴、牙签、豆子等各种辅助材料。

活动建议

1. 播放歌曲《泥娃娃》,请幼儿安静地倾听歌曲,引导幼儿说说听了歌曲后有什么感受、泥做的娃娃会说话吗。

2. 幼儿尝试泥塑,通过搓、捏、压等技能制作泥娃娃,提醒幼儿可利用牙签、豆子等辅助材料进行装饰。

3. 提醒幼儿收拾材料、整理桌面,养成好的卫生习惯。

4. 将幼儿的成品放在架子上,幼儿互相欣赏。

5. 提醒幼儿爱护自己与同伴的作品,欣赏时轻拿轻放,欣赏完物归原处。

3.石头画

活动目标

喜欢在石头上涂色、作画,了解多种作画方式。

活动准备

大大小小的卵石、彩色笔。

活动建议

1. 引导幼儿仔细观察石头,说说它像什么。

2. 鼓励幼儿想象石头的形象,在石头上涂色、绘画。

3. 将作品晾干,成为石头画艺术品,摆设在活动室里。

4. 提醒幼儿穿戴好围裙、套袖,注意卫生,画完后收拾好自己使用的工具。

益智区

1.沙中挖宝

活动目标

1. 感知沙的特性,能根据提示信息将宝贝全部挖出来。

2. 能手口一致、正确地点数提示卡中所藏宝贝的数量,并将找出宝贝分类放好。

3. 体验经过自己的努力挖到宝贝的成功感。

活动准备

添置大沙盒、贝壳、小石子、小盒子若干、信息提示卡一张(用图或点子标明每一种海洋宝贝数量)。

活动建议

1. 指导幼儿熟悉提示卡的内容,明确挖到宝贝的数量。
2. 幼儿间合作挖宝贝,边挖边数,清点是否与提示卡数量一致。
3. 将挖出的宝贝分类放到相应的小盒子里。
4. 教师关注幼儿玩沙的安全,引导幼儿注意周边卫生。

2. 热带鱼

活动目标

知道三角形是有三条边和三个角的封闭图形,能用三角形组合变化出"热带鱼"。

活动准备

三角形、扇形卡片若干。

活动建议

1. 引导幼儿欣赏美丽的热带鱼,观察它们的身体可由什么图形拼成。
2. 请幼儿找出一个三角形,看一看,摸一摸,知道三角形的主要特点。
3. 启发幼儿利用三角形自由拼"热带鱼",并用小图形进行"鳞片"的粘贴。
4. 鼓励幼儿将"热带鱼"粘贴成为美丽的海底世界。

科学区

1. 帮水宝宝搬家

活动目标

1. 尝试用合适的工具帮助水宝宝搬家,体验活动的乐趣及成就感。
2. 鼓励幼儿用适当的方式表达交流、探索的过程。

活动准备

漏勺、提篮、塑料袋、果冻壳、茶叶盒、玩具、网篮、小碗、小杯子等,红、绿筐子各一个。

活动建议

1. 游戏前为幼儿穿戴好防水围裙,并讲解玩水的注意事项。
2. 请每个小朋友选择一种工具来帮水宝宝搬家,引导幼儿说一说刚才用了什么工具、这种工具能帮水宝宝搬家吗,并把工具放到红色的筐子里。引导幼儿想一想:哪个玩具不能运水?请把它放到绿色的框子里。

3. 幼儿分别尝试用不同的工具帮水宝宝搬家,老师边参与幼儿一起运水,边仔细观察幼儿活动情况,作出适当引导。

4. 提醒幼儿当水洒到盆外时,要及时用抹布擦干,避免滑倒。

2. 海沙的声音

活动目标

1. 倾听、比较不同容器里的沙子发出的声音,能辨别声音的不同。
2. 发现沙子的干与湿、多与少所产生的声音是不同的。

活动准备

将粗沙、细沙、干沙、湿沙分别装入不同的透明容器里(塑料瓶、易拉罐、大蛤蜊皮等)。

活动建议

1. 幼儿倾听、比较各种不同的容器装上沙子后经过摇动发出的声音有什么不同。

2. 教师引导幼儿说一说,提问:你听见了什么?声音是从哪里来的呢?怎么会有声音的呢?引导幼儿发现声音的来源,以及如何去寻找声音的来源。

3. 引导幼儿探索不同声音产生的原因,如容器相同、沙子不同产生的声音不同,容器不同、沙子相同产生的声音也不同。

4. 引导幼儿说一说听到的声音像什么。

3. 饲养小金鱼

活动目标

观察金鱼的外形特征,了解金鱼的生活习性,萌发悉心的照料小金鱼的情感。

活动准备

自然角里饲养小金鱼,鱼食。

活动建议

1. 引导幼儿观察小金鱼的外形特征,与幼儿交流小金鱼的颜色、身体形状等。

2. 帮助幼儿了解小金鱼的生活习性,丰富饲养金鱼的经验。提问:小金鱼喜欢吃什么?它喜欢生活在什么样的水里?什么时候给小金鱼换水?怎样知道水脏了?

3. 指导幼儿喂养小金鱼,每天轮流给小金鱼喂食。

4. 引导幼儿观察小金鱼是怎样游泳的,学学小金鱼摆摆尾巴游啊游的样子。

音乐区

鱼儿好朋友

活动目标

1. 能随音乐的节奏自由结伴做动作。
2. 感受同伴一起游戏的快乐。

活动准备

《鱼儿好朋友》的音乐、小鱼头饰。

活动建议

1. 引导幼儿戴头饰自由结伴随音乐边唱歌边做游戏。
2. 鼓励幼儿大胆想象小鱼和好朋友在一起的情景,启发幼儿用手拉手、握握手、抱抱等动作表现找到好朋友时的快乐心情。
3. 在生活中鼓励幼儿多和好朋友一起玩,知道好朋友之间只有互相团结、互相帮助才会生活得更快乐。

阅读区

我读海洋绘本

活动目标

1. 能安静地进行认真阅读,有良好的阅读习惯。
2. 仔细观察图书画面,增进对海洋的了解。

活动准备

绘本《沙滩上的贝壳》《好奇的乔治去海边》等。

活动建议

1. 教师可参与讲述故事,引导幼儿了解故事的情节。
2. 指导幼儿阅读时要学会一页一页翻看,专注阅读。
3. 鼓励幼儿将阅读中的发现与感受和同伴、老师交流分享。

建构区

好玩的游泳池

活动目标

1. 学习延长排列和围拢的搭建技能。
2. 尝试将积木和辅助材料组合成好玩的"游泳池"。

活动准备

游泳池和游泳池局部图片,插塑玩具,纸盒动物、毛绒玩具等辅助材料。

活动建议

1. 教师与幼儿一起观察游泳池的结构、内部设施与功能,为后续的搭建做好经验积累。

2. 引导幼儿尝试用延长排列和围拢的技能,将积木和辅助材料组合成好玩的"游泳池"。

3. 引导幼儿互相学习、互相欣赏,培养幼儿的自信心和解决问题、尝试新方式的态度和能力。

4. 为提高幼儿搭建兴趣、明确搭建目标,可提供游泳池立体图片。

体育活动

快乐的小鱼

活动目标

1. 会听口令向指定方向跑,按口令变化选择不同图形和颜色进行游戏,提高身体协调能力。

2. 积极参加体育活动,体验参与游戏活动的乐趣。

活动准备

1. 准备红、黄、蓝三色不同形状(正方形、三角形、圆形)的大塑料卡片。
2. 场地上不同地方分别画好正方形、三角形、圆形。

活动建议

一、播放音乐,引导幼儿热身

1. 播放《小金鱼》音乐,教师创设"带鱼宝宝锻炼"的情境进行热身活动。

2. 可结合鱼的习性与本领,带领幼儿活动身体的各个部位,如向上吹泡泡(头部)、活动一下鱼鳍向上游(胳膊、下肢屈伸……)。

二、明确游戏规则,组织幼儿进行游戏

1. 介绍游戏场地与材料,明确其用途。

2. 介绍玩法:

(1)幼儿扮"小鱼",教师扮"鱼妈妈"。游戏开始时,"小鱼"都聚到"鱼妈妈"身边,然后"鱼妈妈"发出口令:"小鱼小鱼游到三角形池塘。"幼儿跑到三角形内。幼儿听口令,依次跑到不同形状的池塘里。

(2)教师再让"小鱼"聚到身边,然后发出口令:"小鱼小鱼自由游到池塘里。"幼儿四散跑到不同图形内,并拿一个"鱼食"(不同形状的卡片)。

(3)教师发口令,幼儿按不同图形向指定方向跑。例如,"手拿正方形(三角形、圆形)鱼食的小鱼游过来",幼儿跑对了,再跑回原来位置上。

(4)教师再发口令,幼儿按不同颜色向指定方向跑。例如,"手拿红色(黄色、蓝色)鱼食的小鱼游过来",幼儿跑对了,再跑回原来位置上。游戏重复进行。

3. 介绍规则:

(1)必须听清楚老师的口令后再做相应的动作。

(2)听错指令的幼儿停玩一次游戏。

4. 教师提问关键玩法与规则,帮助幼儿内化。

三、开展游戏,引导幼儿感受快乐

1. 进行第一遍游戏,教师重点观察幼儿听指令的情况及是否有规则意识。

2. 一遍游戏后教师小结游戏情况,提出问题请幼儿找原因并想办法解决。

3. 继续游戏,教师关注个别能力弱、规则意识不强的幼儿。

四、创设情境,结束游戏

教师创设"小鱼回家"的情境,幼儿做放松活动,游戏结束。

体育游戏

大鱼来、小鱼来

经验

练习钻和灵活躲闪的动作,掌握其动作要领。

材料

提前教幼儿学会《大鱼来》的儿歌。

玩法与规则

请两名幼儿手拉手做"渔网",其他幼儿做"小鱼"。"小鱼"一边说《大鱼来》的儿歌,一边依次穿过"渔网";当说到最后一个"来"字时,谁被网住,谁就要说出自己是"大鱼"

还是"小鱼",或是"我是大鲨鱼""我是小带鱼"等。说完钻出"渔网",游戏继续进行。

附:儿歌

大鱼来

大鱼不来小鱼来,
小鱼不来虾蟹来;
虾蟹来了小鱼来,
小鱼来了大鱼来。

主题活动案例

海边真有趣

官姗姗

活动背景

对于三四岁的幼儿来说,家乡的概念是模糊的。但是,他们可以从身边熟悉的事物中,通过玩玩、看看、听听等有趣活动获得一些具体的经验。蓝蓝的大海是青岛的象征,幼儿常跟着大人到海边玩耍,在沙滩上挖沙、捡贝壳,在海边戏水、踏浪……乐此不疲。同时,鱼也是日常生活中幼儿比较常见的一种海生动物,其活泼可爱的形象深深吸引着幼儿去看、去抓、去玩。"小鱼吃什么?""小鱼为什么吹泡泡?"围绕小鱼,他们会问个不停。因此,我们可将这两个方面结合起来,让幼儿亲临大海开展各种活动,通过看、听、说、做等多种形式,引导幼儿认识鱼、了解鱼,使幼儿感受大海的美丽,体验海边游玩的快乐,激发其关爱鱼、热爱家乡的情感。

活动目标

1. 了解大海是蓝色的、海水有咸咸的味道,认识常见的小鱼及鱼的基本特征和生活习性,知道在海边玩耍要注意安全。

2. 能运用谈话、绘画、手工、律动等多种形式表达对鱼的喜爱,随音乐用动作、姿态模拟小鱼游动的情景,加深对海洋动物的认识。

3. 感受在海边玩沙、捉螃蟹、拾贝壳等活动的快乐,萌发爱护海边环境的意识,增强对海洋小动物的热爱和关爱海洋的情感。

活动准备

1. 教研准备:

(1)小组教研主题课程及各区域材料的提供。

(2)制订主题课程和周计划。

(3)创设与主题紧密结合的海洋环境。

2. 家长工作准备:

(1)由家委会组织,家长带孩子到海边去戏水,玩沙、捉虾蟹、捡贝壳等,并将活动过程制成剪贴报由幼儿带到幼儿园。

（2）请家长利用节假日带孩子参观海底世界、唐岛湾贝壳展、观赏鱼市场等，开阔孩子们的眼界，加深他们对各种海洋动物的认识。可以和孩子们一起喂养鱼，引导他们饲养鱼、观察鱼，从而了解鱼的生活习性。

（3）家长可以和孩子一起清洗海鲜，用各种方法烹饪鱼、虾、蟹等海鲜让孩子品尝，引导幼儿观察各种水生动物身体结构，并了解海鲜的营养。

3. 环境准备：

（1）班级区域悬挂。

美工区——将自制的小螃蟹、小乌贼、小鱼、小乌龟、海浪、水草等手工作品悬挂起来，给幼儿一种美的享受，从而使幼儿产生动手制作的欲望。

班级海洋环境创设（1）

表演区和益智区——采用在卫生纸上作画的形式，将区域设计并吊饰成关于鱼的美术创意作品展区。

班级海洋环境创设（2）

娃娃家和生活区——为了给小班幼儿创设一个温馨的环境，在娃娃家和生活宠物区中间挂上帘子，并在帘子上张贴"鱼妈妈""鱼爸爸"带领一群"小鱼宝宝"在水里嬉戏的情景。

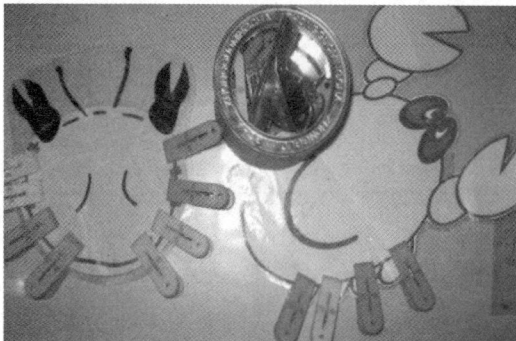

班级海洋环境创设(3)

（2）区域材料的投放。

益智区

投放材料：大螃蟹夹夹乐、打扮小鱼、小丑鱼拼图、小猫钓鱼、贝壳拼图、海洋动物宝宝找影子、猜猜谁不见了、沙中寻宝。

大螃蟹夹夹乐：为了发展幼儿小手肌肉的控制力，提供了没有腿的螃蟹图案以及各种不同材质的夹子，引导幼儿用夹子夹到大螃蟹的身上，使幼儿在操作中技能得到提高。

打扮小鱼：提供了小鱼图案，鱼的身上有大小不同的切口，以"打扮小鱼"为游戏情节，引导幼儿将大小不同的鳞片插到切口上：小的鳞片就要找到小的切口，大的鳞片就要找到大的切口，使幼儿在游戏中得到对大小的感知。

小猫钓鱼：提供磁铁和钩子两种不同难度的鱼竿、小猫的头饰和小篮子，引导幼儿将钓上来的"小鱼"放到小篮子里。

猜猜谁不见了：两名幼儿进行游戏，其中一名幼儿转动转盘，遮住其中一种海洋生物，另一名幼儿来猜谁不见了，然后两名幼儿轮流进行游戏。

沙中寻宝：提供细沙，在细沙中埋好"小鱼""小虾""贝壳""螃蟹"等，以"寻宝"为游戏情节，引导幼儿将摸出来的玩具分类。这个游戏，不但能使幼儿练习物品的分类，还能使幼儿感受到粗沙和细沙的不同，因为小班幼儿的感知体验依赖于动手操作。通过操作，幼儿不仅能感受到各种事物明显特征如冷热、粗细、软硬等，更能在摆弄的过程中获得与分类、比较、排列、堆叠等有关的经验。

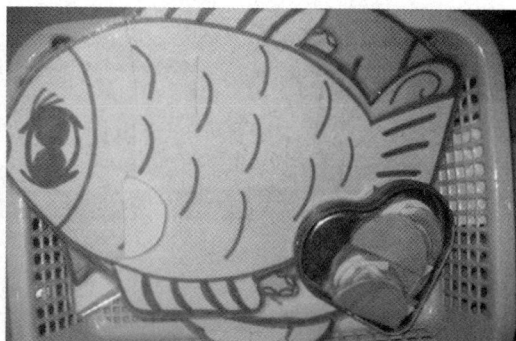

| 大螃蟹夹夹乐 | 打扮小鱼 |

小猫钓鱼

猜猜谁不见了（转盘式）

沙中寻宝

各种各样的贝壳拼图

美工区

投放材料：撕贴鱼骨、拼贴小金鱼、泥工小鱼、拓印添画海底世界、拼贴添画热带鱼、贝壳辅助材料、橡皮泥工具、玩色工具、美工范例等；还提供各种各样的鱼及海底世界的图片，引导幼儿多角度地去感受美术活动中不同的创作形式。

"鱼儿水中游"

拼贴添画热带鱼

丰富多样的美工区材料

表演区

投放材料：与海洋主题相结合的海洋生物的头饰、服装，道具水草和珊瑚，小鱼游来了的早操音乐等。

首先设计了小鱼在游的背景，然后将早操音乐《小鱼游来了》投放到区域中，这样幼儿在表演的过程中会更有意境，会全身心地投入表演中。这也将小班上学期中一段放松环节早操在区域活动中进行了巩固练习。

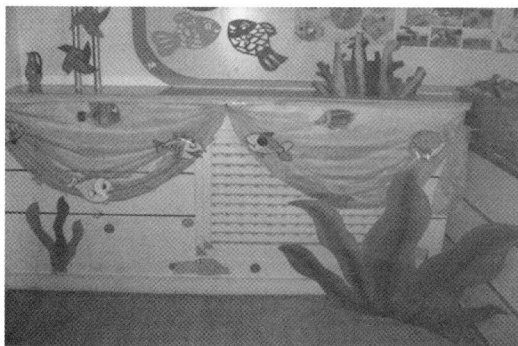

海底世界背景

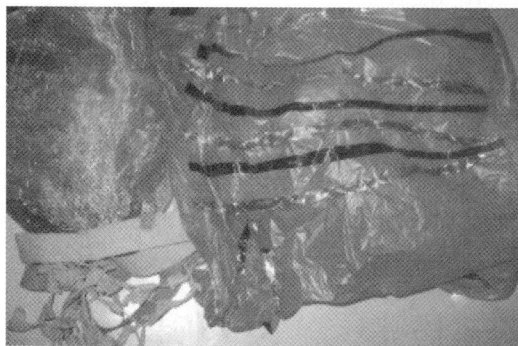

海洋动物服饰　　　　　　　　　　　　　　海洋生物头饰

图书区

投放材料:与海洋相关的书籍、玩偶。将玩偶增添到图书区,可以激发幼儿讲述的兴趣,引导幼儿运用玩偶边操作边讲述。

海洋图书

海洋玩偶

生活区

投放材料:海鲜类拼盘,照顾海洋动物宝宝物品如娃娃车、浴盆、淋浴头、澡巾、毛巾、晾衣架、沐浴露等,幼儿自带小鱼及鱼食。

引导幼儿参考洗澡步骤图给"小娃娃"洗澡。这个活动能与幼儿自身生活经验结合起来,所以,不仅"有得玩",还能"玩起来"。

海鲜拼盘

海洋宝宝及小车

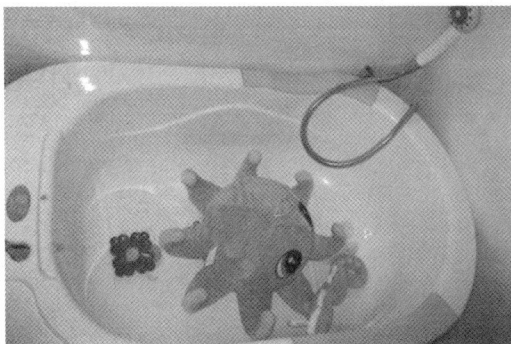

海洋宝宝浴盆

幼儿自带小鱼

建构区

投放材料:各式各样鱼缸的照片、已完成的搭建作品的照片、各种各样的仿真小鱼。

各种各样的鱼缸

幼儿搭建的大鱼缸

活动实录

活动1　去海边玩

在主题活动开始之前,由家委会组织"去海边玩"家长俱乐部活动。对于刚刚进入小班的幼儿来说,集体活动的经验是比较匮乏的,跟爸爸、妈妈、班级全体小朋友一起外出也是第一次。因此,这种体验就显得非常宝贵。活动开始前,家委会组织招募了家长志愿者;其中,有一名摄像人员、一名医护人员、一名保安,还有一名专门负责组织亲子沙滩游戏。周末的早晨,安委会的家长为车辆统一贴好了车号。出发前,课委会主任,统一为孩子们讲解乘车安全和沙滩游玩的注意事项。

此次活动在课委会成员的组织下顺利进行着,主要体验活动为:

(1)尝尝海水的味道,看看大海的颜色,听一听海浪的声音。

(2)组织幼儿赤脚在沙地上走一走,说一说在沙滩上走的感觉,看看自己留下的脚印,在浅水区踏浪。

(3)组织幼儿在沙滩上游戏,如堆沙丘、画沙画、堆城堡等。

(4)组织幼儿挖贝壳、寻小鱼。

(5)组织幼儿捡沙滩上垃圾。

(6)参观金沙滩周边的建筑、小吃街、商业街、游乐设施。

▶活动小结◀

1. 来到大海边,看到兴奋的孩子们,深切感受到体验源于生活又高于生活。我们应给孩子们提供体验的机会,让他们与大海亲密接触,在体验中接触、感知、思考、表达,从而不断地提升他们对大海的认识、对意义的理解。

2.《幼儿园教育指导纲要(试行)》在组织与实施部分明确指出:"家庭是幼儿园重要的合作伙伴。应本着尊重、平等、合作的原则,争取家长的理解、支持和主动参与。"活动中让家长主动参与更为重要。

活动2 生成活动 亲子做沙盘画

在去海边玩活动结束后,家长和孩子一起制作了去金沙滩游玩的剪贴报,并带到班级与同伴分享。当幼儿讲述自己在金沙滩经历的开心事儿的时候,大多数孩子会谈到是如何与小伙伴一起挖沙子、堆城堡、画沙画的。看来孩子们对金沙滩的沙子是最感兴趣的。我们跟家委会协商,把金沙滩的沙子运到了教室:一部分沙子放到了益智区,让孩子们进行沙中寻宝的游戏;另一部分沙子用于亲子沙盘画活动。小班的幼儿在纸上涂鸦过、在墙上涂鸦过甚至在衣服上涂鸦过,但是在沙子上用颜料进行涂鸦肯定是第一次。

沙画前,家委会成员为幼儿统一准备了白盘子、白乳胶、刷子、颜料等;提前一天,将白乳胶涂在了盘子上,然后撒上沙子,晾干后备用。第二天,我们先向孩子和爸爸妈妈们讲解了制作沙盘画的步骤;然后,进行沙盘画制作活动。孩子们非常感兴趣,家长也忙得热火朝天。大部分家长反馈说,第一次做沙盘画,在沙子上用颜料绘画很有趣。

▶ 活动小结

1.《3～6岁儿童学习与发展指南》指出,应创造条件让幼儿接触多种艺术形式和作品。沙盘画的形式对于小班幼儿来说是一种非常新颖的美术形式,既有幼儿喜欢的沙子,又能在沙上涂涂画画,使得幼儿在操作中丰富了对美的感受和体验。

2."亲子活动"是幼儿活动及幼儿园活动中必不可缺的部分。对于小班幼儿来说,家长的到来能更让他们感受到幼儿园如家庭般温暖,会产生更强的安全感和大胆探索的勇气。教师与家长都是幼儿生活中最重要的成人,他们都在同时关注着自己的活动,这会让幼儿产生较强的成就动机,从而更好地与父母沟通。

活动3 金沙滩上都有啥

沙滩游玩以后,开展了"金沙滩都有啥"的主题活动。当我问幼儿去金沙滩都看到了什么的时候,他们都争着抢着来回答。"金沙滩上有沙子,有海水,有贝壳,还有很多好玩的呢。"玉玉一口气说了好几个。茂茂接着说:"金沙滩上还有开沙地车的呢!"茂茂是一个特别喜欢车的孩子,在他入园后焦虑期里,只要有车的陪伴,他的情绪就会好很多。所以去沙滩游玩,对他来说最难忘的可能就是金沙滩上的沙地车。过了一会儿,晴晴说:"金沙滩上还有木栈道呢,我们还在上面照相了。"这时派派大声说:"金沙滩上面还有好多卖东西的地方。"他刚说完,一灿慢慢地站起来说:"哦,我知道了,派派说的是金沙滩周边的商业街。"孩子们一起说着:"金沙滩周边还有小吃街,还有公用洗手间呢!"原来在游玩期间,家委会成员为孩子们讲解了金沙滩周边的这些建筑,所以有的孩子就记得很清楚。

紧接着,我问孩子们金沙滩商业街上都有啥。喜乐站起来说:"老师,我看到了大海龟。"听完之后我感觉很惊讶,便问:"金沙滩上有海龟?"喜乐拿起来自己的粘贴报说道:"看,这就是大海龟。""哦,原来是游泳用的海龟形状的充气浮排呀。"我趁热打铁问:"谁知道充气浮排是用来干什么的呀?""游泳用的。""游泳的时候可以趴在上面的。""是像游泳圈一样帮助不会游泳的人游泳的。"我肯定了孩子们的回答接着问,你见过别人游泳吗?你会游泳吗?孩子们摇了摇头,只有几个孩子说会穿着救生衣或套着游泳圈游泳。

1. 幼儿的学习是以直接经验为基础的,沙滩游玩的活动是满足幼儿直接感知、亲身体验获取经验的最直接而有效的途径。

2. 幼儿的语言学习需要相应的社会经验支持,幼儿的语言能力也是在交流和运用的过程中发展起来的。因此作为教师,我们应抓住每一次机会,让幼儿将自己的观察和感受大胆地表达出来。

活动4　生成活动　贝壳变变变

在"金沙滩上都有啥"谈话活动中,孩子提到了沙滩上有贝壳。在沙滩活动前,预设了去金沙滩挖贝壳、捡贝壳、认识各种各样的贝壳等活动,所以第二天孩子们都将自己捡到的贝壳带到了幼儿园。其中,溪溪和淘淘带的跟大家不一样。因为,那天他们两个跟爸爸妈妈一起去威海旅游了。爸爸妈妈听说班里的小朋友有集体去沙滩的活动,就去了威海的沙滩。虽然他们没有捡贝壳,但是带回来了几个成品的贝壳风铃,特别漂亮。这就引起了好多小朋友的关注。孩子们都欢呼着:"溪溪,淘淘,你们的贝壳好漂亮啊。""是呀,各种各样的颜色,碰到一起还会叮叮响。"爱唱歌的润润说:"像在唱歌一样,真好玩。"这时,我接着他们的话说:"是呀,这些贝壳竟然变成了小风铃,真神奇。不过,你们信不信,你们的贝壳也能变得很漂亮。"孩子们很疑惑地看着我。看着孩子们半信半疑的眼神,我便现场用几个蛤蜊皮进行了拼贴,然后填画了几下,它们就变成了正在花园里飞舞的小蝴蝶。我展示给孩子们看的时候,他们高兴地鼓起了掌。我接着说:"孩子们,今天把你们带来的贝壳再带回家,你和爸爸妈妈一起当魔术师,看看你的小贝壳能变成什么,变完之后我们再带来一起分享。"孩子们齐声回答着"好",然后将自己的贝壳像宝贝一样放到了自己的小橱子里。过了两天,所有的孩子都带来了自己的作品,有"蝴蝶",有"美人鱼",有"帆船",有"孔雀",各式各样的。这不但让孩子们惊讶欢呼,也让我们大开眼界。

我们常说一日生活即课程。本次活动预设目标主要引导幼儿认识各种各样贝壳,结果他们不仅认识了贝壳,同时还将本次活动延伸成了一次非常有意义的美术创意活动。所以,教师要抓住每一个教育契机,千方百计地调动幼儿的学习积极性,鼓励幼儿自主发展,让幼儿在不断的游戏中发展想象力和创造力。

活动5　游泳真快乐

活动前,组织孩子们观看了一段人们在大海里游泳的视频。看完之后,我问孩子:"游泳时,他们穿的衣服跟我们现在穿的一样吗?哪个地方不一样?"由于我们生活在海边城市,再加上孩子们有去沙滩游玩的经验,孩子们纷纷说"他们穿的是泳装""带着泳镜""还有游泳帽"等等。这时,特别善于观察的露露问:"老师,他们鼻子上塞着什么东西啊?"督督接着回答了她的问题:"那是因为他怕游泳时鼻子里进水,所以塞上了东西。""对,因为鼻子里有鼻黏膜,如果游泳时鼻子里进水了,就会感染鼻黏膜,鼻子就会很痛。所以,有的人游泳时就用上了这个叫鼻夹的东西。"之后,我们便开始了音乐律动活动"游泳真快乐"。孩子们欣赏完一遍音乐后,我为孩子们完整地做了一遍示范动作。有几个孩子忍不住模仿了起来;慢慢地,所有的孩子都加入进来。大家一起开心地跳着,游着。我发现,孩子做两臂轮流向体前摆动的动作有点困难。于是,我就引导孩子们随着音乐,跟着老师一起做,孩子们便慢慢地掌握了这个动作的要领。多次练习后,我便为孩子们创设了在大海边的情境,播放音乐,鼓励他们有表情地表演。此时,孩子们仿佛就在大海里畅游,玩得非常开心。

最后,我们将泳镜、泳帽等增添到了表演区。每天的区域活动时间,孩子们随着欢快的音乐尽情地表演,仿佛身临其境。

▶ 活动小结

1. 律动《游泳真快乐》音乐节奏明快、韵律性强,带有浓浓的海洋气息,犹如波浪荡漾、轻轻起伏;而且游泳动作富有节奏感,无论是从音乐的选择还是动作的编排,都特别适合小班幼儿的学习特点。

2.《3～6岁儿童学习与发展指南》指出,"3～4岁的幼儿能用声音、动作、姿态模拟生活场景",此活动能更好地结合幼儿的年龄特点,紧扣《3～6岁儿童学习与发展指南》开展活动,使幼儿在活动中不仅对这乐曲有了更深的感受,而且激发了幼儿热爱大海的情感,从而达到我们预设的目标。

活动6 鱼宝宝笑了

结合"绿色教育"的理念,我们把这个次主题活动的落脚点放到了环保教育上。活动开始前,我搜集了各类垃圾的小图片,并在区域活动时和幼儿一起剪了一些"小花"和"大树"等。孩子们好奇地问我:"老师,这些东西是用来干什么的?"我很神秘地告诉他们:"一会做操回来你们就知道了。"这种神秘感一直吸引着他们。做完操回来,我将提前准备好的哭泣的鱼宝宝图片贴到了黑板上,这便引发了孩子们的讨论。

"老师,你看小鱼怎么了?""它怎么哭了呀?""老师,小鱼是不是不开心了?"天真的露露还朝着向来比较调皮的茂茂说:"茂茂,是不是你欺负小鱼了?"茂茂用不屑的眼神看了看她说:"我才没有呢。"我将孩子们组织起来,顺势问道:"小鱼到底怎么了呀?发生什么事了哭得这么伤心?"一灿说:"可能是找不到妈妈了。"润润说:"可能是想妈妈了。"宽宽说:"肯定是有人欺负她了。"文彬说:"是不是找不到好朋友了啊。"这时,我出示了"大海边被污染"的图片,引导幼儿探究鱼宝宝哭泣的原因。我先让幼儿找出大海里的垃圾如饮料瓶、烂水果、破纸片等,然后引导孩子们讨论:"这些垃圾是从哪里来的?""怎样才能帮助大海变干净美化鱼宝宝的家呢?"孩子们七嘴八舌地讨论起来。最后,孩子们决定,将图片上的垃圾拿下来扔到垃圾桶,贴上小朋友给小鱼剪的"小花"和"小草"。我以小鱼的口吻,感谢孩子们帮助小鱼美化家园,表扬他们是爱护大海的好孩子,并换上了一条开开心心的"小鱼",孩子们高兴极了。

▶ 活动小结

　　幼儿"一日生活"的各个环节,无时无刻不与环境发生着联系,教师应抓住时机,及时地对幼儿进行教育。本次活动将鱼宝宝"由哭泣变微笑"的情绪变化贯穿始终,符合小班幼儿愿意帮助小动物的心理,能引发他们关心小动物的情感。以幼儿喜欢的形式帮助鱼宝宝美化家园,可以使幼儿知道乱扔垃圾对海洋环境的危害,从而树立爱护大海的意识。

活动反思

　　1. 开展亲子活动,促进家园合作。

　　开展亲子活动是家园合作共促幼儿发展的一种有效途径。本主题活动为期两个周的时间,我们前前后后开展了三次大型的亲子活动,让父母陪着孩子参加主题活动,树立家长教育孩子的责任意识,促进孩子与父母的关系健康发展。教师在亲子活动中,既要做组织者,又要做引导者,吸引家长走进幼儿园,了解幼儿园的教育理念,更贴近孩子,为幼儿与家长、老师与家长、家长与家长之间搭起一座沟通的桥梁,达到亲子教育的效果。

　　2. 各方面通力合作,充分用好各种教育资源。

　　家庭、社会是一个大教育环境,其中的教育资源要比幼儿园多。通过该活动,我深深感受到如果能够充分利用这些资源,我们的教育内容将更加丰富多彩,我们的教育成果将更加丰硕。

　　3. 把握幼儿兴趣点,关注生成活动。

　　活动中我们善于把握幼儿的每一个兴趣点,及时生成新的教育内容,从而激发了幼儿学习探究的热情。我认为,对于幼儿的兴趣教师不能漠视,也不能被幼儿的兴趣牵着鼻子走,而要学会判断哪些兴趣点能够促进幼儿发展、有利于达成课程目标,然后将这些兴趣点生成活动,为幼儿创造更多体验、操作的机会,使他们在活动中有所收获。如果有生成价值,教师就应该按照幼儿的兴趣点,生成新的教育活动,这样就会取得更好的教育效果。

主题活动案例

沙 趣

刘 磊

活动背景

《幼儿园教育指导纲要》指出,要引导幼儿接触自然环境,使之感受自然界的美与奥妙,激发幼儿的好奇心和认知识兴趣。沙子是一种常见的自然物,细小、松散且可塑性强,是大自然赐予孩子们的礼物,这种天然的材料丝毫不逊色于价格昂贵的玩具。幼儿住在海边,玩沙正是与自然最亲密的接触,每次玩沙都会使得他们着迷、流连忘返。在玩沙的过程中,幼儿兴趣得到了极大满足,天性自由表露,幼儿的积极性、主动性、创造性得以充分发挥,人格得到健全发展。玩沙活动中,丰富多彩的活动形式不仅可以促进幼儿身心健康发展,而且可以带给他们许多的欢乐。

活动目标

1. 调动幼儿各种感官,引导幼儿感知沙子的基本特性。
2. 用沙子进行简单的造型、实验,尝试进行沙子的艺术绘画、沙雕创作活动。
3. 体验和同伴一起玩沙的乐趣,激发热爱海洋的情感。

活动准备

1. 整洁、无杂物的沙箱、沙池。
2. 各种玩沙用具(小铲、塑料小桶、水、小盘、小碗、筛子、模子、玩沙车、树枝、废旧的酸奶盒、饮料瓶等)。
3. 沙画盘、范例。
4. 自制的沙漏、长短粗细不一的管子、杯子、易拉罐等。
5. 沙画工具、颜料等。

活动实录

活动1 沙池派对

住在海边的幼儿,对于脚踩在沙地上那种松软的感觉应该是很熟悉了。喜欢玩沙土是每个幼儿的天性,而在幼儿园里集体进入沙池玩沙更是幼儿的喜爱。我们经常组织幼

儿在沙池活动,每次在进入到沙池以前,我对他们都提出了玩沙的注意事项:

(1)要蹲下来玩沙子,不要站着扬沙;

(2)不能用脏手揉眼睛,注意保护眼睛。

我们这次是玩沙池派对活动。孩子们一起进入沙池,很自然地运用各种工具玩沙,玩的最多的是挖洞、堆小山。大家都按照自己的想法喜欢做什么就做什么。果果把沙子堆成一堆,在上面插上了几个树叶,我及时给予鼓励。正当我表扬果果会使用自然材料制作自己的作品时候,小泽说:"老师,我给你做了蛋糕,祝你生日快乐!"小泽指着简单的几个小树枝说,这就是老师的生日蜡烛。他的创意,立刻吸引了好几个同伴参与,沙池上空一时间回荡起稚嫩的歌声和欢乐的笑声。在讲评今天活动的时候,我问大家:"你们最喜欢在沙池里做什么?""过生日!做蛋糕!"孩子们异口同声地回答。这表明今天玩出了他们的需求。因为沙子的可塑性和可变性都很强,做"蛋糕"不失为一个好的活动主题,但是只堆积成沙堆,再插上自然材料就有些简单。于是,我们把活动进一步深化,目的是让孩子们在活动中深入地了解沙子的特性。接下来的几天里,我们和孩子们一起看了好多的蛋糕造型,有的孩子还特意跑到蛋糕店去看蛋糕的制作过程。由于孩子们对玩沙很感兴趣,他们总是期待着下一次再去沙池活动。

当孩子们再次进入沙池用工具做蛋糕时,我们遇到了一个问题:为什么装进了工具里的沙子倒出来却不能成形呢?孩子们通过几次实验都没有成功,似乎有点泄气了。"让我来看看吧。"我指着松散的"蛋糕"问他们:"这个蛋糕看起来真的会散开,我们想想怎么能让它变得紧起来呢?""使劲压!"天天说。"那好吧,你来压!"天天把沙子倒进一个浅浅的模具里,使劲压实,扣出来以后,沙子确实有一部分成型了,但是也散了不少。我拿出一桶水,倒进沙子里。"天天,你用这个加水的沙子试试看。"毋庸置疑,这次成功了,孩子们兴奋地欢呼起来。

看来孩子们并没有发现沙子易松散的特性,只是一味地挖沙、扣磨具。在老师的帮助下,他们终于成功了。孩子们互相传递着自己的成功和喜悦,高兴得比吃了蛋糕还甜。可是,接下来孩子们又发现,为什么有的工具很深,扣出来的"蛋糕"会上面散开而下面成型。"这又是为什么呢?"我把这个问题摆在孩子们面前,他们还是说"没压结实"。孩子们纷纷尝试着使劲压,但是还没有成功。他们觉得很奇怪。这时,我便有意地引导孩子们观察浅浅的模具和深深的桶的区别。孩子们很快地指出来了它们的区别。这次,我引导大家用湿沙,装沙时候就装一点压一下,这样一层层地压结实,再扣出来的时候高高的结实的蛋糕就做好了。这时,孩子们开始主动找湿沙做"蛋糕"了,没人再去用干沙,他们对湿沙的可塑性有了初步的了解。

通过几天的玩沙活动,我看到幼儿由于缺乏经验,对事情认知有限,常常无法对事物进行深入研究,这就需要老师助孩子一臂之力,在适当的时机进行点拨,借助当时的情景、材料直接提出主题,点燃他们的兴趣点。

"老师,我喜欢双层蛋糕。""我也是。""那你们就做个双层蛋糕嘛。"于是,孩子们动手制作起来。小月和可儿的两个模具差不多大,底层做好了,上层一扣就塌了。两个人做了好几次都不行。这时候我对他们说,双层蛋糕应该下面一层大、上面一层小。两个人马上调整材料,把上层选用了飞机模具。这样,他们很快就成功了,并且将其命名为"飞机蛋糕"。

孩子们用加水的细沙做"蛋糕"

▶ 活动小结

1. 这次活动使我感受到,当探索的内容符合幼儿的兴趣时,他们会自发地利用自己的智慧去寻找、探索、发现、尝试和感受。作为教师,应该抓住幼儿的兴趣点,因势利导,与幼儿一起体验、探索,使他们的探索能力和认知能力得到持续的发展。

2. 沙子是自然材料,它可以被赋予不同的形状,重要的是幼儿在玩沙的过程中可以体验、领悟和创造,展示自己对客观世界认识。在这次做"蛋糕"的活动中,我们把原本生硬的问题直接抛给孩子,如:干湿沙有什么不同?把沙压紧意味着什么?压紧到什么程度好?自己从别人玩沙过程中得到了什么?让孩子们在体验中思考、在思考中探求、在探求中成长。

3. 通过一个游戏,我们解决了干、湿沙可塑性不同的认识问题,还解决了重力问题。一次做"蛋糕"活动使孩子们获益匪浅。在这个活动中,观察与探索,体验与合作能力的提升也是孩子们最大的收获。

活动 2　小沙子真奇妙

1. 幼儿园有几个 PVC 管子制作的跨栏坏了,但是弯曲的管道不正是让小班孩子感知沙子流动性的一个好器具吗?我把那几个管子收集回来。为了让孩子们感知沙子流动性的特点,我准备了干、湿两种不同的沙子。首先是感知干沙的流动性。一个孩子扶着一边高一边低的管子,一个往高处的管口倒沙,很快干沙从高端向低端流下来。孩子们兴趣很高。接下来,我又请孩子们拿着湿沙和干沙,分别加到两根一样的管子里,同时抬起来。这时,大家惊喜地发现干沙首先流了出来,湿沙流出的还不到一半。原来是干沙流得快。这时,我提出问题:"为什么干沙会很快流出来,而湿沙子为什么不能很快流出来呢?"以这样的问题引导孩子们进行比较,会使他们得到新的经验。

孩子们用 pvc 管感知沙子流动性

　　幼儿园沙池中,大型玩具滑梯口正对着沙地。每一次玩沙活动,孩子们都希望能有新的玩法。有些孩子自己玩过滑梯后,便想让他们喜爱的沙子也来尝尝滑滑梯的滋味,于是,你一桶我一桶地提着沙上滑梯,"哗"一下倒下来,沙子就会顺梯而下。还真有意思,孩子们发现沙子顺梯而下后自然形成了图案。这一新的发现,着实让孩子们高兴了半天。逐渐地,孩子们还发现慢慢倒和快倒形成的图案不一样,从顶上倒和从中间倒形成的图案也不一样,粗沙和细沙滑下的位置不一样形成的图案也有区别。这都是为什么?这许许多多的不一样,这许许多多的为什么,令孩子们惊讶、兴奋,一种发现的喜悦鼓舞着他们继续去探究。

　　民间游戏"尿床"是男孩女孩都喜欢玩的游戏。这个游戏有助于养成孩子耐心、细心、聚精会神的品质。其实,所谓"尿床"游戏只不过是滑下来的沙子不断地推动前面滑下来的沙子,形成的类似波浪式"尿床"的形态。孩子们玩起来个个聚精会神、小心翼翼,生怕自己"尿了床"会被别人笑话。可是,小小的他们还不懂得冲击力和引力的原理,从高处斜面滑落的沙子必定会冲击前面的沙子从而形成波浪纹,任你再小心也不会平行推进的。该怎样向幼儿解释这个现象哪?我请小朋友看视频,回忆在沙滩上看到的海浪推动沙滩上的沙子的情境。我问孩子们:巨大的海浪推动沙滩上的沙子是不是流下一层层鱼鳞一样的波浪纹?是不是和"尿床"的样子很像?孩子们似乎明白了,便不再为自己已经很小心了却还是"尿床"了而不开心。

　　2. 孩子们自制了沙漏,往沙漏装沙,干沙流动得很干脆;往沙漏里装湿沙,湿沙却要不断地摇晃才可以流下来。孩子们对沙子流动性的认识又加深了。我告诉孩子们,沙漏曾经是人类最早的一种计时工具。接下来,我们使用了最大的一个沙漏作为计时工具,把它当作督促翘翘吃饭的好帮手。我们和翘翘约定,沙子漏完以前要吃下去几口饭,并请这组的孩子们和她一起比赛,使得翘翘吃饭不再含在嘴巴里不往下咽了,这是一个意外的收获。

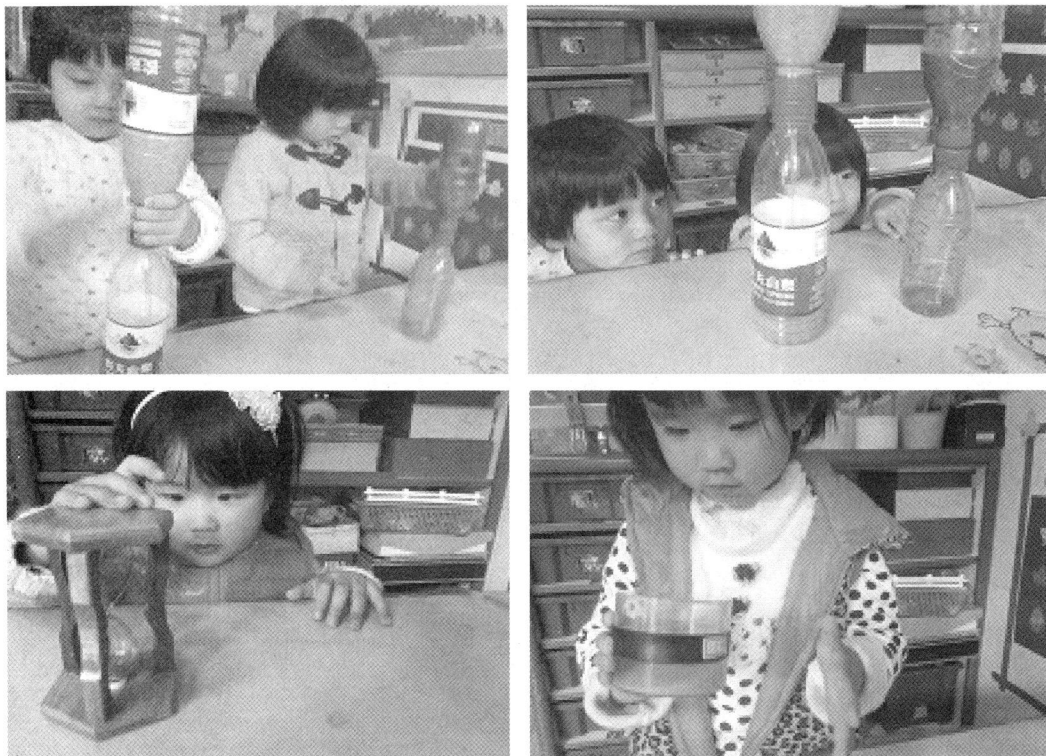

孩子自制沙漏,玩沙漏

3. 大太阳晒了一中午,下午我们班去沙池活动的时候,孩子们感觉到了沙的灼热。"沙为什么热了?""天热,沙也会变热的。"这是孩子们的逻辑,也有一些道理。"哎?下面的沙凉。"又是一个新发现。"为什么下面的沙不热?""被上面的沙挡住了。""上面的沙是被太阳晒热的,下面的晒不着,所以就凉。"对,沙子可以吸热。有的孩子把脚伸进沙里,感受着沙的凉润,并试着像犁头犁地一样走了几步,感觉不错;又有孩子跟着这样做。有的小朋友问:"为什么夏天傍晚到海边去沙子还是热的呢?"孩子们通过讨论得出结论,沙子有吸热性。

▶ 活动小结

正如《幼儿园教育指导纲要》所倡导的,幼儿园的活动材料应有利于引发、支持幼儿的游戏和各种探索活动,使幼儿在游戏中不断探究,不断发现。这些看似平淡的沙子,在他们眼里却魅力无穷。正是这些不起眼的材料、工具和"任人摆布"的沙,引发了幼儿的想象和创造的欲望。幼儿在玩沙的过程中愉快地了解未知事物,发挥想象力,拓展创造力,发展着自己的潜能。幼儿感兴趣的玩沙活动,是幼儿自发选择而进行的活动,他们以自己的力量获得发展。

活动3　神奇沙子

1. 制作沙画是玩沙活动必不可少的一项活动。孩子们按照自己的想象摆动着装有干沙的、底部带小孔的易拉罐,让沙子流在画纸上。易拉罐可以前后摆动,也可以左右摆动,更可以绕圈摆动……引导孩子们发现彩色纸上“沙的轨迹”,并且添画几笔,一幅很不一般的沙画就跃然纸上了。

2. 我国著名的幼儿教育家陈鹤琴先生指出:“音乐是儿童生活的灵魂。”“大凡健康的儿童生来就喜欢音乐……”因而,我们看到孩子们无论是游戏、散步还是集体活动,他们都会本能地敲敲打打或唱着歌,表现出音乐的旋律和节奏。活动中,孩子们发现用沙子也能发出美妙的声音。于是,我们搜集废旧饮料瓶,装进数量不同、粗细不同的沙子,拧紧瓶盖做成“沙锤”。这看似简单,可是,到底装多少沙合适? 干沙还是湿沙发出的声音好听? 粗砂还是细沙发出的声音更好听? 这都是有区别的,孩子们在一次次的尝试中制作着、感受着……

▶ 活动小结

“摆动的沙画”作为一种特殊的美术表现方式,比用传统的画笔绘画更易引发幼儿的活动兴趣,因而能创作出更具想象力的作品。用玩沙来训练幼儿的触觉和培养幼儿的艺术创想,也是一种好方法。幼儿创作的过程以及沙画作品展示,能引发幼儿的成功感与自豪感,让幼儿与自己的沙画作品融为一体。沙画能随意更改、重复使用,不仅培养了幼儿的动手、动脑能力,还培养了幼儿创造性思维,并在潜移默化中培养了幼儿“低碳、环保”的生活方式。而变废为宝的制作沙桶乐器更是促进了幼儿勤俭生活习惯的养成。

沙子的乐趣在于它不仅可以作画、发声,还可以用于种植。这些特殊使用方法,能让幼儿着迷,因为他们乐于探索,喜欢主动研究、主动思考。

活动4　生成活动　“亲子沙盘画”

玩沙子活动如此精彩,让孩子们十分迷恋。那么,能让平凡的沙子呈现出它非凡的艺术风采吗? 基于以上思考,结合孩子们对沙画活动的兴趣,我们进行了沙盘画活动。

沙盘画要在盘子上面沾满细沙,才可以进行绘画。这一活动的前期准备,得到了家长们的大力支持。他们有的去海边拉沙,有的利用休闲时间帮助我们粘沙子。

小班的很多活动是以亲子活动的形式呈现的,而家长也很愿意来到幼儿园和孩子共同活动。我们前期和孩子们一起认识了什么是沙盘画,体验了沙盘画要怎么制作。

在开展活动以前,我们教研组所有老师首先进行了预操作,把活动中可能出现的问题一一排除,比如:用丙烯还是水粉画更好? 用什么配色更协调美观? 沙盘上的沙子会有少量滑落该怎么办? 如何分组进行活动?

活动的当天,家长们欣喜地发现,孩子们玩沙活动不仅大胆而且有创意。小班的孩子们只让家长打下手,自己独立活动的能力让家长们欣喜不已。既然是作品,就有必要呈现出来。我问孩子们:"这么多的盘子咱们教室里放不下怎么办?""放在走廊上吧!""不好,走廊上有人不小心弄倒了就坏了。"看来,大家真的很在意自己的创作。最后,我们决定,全部放在红毯上展出,并且很认真地给每个孩子填好作品牌,和孩子们一起摆放好展台。孩子们迫不及待地和爸爸妈妈一起谈论着自己和同伴的一件件作品。这是小班第一次如此大型的作品展示,孩子们的成功感和自豪感油然而生。

沙盘画展示

▶ 活动小结

　　家长的参与给我们的活动起到了推动作用。家长负责买盘子、拉细沙、买颜料和白乳胶等,更有的家长利用自己的休息时间预先给孩子们在盘子里粘好沙子。这既是一次快乐的亲子活动,也是一次家园通力合作的尝试。当我们给家长展示制作步骤以及制作的参考图案时候,家长们不由地被这些自然材料所散发出来的艺术生机所折服。

　　这次活动因为是初次尝试,也有不足之处。最重要的配色问题,个别作品会出现背景暗沉、花纹不清晰的现象,原因是色彩搭配不当。这些,为我们以后进行色彩活动积累了经验。

活动反思

　　1.《幼儿园教育指导纲要》总则第五条提出:"幼儿园教育应尊重幼儿的人格和权利,尊重幼儿身心发展的规律和学习特点,以游戏为基本活动,保教并重,关注个体差异,促进每个幼儿富有个性的发展。"我们幼儿园大面积的沙地,为幼儿提供了足够的玩沙空间。玩沙,往往是幼儿一天中最快乐的时光。沙的流动和松软,沙的细腻或粗糙,沙的凉润与灼热,沙的轻飘及沉重,总而言之,在这方属于幼儿的天地里,玩沙的幼儿有100种感觉、100种惊讶、100种不同的表达方式。

　　2. 玩沙游戏,为幼儿提供了一种自由尝试的最佳平台。幼儿喜爱游戏,而玩沙游戏与其他游戏相比,更受他们的欢迎。玩沙游戏是通过幼儿的想象,以沙土为基本材料进行构想,通过亲自操作且有创造性地反映对周围事物的印象的一种活动。与其他活动相比,它更具有自主性和创造性,更适合幼儿的生理、心理特点,对幼儿的全面发展具有独特的作用。玩沙游戏使幼儿兴趣和需要得到了满足,使他们的天性得到自由表露。每一次玩沙的过程都是幼儿与老师、与材料互动的过程,是幼儿创造的过程,是幼儿自主发展的过程。

3. 在玩沙过程中,教师要当好幼儿的参谋和助手。教师在指导幼儿玩沙时,要始终清楚自己的位置,扮演好观察者和支持者的角色。作为观察者,首先要了解幼儿,要进行观察,观察幼儿在活动中的需要和表现,判断投放的材料是否合适、是否能促进幼儿的发展;观察游戏中遇到了什么困难、解决了没有、是怎么解决的,并在此基础上给幼儿适当的支持,向幼儿提出有效的建议,以此促进幼儿活动水平的不断提高,促进幼儿身心的健康发展。

小班下学期主题活动

小贝壳大世界

主题活动"小贝壳大世界"包括"拾贝壳"和"玩转贝壳"两个次主题活动,其活动目标及内容安排、区域活动与环境创设分别见表 2-2-1、表 2-2-2、表 2-2-3、表 2-2-4。

表2-2-1 小贝壳大世界——"拾贝壳"活动目标及内容安排

活动目标	教育活动	生活活动	家长与社区	户外活动
1. 认识蛤蜊、扇贝等常见的贝壳类动物，了解其名称、味道、营养、外形特征、用途等。简单了解贝壳的食用及其他作用。 2. 能用绘画、粘贴等工艺技能创造性地将贝壳进行美工装饰和制作。学习挖蛤蜊、洗蛤蜊、买蛤蜊及制作蛤蜊食品。 3. 感知海鲜饮食文化与人们生活的关系。愿意与家人一起动手制作并品尝贝壳类海鲜，感受其美味。	1. 参观贝壳博物馆（半日） 2. 拾贝壳（语言） 3. 贝壳滚画（美术） 4. 小贝壳（歌曲） 5. 贝类海鲜多又多（半日）	1. 利用一日活动过渡环节，组织幼儿通过科学信息区照片资料或实物交流自己去海边拾贝的趣事。 2. 利用过渡环节，引导幼儿观察自然角海水饲养的蛤蜊，鼓励幼儿主动地与同伴交流自己的发现。 3. 指导幼儿在品尝海鲜贝类食品后要及时喝水。	1. 发放亲子贝类海鲜市场调查问卷。 2. 向家长发放"主题活动早知道"，让家长了解主题活动目标以及各系列活动。 3. 请家长和幼儿共同搜集有关海洋的图书和图片。 4. 请家长和幼儿共同搜集各种各样的贝壳。 5. 请家长利用周末带幼儿去海边玩沙、捡贝壳，感受大海的美丽、壮阔以及带来的乐趣。	体育活动： 我和海浪做游戏 体育游戏： 运贝壳 自选活动： 1. 提供贝壳若干，玩沙工具、小红旗等材料，引导幼儿玩"沙中挖贝"游戏。 2. 提供不同种类的贝壳若干、小拖车、扁担、平衡木等材料，引导幼儿进行"卖海鲜"或"运海鲜"的游戏。 3. 在森林公园提供锅碗瓢盆、各种贝壳等材料，引导幼儿玩"海鲜饭店"游戏。

表 2-2-2 小贝壳大世界——"拾贝壳"区域活动与环境创设

区域名称	活动内容	活动目标	环境创设
美工区	1. 彩绘贝壳	能利用自己喜欢的颜色和不同的线条装饰各种各样的贝壳。	主题氛围营造： 教室悬挂渔网，将各种各样的贝壳悬挂在空中，供幼儿欣赏、观察。 互动墙饰： 拾贝真快乐 主题信息区 1. 请幼儿收集家中常吃的贝类的图片，布置成"我爱吃"类海鲜"。 2. 张贴常见贝类海鲜的生长环境图片，供幼儿进一步了解贝壳类海洋动物的特点。 3. 张贴教师和幼儿参观贝壳博物馆时的照片，请幼儿回顾讲述参观情景。 4. 教师按照贝壳形状或种类张贴各种各样的贝壳图片，引导幼儿进一步认识多种贝壳。
	2. 五彩贝壳鱼	能够运用橡皮泥，采用团圆，压扁等技能，借助贝壳的外形制作贝壳鱼，表现鱼的不同形象。	
	3. 贝壳滚画	幼儿能大胆为贝壳着色，掌握滚画的技能，并大胆创编讲述贝壳旅行的故事。	
益智区	1. 串贝壳项链	能根据自己喜欢的方法，将贝壳制作成贝壳项链。	
	2. 套贝壳	幼儿能遵守游戏规则，选取自己喜欢的套网，套走属于自己的贝壳，并点数自己赢得贝壳的数量。	
科学区	钓鱼	幼儿能借助磁性鱼钩，手眼协调地进行钓鱼的游戏，并能将钓到的鱼进行分类。	
表演区	贝壳走秀表演	幼儿能选择不同的贝壳道具，在音乐的伴奏下进行走秀表演，并能创编造型和动作。	
阅读区	1. "赶海"趣事	幼儿能大胆地向同伴讲述自己"赶海"时的场景和趣事。	
	2. 海洋绘本阅读	幼儿能认真阅读有关贝类的图书，将自己知道的贝类海洋生物知识大胆地介绍给同伴听。	
角色区	制作美味的海产品	幼儿了解各种海产品的不同做法，尝试为"家人"制作海鲜美食；了解食物与海鲜相宜相克的知识。	
建构区	贝壳博物馆	幼儿能运用纸盒、圆柱积木尝试搭建长方形贝壳博物馆。	

表2-2-3　小贝壳大世界——"玩转贝壳"活动目标及内容安排

活动目标	教育活动	生活活动	家长与社区	户外活动
1. 进一步认识了解各种贝壳，喜欢与贝壳玩各种游戏。 2. 探索用绘画、粘贴、泥工等技能创造性地将贝壳与各种辅助材料结合起来进行美工装饰活动；能探索贝壳的多种玩法，积极与同伴分享。 3. 体验用贝壳做游戏的乐趣。	1. 贝壳碰碰响（音乐） 2. 五彩贝壳鱼（美术） 3. 想长脚的贝壳（语言） 4. 贝壳叠叠乐（科学） 5. 五彩贝壳变变变（美术）	1. 引导幼儿不挑食，愿意吃海鲜，记得吃海鲜后要多喝水。 2. 指导幼儿在进行贝壳装饰时，注意不让贝壳伤到自己。 3. 指导幼儿要将贝壳洗净消毒后再进行游戏。	1. 家长协助幼儿制作"我喜欢的贝壳朋友"的资料信息报。 2. 请家长和幼儿共同阅读，阅读有关海洋的图书或观看视频。 3. 请家长利用周末，带幼儿去海边玩沙、捡贝壳等，感受大海的美丽、壮阔以及带来的乐趣。	体育活动： 小鱼吹泡泡 体育游戏： 渔夫捉蟹 自选活动： 1. 提供轮胎、平衡板等材料，引导幼儿玩"摇摇晃晃的桥"游戏，掌握平衡过桥的技巧。 2. 提供沙包，各种小鱼头饰，引导幼儿玩"小鱼吐泡泡"游戏，学习投掷本领。 3. 提供不同种类的贝壳若干，玩沙工具，引导幼儿挖建、铺设贝壳水渠。 4. 提供套圈，各类贝壳若干，大的九宫格，引导幼儿在九宫格内随意摆放不同数量的贝壳，做"投掷套圈套取贝壳"的游戏。

表2-2-4 小贝壳大世界——"玩转贝壳"区域活动与环境创设

区域名称	活动内容	活动目标	环境创设
美工区	贝壳孔雀	结合图片了解孔雀的身体结构以及尾巴的特征,能够用贝壳有规律地装饰孔雀的尾巴。	主题氛围营造: 创设"贝壳大变身"发布展览会、陈列展览各种幼儿贝壳创意作品。 互动墙饰: 我最喜欢的贝壳游戏 主题信息区: 1. 收集张贴介绍贝壳用途的图片,使幼儿进一步了解贝壳与人类的关系。 2. 张贴保护海洋、保护贝类的图片,激发幼儿爱海、护海的情感。 3. 创设"贝壳问题库",收集幼儿关于贝壳的各种疑问,以及教师和幼儿对疑问的解答。
益智区	1. 贝壳弹乐	巩固对5以内数量的点数,并能调节小肌肉的力量弹贝壳。	
	2. 贝壳叠叠乐	寻找贝壳叠高的支撑点,探索相同贝壳以及不同贝壳之间保持平衡的基本方法。	
	3. 贝壳敲敲乐	探索让不同贝壳翻转的力度和方法,能够调节手部的力量敲贝壳。	
科学区	探索海螺的奥秘	能用听听、敲敲、吹吹等方式探索海螺发声的奥秘。	
表演区	表演贝壳之舞	能选择不同的贝壳道具,在音乐的伴奏下进行走秀表演,并能创造型、动作。	
阅读区	1. 我喜欢的海洋绘本	能认真阅读有关贝类的图书,将自己知道的贝类介绍给同伴听。	
	2. 想长脚的贝壳	能在沙盘中利用各种贝壳创编故事"想长脚的贝壳"。	
角色区	制作好吃的海产品	以物代物制作海鲜饭,并大胆地介绍自己制作。	
建构区	多彩的贝壳	能运用雪花片弧形串接和每行递减雪花片的技能拼插出扇贝壳,将作品展示在贝壳博物馆里。	

次主题活动一 拾贝壳

本活动包括"活动 1　参观贝壳博物馆""活动 2　拾贝壳""活动 3　贝壳滚画""活动 4　小贝壳""活动 5　贝类海鲜多又多"以及区域活动。

活动1　参观贝壳博物馆（半日）

活动目标

1. 商讨参观贝壳馆的具体内容,知道在参观的过程中应当听从老师指挥,认真倾听解说员的介绍。

2. 能大胆地向解说员叔叔提出自己的疑问,表达参观的感受。

3. 欣赏不同种类贝壳的美,体验贝壳世界的奇妙。

活动准备

1. 提前与贝壳博物馆的管理人员联系,确定具体的参观时间。

2. 计划表,笔(幼儿每人一支)。

活动建议

一、组织谈话,引发幼儿的参观欲望

1. 引导幼儿讨论参观内容及注意事项。

教师提问:参观贝壳博物馆需要做什么准备?到了贝壳博物馆我们都要做些什么?计划中还需要添加哪些内容?用什么形式来记录?

2. 指导幼儿尝试用自己的方式制订参观计划。

二、带领参观,关注幼儿的感受

1. 带领幼儿参观贝壳博物馆的外观,观察它与其他博物馆有什么不同。

2. 教师负责购票,讲明安全和注意事项后带领幼儿进行参观。

3. 请解说员带领幼儿,按照顺序参观每个馆内不同种类的贝壳。教师引导幼儿认真倾听,注意安全。

4. 鼓励幼儿随时向解说员提出自己的疑问,请解说员为幼儿解答。

5. 教师带领幼儿参观贝壳工艺品,丰富幼儿的认识,引导幼儿感受贝壳世界的奇妙。

6. 集体感谢贝壳馆的工作人员,并合影留念。

7. 组织幼儿和自己喜欢的贝壳合影。

三、出示照片,引导幼儿表达感受

1. 回园后,教师将幼儿参观过程中的照片投放在大屏幕上,帮助幼儿回忆参观过程。
2. 请幼儿大胆地讲述自己参观后的收获和感受,加深他们对贝壳的印象。

活动延伸

搜集外形奇特的贝壳悬挂在教室里,请幼儿利用过渡环节去欣赏,从而激发幼儿对贝壳持续探究的欲望。

活动2 拾贝壳(语言)

活动目标

1. 理解儿歌内容,能用清晰的语言说出"把、躲、藏、拾、扇"等词汇。
2. 创造性地用动作表现儿歌,能大胆地在集体面前朗诵。
3. 体验在集体面前表演的成功感和快乐。

活动准备

课件,实物贝壳。

活动建议

一、出示小贝壳,引发幼儿的活动兴趣

教师提问:小朋友,你们看今天谁来到咱们班了? 小贝壳像什么?

二、教师朗诵,引导幼儿欣赏并学说儿歌

1. 教师有表情地朗诵儿歌,并配以动作,帮助幼儿理解、记忆儿歌。
2. 教师提问:儿歌里都说了些什么?
教师用诗歌里的话总结幼儿的回答。
3. 出示课件,引导幼儿学说儿歌。
(1)幼儿在课件的帮助下,学念儿歌,进一步理解儿歌内容。
(2)鼓励幼儿大声朗诵,以小组为单位或一个人在集体面前朗诵,并鼓励幼儿加上相应的动作。

三、组织游戏"捡贝壳",引导幼儿巩固儿歌内容

1. 教师讲解游戏玩法:请一组幼儿当"贝壳",蹲下;另一组幼儿当"拾贝壳者"。幼儿

手拉手围着"贝壳"边走边念儿歌。儿歌念完后小朋友手放开,"贝壳"逃跑。"拾贝壳者"追,看看哪位小朋友拾的贝壳多。

2. 组织幼儿游戏,重点引导幼儿清楚连贯地朗诵儿歌。

附:儿歌

拾贝壳

一把小扇子,

躲在沙子中,

白色衣服黄色边,

藏也藏不住,

娃娃拾起小扇子,

来给大海扇扇风。

活动3　贝壳滚画(美术)

活动目标

1. 根据故事内容学习滚画的技能。
2. 能用清楚连贯的语言大胆地讲述小贝壳旅行的故事。
3. 体验贝壳滚来滚去留下痕迹的乐趣。

活动准备

1. 颜料,调色板,海绵,抹布。
2. 大小、种类不同的贝壳若干,宣纸人手一张。

活动建议

一、组织谈话,引发幼儿的活动欲望

出示小海螺,教师引导幼儿与小海螺打招呼问好。

二、讲故事,激发幼儿滚画的兴趣

1. 以故事的形式引出滚画活动。

教师讲述故事:小海螺十分羡慕小朋友们能用自己的小脚丫走来走去,想到哪里就到哪里。它有一个当旅行家的愿望。在一个阳光明媚的早上,小海螺开始了它的旅行。在路上,它听到小朋友们快乐的笑声,随着笑声就跟到了幼儿园,来到了小二班。让我们来看一看小海螺是怎样来到我们班的!

2. 教师边说儿歌,边演示贝壳滚画步骤。

小海螺穿上漂亮的红衣服(蘸上红颜料),快乐地上路了(把小海螺放在盒子内的宣纸上),它左转弯右转弯,一会儿快跑,一会儿慢走,好开心(随意摆动盒子,让贝壳滚动)。

3. 教师出示小海螺滚画作品,讲述它经过的地方和趣事。

4. 鼓励幼儿和小海螺一起去旅行,提出作画要求。

5. 幼儿进行贝壳滚画时,教师要加强个别指导,重点指导幼儿作画时贝壳着色的多少和滚动的力度。

三、分享作品,组织幼儿讲述故事

结合滚画作品,教师启发幼儿根据生活经验用语言大胆地讲述贝壳旅行的故事。

活动4　小贝壳(音乐)

活动目标

1. 熟悉歌曲,感知 2/4 拍的节奏特点。

2. 能用自然的声音分角色演唱歌曲。

3. 体验歌唱活动带来的快乐。

活动准备

颜色鲜艳的贝壳若干。

活动建议

一、创设情境,激发幼儿的活动兴趣

幼儿跟随老师在歌曲伴奏下进入活动室。

二、教师范唱,引导幼儿理解歌词内容

1. 创设角色对话的情况,引导幼儿理解歌曲内容。

(1)教师出示颜色鲜艳的贝壳,请幼儿认真观察后夸一夸贝壳。教师创设与贝壳对话的情境,引发幼儿用歌词内容问一问小贝壳:

小贝壳呀小贝壳,请你告诉我呀,为啥你长得这样美,身上五颜六色呀。

(2)教师鼓励幼儿猜测小贝壳会怎样回答小朋友的问题。教师故作"倾听"动作,模仿贝壳回答:小贝壳呀笑呵呵,悄悄告诉我呀,那是大海妈妈给我画的花朵呀。

(3)教师和幼儿扮演角色,反复练习,掌握歌词内容。

2. 教师范唱歌曲,引导幼儿感受歌曲旋律。

(1)分给幼儿每人一对花贝壳,请幼儿随歌曲旋律轻轻打节奏,感受 2/4 拍子强弱

特点。

（2）鼓励幼儿边打拍子边随旋律有节奏地说唱歌词。

（3）教师范唱歌曲,幼儿完整欣赏。

教师介绍歌曲名称,启发幼儿学做小小演唱家。

3. 教师设计情境,引导幼儿学唱歌曲。

（1）教师鼓励幼儿用疑问、赞美的语气演唱歌曲第一段,用高兴、神秘的语气演唱第二段。

（2）请个别幼儿到前面演唱。

4. 教师启发幼儿用欢快、活泼、高兴的声音、表情和动作演唱歌曲。

三、分配角色,引导幼儿演唱歌曲

1. 请幼儿自由选择角色练习演唱歌曲。

教师重点指导幼儿注意歌词的完整性、节奏的稳定性和演唱时的表情与动作。

2. 全体幼儿分成男、女两组分别进行表演。

附:歌曲

小贝壳

1=C 2/4

郭荣安 词
王芝玉 曲

小贝 壳 呀 小贝 壳, 请你
小贝 壳 呀 笑 呵 呵, 悄悄

告 诉 我 呀。 为啥你 长 得
告 诉 我 呀。 那是 大海

这 样 美! 身上 五颜六 色 呀。
妈 妈 给我 画的花 朵 呀。

活动5 贝类海鲜多又多(半日)

活动目标

1. 观察贝类海鲜制作过程,了解生熟贝类海鲜的不同特征,品尝海鲜独特的味道。

2. 能大胆地讲述自己的新发现,与同伴合作完成洗贝类海鲜的任务。

3. 感受与同伴一起参与制作海鲜、品尝贝类海鲜的快乐。

活动准备

1. 前期发放调查问卷,请家长指导幼儿完成"我家吃过的贝类海鲜"问卷调查活动。

2. 上报课程资源申请表,请幼儿园协助采购花蛤蜊、小蛤蜊、海虹、扇贝、牡蛎、海螺等贝类海鲜。

3. 招募家长客座教师,并提供制作海鲜用的厨具。

4. 准备与幼儿数相等的小围裙、小套袖,菜盆若干。

活动建议

一、设置悬念,引发幼儿的活动兴趣

教师设置悬念,请幼儿猜一猜谁来班里做客了。教师将准备好的各类海鲜用餐车推到幼儿面前,引导幼儿与贝类海鲜客人打招呼。

二、出示贝类海鲜,引导幼儿了解它们的生活习性

1. 教师一一出示花蛤蜊、小蛤蜊、海虹、扇贝、牡蛎、海螺,请幼儿分别说说它们的名称、主要特征。

2. 幼儿分组观察各种贝类海鲜在海水中活动的样子。

重点指导幼儿观察它们吐水、游动、伸缩等变化,鼓励幼儿将自己的发现大胆地与同伴交流。

三、组织清洗贝壳海鲜,引导幼儿体验劳动的快乐

1. 引导幼儿说一说这些贝类海鲜可以怎样吃、该做哪些准备、要注意什么。

2. 幼儿自由选择任务,教师提问:你想洗哪种贝类海鲜?怎样才能洗干净?

3. 教师介绍工作场地,讲解注意事项。

4. 幼儿穿戴围裙、套袖,准备工作。

5. 幼儿分头行动,教师分组指导。重点指导:保护好自己的衣袖、鞋子,尽量不把水弄到地面上;提醒幼儿将破了壳的海鲜挑出来,避免其伤害到小手;幼儿之间合作完成任务等。

四、演示海鲜制作过程,引导幼儿了解海鲜由生到熟的变化

1. 教师向幼儿介绍海鲜大厨师,引导幼儿向厨师叔叔或阿姨打招呼。

2. 海鲜厨师叔叔或阿姨介绍制作海鲜用的厨具:电磁炉、铲子等。

3. 海鲜厨师叔叔或阿姨边操作边介绍制作步骤和注意事项。

4. 制作过程中,可请幼儿帮忙,如将海鲜放到锅里、小心翻翻海鲜等。

5. 在煮海鲜的过程中,教师适时引导幼儿观察海鲜慢慢张开口、翻滚的样子以及散发出的气味,鼓励幼儿大胆表达。

五、组织品尝海鲜,引导幼儿体验海鲜之美味

1. 教师请幼儿说说怎样吃贝类海鲜、吃海鲜时要注意些什么。

2. 请幼儿喝少量水后自主取海鲜品尝。

3. 教师指导幼儿掌握吃贝类海鲜的方法,细细品尝不同贝壳海鲜的不同味道。

4. 品尝后提醒幼儿喝水,并一起将贝壳收集起来。老师清洗消毒后投放到活动区保存,以便日后进行游戏使用。

区 域 活 动

美 工 区

1.彩绘贝壳

活动目标

1. 能利用自己喜欢的颜色和线条装饰各种各样的贝壳。

2. 能主动、大胆地介绍自己的彩绘贝壳。

活动准备

各色颜料,各类贝壳,毛笔,抹布、围裙、套袖等。

活动建议

1. 引导幼儿欣赏各种用颜料彩绘的贝壳图片。

2. 指导幼儿借助贝壳的外形特征,用各种花纹进行装饰。

3. 教师布置作品展示背景,引导幼儿进行展示并向同伴讲解彩绘的贝壳。

2.五彩贝壳鱼

活动目标

1. 能借助贝壳的外形制作贝壳鱼,表现鱼的不同形态。

2. 能够运用橡皮泥,采用团圆、压扁等技能,制作贝壳鱼。

活动准备

各色橡皮泥,各类低结构材料,已消毒的干净的贝壳若干,海洋背景展示板等。

活动建议

1. 鼓励幼儿大胆地选择贝壳,根据贝壳形状想象着创作贝壳鱼。
2. 运用橡皮泥为贝壳鱼添加头、眼睛、鱼鳍、尾巴等。
3. 鼓励幼儿大胆地运用低结构材料装饰贝壳鱼身体。
4. 教师和幼儿一起将贝壳鱼展示在"海洋"中。

3.贝壳滚画

活动目标

1. 能大胆地为贝壳着色,掌握手眼协调滚画的技能。
2. 能大胆地创编并讲述关于贝壳旅行的故事。

活动准备

1. 颜料,调色板,海绵,抹布。
2. 小贝壳人手一块,宣纸人手一张,把宣纸垫在衬衫包装盒内。

活动建议

1. 教师演示贝壳滚画过程:贝壳穿上漂亮的红衣服(蘸上红颜料),快乐地上路了(把贝壳放在盒子内的宣纸上,随意摆动盒子,让贝壳滚动)。教师讲述贝壳经过的地方。
2. 一起去旅行。幼儿进行贝壳滚画,教师个别指导,提醒幼儿作画时保持桌面干净。
3. 分享作品。引导幼儿大胆地讲述关于贝壳旅行的故事,拓展自己的想象力。

益智区

1.穿贝壳项链

活动目标

1. 根据自己喜欢的方法,手眼协调地串联贝壳。
2. 能将贝壳有规律地排序制作成贝壳项链。

活动准备

不同种类带孔的贝壳,钓鱼线,扣子,贝壳项链图片等。

活动建议

1. 引导幼儿了解项链串联的方法,掌握 AB,AABB 等形式的串联规律。
2. 指导幼儿手眼协调地穿项链,能将串联好的项链送给好朋友。

3. 鼓励幼儿大胆地选择辅助材料穿插到贝壳项链中。

2.套贝壳

活动目标

1. 了解游戏的玩法,能根据套网的数量套取自己的贝壳。
2. 提高计数能力。

活动准备

不同种类的贝壳,棋盘,自制套贝壳的工具(套网数量和格子形状需不同)。

活动建议

1. 指导幼儿根据自己手中套网的数量套取贝壳。
2. 指导幼儿按照正确的点数方法,数出自己套到贝壳的数量,并能根据双方贝壳数量多少判断出获胜者。
3. 教师尊重幼儿的想法,鼓励幼儿创造性地制定游戏规则。

科学区

钓 鱼

活动目标

1. 能借助“鱼钩”的磁性,手眼协调地进行钓鱼游戏。
2. 能将钓到的“鱼”按照种类或“小鱼”身体上的点数将鱼分类放好。
3. 感受磁铁游戏的乐趣。

活动准备

充气鱼缸,带有磁铁的钓鱼竿,带有标志的水桶。

活动建议

1. 教师讲解游戏要求,提醒幼儿注意不要让鱼钩伤到同伴和自己。
2. 幼儿自主选择“鱼钩”,指导幼儿借助磁性鱼钩进行钓鱼游戏,提醒幼儿要专注认真地进行游戏。
3. 将钓上来的“鱼”放到相应的水桶中。
4. 教师重点关注幼儿游戏的持续性。

表演区

贝壳走秀表演

活动目标

1. 能选择不同的贝壳道具,在音乐的伴奏下进行走秀表演。
2. 能与同伴创编出最佳的造型、动作。
3. 萌发对海洋生物的喜爱之情。

活动准备

海洋背景音乐,自制各种贝壳道具。

活动建议

1. 鼓励幼儿选择自己喜欢的贝壳道具,将自己装扮成"贝壳"。
2. 引导幼儿根据音乐,自由创编走秀展示动作,进行表演。
3. 与同伴合作创编造型、动作。
4. 教师随机拍摄幼儿创意造型、动作,增强幼儿表演兴趣。

阅读区

1. "赶海"趣事

活动目标

1. 能根据照片内容,大胆地向同伴讲述自己"赶海"时的场景或趣事。
2. 萌发热爱海洋的情感。

活动准备

搜集幼儿"赶海"活动照片做成相册。

活动建议

1. 指导幼儿一页一页地翻看相册,仔细观察照片背景、人物的动态。
2. 指导幼儿与同伴一起分享自己"赶海"时发生的事情。
3. 引导幼儿根据自己对照片内容或背景的观察、理解,对"相册"内容进行重新编排。

2.海洋绘本阅读

活动目标

1. 能自主选择喜欢的"贝壳"图书,将感兴趣的内容标记出来。
2. 将自己知道的贝类生物知识大胆地介绍给同伴听。

活动准备

搜集有关贝类的图书及绘本《贝壳的秘密》《沙滩上的贝壳》等。

活动建议

1. 指导幼儿在区域中认真阅读,将自己发现的新知识记录下来。
2. 利用区域分享,将自己发现的新知识分享给同伴听。
3. 教师重点关注幼儿阅读习惯的养成。

角色区

制作美味"海产品"

活动目标

1. 了解各种美味海产品的不同做法,尝试为"家人"制作"海鲜大餐"。
2. 了解食用不同海鲜的禁忌,认识科学饮食的重要性。
3. 能自主选择角色进行游戏,体验与同伴一起游戏的乐趣。

活动准备

1. 美味海产品图片。
2. 各种低结构材料,如螃蟹壳、海螺、各类贝壳、紫菜、海带等。

活动建议

1. 引导幼儿了解一些简单的海产品做法,了解食用不同海鲜的禁忌,认识科学饮食的重要性。
2. 幼儿自主选择自己喜欢的角色,细心给家人制作"美味海产品"。
3. 指导幼儿交流时要使用礼貌用语。
4. 引导幼儿大胆选择低结构材料进行"以物代物"的游戏。

建构区

贝壳博物馆

活动目标

1. 幼儿运用纸盒、圆柱积木,尝试搭建长方形的"贝壳博物馆"。
2. 感受与同伴共同搭建的快乐。

活动准备

贝壳博物馆的图片,贝壳工艺品,纸盒等辅助材料,插塑玩具。

活动建议

1. 引导幼儿欣赏"贝壳博物馆"的图片,了解基本外形和构造。
2. 指导幼儿运用纸盒、圆柱积木搭建长方形的多层"贝壳博物馆",用辅助材料装饰"贝壳博物馆"。
3. 指导幼儿间分工合作共同搭建。

体育活动

我和海浪做游戏

活动目标

1. 掌握灵活躲闪跑的技能。
2. 体验和同伴游戏的快乐。

活动准备

户外大型运动器械当作"小鱼"的家。"鱼妈妈"头饰、"大鲨鱼"头饰各一个,录音机,小筐,毛巾,餐巾纸。

活动建议

1. 教师扮演"鱼妈妈",幼儿扮演"小小鱼",边念儿歌边活动身体。

儿歌:今天天气真正好,小鱼小鱼起得早,摇摇尾巴吐泡泡,做个快乐的鱼宝宝。

2. 介绍游戏玩法,运用灵活躲闪跑的技能进行游戏。

(1)教师介绍游戏场地:"鱼妈妈"今天要带"小小鱼"们到很远的地方去,它们会经过哪些地方?(礁石、海草)

（2）教师介绍游戏玩法:"鱼妈妈"和"小小鱼"在大海里游泳,(音乐响起)"大鲨鱼"(配班老师扮演)突然出现,"鱼妈妈"提醒"小小鱼"赶紧跑到家里躲起来。

（3）介绍游戏规则:"大鲨鱼"来了,我们要赶紧跑回家。

（4）幼儿游戏,教师观察。观察幼儿灵活躲闪跑情况,梳理灵活躲闪跑的技能。教师提问:刚才"大鲨鱼"抓到你了吗? 你是怎样逃走的? 请个别幼儿展示。

（5）根据幼儿活动情况,增加钻进"礁石"缝、跑到"海草"里和"救同伴"等情节。

3. 创设"小鱼要回家了"情境,"鱼妈妈"和"小小鱼"们一起游回家。

体育游戏

运贝壳

经验

1. 尝试在不同的小路上推小车,提高身体的协调性和平衡能力。

2. 能双手把住小车车把,掌握好行驶方向平稳前行。

材料

1. 创设游戏场景。

2. 小推车若干,不同贝壳若干。

玩法与规则

1. 幼儿分成两组分别游戏,把相同数量的贝壳从起点运到终点,最先运完的一组获胜。

2. 幼儿每人每次运送贝壳 5 个,做到正确清点贝壳数量。

提示

1. 幼儿在独木桥上推小车时注意要将车轮放正,掌握好行驶方向平稳前行。

2. 指导幼儿双手把住小车把手的末端推小车。

3. 创设推小车的游戏情境,请幼儿自由练习推小车,掌握熟练推小车的技巧。

4. 指导幼儿在独木桥、波浪路上推小车时,做到目视前方,小心行驶。

次主题活动二　　玩转贝壳

　　本活动包括"活动 1　贝壳碰碰响""活动 2　做条五彩贝壳鱼""活动 3　想长腿的贝壳""活动 4　贝壳叠叠乐""活动 5　贝壳变变变"以及区域活动。

活动 1　贝壳碰碰响（音乐）

活动目标

　　1. 体会不同物体敲击贝壳所发出声音的不同,初步尝试"贝壳打击乐"。

　　2. 根据贝壳敲击后声音的不同选择音乐,并能有节奏地为音乐伴奏。

　　3. 体验贝壳敲击带来的快乐。

活动准备

　　1. 幼儿人手两只大的花贝壳,人手一件金属物品(如小勺、三角铁棒),水彩笔。

　　2. 音乐《小星星》。

活动建议

一、组织谈话,引发幼儿活动兴趣

出示调皮的小贝壳。

教师提问:看,谁来了? 你们猜,小贝壳要来干什么呢?

二、撞击贝壳,引导幼儿初步感知碰碰响的声音

　　1. 启发幼儿思考:小贝壳与小贝壳碰碰,小贝壳与小铁块碰碰,会发出什么样的声音?

　　2. 幼儿自由操作,教师个别指导,提出操作要求:

　　(1)碰碰时要注意保护好自己的手指。

　　(2)老师发出"碰碰结束"口令后,马上停止碰击,把贝壳放回原处。

　　3. 教师提问:你用什么贝壳和什么物体碰击的? 贝壳与不同物体碰撞的声音是否一样? 各是怎样的声音? 在讲述的基础上引导幼儿互相交流。

　　4. 教师小结:不同物体敲击贝壳所发出的声音是不同的,"贝壳碰碰响"真有趣。

三、跟随音乐,引导幼儿初步尝试"贝壳打击乐"

　　1. 播放音乐,按节奏分段,选择贝壳与贝壳、贝壳与勺子、贝壳与铁棍、贝壳与笔敲击。

2. 将幼儿分成三组,随着音乐分别用不同物体敲击贝壳演奏,重点引导幼儿注意音乐的节奏。

3. 教师指挥,幼儿听音乐进行表演。

活动延伸

将不同的贝壳和物体投放到表演区,以便幼儿继续探索"贝壳碰碰响"的表演。

活动2 五彩贝壳鱼(美术)

活动目标

1. 了解小鱼的外形特征,加深对鱼类的认识。

2. 能用太空泥创造性地装饰贝壳,制作成贝壳鱼。

3. 体验用贝壳进行制作的乐趣。

活动准备

1. 有过用太空泥装饰作品的前期经验。

2. 太空泥、各种不同贝壳;有关各种鱼的课件。

3. 作品展示背景板。

活动建议

一、出示课件,引导幼儿了解鱼的外形特征

教师引导幼儿观察。

教师提问:小鱼长什么样子?身上是什么颜色?花纹是什么样子的?小鱼在干什么?靠什么游泳?(了解鱼鳍)

二、组织欣赏贝壳鱼作品,引导幼儿学习制作的步骤

1. 教师启发提问:猜猜这些小鱼是用什么做成的?用了什么贝壳?眼睛、鱼鳍、花纹是怎样做出来的?怎样把贝壳变成贝壳鱼?

2. 教师示范制作贝壳鱼的方法,引导幼儿观察制作步骤。

(1)引导幼儿了解太空泥的使用方法。

(2)提出制作要求。

3. 幼儿尝试制作贝壳鱼,教师重点指导幼儿怎样把小鱼各部位表现得完整、如何装上小鱼尾巴。

三、组织展示交流,引导幼儿体验成功的乐趣

出示作品展示背景板,引导幼儿交流自己的贝壳鱼的制作过程。

各种各样的贝壳鱼

活动3 想长脚的贝壳(语言)

活动目标

1. 理解故事内容,能主动帮助小贝壳想办法。
2. 认真倾听故事,大胆表述自己的想法。
3. 体验在同伴的帮助下实现自己愿望的愉快心情。

活动准备

沙盘,立体人,小型太阳伞,小石子,贝壳,故事图片,动物手偶,讲述台。

活动建议

一、设置悬念,引导幼儿进入故事情境

教师手拿贝壳讲述:有一只小贝壳,很想跟别人一样可以走来走去,到别的地方去看看。可是,它没有脚,怎么办呢?你们谁能帮帮他?

二、讲述故事,引导幼儿理解故事内容

1. 教师操作桌面教具,讲述故事第一部分。(从"有一块小贝壳,光溜溜"到"小贝壳多么想到处去看看")

教师提问:

(1)小贝壳为什么想长脚?

(2)小贝壳是怎样跟小鸡说的?(鼓励幼儿一起帮助贝壳问:小鸡,你把脚借给我好吗?)

(3)小鸡把脚借给小贝壳了吗?为什么?(教师操作"小鸡"讲述:"小鸡摇摇头,不肯把脚借给他。哦,小鸡可能觉得自己只有两只脚,要是借给小贝壳了,就没有办法捉虫吃了。")

(4)贝壳是怎样跟小猫、小蜈蚣说的?(教师操作"小猫""蜈蚣"教具,鼓励幼儿一起

问:小猫(蜈蚣),你把脚借给我好吗?)

(5)小猫(蜈蚣)能把脚借给小贝壳吗?为什么不借呢?

(6)小贝壳都跟谁借了脚?这些动物把脚借给他了吗?如果是你,你现在的心情是怎么样的?

2.讲述故事第二部分。

教师提问:小朋友怎么做的?小贝壳有没有长出脚?它跟着小朋友干了什么事?

3.完整地讲述故事。

教师提问:你觉得小贝壳的愿望实现了吗?为什么?

三、启发想象,引导幼儿续编故事

1.引导幼儿说说小贝壳前后的心情变化是怎样的。

2.教师提问:如果是你,你想带小贝壳去哪里?干什么?

附:故事

想长脚的贝壳

有一块小贝壳,光溜溜,圆乎乎,就像小鸟生的蛋。小贝壳看到别人走来走去,心里很羡慕。

"小鸡,你把脚借给我好吗?"小鸡摇摇头,不肯把脚借给小贝壳。

"小猫,你把脚借给我好吗?"小猫摇摇头,也不肯把脚借给小贝壳。

蜈蚣爬过来,小贝壳说:"蜈蚣大哥,你有那么多脚,借给我两只好吗?"蜈蚣摇摇头,还是不肯把脚借给小贝壳。

"唉,我自己要是能长出脚来该有多好啊!"小贝壳多么想到处去看看。

"呀,多漂亮的小贝壳!"一个小朋友走过来,捡起了小贝壳。他把小贝壳做成了项链,挂在脖子上。

小朋友看电视,小贝壳跟着一起看。

小朋友唱歌,小贝壳在那里静静地听。

小朋友嚼泡泡糖,小贝壳闻着泡泡糖的香味儿。

小朋友到哪里,小贝壳也就到了哪里。跟着小朋友,小贝壳就像自己长了脚一样。

活动4 贝壳叠叠乐(科学)

活动目标

1.尝试用各种方式拼叠贝壳,了解有关空间、平衡的概念。

2.能创造性地拼摆、叠高贝壳,并能说出自己拼叠的贝壳像什么。

3.体验成功玩贝壳、拼叠贝壳的快乐。

活动准备

教师和幼儿一起收集各种各样的贝壳。

活动建议

一、出示贝壳,引发幼儿的活动兴趣

1. 出示贝壳,引导幼儿观察。

教师提问:你看到了什么样子的贝壳?

2. 带领幼儿手摸贝壳,用脸贴小贝壳等,与贝壳亲密接触。通过各种亲近动作进一步感知贝壳的硬、冰冷、光滑、粗糙等特点。

二、开展游戏,引导幼儿尝试拼摆、叠高贝壳

(一)拼摆贝壳

1. 鼓励幼儿发挥想象力,讨论:贝壳可以拼摆成什么?

根据幼儿的回答,教师尝试用贝壳拼摆成一朵花、一个太阳、一只乌龟等图案,激发幼儿合作拼搭的兴趣。

2. 引导幼儿进行多人合作拼摆平面贝壳,教师巡回指导。

3. 幼儿相互欣赏拼摆出来的贝壳图案。

(二)叠贝壳

1. 教师演示叠贝壳:贝壳都是小调皮,拼完了就想往上爬。爬呀爬,真好玩。

2. 引导幼儿探索如何把贝壳往上叠,如何让贝壳不倒下来。

3. 教师引导成功叠高的幼儿向其他幼儿介绍叠高的经验,锻炼幼儿不怕失败、总结经验的能力。

4. 幼儿再次尝试叠贝壳,体验成功的快乐。

三、鼓励分享,引导幼儿体验成功的快乐

教师及时拍下幼儿拼叠作品,引导幼儿相互说说自己拼叠的贝壳像什么,如:像山、像宝塔、像城堡。幼儿之间共同分享成功的快乐。

活动5 贝壳变变变(美术)

活动目标

1. 积极展示自己收集的贝壳,主动发现贝壳形状、大小、色彩、图案的不同。

2. 能根据贝壳的外形特征,采用多个贝壳和辅助材料进行动物造型设计。

3. 努力尝试用不同材料、不同技能进行装饰活动,体验创造的乐趣。

活动准备

1. 各种贝壳(海蛎、鲍鱼、花蛤、扇贝、竹蛏、蚶、海瓜子及各种海螺等)洗净晒干,种类、数量不限。

2. 辅助材料:毛线、蜡光纸、碎布、吸管、颜料、豆子、棉签、白乳胶、双面胶、剪刀、海树、卡纸等。

3. 收集各种贝壳制品(项链、螺号、花篮、贝壳画等),布置成"贝壳工艺品馆"。

活动建议

一、带领幼儿参观贝壳工艺品馆,激发幼儿的创造兴趣

1. 教师引领幼儿参观"熊猫小博士"的"贝壳工艺品馆",引导幼儿欣赏贝壳制品。

2. 教师出示收集的贝壳,请幼儿说一说怎么能将贝壳变成"贝壳小动物"。

教师引导幼儿大胆想象,将贝壳的形状、大小与自己喜欢的动物的特征联系在一起;鼓励幼儿畅所欲言,给他们充分的交流时间。

二、出示范例,引导幼儿进行材料组合

1. 欣赏范例。

(1)教师出示"小金鱼"和"开心小猫",引导幼儿观察。

教师提问:都用了哪些不同的贝壳分别摆出身体、头、耳朵?

(2)教师引导幼儿了解更多的辅助材料。

教师提问:这是什么材料?它可以做动物的什么部位?引导幼儿说出其特征,如:豆子圆圆的,可以做动物的眼睛;毛线长长的,可以做动物的尾巴等。

2. 示范演示。

教师示范演示材料组合方法,提醒幼儿注意操作安全。

3. 幼儿构思。

教师引导幼儿说一说打算做什么小动物,想用哪种贝壳做动物的头、哪种贝壳做动物耳朵,需要用什么辅助材料来添加其他的特征等,帮助幼儿明确制作的对象。

4. 创意制作。

(1)在柔和的音乐中,幼儿自由选择各种各样的贝壳及辅助材料,进行创意造型活动。

(2)教师提醒幼儿先观察想象后再取材料,鼓励幼儿多尝试,尽量自己想办法解决困难;重点关注幼儿能否进行大胆想象,大胆运用材料进行装饰,给予适时的引导和帮助,如蝴蝶的触角可以用毛线或蜡光纸剪出来、金鱼的眼睛可以在贝壳上画出来、小猫的胡子可以用牙签来做、小鸟的翅膀用扇贝的壳来做等。

三、作品展示,引导幼儿体验成功的快乐

教师请小作者介绍自己的作品,表扬有独特创意和制作方法的幼儿。

活动延伸

教师鼓励幼儿将做好的小动物送到"熊猫小博士"的"贝壳工艺品馆"里展示。

区域活动

美工区

贝壳孔雀

活动目标

1. 了解孔雀的身体结构以及尾巴的特征。
2. 能够有规律地用贝壳装饰孔雀的尾巴。
3. 感受贝壳孔雀的美丽以及动手制作的快乐。

活动准备

蓝、绿、黄色水粉，蓝、白、黑、红色太空泥，棉签若干，毛笔，扇贝壳若干。

活动建议

1. 引导幼儿用毛笔取绿色水粉，将扇贝壳深色一面染成绿色，放置一旁晾干。
2. 把蓝色太空泥做出孔雀的头和身体，用其他材料做成眼睛以及嘴巴。
3. 将晾干后的贝壳安插在孔雀的身体上。

贝壳孔雀

益智区

1. 贝壳弹弹乐

活动目标

1. 巩固对 5 以内数量贝壳的点数，理解游戏规则。
2. 能够调节小肌肉的力量弹贝壳。

3. 感受弹贝壳的乐趣和挑战成功的成就感。

活动准备

1. 黄、绿两色的蛤蜊壳各五个。

2. 贴有黄、绿两色圆圈的方形场地。

3. 两个盘子。

活动建议

1. 教师可以边示范边介绍游戏的玩法。

第一种玩法：在只有黄、绿两个大小相同的方形场地里，黄、绿两色的蛤蜊壳，一边排成一排，两个小朋友轮流往自己所属的颜色圆圈里弹贝壳，弹出方形游戏场地的贝壳被视为出局，弹进自己圆圈的贝壳最多者视为胜利者。

第二种玩法：在方形场地里，有相同数量、大小不同的黄、绿两色的圆圈，黄、绿两色的蛤蜊壳在方形游戏场地一边排成一排。两个小朋友轮流往自己所属的颜色圆圈里弹贝壳，弹出方形游戏场地的贝壳被视为出局，弹进自己圆圈的贝壳最多者视为胜利者。

2. 引导幼儿遵守游戏规则。

3. 指导幼儿正确点数弹进圆圈里的贝壳数量。

2. 贝壳叠叠乐

活动目标

1. 探索相同贝壳之间以及不同贝壳之间保持平衡的基本方法。

2. 感受成功将贝壳叠高的快乐。

活动准备

各种各样的贝壳，盛放各种贝壳的小盒子，操作台。

活动建议

1. 教师示范游戏玩法，幼儿明确游戏规则。

第一种玩法：用同一种类的贝壳进行叠高，感知在同一垂直高度上贝壳的重心，掌握叠高的基本方法。

第二种玩法：用不同种类的贝壳进行混合叠高，感知在同一水平高度上贝壳的重心，探索叠高的不同方法。

2. 鼓励幼儿要耐心、专注地进行叠高贝壳。

3. 教师随时用相机拍下幼儿叠高作品，引导幼儿体验挑战成功的喜悦。

3. 贝壳敲敲乐

活动目标

1. 探索敲击不同贝壳使其翻转的方法。
2. 能够调节手部的力量敲贝壳。
3. 感受敲贝壳的乐趣和挑战胜利的喜悦。

活动准备

各种各样的贝壳,盛放各种贝壳的小盒子,操作台,筷子若干。

活动建议

1. 教师示范、讲解游戏玩法。

第一种玩法:尝试在操作台上敲各种各样的贝壳,在敲贝壳的过程中认识哪种贝壳比较容易翻转过来。

第二种玩法:尝试在操作台上敲同一种类的贝壳,在敲贝壳的过程中认识同一种贝壳用哪种敲法贝壳比较容易翻转过来。

2. 指导幼儿调节手部敲击力量,避免将贝壳敲破。
3. 鼓励幼儿将敲击方法分享给同伴。

科学区

探索海螺的奥秘

活动目标

1. 用听听、敲敲、吹吹等方法探索海螺发声的奥秘。
2. 根据听到的海螺声展开想象,尝试创编故事。

活动准备

各种各样的海螺。

活动建议

1. 教师指导幼儿尝试用听听、敲敲、吹吹等方法探索海螺发声的奥秘。
2. 教师激发幼儿的想象,引导幼儿倾听、想象海螺的声音像什么,尝试创编故事。
3. 引导幼儿探索大小不同的海螺放在耳边听到的声音有什么不一样。

表演区

表演贝壳之舞

活动目标

1. 幼儿能大胆地选择服装、道具,将自己扮演成海洋里的贝壳形象。
2. 能与同伴一起随音乐进行表演。

活动准备

海洋背景音乐,自制海洋动物服装。

活动建议

1. 引导幼儿选择喜欢的服装,将自己装扮成各种海洋贝壳。
2. 引导幼儿根据音乐,自由创编舞蹈动作进行表演。

阅读区

1. 我喜欢的海洋绘本

活动目标

1. 能认真阅读有关贝类海洋生物的图书。
2. 能将自己知道的贝类知识大胆地介绍给同伴听。
3. 养成良好的阅读习惯。

活动准备

有关贝类的图书:《小海螺和大鲸鱼》《海螺的旅行》等。

活动建议

1. 在区域中认真阅读,一页一页翻看,将自己发现的新知识记录下来。
2. 利用区域分享,将自己发现的新知识分享给同伴听。

2. 想长脚的贝壳

活动目标

1. 熟悉并理解故事情节,能大胆地分角色讲述故事内容。
2. 体验在同伴的帮助下实现自己愿望的愉快心情。

活动准备

沙盘,立体人,小型太阳伞,小石子,贝壳,故事图片,动物手偶,讲述台。

活动建议

1. 教师提供故事图片,指导幼儿细致观察图片,了解故事情节。
2. 引导幼儿大胆选择手偶,分角色创编故事。
3. 教师指导幼儿按故事角色出场顺序与同伴一起操作故事沙盘并讲述故事。

角色区

制作美味"海产品"

活动目标

1. 能大胆地利用低结构材料制作各种"海鲜美食"。
2. 体验海鲜饮食文化的魅力。

活动准备

1. 美味海产品图片。
2. 各种低结构材料,如螃蟹壳、海螺、各类贝壳、紫菜、海带等。

活动建议

1. 引导幼儿了解一些简单的海产品的做法。
2. 幼儿自主选择自己喜欢的角色,并细心地给家人制作美味"海产品"。
3. 指导幼儿注意交流时要使用礼貌用语。

建构区

多彩的贝壳

活动目标

1. 幼儿能运用雪花片弧形串接和每行递减雪花片的技能拼插出扇贝壳。
2. 创造性地搭配运用不同颜色的雪花片进行拼插。

活动准备

贝壳图片若干,雪花片插塑若干。

活动建议

1. 带领幼儿欣赏"多彩的贝壳"图片,了解常见的贝壳外形轮廓。
2. 鼓励幼儿尝试运用雪花片弧形串接和每行递减雪花片的技能拼插出扇贝壳。
3. 鼓励幼儿将作品展示在贝壳博物馆里。

体育活动

小鱼吐泡泡

活动目标

1. 掌握投掷的动作要领,提高投掷能力。
2. 喜欢和同伴一起做游戏,培养互助合作意识。

活动准备

《小鱼游来了》音乐,小网球若干,沙包若干,3 个筐(鱼宝宝的家)。

活动建议

一、播放音乐,带领幼儿热身

教师播放《小鱼游来了》的音乐,幼儿在音乐声中热身。

二、组织游戏,引导幼儿掌握动作要领

1. 教师讲解游戏玩法。

请幼儿选小泡泡(小网球或沙包),把小泡泡投进对面"小金鱼"的家里。若没有投进去,要把它捡回来再投一次。游戏熟练后,可分组进行比赛,投中多的组为胜。

2. 教师介绍游戏规则:

① 每次只能投一个泡泡;

② 必须站在投掷线后面投;

③ 没有投进去的泡泡要拾起来重新投。

3. 教师示范游戏,请个别幼儿尝试游戏玩法。

4. 幼儿进行游戏,教师重点指导幼儿掌握投掷的方法。

三、组织幼儿学小鸟飞,带领幼儿做放松运动

教师可带领幼儿学小鸟飞一飞,慢慢放松身体,在音乐声中结束活动。

体育游戏

渔夫捉海蟹

经验

1. 幼儿练习骑羊角球跳跃的动作,提高身体平衡能力及跳跃能力。

2. 正确感知并说出不同的方位词,体验捉迷藏的快乐。

材料

小海蟹头饰若干(与幼儿人数相等),"渔夫"头饰1个,羊角球若干。

玩法与规则

请一名幼儿扮大"渔夫",其他幼儿扮小"海蟹"。游戏开始,"海蟹"们骑着小石板(羊角球)在海底玩耍,当听到"渔夫来了"的时候,赶快找个地方躲起来(滑梯下面、小屋子里、大树背后等)。当教师问躲在哪里时,要说出自己的方位,没有找到地方躲藏或说不出准确方位的,就要被"渔夫"捕走了。"渔夫"走后,"海蟹"骑着小石板返回事先指定的家里。

注意:

1. 两手抓住羊角球的柄,双腿夹紧羊角球,双脚用力蹬地。

2. 在听到"渔夫来了"的指令后才能躲起来。

3. 要准确地说出自己的方位,没有找到地方躲藏或说不出准确方位的,就要被"渔夫"抓走。

提示

1. 游戏前,教师要讲清楚要求,规定好场地,提醒幼儿注意安全。

2. 活动时间不宜过长,避免幼儿腿部疲劳。

3. 平常可与幼儿一起进行"感知方位"的游戏练习。

主题活动案例

小贝壳　大世界

马晓燕

活动背景

青岛西海岸新区毗邻大海,海洋文化醇厚,具有许多独特的海洋自然资源与人文资源。为让幼儿充分了解海洋性地域环境,感受特有的海洋地域文化,更为自然、更为直接地理解与接受本土的海洋文化,我们开展了与海洋有关的,以幼儿自主学习、大胆探索、独立思考、积极发现为主要特征的"探索海洋性主题活动"——小贝壳大世界。

《幼儿园教育指导纲要(试行)》指出:"幼儿园应贴近幼儿的生活来选择幼儿感兴趣的事物和问题,有助于拓展幼儿的经验和视野,并且善于发现幼儿感兴趣的事物、游戏和偶发事件中所隐含的教育价值,把握时机,积极引导。"在主题的开展中,无论是认识贝类、吃贝类还是玩贝壳,对海边孩子们来说,都有着唾手可得、丰富的自然资源。整个活动主题,贯穿"贝壳大聚会—百变贝壳—玩转贝壳"三个活动体系,带领幼儿认识生活中各种各样的贝壳和贝类产品,了解贝壳的用途,并指导幼儿借助贝壳的外形进行装饰,探索贝壳的不同玩法,从而培养幼儿热爱海洋和保护海洋生物的意识。

活动目标

1. 认识各种各样的贝壳和贝类产品,了解其特征以及贝壳的用途,知道吃贝类海鲜对身体的作用。

2. 能够多方面收集不同的贝类资料,并与同伴交流分享;运用多种方式表征自己喜欢的贝类,能大胆地与同伴合作,主动解决遇到的问题;能按贝壳的种类排序,大胆地给贝壳涂色,并利用辅助材料装饰贝壳。

3. 初步培养热爱海洋和保护海洋生物的意识与情感,体验合作和成功的快乐。

活动准备

请家长协助收集有关贝壳的资料,如图片、图书、动画等;收集各种贝壳,带回班级消毒。请家长和幼儿一起进行市场大调查,了解海鲜市场中常见的贝类及其名称,将照片带回班级进行分享。

提供幼儿用来表征的物质材料,如绘画纸、线描笔、油画棒、各色颜料、橡皮泥、粘贴板等,各种各样的贝壳、种子、果壳以及挂历纸等干净无毒的废旧材料。

活动用照片

活动区材料准备。

1. 美工区：

教师提供的范例图、油画棒、线描笔、水粉颜料、彩笔、彩色纸、卡纸、橡皮泥、各种贝壳等。

2. 益智区：

贝壳分类范例和贝壳拼摆范例：贝类排排队，贝壳棋，贝壳分类排序，贝壳找家等。

3. 语言区：

各种海洋图书，绘本《条纹鱼得救了》及其图片，市场大调查的照片等。

4. 娃娃家：

本周食谱、食物相克图、串烧、墨鱼、筷子、调料盒、烧烤架，各种贝壳及贝壳制品。

5. 建构区:

木头积木、塑料积木、易拉罐。教师制作的大、小海草,海底龙宫,水族馆的搭建图片,各种贝类及海洋生物等。

6. 表演区:

海洋背景图,条纹鱼、彩虹鱼、锯齿鱼头饰,贝壳铃鼓等。

7. 科学区:

海水和淡水加盐饲养小海螺。

8. 植物角:

大海螺、黄豆。

活动实录

活动1 贝壳大聚会

1. 贝壳信息分享会。

我请家长和幼儿共同搜集图片、资料、动画,带到班级和同伴分享,初步了解贝壳种类、习性和特征。我把孩子们搜集的资料,用 ppt 的形式和孩子们一起分享,还把贝壳种类张贴在信息墙上,开展"贝壳大聚会"活动。孩子们对各种各样新奇的贝类产生了浓厚的兴趣。当看到世界上最大的贝类时,妡妡好奇地问:"世界上最大的贝类,到底有多大呀?"硕硕说:"像我手那么大!"萱萱说:"不对,肯定是像幼儿园那么大!"几个孩子激烈地争论起来,可是谁也没有得出结论。我告诉孩子:"世界上最大的贝类叫砗磲,它的贝壳可以装进两个像老师这样的大人呢!"孩子们都惊奇地叫了起来。

孩子们用动作表现贝壳有多大　　　　　　世界上最大的贝类——砗磲

2. 市场调查。

孩子们通过观察一些图片,对贝类有了一定的认识,也产生了浓厚的兴趣。硕硕问我:"贝类是生活在大海里吗?""是啊,大海里还有哪些贝类,你知道吗?"硕硕咬着嘴巴想不出来了。接着,我又说:"孩子们,休息时可以和你的爸爸妈妈一起到海鲜市场,看看还有哪些生活在大海里的贝类。"孩子们非常高兴地讨论起来。接着,我们开始制作图文并茂的市场调查表。家长们非常支持我们的工作,让幼儿把市场调查表和市场调查时拍的贝类照片都带到班级。

孩子们将市场调查时拍的照片与剪贴报带到班级。轩轩指着和妈妈一起制作的市场大调查剪贴报说:"海鲜市场有好多海鲜,扇贝、海蛎子都是贝类。"轩轩小朋友说:"礼拜天我和妈妈去海边玩,还看到蛤蜊呢! 有个老奶奶拿着小桶在那捡,捡了好多好多!"看到孩子们的兴致很高,我们便开展了市场调查分享会,孩子们相互讲讲自己看到的贝类。浩罡指着蛤蜊说:"妈妈还给我做着吃了呢,可香了!"我问:"妈妈是怎么做的呢?""就这么炒炒吃的。"清然说:"老师,我们家是放辣椒吃的!"孩子们七嘴八舌地议论起来。分享结束后,我把孩子们带来的图片、剪贴报投放到了图书区。这样,孩子们在区域中看书时,不仅能了解各种各样的贝类,还能一起分享自己在市场调查时发生的事情,锻炼孩子们的语言表达能力。

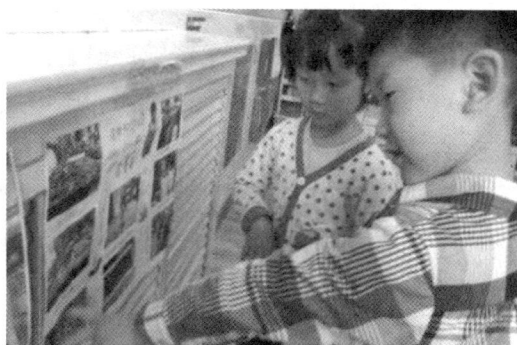

亲子制作的市场调查海报   孩子们共同分享市场调查中的发现

▶活动小结

孩子们在探索中,对事物的理解会逐渐深入。应当本着自由探索的目的,让孩子们用眼睛看、用耳朵听、用身体去感受,通过切身体验提高认识。比如,认识各种各样的贝类,就让孩子们去海鲜市场观察与认识,看一看,摸一摸,闻一闻。这样,孩子获得的经验是丰富而贴近实际的。分享交流市场调查情况的过程,也是锻炼孩子语言表达能力的过程,孩子们通过分享自己的体验获得更多的知识。

活动2 贝壳里的秘密

1. 贝壳彩绘。

通过一段时间的了解与认识,孩子们对贝类比较熟悉了。在区域活动中,我们投放了各种各样的贝壳和贝壳花纹,创设了"为海螺姑娘穿上花衣服"的情境。孩子们对贝壳彩绘产生了浓厚的兴趣。大康先找了一个最大海螺,对旁边的月月说:"海螺姑娘没有衣服穿,我来帮她穿上像彩虹一样的衣服吧!"月月说:"好的!"说着,孩子们就开始了彩绘。过了一会儿,几个小朋友也被他们吸引了过来。梓嫣说:"咦,这里还有扇贝壳呢!"大康看了一眼说:"他也没有衣服,谁来帮它穿上好看的衣服呀?"梓嫣抢着说:"我来,我来吧!"几个孩子很快就把贝壳涂上了颜色。我启发孩子们:"瞧,贝壳上有许多漂亮的花纹……"大康还没等我说完就抢着说:"老师,这是波浪线和锯齿线!"梓嫣转了转眼珠说:"我们就用这些线条来装饰我们的贝壳和海螺吧!"于是,孩子们根据自己的喜好,对各种贝壳进行彩绘。看到贝壳都穿上了花衣服,大家都十分开心。

2. 制作贝壳鱼。

美工区橱子上摆着各种形状、不同种类的贝壳。孩子们聚在一起观察,又有了新的发现。诚诚说:"看,我的贝壳长得真像小鱼,这是他的尾巴。我给他起的名字叫彩虹鱼,因为他是彩虹色的!"佳阳瞧了瞧自己的贝壳,也抢着说:"那我的贝壳就像八带鲖,给它长上八条腿就行了!"说着就拿起橡皮泥制作八带鲖的腿。铭铭也不甘示弱地说:"我要给小鱼贴上眼睛!"诚诚抢着说:"还要用花纹装饰小鱼呢!"几个孩子都跃跃欲试,马上就投入到了制作贝壳鱼的过程中去。

孩子们正在进行彩绘贝壳和贝壳鱼制作活动

3. 贝壳变变变。

贝壳是多种多样的,形状也各不相同。贝壳不仅可以变成"小鱼",还可以变成许多有趣的形象。于是,我准备了各种不同外形的贝壳,创设"贝壳变魔术"故事情境,邀请"贝壳大王"来到班级"变魔术"。孩子们很感兴趣。童童指着扇贝形状的贝壳说:"我要把贝壳变成花裙子!"清然指说:"它还可以变成一朵小花!"孩子们七嘴八舌地讨论起来。

孩子们彩绘的作品,也运用到了环境创设中去。我们将画好的海螺、扇贝悬挂在班级上空的渔网上。在贝壳变魔术的基础上,我们在益智区还投放了贝壳排排队、贝壳变变变的材料,运用粘贴板对各种贝壳进行变形、拼摆,对各种贝壳进行分类、排序。孩子们运用贝壳和提供的各种材料,让贝壳千变万化,创造出很多好看、好玩的作品。

▶ 活动小结

一个个小小的贝壳经过孩子们的巧手变成了一件件美丽的作品,这充分说明孩子们想象力在不断地发展。我们应该因势利导,让幼儿借助更多低结构的材料,发挥自己的想象,创造出更加新颖的作品。

活动3　想长脚的小贝壳

1. 捉海螺。

孩子们对贝类产生了浓厚的兴趣,盼望去海边挖沙、寻找海螺。针对孩子们的兴趣点,我们邀请家长和孩子一起去唐岛湾南岸赶海。一来到海边,孩子们就十分兴奋。可是,海边的海水还没有退下去,孩子们有点失落。妞妞好奇地问:"老师,海水会退下去吗?""当然了,大海有潮汐,到了一定的时间,会涨潮,也会落潮。海水落下去了,我们就可以下去赶海啦!"于是,我们先带着孩子们玩起了亲子游戏。突然,迪迪指着海边说:"老师快看,落潮了!"孩子们兴奋地跳起来,纷纷拿着小桶和铲子赶海。佳阳捡起在海水中的一块石头,对我说:"老师,你看,小海螺趴在石头上晒太阳呢!"我笑着说:"这是它的一种生活方式,它固着在这块石头上生活呢。"佳阳又问我:"老师,那我捡到的小海螺怎么生活呢?"我说:"把这块石头带回班级,再装一些海水,我们一块饲养它们,看看它们是怎么生活的,好吗?""好的!"

孩子们将赶海捡的小海螺带回了班级。他们拿着自己的小桶和海螺兴奋地讨论起来。佳阳对清然说:"你看,我和妈妈捡了那么多小海螺!"清然也不甘示弱地说:"我也捡了很多!还有妈妈帮我找到的海蛎子!"他们两人的讨论吸引了不少小朋友。我走过去说:"小朋友真是收获了不少,那我们就来比一比、数一数、讲一讲你赶海的成果吧!"子义拿着小桶正和林林比赛呢,两个人伸出手指指着小海螺,一个一个地数,数得可认真了!这边又有几个小朋友拿着小海螺,在比谁的海螺个头大呢!

亲子赶海——捉海螺

2. 养海螺。

自从孩子们赶海回来后,几个孩子经常去看看他们带回来的小海螺。一天早晨,来得早的俊达小朋友发现,小海螺经过了一个晚上都从小桶里爬出来了。"老师,小海螺怎么爬出来了?"我说:"小海螺的运动方式是爬行,这样它爬来爬去才能找到食物啊!"萱萱又问我:"那它离开海水还能活吗?""那我们要一起饲养,看看海螺离开海水还能不能活。"于是,我们决定和孩子共同饲养小海螺。饲养前,我们要求幼儿了解海螺的基本特征,对海螺的生活方式进行观察。孩子采用两种方式实验:一种是用带回来的海水饲养,一种是加盐淡水的方式进行饲养。我问孩子们:"小朋友,海水是什么味道的呀?"迪迪说:"爸爸带我洗海澡的时候我尝过,是咸咸的!"妞妞看到我拿着一包盐,问我:"老师,你拿盐干什么?"我说:"咱们生活中用的

饲养海螺

水是没有味道的,现在我们加上盐,让淡水变得和海水一样咸,看看小海螺在加盐的淡水里能不能生活。"没过几天,孩子们就拉着我说:"老师,你快看,加盐水里的小海螺怎么不动了?""在海水里生活的小海螺还活着!"看着孩子们七嘴八舌地讨论,我说:"小朋友,你们说小海螺离开海水能生活吗?"孩子们摇摇头说:"离开海水,它们就会死掉的。"

3. 品尝海鲜。

赶海回来第二天,孩子们玩区域的时候,田田看着娃娃家的本周食谱大声问我:"老师,我们赶海的小海螺能吃吗?"我点点头:"当然能吃啦!"看着田田嘴馋的样子,我告诉她:"今天就邀请了清然妈妈来当客座教师,不光为小朋友介绍几种贝类,还从海鲜市场带回了不少美味、新鲜的贝类,给大家做海鲜大餐呢!"孩子们听了,都兴奋得跳了起来。清然妈妈来到班级,为孩子们带来了海螺、蛤蜊等新鲜贝类,为孩子们制作海鲜大餐。当海螺、蛤蜊下锅后,嘴馋的睿睿看到下锅后的蛤蜊好奇地问:"瞧,蛤蜊的皮为什么打开了!"我说:"蛤蜊下锅后遇热就会打开它的贝壳,观察一下它有几片贝壳。"孩子们一齐说:"是两片!"一顿海鲜大餐,又让孩子对海洋贝类又有了新的认识。

海鲜品尝会

▶ 活动小结

对于小班幼儿来说,"玩"在前,"乐"在先,只有让他们发自内心地参与游戏进行体验,才有可能帮助他们获得有益的知识经验。这些活动正是顺应了小班幼儿的年龄特点,让幼儿在参与活动的过程中充分感受生活在大海边的快乐。感受捡贝壳、挖蛤蜊、捉螃蟹等给自己带来的乐趣,这正是主题活动开展的目的。

活动4　玩转贝壳

区域时间到了,涵涵和好朋友阳阳自主地选择了益智区,玩起了套贝壳的游戏。在那里,他和同伴的积极性很高。涵涵迫不及待地想和他的对手开始游戏。他们手中各自拿着属于自己的贝壳棋,用熟练的动作迅速将棋子摆放在棋盘方格中,以"剪子包袱锤"的方式开始了第一局。涵涵的目测既迅速又准确,一下子拿到了数量最多的套网,他肯定想赢得最多的贝壳。结果阳阳用四个的套网,很顺利地赢走了4个贝壳棋子。涵涵的脸上马上洋溢出富有成就感的样子。我很想告诉他,不要高兴得太早,这一局才刚刚开始,不要骄傲,继续加油!第二局开始了,涵涵的对手也不示弱。结果第二局对方获胜了。我看到涵涵的脸上稍有些小小的失落。接下来他们开始了第三局、第四局……就这样,他们饶有兴致地玩了很多局。我很高兴,因为他们能坚持那么长时间完成同一件事情,让我看到他们的毅力和耐性! 正在这时,我看到涵涵和对手似乎在嘀咕些什么。我没有去打扰他们,只是在不远处静静地观察着,也很期待……我看到他们从各自的筐中拿出了自己的套网,一个一个摆在了格子里,就像是在玩"俄罗斯方块"一样,有趣极了。我发现他们的兴趣点又进入了高潮,因为他们开始探索材料的新玩法了。他们敢于探索玩具的不同玩法,这可是他们自己独创的玩法哦!

套贝壳游戏

▶ 活动小结

在游戏中,孩子们不仅能遵守游戏规则,而且敢于探索材料的新玩法。他们的毅力、耐性以及持续探索的精神在活动中得到了发展。

活动反思

1. 我们在尊重幼儿兴趣的同时,要深刻思考促进幼儿发展的有利因素和教育价值,既要贴近幼儿的生活,又要符合幼儿发展的需要。

2. 幼儿的年龄特点和学习特点,是我们在活动进行前就需要细致思考的。对上述特点的把握,将直接影响整个主题活动的效果。正是因为教师在活动前对幼儿的年龄特点和学习特点有了一定的了解,对整个活动的结构、形式才会有一个准确、完整的设计,幼儿才能在适宜的活动结构和形式中去探索、去建构新的知识经验,去获得更有益的活动经验。

3. 教师在研究的过程中,应及时发现幼儿的关注点,引导他们根据自己的兴趣继续研究。教师对于一些突发性的问题处理需要不断地总结经验,不断地学习,提高随机应变的能力。

中班上学期主题活动

我家住在大海边

　　主题活动"我家住在大海边"包括"赶海去""凤凰岛是我家"两个次主题活动,其活动目标及内容安排、区域活动与环境创设分别见表2-3-1、表2-3-2、表2-3-3和表2-3-4。

表2-3-1 我家住在大海边——"赶海去"活动目标及内容安排

活动目标	教育活动	生活活动	家长与社区	户外活动
1. 认识螃蟹、蛤蜊、海星、牡蛎、海虹、海蜇等常见海洋生物主要特征、习性，以及赶海常用的工具，了解这些工具的作用，知道赶海会受天气、潮汐等因素的影响。 2. 初步掌握赶海工具的正确使用方法；能运用泥工、绘画、沙画、搭建等技能表现看到的海洋生物；能创造性地运用身体动作自由地表现赶海的愉悦心情；学会在赶海的过程中会保护自己。 3. 体验和家长、小伙伴、老师一起在海边嬉戏、玩耍，赶海带来的快乐心情。	1. 赶海（半日） 2. 我们赶海去（社会） 3. 赶海的小姑娘（音乐） 4. 赶海（语言） 5. 海边风光美（美术）	1. 结合午餐报告环节向幼儿介绍园内食谱中各种海产品的营养，鱼虾等等喜欢海鲜，引导幼儿喜欢吃海鲜，不挑食，不剩饭。 2. 向幼儿介绍关于食用海鲜的禁忌，养成健康饮食的好习惯。 3. 指导幼儿定期理发、勤换内衣、洗澡、剪指甲等，注意保持清洁的个人卫生。 4. 指导幼儿午睡时平躺或右侧卧睡，盖好被子。	1. 建议家长指导幼儿一起将赶海收获的蛤蜊、海虹等进行清洗、蒸煮、品尝。 2. 家长带领幼儿到海鲜市场购买海鲜，在购买的过程中向幼儿介绍各种海鲜的名称、营养、食用方法等，让他们感受家乡海产品的丰富和特有的饮食文化。 3. 家长和幼儿一起到海边进行沙画、沙雕活动。 4. 经常带领幼儿去海边赶海，体验赶海的乐趣，同时注意保护海边的环境，和孩子一起捡拾垃圾。	体育活动： 企鹅向前冲 体育游戏： 渔网 自选活动： 1. 提供沙水玩具，指导幼儿进行沙塑活动。 2. 提供各种贝壳、餐具、炊具、食品包装袋等，幼儿开展游戏"海边的餐厅"。 3. 提供小桶、铲子等工具，幼儿在沙水池开展"赶海"游戏。

表2-3-2 我家住在大海边——"赶海去"区域活动与环境创设

区域名称	活动内容	活动目标	环境创设
美工区	1. 海上的船	学习用几何图形组合的方法画出船只,大胆添画出海上的景色。	主题氛围营造: 将幼儿绘画《海上的船》作品悬挂在教室,突出幼儿对家乡的热爱之情。 互动墙饰:快乐乐小导游 主题信息区: 1. 幼儿搜集的各种海尔、海信、澳柯玛、双星等产品的商标、外包装等,张贴或摆放在信息区。教师利用餐后、自由活动等时间组织幼儿进行信息资料的分享。 2. 在信息区布置"明星小导游"专栏,展现导游的有关资料,明星小导游的评选活动照片等,幼儿进行分享与交流。
	2. 帆船	用彩纸剪出长三角形、梯形等形状,并组合粘贴成各种各样的帆船。	
	3. 美丽的海边	运用"刮沙"的技巧创作沙画,表现海边的美丽景色,体验沙画创作的快乐。	
	4. 游泳的小鱼	运用废旧材料制作小鱼,创造性地表现鱼的各种动态。	
益智区	对对碰	巩固对家乡风景名胜的认识,能和同伴协商制定游戏的玩法与规则。	
表演区	赶海的小姑娘	能创造性地运用身体动作表现小姑娘和海浪相互问好、做游戏等情节,表达赶海时的愉快心情。	
阅读区	赶海趣事	能用流畅、连贯的语言向同伴清楚地讲述自己去赶海的趣事。	
自然角	植物喜欢哪种水	观察、对比植物在淡水和海水中不同的生长变化,知道海水含有较多的盐分,不能支持一般植物的生长。	
建构区	美丽的金沙滩	尝试通过立体建构的形式和同伴合作搭建金沙滩典型的场景和建筑。	

研发中的智慧

表2-3-3 我家住在大海边——"凤凰岛是我家"活动目标及内容安排

活动目标	教育活动	生活活动	家长与社区	户外活动
1. 知道家乡的名称,了解家乡的主要风景名胜、人文景观、物产等,学做小导游。 2. 能用连贯、流畅的语言讲述凤凰岛的传说;能有节奏地朗诵快板《我的家乡美如画》,大胆地为凤凰岛的名优产品做简单的广告设计与宣传。 3. 感受家乡的秀丽风光及多彩文化美丽的家乡,热爱自己的家乡,为家乡美丽的风光、多彩的城市文化感到骄傲与自豪。	1. 凤凰岛的传说(语言) 2. 家乡名优产品多(科学社会) 3. 海豚舞(音乐) 4. 我的家乡美如画(美术) 5. 快乐的小导游(半日)	1. 指导幼儿用七步洗手法正确洗手,洗完手后用毛巾擦干净。 2. 引导幼儿了解各种海鲜的营养、喜欢品尝家乡的土特产。 3. 提醒幼儿多喝水,保证每天不少于8杯温开水。 4. 指导幼儿爱护环境,不随便扔垃圾,及时将废弃物丢到垃圾桶。	1. 请家长带幼儿参观游览家乡的风景名胜,讲解有关名胜的知识和传说;将拍摄的照片带到幼儿园布置到凤凰岛——美丽的凤凰岛。 2. 指导幼儿进行"美丽的凤凰岛"问卷调查,引导幼儿进一步了解感受家乡的风光和文化。 3. 请家长协助幼儿参加班级"我是凤凰岛小导游"评选活动,指导幼儿用简报的形式介绍美丽的凤凰岛。 4. 利用在家乡有名的风景区游玩的照片,和幼儿一起回忆、分享游玩的见闻、感受。 5. 家长联系黄岛民俗馆的工作人员走进班级,向幼儿讲述黄岛的历史和文化。	体育活动: 海洋动物投篮 体育游戏: 能干的小螃蟹 自选活动: 1. 提供海洋球,指导幼儿练习游泳的动作,提高上下肢动作的协调性。 2. 提供轮胎,幼儿进行组合,练习平衡、跨跳等动作。 3. 提供沙包,幼儿练习向上抛接的动作,重点掌握接沙包的要领。

表2-3-4　我家住在大海边——"凤凰岛是我家"区域活动与环境创设

区域名称	活动内容	活动目标	环境创设
美工区	1. 海滩上的渔船	细致观察画面,感受帆船的色彩搭配,远近不同带给画面的美感,幼儿创造性地绘画《海滩上的渔船》。	主题氛围营造 布置"家乡名优产品展览会" 互动墙饰:我最喜欢的土特产 主题信息区
	2. 海边月夜	学习喷刷画的方法,能够用喷刷的方法表现出海边月夜的美景。	
	3. 美丽的凤凰岛	自由选择刮画、水墨画、剪纸等不同的方式表征美丽的凤凰岛,表达对家乡的热爱之情。	1. 幼儿搜集的各种关于凤凰岛名优产品:海尔、海信、澳柯玛、双星等产品的商标、外包装等,张贴或摆放在信息区。教师利用餐后时间组织幼儿进行信息资料的分享。
益智区	1. 家乡名优产品棋	巩固对家乡名优产品的认识,掌握下棋的规则和玩法;能够和同伴两两合作开展游戏。	
	2. 美丽的凤凰岛	了解凤凰岛的名胜风景,能专注、耐心地将拼图准确完整拼出。	
阅读区	1. 凤凰岛的传说	能够运用较连贯的语言,和同伴讲述凤凰岛的传说。	2. 将土特产品尝会的照片粘贴在信息区,幼儿进行照片的分享与交流。
	2. 我的家乡产品	熟练掌握打竹板的技巧和方法,能流利地打快板边有感情地说唱。	
	3. 家乡的名优产品	尝试运用朗朗上口的语言,自编广告语,反映家乡名优产品的特点。	
	4. 我是家乡小导游	能用连贯的语言大胆地向同伴介绍家乡的名胜古迹和特色产品。	
表演区	海豚舞	练习蹲趾小跑步、踏点步,能跟随乐曲旋律和同伴合作表演拍手舞。	
建构区	渔船	尝试运用叠高、围拢的方法合作搭建"渔船",表现渔船的结构特点。	

次主题活动一　赶海去

本活动包括"活动 1　赶海工具多""活动 2　我们去赶海""活动 3　赶海的小姑娘""活动 4　赶海""活动 5　海边风光美"以及区域活动。

活动1　赶海工具多（科学）

活动目标

1. 认识赶海工具,了解工具的作用;认识赶海常见的海洋生物,了解其外形特征及生活习性;知道赶海会受天气、潮汐等因素的影响。

2. 能正确使用赶海工具赶海。

3. 感受工具的作用大,萌发赶海的强烈愿望。

活动准备

1. 请家长提前和幼儿进行关于赶海的谈话,了解赶海的故事。

2. "赶海工具多"课件,连线图 6 幅。

活动建议

一、组织谈话,引发幼儿的活动兴趣

组织幼儿围绕"赶海"进行谈话,鼓励幼儿和大家一起分享关于赶海的经历或听过的赶海故事。

二、播放课件,引导幼儿认识赶海常见的海洋生物

课件上分别出示牡蛎、海虹、蛤蜊、螃蟹、蛏子、虾虎,幼儿观察认识其特征、习性。

教师提问:这是什么? 它长得什么样? 赶海时在什么地方能找到它?

教师小结:蛏子、蛤蜊一般生活在浅水处的泥沙中,有蛏子、蛤蜊的泥沙表面会有一个小孔;牡蛎生长在礁石上,壳坚硬、粗糙不平,灰色;海虹生长在礁石上,壳坚硬,表面光滑,黑色;螃蟹生长在礁石缝隙里,有的在沙滩上;虾虎生活在海滩的滩涂中,有虾虎的地方会有一个比较大的孔。

三、播放课件,引导幼儿了解赶海常用工具

出示赶海工具的课件:小桶、大铲子、小铲子、小耙子、毛笔,引导幼儿观察、了解工具的名称和作用。

教师提问:这是什么?赶海的时候有什么用?

教师重点小结工具的作用:小水桶可以盛放海鲜,大铲子可以挖沙,小铲子可以撬开细碎的礁石,小耙子可以挖沙钩出外壳坚硬的海洋生物,毛笔可以用来当诱饵插到洞穴钓蝼蛄虾,漏网可以网小鱼、小螃蟹。

四、组织连线游戏,引导幼儿了解工具的作用

1. 教师引导幼儿观看"连连看"课件。

引导幼儿观察图片中的海洋生物和赶海工具,小组讨论将其进行配对。

2. 集中分享交流各组讨论的连线结果,并说出自己的理由。教师重点引导幼儿分析工具在赶海中的具体作用。

教师小结:大铲子可以挖出沙洞中的小沙蟹,小铁铲切割粘在岩石上面的海虹、牡蛎,小耙子可以快速挖出在沙滩上的蛤蜊、海螺,毛笔可以钓出洞穴中的蝼蛄虾。

五、观看视频,引导幼儿掌握使用工具的技巧

1. 教师播放赶海的视频,重点引导幼儿认识并学习视频中赶海的人们是怎样使用工具的,应该注意什么问题。

2. 教师和幼儿共同梳理赶海的小技巧:钓海蜂——将毛笔插到海蜂的洞穴中,静静观察,毛笔开始动的时候轻轻摇几下笔杆,当海蜂即将出来的时候,迅速捏住它的触角,整个提出来。挖蛤蜊——在距离蛤蜊洞穴手掌宽的地方下铲,准能挖到蛤蜊。捉蛏子——海滩上看到相距不远的两个小孔,孔圆且深直,这两个小孔就是蛏子两个水管伸出的地方。这时可向小孔里撒一点盐,蛏子会自己跑出泥滩,然后顺手抓住。捉螃蟹——用小耙子翻动海边的石块,躲在石头下的小螃蟹们便会四散逃跑,这时要手疾眼快,用小网捞住。挖海虹——戴上手套,拿上小铁铲,切割粘在岩石上面的海虹和牡蛎。

活动2 我们去赶海(半日)

活动目标

1. 知道赶海需要的用具,学习按赶海计划进行活动。
2. 尝试运用工具挖蛤蜊,在赶海的过程中学会保护自己。
3. 体验集体在海边嬉戏、玩耍、赶海的快乐心情。

活动准备

1. 提前联系车辆,制订安全预案和活动方案等。
2. 提前向家长发放温馨提示,请家长为孩子们准备好赶海的用具。
3. 提前和家委会成员查看所去区域,明确路线和场地。
4. 幼儿分组提前制订赶海计划,准备集体游戏的节目。

活动建议

一、启发思考,引导幼儿明确赶海计划

结合计划表,和幼儿共同梳理赶海的计划,幼儿进一步明确赶海的活动内容和注意事项。

教师提问:今天我们要去干什么?赶海计划上都有哪些内容?我们需要注意什么?

二、提出要求,组织幼儿进行赶海活动

1. 到达指定地点后,教师再次向家长和孩子强调赶海的计划和注意事项,明确集会的时间。

2. 家长带孩子自由赶海,随时注意孩子的安全。

3. 教师分工巡视家长和孩子们的活动情况。提醒家长与孩子共同活动,并注意观察幼儿的活动过程。

4. 规定时间结束后,大家围坐在一起,引导幼儿讲述赶海的收获并与大家分享赶海的趣事。

教师提问:小螃蟹、蛤蜊藏在哪?海星、牡蛎在哪里会找得到?你在海边还发现了什么?引导幼儿说一说赶海有哪些有趣的事。

三、分组进行海滩活动,引导幼儿体验集体活动的快乐

1. 可将幼儿进行分组,各组在教师的带领下,进行沙滩游戏,如"螃蟹赛跑""钻珊瑚""捞小鱼"等。

2. 组织幼儿进行有关海洋的歌唱、表演、朗诵等活动,再次表达对家乡、对大海的热爱。

附:赶海时间表

青岛赶海时间表

日期(农历)	最低潮	最佳赶海时间	日期(农历)	最低潮	最佳赶海时间
初一	11:30	9:30~13:30	十六	11:45	9:45~13:45
初二	12:10	10:10~14:10	十七	12:20	10:20~14:20
初三	13:00	11:00~15:00	十八	12:50	10:50~14:50
初四	13:50	12:40~16:40	十九	13:30	11:30~15:30
初五	14:40	13:40~17:40	廿十	14:00	12:00~16:00
初六	15:40	14:50~18:50	廿一	14:30	12:30~16:30
初七	16:50	4:00~7:30	廿二	15:30	13:30~17:30
初八	5:30	5:00~9:00	廿三	16:30	14:30~18:30
初九	7:00	5:50~9:50	廿四	17:50	15:50~19:50

日期(农历)	最低潮	最佳赶海时间	日期(农历)	最低潮	最佳赶海时间
初十	7:50	6:30～10:30	廿五	6:00	4:00～8:00
十一	8:30	7:30～11:30	廿六	7:20	5:20～9:20
十二	9:30	7:30～11:30	廿七	8:30	6:30～10:30
十三	10:00	8:00～12:00	廿八	9:20	7:20～11:20
十四	10:40	8:40～12:40	廿九	10:00	8:00～12:00
十五	11:10	9:10～13:10	三十	10:40	8:40～12:40

活动3 赶海的小姑娘(音乐)

活动目标

1. 初步了解乐曲旋律和乐曲两段式结构,感受乐曲欢快、优美的音乐情调。
2. 能运用身体动作自由地表现小姑娘和海浪相互问好、交朋友、做游戏等情节。
3. 与老师、同伴共同游戏,创造性地表达小姑娘赶海的愉快心情。

活动准备

1. 《赶海的小姑娘》歌曲、课件。
2. 小姑娘和拟人的小浪花图片,浪花头饰若干。

活动建议

一、倾听前奏,引导幼儿了解乐曲名称

幼儿倾听前奏中的海浪声,展开合理想象,教师顺势介绍乐曲名字。

二、赏析乐曲,引导幼儿理解乐曲内容

1. 完整欣赏乐曲,感受乐曲欢快的情绪。

教师提问:乐曲中小姑娘在海边干什么?这首乐曲带给你什么样的感受?

2. 分段欣赏乐曲,用动作表达自己的理解。

(1)结合图片欣赏 A 段音乐,感受这段乐曲欢快、跳跃的特点。

引导幼儿想象小姑娘和浪花相互问好、做游戏的快乐情景,教师和幼儿共同讨论并创编小浪花起伏、小姑娘与浪花打招呼、踏浪、戏水等动作。

教师提问:怎样和小浪花打招呼?小浪花会怎么做?怎样和浪花交朋友?

(2)结合图片欣赏 B 段音乐,感受这段乐曲优美、抒情的旋律特点。

引导幼儿讨论小姑娘在海边做着哪些事情,鼓励他们用身体动作大胆地表现小姑娘

赶海的场面,如挖蛤蜊、捡贝壳等。

3. 完整倾听乐曲,自由地表现小姑娘赶海与大海游戏的情景。

三、扮演角色,引导幼儿创造性地表达对乐曲的理解和感受

1. 教师与幼儿分别扮演"浪花"与"小姑娘",随乐曲进行游戏。

教师要根据幼儿的动作表现进行适时指导。

2. 幼儿分角色表演。一半幼儿带浪花头饰扮演"小浪花",一半幼儿扮演赶海的小姑娘,体验小姑娘赶海的愉快心情。

3. 幼儿互换角色,继续游戏。教师根据幼儿的表现及时给予评价,引导幼儿创造性地表现乐曲。

附:歌曲

赶海的小姑娘

马金星词
刘诗召曲

活动目标

1. 理解诗歌内容,了解蟹子、蛤蜊、海星、海蜇的主要特征和习性。
2. 能运用恰当的动作、表情、语气等朗诵诗歌,创造性地表达赶海的快乐心情。
3. 感受诗歌欢乐、有趣的情调。

活动准备

1. 家长利用休息时间带幼儿到海边玩耍。
2. 诗歌课件、背景音乐。

活动建议

一、以照片引发回忆,激发幼儿的活动兴趣

教师与幼儿共同欣赏赶海照片,回忆并交流自己在海边捉小鱼、捡贝壳、挖蛤蜊、踏浪、戏水等赶海趣事。

二、欣赏诗歌,引导幼儿理解诗歌内容

1. 教师示范朗诵,幼儿了解诗歌内容。

教师提问:诗歌的名字是什么?诗歌里都说了些什么?听这首诗歌你的心情怎样?

2. 播放课件,幼儿进一步理解诗歌。

教师提问:赶海时小朋友都带着什么?沙滩是什么样子的?蟹子、蛤蜊在干什么?海星、海蜇长什么样子?赶海时小朋友还遇到了哪些有趣的事情?重点引导幼儿理解诗句"踏上平平的沙海滩,像那没边的大凉席"。引导幼儿说一说沙滩还像什么。

教师用诗歌的语言进行小结,引导幼儿了解蟹子、蛤蜊、海星、海蜇的主要特征和习性,鼓励幼儿和老师一起说部分儿歌内容。

3. 幼儿朗诵诗歌,感受诗歌的情境及语言美。

(1)幼儿跟随教师朗诵诗歌,理解诗歌内容。

教师提问:为什么说就数赶海最稀奇?小朋友赶海的心情是怎样的?你是怎样知道的?朗诵诗歌的时候怎么做才能表达出赶海的喜悦心情?

(2)引导幼儿尝试加入动作、表情等朗诵诗歌,准确表达诗歌的情调。

教师提问:你最喜欢诗歌中的哪一句?应该怎样朗诵?

鼓励幼儿通过朗诵表达自己对诗句的理解。

(3)配乐朗诵,感受诗歌欢快的情调。

4. 幼儿分组表演,互相欣赏,自由表达赶海的快乐心情,再现赶海的快乐场面。

附:诗歌

赶海

赶过街,赶过集,就属赶海最稀奇!

小铁桶,手中拿,踏上平平的沙海滩,像那没边的大凉席。

蟹子横着爬,蛤蜊藏沙底。

只要瞅准一个眼,下钩子掏吧,没问题。

海星五个角,海蜇白面皮。

那边传来一阵笑,又逮着一条小花鱼……

活动5 海边风光美(美术)

活动目标

1. 学习用橡皮泥抹画的形式表现海边的美丽风光。
2. 掌握抹泥的技巧,能选择适宜的色彩表现画面的细节,使构图更加合理。
3. 感受美丽的海边风光。

活动准备

各色橡皮泥、海边风光的课件、淡蓝色硬纸板(人手一张)、湿纸巾。

活动建议

一、欣赏课件,激发幼儿的活动兴趣

教师播放课件,引导幼儿欣赏金沙滩海边美丽的风光。

教师提问:图片上有什么?你觉得海边哪个地方最美?为什么?重点引导幼儿用语言描述自己最喜欢的海边风光,如:浪花看起来像在跳舞,一层一层的,白色的;海水看起来蓝蓝的,远处有金色的太阳、彩色小船。

二、幼儿作画,教师指导

1. 鼓励幼儿选择自己最喜欢的画面进行创作。

2. 引导幼儿创作前要细心观察图片上有什么、在图中的什么位置、是什么颜色的,然后再动手创作。

3. 对幼儿作画重点指导三个方面:一是恰当选择合适颜色的橡皮泥;二是在创作之前合理布局画面;三是在抹泥的过程中注意色彩搭配,可以用单色,也可以混色使用。

三、展示作品,分享交流

1. 展示幼儿作品,幼儿相互欣赏。

2. 组织幼儿进行集体分享与交流,鼓励幼儿发现同伴作品中美的地方,同时用连贯的语言大胆地向大家介绍自己的作品。

区域活动

美工区

1. 海上的船

活动目标

1. 学习运用几何图形组合方法,绘画出不同类型的船只。

2. 创造性地画出不同形状、不同功能的船只,并进行涂色及添画,丰富画面情节。

活动准备

各种船只的图片、水彩笔、画纸。

活动建议

1. 引导幼儿通过观察图片,了解船的种类和外形特征。

2. 鼓励幼儿用图形组合的方式进行绘画,大胆涂色,同时根据自己的想法进行添画。

3. 展示幼儿的作品,布置成"大海上的船只"主题墙饰;幼儿欣赏同伴的作品,相互介绍自己的作品。

2. 帆船

活动目标

1. 了解青岛是帆船之都,学习用彩纸剪出长三角形、梯形等形状。

2. 能将剪出的图形组合粘贴成各种各样的帆船,体现帆船的外形特点。

活动准备

广告纸,彩纸,胶水,油画棒,彩笔等。

活动建议

1. 教师可与幼儿以"青岛——帆船之都"为题谈话,引发幼儿兴趣。

2. 以"世博船舶馆"的形式,出示各种各样的帆船图片或帆船比赛的视频,引导幼儿讨论。

（1）重点引导幼儿观察船帆的颜色、形状,感受帆船的美,进行色彩搭配。

（2）教师注意引导幼儿欣赏帆船上图案的设计,体验帆船的不同风格。

3. 指导幼儿自主设计帆船。

重点指导幼儿用彩纸剪出长三角形、梯形等形状,进行自由组合粘贴帆船。

3. 美丽的海边

活动目标

能运用"刮沙"的沙画手法,表现海边的景色,体验沙画创作的快乐。

活动准备

沙画台、小棒、贝壳、海边景色的图片或绘本。

活动建议

1. 幼儿欣赏海边景色的图片或绘本,丰富幼儿的经验,激发他们作画的兴趣。

2. 指导幼儿尝试运用"刮沙"的沙画手法,表现海边的景色,注意提醒幼儿在创作前要合理布局画面。

3. 指导幼儿用手指或小棒等刮出粗细、长短不同的线条来表现不同的事物。

3. 启发幼儿用贝壳等材料进行装饰,丰富画面的内容和情节。

4. 可爱的小鱼

活动目标

大胆运用贝壳、卵石等创作出各种动态的"鱼儿",体验贝壳制作的快乐。

活动准备

扇贝、蛤蜊、海螺等的各种贝壳,鹅卵石、橡皮泥等,各种动态鱼的图片。

活动建议

1. 指导幼儿观察图片中各种小鱼的动态,为创作做准备。

2. 启发幼儿选择合适的贝壳制作"小鱼",重点指导幼儿生动地表现"小鱼"的动态。

3. 展示幼儿的作品,鼓励幼儿大胆介绍自己的作品。

益智区

对对碰

活动目标

1. 巩固对家乡的认识。
2. 能和同伴协商,共同制定游戏的玩法和规则。

活动准备

塑料瓶盖上贴有家乡名胜的图片,相同图片两套,24 宫格方形纸盘 1 个,记分牌 1 个。

活动建议

1. 教师介绍玩法和规则:两人一组,把所有贴有名胜图片的塑料盖反扣过来,两人协商谁先翻瓶盖,当翻到和前面瓶盖相同的图片时就赢,最后看谁赢的瓶盖多。规则:两人协商谁先走,玩完一局就用记分牌进行记录。

2. 引导幼儿正确说出图片中的画面是家乡的哪一个名胜古迹。

对对碰

对对碰积分牌

表演区

赶海的小姑娘

活动目标

能根据音乐特点,结合赶海的经验,大胆地与同伴一起创编舞蹈动作,表现出赶海的欢快场面,体验集体舞蹈的快乐。

活动准备

《赶海的小姑娘》音乐,海边背景,贝壳。

活动建议

1. 组织幼儿进一步熟悉乐曲,准确掌握乐曲中旋律和节奏的变换。
2. 鼓励幼儿根据乐曲的特点和赶海的经验创编舞蹈动作,表现愉快的赶海场景。
3. 教师可引导幼儿自己布置赶海的背景,选择合适的表演道具进行表演。
4. 鼓励幼儿大胆地表现自己,将学过的小碎步、小跑步等舞蹈动作运用到编排当中。

赶海趣事

活动目标

1. 能用流畅、连贯的语言向同伴清楚地讲述爸爸妈妈带自己去赶海的情景。
2. 体验赶海的快乐心情。

活动准备

幼儿和爸爸妈妈赶海的照片或影集。

活动建议

1. 请幼儿将自己和家人赶海的照片或影集带到幼儿园,并投放到阅读区。
2. 鼓励幼儿和小伙伴一起欣赏赶海的照片,并向同伴介绍赶海的时候看见了什么、听到了什么、发生了哪些有趣的事情。
3. 可利用区域活动分享环节,请个别幼儿在集体面前进行讲述,指导幼儿学习看图讲述的方法,提高幼儿的口语表达能力。

科学区

🌊 植物喜欢哪种水

活动目标

1. 了解淡水和海水的不同,知道海水因为含有较多盐分而不能支持一般植物的生长。

2. 观察对比植物在淡水和海水中不同的生长变化,能够大胆进行猜想并通过实验验证自己的猜想、得出结论。

活动准备

大蒜,水盆,平盘,水,海水,记录本。

活动建议

1. 指导幼儿将大蒜分别放在普通淡水和海水中,组织讨论,猜想"哪一颗大蒜长得好",并在记录本上进行记录。

2. 提醒幼儿坚持观察,并记录实验过程。

3. 可以用豆子等植物种子进行同类实验或水培植物实验,指导幼儿观察并记录。

4. 一段时间后,教师引导幼儿和自己最初的猜想进行对比得出结论。

搭建区

🌊 美丽的金沙滩

活动目标

1. 了解金沙滩海边典型场景和建筑的结构特点。

2. 尝试通过立体建构的形式和同伴合作搭建金沙滩上的典型场景和建筑。

活动准备

金沙滩典型建筑的图片,贝壳,纸盒,饮料瓶,蓝色塑料布,大型积木、插塑等。

活动建议

1. 引导幼儿搭建前认真欣赏金沙滩的图片,与同伴一起梳理金沙滩的典型场景和建筑的结构特点,并讨论搭建的具体方法。

2. 幼儿尝试通过立体建构的形式,和同伴合作搭建金沙滩上的"典型场景和建筑"。

3. 鼓励幼儿与同伴分工合作,运用叠高、交叉等技能进行构建。

4. 为幼儿提供展示和分享作品的机会,启发幼儿大胆介绍自己的作品和建构过程中的想法和做法。

体育活动

企鹅向前冲

活动目标

1. 巩固奔跑和跳跃的动作技能,进一步掌握动作要领。
2. 能灵活地进行奔跑和跳跃。
3. 体验与同伴合作成功的快乐。

活动准备

大小不同的彩色塑料圈(与幼儿数相等),玩具企鹅。

活动建议

一、创设情境,激发兴趣

1. 幼儿扮演"小企鹅",进入活动场地。
2. 随音乐做热身活动,重点活动脚踝及腰部。

二、自主探索,共同学习

1. 出示跳圈,自主探索玩法,练习奔跑和跳跃动作。
2. 集体讨论,总结动作要领,分组练习,熟练掌握其要领。
3. 游戏巩固,体验快乐。

游戏一:移圈前进

幼儿扮演"企鹅"人手两个圈,将圈排列在场地上。"企鹅"连续跳进两个圈,把后一个圈移到前面,再跳进前一个圈内。如此反复移动圈圈,向前跳跃。

游戏二:跳圈

幼儿扮作"企鹅"将多个圈排列成各种形状,如直线、圆形、S 形等;"企鹅"鱼贯地跳进跳出。

游戏三:辨色进圈

两只"企鹅"将红、黄、蓝、绿四个圈排成圆形,看到红色或绿色的圈用单脚跳进,看到蓝色或黄色的圈用双脚跳进。两只"企鹅"轮流跳,也可以同时跳。如果两只"企鹅"同时跳进一个圈时不要推拉,应相互帮助并提醒不要跳错。

游戏四:套企鹅

在场地上划一根线,距线 2 厘米左右的地方放几个玩具小企鹅。"企鹅"站在线后面用塑料圈投套玩具小企鹅。如果玩具小企鹅单独放置,用小圈套;如果几个玩具小企鹅放在一起的,则用大圈套。

游戏五:同步前进

三只"企鹅"共套一只大塑料圈内,一只在前,另两只并排在后。三只一起拿住圈朝同一方向跑。跑时速度要一样,起步时由一只"企鹅"发出开始的口令。

三、设置情境,带领幼儿放松身体

幼儿随音乐做上肢、腰、腿、脚踝等部位的放松动作。

体育游戏

钻渔网

经验

巩固钻、跑的动作,进一步掌握钻、跑的动作要领,体验合作"捕鱼"的快乐。

材料

宽阔的空地。

玩法与规则

玩法:

幼儿两人一组,手拉手当一张"渔网",8个人共当4张"渔网",分别站在大圆圈上,其余幼儿扮演"鱼",站成一路纵队。游戏开始,扮演"渔网"的幼儿两臂向上举成拱形,"鱼"沿着大圆圈一个跟着一个由"网"下钻过,同时大家一起说儿歌:"许多小鱼游来了,游来了,游来了。"接着扮演"渔网"的幼儿朗诵:"快快捉……住。""捉"字可以任意重复多次,在最后一个"住"字时,扮演"渔网"的幼儿两臂立即放下。被围住的幼儿与扮演"渔网"的幼儿互换角色,游戏反复进行。

规则:

1. "鱼"必须一个接一个在"网"下不停地钻过,不能停止。

2. 扮演"渔网"的幼儿手臂要伸直,直到"住"字时,才能放下手。

提示:

1. 提前学习儿歌,场地上画一个大圆圈。

2. 扮演"渔网"的幼儿随儿歌自由做动作。

次主题活动二　凤凰岛是我家

本活动包括"活动 1　凤凰岛的传说""活动 2　家乡名优产品多""活动 3　海豚舞""活动 4　我的家乡美如画""活动 5　快乐小导游"以及区域活动。

活动 1　凤凰岛的传说（语言）

活动目标

1. 理解故事内容,知道凤凰岛名字的由来。
2. 能用连贯、清楚的语言讲述凤凰岛的传说。
3. 感受凤凰鸟和村民之间的爱以及民间传说的魅力。

活动准备

1. 请幼儿提前了解家乡的名字,了解凤凰岛的传说。
2. 黄岛区(现青岛西海岸新区)地图一份,故事《凤凰岛的传说》和《凤凰岛的历史》课件。

活动建议

一、出示地图,引导幼儿了解"凤凰岛"名字的由来

教师出示薛家岛地图,引导幼儿观察讨论。

教师提问:这是什么地方?我们的家乡又叫什么名字?为什么叫凤凰岛?在地图上它的形状像什么?

小结:我们的家乡是凤凰岛,在地图上看起来就像一只美丽的凤凰。

二、讲述传说,引导幼儿理解传说的内容

1. 完整讲述故事,幼儿初步理解故事内容。

教师提问:传说里面讲了一件什么事?传说中故事的结果是什么?

2. 再次讲述故事,幼儿感受故事中的感人情节。

教师提问:

凤凰鸟白天在村里干什么?晚上在村里干什么?

村民为什么叫凤凰鸟是"吉祥鸟"?

海啸来的时候凤凰鸟是怎样做的?海啸过后凤凰鸟怎样了?

村民们是怎样呼唤凤凰鸟的?最后凤凰鸟变成了什么?

3. 播放课件,幼儿边看边尝试讲述故事。

教师鼓励幼儿用自己的语言讲述故事内容。

三、出示课件,引导幼儿了解凤凰岛的历史

1. 出示课件,教师讲述凤凰岛的历史。

2. 出示凤凰岛以前、现在和未来规划图,引导幼儿进行比较,感受凤凰岛的飞速发展。

小结:凤凰岛由以前的渔村发展到现在的城市,环境优美,物产丰富,成了著名的旅游城市,香甜的啤酒、美味的海鲜、4A 级景区吸引了很多中外游客来我们的家乡旅游,我们为家乡的发展感到自豪。

附:故事

凤凰岛的传说

薛家岛,又叫凤凰岛。在黄海之畔,三面环水,一面接陆。古时是一个渔村,也是梧桐树的故乡。

一天傍晚,突然从天外飞来一块五彩的石头,落在海滨,夜空都被映得通红。不久,自彩云间飞来一对凤凰鸟。白天,它们在彩石上嬉戏鸣唱,口渴就到山中的甘泉饮水。晚上,它们就栖息在梧桐林,摇响满林的梧桐花。有时它们也悄悄飞到渔户门前的梧桐树上,倾听渔民在院子里诉说疾苦……自从这对凤凰鸟到来后,渔民们每天都满载而归,他们亲切地称凤凰鸟为"吉祥鸟"。

可是有一天,突发海啸,狂风将梧桐林摧毁,漫涌的海水眼看要将村庄淹没。危急时刻,凤凰鸟飞来,扇动着它们神奇的翅膀,驱赶着海水,一直搏斗了一天一夜,大海终于恢复了平静,村人也逃过了这一难。

村人感激地出来看望这对凤凰鸟,可它们却在海滨那块五彩石上空盘旋,凄鸣着。凤凰鸟是一种非梧桐不栖、非甘泉不饮、非丹石不落的鸟儿,梧桐林毁了,它们也就失去了家园。凤凰鸟就这样来回飞着,久久不愿离开这片美丽的土地……

村民们都伸出双手,向天空大声呼喊:"吉祥鸟,吉祥鸟……"这对鸟儿再也不忍离去,最后飞落海边,卧而化作一座美丽的凤凰山,守望着大海,而那片梧桐林又开始郁郁葱葱……

活动2 家乡名优产品多（社会 科学）

活动目标

1. 认识家乡的知名商品、土特产,感知其与人们生活的关系。

2. 能为家乡的知名商品、土特产做简单的广告设计与宣传。

3. 热爱家乡,体验作为黄岛人的自豪感。

活动准备

1. 活动前请家长与幼儿一起搜集家乡名优产品的图片、实物,如海尔冰箱、海信电视、双星鞋、宝山苹果、灵山岛海参、雷家店子草莓等,布置"家乡名优产品博览会",并划分区域。

2. 设计区域标志图,画纸,水彩笔等。

3. 食品盘子、叉子若干。

活动建议

一、创设情境,引发幼儿的活动兴趣

带领幼儿参观"家乡名优产品博览会",引导幼儿自由交流认识哪些产品。

二、看看说说,引导幼儿认识名优产品

1. 引导幼儿了解电器展区的展览商品。

教师提问:这儿有哪些产品?它们的标志是什么样子?教师重点引导幼儿观察、认识产品的商标、外包装等。

重点引导幼儿认识海尔、海信、澳柯玛等电器商品。

2. 引导幼儿了解手工艺展区的展览商品。

教师提问:这些是什么?有什么用处?

重点引导幼儿认识泊里红席、胶南草编制品、辛安剪纸、凤凰岛的贝壳工艺品等。

3. 引导幼儿认识食品区的展览商品。

教师提问:这些是什么?在哪儿吃过?味道怎样?有什么营养?

重点引导幼儿认识各种海鲜制品、雷家店子草莓、宝山苹果、藏马蜜语蓝莓、灵珠山芋头等食品。

4. 交流讨论,进一步感知名牌产品与人们生活的关系。

(1)教师组织幼儿讨论:你家里有哪些家乡品牌的电器、日用品?它们给你的生活带来了哪些方便?你还吃过哪些黄岛的美食?味道怎样?

(2)教师利用诗歌《家乡名优产品多》进行小结,鼓励幼儿和老师一起朗诵诗歌。

三、设计广告语,引导幼儿丰富经验

1. 组织游戏"我是小小宣传员"。

教师提出活动要求:幼儿做"展览会宣传员",设计广告语,向"顾客"推荐家乡名优产品;以小组为单位,大家共同选择一种商品,设计简单的广告语。

2. 教师指导幼儿分组设计。

重点指导幼儿注意:广告中要有产品的名称、用途、特色等,语言要简练,还可加上动作表演。

3. 每组幼儿轮流表演、交流。

启发幼儿表演时注意声音洪亮、语言连贯。与幼儿一起推荐最佳宣传小组,引导幼儿讨论:最佳宣传小组什么地方说得好?

四、品尝土特产,激发幼儿热爱家乡的情感

1. 组织"土特产品尝会",幼儿将自己带来的特色产品与同伴进行分享。

2. 在品尝过程中,教师与幼儿相互交流:你吃(喝)的是什么? 有什么味道? 吃了家乡的特产,心里有什么感受? 喜欢我们的家乡吗? 为什么? 想对家乡说点什么?

教师小结:我们家乡的土特产很多,味道也好,很受大家的欢迎,外地来的游客都愿意带一些我们当地的特产回去给家人和朋友品尝。家乡的名优产品很多,很多中国人、外国人都认识,并且愿意使用,给生活带来了很多便利。生活在这里,我们感到非常幸福。我们都很爱自己的家乡,让我们一起祝福家乡越来越美好。

活动延伸

请幼儿将设计的广告语用绘画的形式表征出来,悬挂在"评优产品博览会"中,丰富班级的"名优产品博览会"。

附:诗歌

家乡名优产品多

我的家乡是黄岛,名牌产品真不少,
海尔、海信、澳柯玛,名优电器岛上造。
泊里的红席、辛安的剪纸,
渔民的双手可真巧。
藏马山的蓝莓、红石崖的草莓,
宝山的苹果、辛安的樱桃少不了。
海带、紫菜和海苔,牡蛎、对虾和螃蟹,
各种特产味道好。
我的家乡是黄岛,名牌产品多又好!

活动3 海豚舞(音乐)

活动目标

1. 熟悉乐曲旋律,学习踮趾小跑步、踏点步和拍手动作。

2. 能根据节奏和同伴共同表演舞蹈,掌握队形的变换。

3. 体验与同伴一起跳集体舞的乐趣。

活动准备

音乐、海豚头饰。

活动建议

一、组织游戏,激发幼儿的活动欲望

1. 幼儿扮"海豚"伴随着乐曲,轻松、愉快地和同伴在一起拍手、游戏,体验快乐游戏的快乐。

2. 重点前置:在和幼儿玩"拍手游戏"时,引导幼儿学习掌握拍手动作。

二、创设情境,引导幼儿学习舞蹈动作

1. 第一段可创设"海豚排队走"的情境,幼儿学习踮趾小跑步。
2. 第二段可创设"海豚水上行"的情境,幼儿学习踏点步。
3. 引导幼儿观察队形图,了解练习队形的变化,学习单层圆圈,面向逆时针方向站位。
4. 尝试与同伴随音乐愉快地合作表演舞蹈,能随音乐节奏相互配合共同完成集体舞。

三、练习集体舞,引导幼儿体验跳集体舞的乐趣

1. 组织幼儿做好准备:面向逆时针方向站立,两手搭在前面幼儿肩上。
2. 指导幼儿和同伴完整表演舞蹈2～3遍,进一步引导幼儿掌握队形的变换。

附:乐曲

幼儿拍手歌

作词:刘建章
作曲:铁 君

1 3 | 5 − | i̇ 76 | 5 − | 6.6 i̇6 | 56 3 | 5.4 32 | 1 − |

你拍六， 我拍 六， 两个 娃娃吃鸡肉。吃 鸡 肉

拍手念白(可以加有节奏的打击乐)　　　　　　　　　　　　(讲鸡肉营养)

00 0 | 00 0 | 00 00 | 00 0 | 00 0 | 00 0 | 00 00 | 00 0 |

你拍七，我拍七，两个娃娃 座飞 机。你拍八，我拍 八，两个 娃娃 去理 发

　　　　　(讲坐飞机新鲜事)　　　　　　　　　　　　　　(理发讲卫生)

1 3 | 5 − | 6 6 | 5 − | 6.6 56 | 56 3 | 5.4 31 | 2 − |

你拍 九， 我拍 九， 两个 娃娃一起 走。一 起 走

　　　　　　　　　　　　　　　　　(讲团结互助)

1 3 | 5 − | i̇ 76 | 5 − | 6.6 i̇6 | 56 3 | 5.4 32 | 1 − :‖

你拍 十， 我拍 十， 两个 娃娃一起 吃。一 起 吃，

　　　　　　　　　　　　　　　　　(有礼,互让,友爱)

6.6 i̇6 | 56 3 | 3.4 32 | 5 − ‖

两个娃娃一起吃。一 起 吃。第1节

动作建议

单层圆圈,幼儿报数,然后面向逆时针方向,两手搭在前面幼儿肩上。

第一遍音乐:

[1]—[2]小节:左脚开始做踵趾小跑步一次。

[3]—[4]小节:右脚开始做踵趾小跑步一次。

[5]—[8]小节:动作同[1]~[4]小节。

[9]小节:第一拍拍手,第二拍并排一跳,面向圆心,同时两臂向两侧打开。

第二遍音乐:

[1]小节:手拉手向左侧走二步。

[2]小节:左脚做踏点步一次。

[3]—[4]小节:动作同[1]~[2]小节。

[5]小节:一、二排的幼儿面对面,同时第一拍自己拍手,第二拍对拍右手。

[6]小节:动作同[5]小节,方向相反。

[7]—[8]小节:第一拍拍手,第二拍并脚,跳一次(双数原地,单数向后转),面向逆时针方向,双手搭在前面人肩上。

活动4　我的家乡美如画(语言)

活动目标

1. 理解快板书的内容,学习有感情地说唱快板书。

2. 能边打快板边说唱快板书,大胆表现对家乡的赞美和自豪。

3. 体验快板独特的节奏,感受民间曲艺的魅力。

活动准备

1. 幼儿提前掌握打快板的方法和技巧。

2. 快板若干,鼓一面。

活动建议

一、组织谈话,引出诗歌

教师提问:家乡有哪些美丽的风光、名优产品和特产?如果请你来夸夸我的家乡,你想怎样说?

二、播放课件,组织幼儿学习诗歌朗诵

1. 教师完整地说唱快板书,幼儿欣赏、理解快板书的内容。

提问:快板书中都夸奖了家乡的哪些地方?是怎样夸奖的?小朋友们为什么会笑开颜?

2. 教师结合课件中的画面,与幼儿共同梳理快板书内容。

3. 鼓励幼儿通过跟说、接说、分组说唱等方式学习说唱快板书,重点指导幼儿说唱快板书时口齿清晰、有节奏感。

三、打快板伴奏,引导幼儿感受快板书的节奏

1. 教师加入快板示范说唱,幼儿欣赏,感受快板书的艺术特点。

提醒幼儿注意观察教师说唱时的站姿、手势和表情。

教师提问:加入快板说唱快板书和不加快板说唱有什么不一样?

教师小结:快板的加入使说唱节奏和韵律感更强,说唱起来更有精神。

2. 幼儿说唱快板书,教师使用竹板打节奏进行伴奏,激发幼儿打快板的兴趣。

3. 幼儿尝试加入快板说唱,感受快板的韵律特点。

重点指导幼儿注意打快板的节奏和说唱时的语速要保持一致。

四、组织快板表演,激发幼儿热爱家乡的情感

1. 教师可加入报幕的环节,激发幼儿的表演兴趣以及对家乡的赞美和自豪之情。

2. 再次表演时,教师可加入大鼓,增加表演的效果。

3. 幼儿分组表演、互相欣赏,激发幼儿对民间曲艺表演的兴趣。

附:快板书

我的家乡美如画

打竹板,走向前,小朋友们笑开颜。

大珠山、小珠山,竹岔岛、甘水湾。

红瓦绿树一片片,高楼碧海连着天。

动物园、唐岛湾,海水浴场金沙滩。

品美食、吃海味,牡蛎蛤蜊味道鲜。

凤凰岛,美如画,人人看了都喜欢、都喜欢。

活动5　快乐小导游(半日)

活动目标

1. 熟知凤凰岛的风景名胜、人文景观、民间传说和名优产品。

2. 学做小导游,用清楚、连贯的语言介绍家乡。

3. 为凤凰岛美丽的风光、多彩的城市文化感到骄傲与自豪。

活动准备

1. 布置"凤凰岛风光展"。

2. 导游工作的录像资料,黄岛风光宣传片。

3. 制作导游证,卡纸,笔。

活动建议

一、组织谈话,引发幼儿做导游的兴趣

教师提问:出去游玩时是谁接待游客? 他们都做了些什么?

二、播放录像,引导幼儿了解导游的工作内容

1. 引导幼儿观看录像,仔细倾听和观察导游在带领游客参观过程中的语言和行为。

教师提问:你怎么看出谁是导游,谁是游客? 导游在接待游客时说了什么,做了什么? 要想当一名合格的小导游,应该有哪些本领?

教师小结:导游佩戴导游证和麦克风,有的手中还拿一面彩旗,便于游客快速找到自己。在接待游客时要带领游客沿着一定的路线进行参观和游览,并且要向游客介绍景点的景色、文化、美食、故事等,让游客对游览的地方有一个清楚的认识和了解。一名合格的小导游需要熟知景点的路线和景点的有关情况,介绍时声音要洪亮、吐字要清楚。

2. 教师鼓励幼儿争当小导游,向更多的人介绍家乡的美景、土特产和传说。

三、开展活动,引导幼儿学做小导游

1. 带领幼儿到"凤凰岛风光展"展区,鼓励幼儿分组学做小导游介绍展区内容。

(1)可组织幼儿根据展区的划分进行分组:景观组、名优产品组、传说故事组。

(2)引导幼儿分角色扮演"导游"和"游客",分组开展活动。活动中鼓励幼儿结合积累的相关经验,清楚地向"游客"介绍展区内容,教师要注意提醒幼儿互换角色。

2. 组织分享,评选出优秀小导游活动。

(1)组织幼儿进行活动分享,请各组幼儿根据活动情况评选出每一组的"最佳小导游"。

(2)请"最佳小导游"展示自己带"游客"参观游览的过程,引导幼儿讨论其优点。

四、邀请小班幼儿参观展区,组织优秀"小导游"做介绍

分组邀请小班小朋友,由"优秀小导游"介绍美丽的凤凰岛。

五、观看宣传片,激发幼儿爱家乡的情感

1. 与小班小朋友共同观看黄岛风光宣传片,激发幼儿爱家乡、为家乡自豪的美好情感。

2. 组织谈话交流,了解凤凰岛的重大节日。

教师提问:我们的家乡凤凰岛举办过哪些特别的活动? 你参加过什么活动?

小结:家乡凤凰岛举办过金沙滩文旅节、国际啤酒节、国际电影节等许多大型活动,这些活动让更多的人认识了凤凰岛,也爱上了凤凰岛。

区域活动

美工区

1. 海滩上的渔船

活动目标

1. 了解名画《海滩上的渔船》的作者,感受图画的色彩搭配、空间设计带来的美感。

2. 能创造性地进行绘画。

活动准备

名画《海滩上的渔船》,水粉颜料,毛笔等。

活动建议

1. 引导幼儿观察欣赏理解作品。

从色彩上,引导幼儿发现画中的颜色有深浅变化、明暗变化;从构图上,引导幼儿发现近大远小、近实远虚的构图原理。

2. 介绍作者、作品名称,并欣赏凡·高的其他作品。

3. 鼓励并指导幼儿想象创作《家乡的渔船》。

名画《海滩上的渔船》

2. 海边月夜

活动目标

1. 学习喷刷画的步骤与方法。
2. 能运用喷刷的方法表现海边月夜的美景。

活动准备

白纸,报纸,牙刷或喷壶,蓝色颜料。

活动建议

1. 张贴喷刷画——夜空图,请幼儿欣赏,激发幼儿进行喷刷的欲望。教师可请幼儿互相讲一讲自己在夜晚的海边都看到了什么;从夜空图的作画效果上,感知喷画作品与一般绘画的不同之处:朦胧优美。

2. 在活动中教师可请幼儿自由探索喷刷的方法,再组织幼儿讨论、梳理正确的喷刷方法,即:将事先剪好的星星、月亮、船只自由拼摆在画面上,左手拿小梳子,右手拿牙刷蘸色(不要太多,以免滴漏),左右轻轻刮动,喷洒整个画面,也可用小喷壶盛色喷画。

3. 幼儿在喷刷过程中,教师可以请幼儿在白纸下面垫报纸,避免将桌面上喷上颜料,提醒幼儿耐心喷画、用力均匀。

3. 美丽的凤凰岛

活动目标

1. 自由选择刮画、水墨画、剪纸等不同的表征方式表现"美丽的凤凰岛"。
2. 感受用不同形式创作的快乐,表达对家乡的热爱之情。

活动准备

1. 凤凰岛典型的景观图片,如金沙滩、小珠山、马豪公园等。
2. 绘画用的材料,如刮画纸、水墨画彩纸、笔等。

活动建议

1. 引导幼儿根据自己的兴趣,自由选择作画的形式进行创作。
2. 观察图片中景观的主要特征并进行表现。每种作画形式要突出其作画特点,如水墨画要注意浓淡墨的运用等。
3. 将幼儿的作品进行展示,鼓励幼儿分享自己的作品、欣赏同伴的作品,感受不同作画形式带来的独特美感。

益智区

1. 家乡名优产品棋

活动目标

1. 巩固对家乡名优产品的认识,掌握下棋的规则和玩法。
2. 能够与同伴两两合作开展游戏。

活动准备

"家乡名优产品棋"棋盘一张,棋子2～4个,骰子一个。

活动建议

1. 引导幼儿和同伴一起先观察棋盘,讨论玩法与规则:幼儿两两玩"家乡名优产品棋",掷骰子决定前进的步数;棋子走到相应的图片时,幼儿需要快速说出图片上名优产品的名称,说对的根据提示前进;说错的停走一次,对方继续游戏,谁先到达终点为胜。
2. 教师可根据幼儿游戏的情况,对名优产品的图片进行相应调整,使幼儿认识更多的产品。

2. 美丽的凤凰岛

活动目标

1. 了解凤凰岛的名胜风景、特产、名优产品。
2. 能准确地将图片拼摆完整,并准确说出其名称。

活动准备

凤凰岛的名胜风景、特产、名优产品拼图卡片若干,范例小图片一套,拼图板。

活动建议

1. 引导幼儿自选一副喜欢的范例小样图片,仔细观察图片,分辨画面的细节和典型特点,尝试拼摆出完整的图片。

2. 能力弱的幼儿可根据图片上的标志进行分类,然后拼摆。

3. 教师可根据幼儿的完成情况增加拼图的块数,提高难度。

阅读区

1. 凤凰岛的传说

活动目标

1. 能够细致观察图片或绘本的画面,并运用较连贯的语言向同伴讲述凤凰岛的传说。

2. 感受家乡传说的有趣和神秘,激发热爱家乡之情。

活动准备

收集凤凰岛有关名胜的传说,绘制图片或制作成绘本投放到阅读区。

活动建议

1. 引导幼儿仔细观察画面的细节和线索,用连贯的语言讲述家乡的有关传说。

2. 引导幼儿将自己知道的传说故事通过绘画的形式进行表征,并讲给小伙伴听。

3. 帮助幼儿将讲述的传说故事进行录音或结合幼儿的表征制作成视频资料供大家视听,增强幼儿的活动兴趣。

2. 我的家乡美如画

活动目标

1. 熟练掌握打竹板的技巧和方法。

2. 能流利地边打快板边有感情地朗诵。

活动准备

竹板,快板书《我的家乡美如画》。

活动建议

1. 观看视频,进一步感受快板的艺术特点。
2. 幼儿模仿视频中的示范,有节奏地练习打快板,进一步掌握打快板的方法。
3. 幼儿和同伴一起合作进行表演,可增加表演形式,如接说、分段说唱等。
4. 引导幼儿创编新的快板书,尝试说唱。
5. 可以和建构区的幼儿联合开展游戏。

3. 家乡的名优产品

活动目标

1. 了解广告语的特点。
2. 尝试运用朗朗上口的语言自编广告语宣传家乡的名优产品。

活动准备

家乡名优产品的图片。

活动建议

1. 播放广告视频,引导幼儿了解广告语的特点:语句清楚简单,内容浅显,朗朗上口,新颖独特,富有情趣等。
2. 指导幼儿尝试学习编广告语,反映名优产品的特点、功能、用途。
3. 将自己设计广告语用绘画的形式表现出来,展示在阅读区中,并与小伙伴一起进行宣传,提高幼儿的语言表达能力。

4. 我是家乡小导游

活动目标

1. 了解家乡的名胜古迹和特色产品。
2. 能用连贯的语言大胆地向同伴介绍美丽的家乡。

活动准备

家长和幼儿一起制作的"我是小导游"简报,自制话筒、小红帽等。

活动建议

1. 引导幼儿说一说导游在带领游客游览的时候是怎么说、怎么做的。

2. 请幼儿利用自制"我是小导游"简报,学做小导游介绍美丽的家乡。

3. 重点引导幼儿介绍家乡时做到语言连贯、声音洪亮。

表演区

海豚舞

活动目标

1. 熟悉乐曲旋律,练习踵趾小跑步、踏点步的动作,掌握其动作要领。

2. 能根据音乐节奏和同伴配合表演舞蹈,快速进行队形变换,培养表演能力。

活动准备

乐曲,张贴《海豚舞》的舞蹈队列和基本舞蹈动作分解图。

活动建议

1. 熟悉乐曲,幼儿自主观察舞蹈队列和基本舞蹈动作分解图。

2. 教师注意引导幼儿逆时针方向站位,两手搭在前面幼儿肩上准备。

3. 找准乐曲的节奏,根据节奏表演舞蹈动作。

建构区

渔　船

活动目标

1. 了解渔船的结构特点,加深幼儿对渔船的认识。

2. 尝试运用叠高、围拢的方法和同伴合作搭建"渔船",培养动手能力和合作意识。

活动准备

积木,易拉罐,海滩上的建筑图片若干。

活动建议

1. 观察图片,了解渔船的外形特征。

2. 指导幼儿和小伙伴一起商量设计渔船的图纸,按照图纸运用叠高、围拢的方法与同伴合作搭建"渔船"。

3. 组织幼儿进行分享活动,鼓励幼儿大胆向大家介绍自己搭建的"渔船"。

体育活动

海洋动物投篮

活动目标

1. 练习投掷的动作,掌握投掷的基本要领。
2. 能准确地投中目标。
3. 体验投篮游戏的快乐。

活动准备

各种海洋动物头饰,每种头饰3～4个;篮球架,小篮球(没有篮球架的可用箩筐代替)。

活动建议

一、创设情境,引导幼儿热身

教师组织幼儿模仿各种海洋动物的动作特点进行热身,为活动做好准备。

二、组织游戏,引导幼儿掌握投掷的动作要领

1. 幼儿模仿小海豚投篮,练习肩上投掷的动作。

(1)教师引导幼儿自由练习投掷的动作,并与幼儿一起梳理投掷要领:双手握住篮球轻靠肩上,看准目标,身体前倾,上肢用力将球投出。

(2)教师注意观察指导个别幼儿进行投掷练习;可请个别幼儿进行示范,讲解自己的投掷方法。

2. 教师介绍游戏玩法和规则。

玩法:全体幼儿扮演各种海洋动物。在篮球架下拉手围成一大圈,教师把小篮球交给一名幼儿。游戏开始,幼儿念儿歌:"小小球儿圆又圆,它在我们手中传,大家一起做游戏,你传我传大家传。"全体幼儿按儿歌节奏依次逆时针方向传球。儿歌停止,球在谁手中,谁就要模仿自己头饰上的动物,边做动作边走到投掷线上,然后投球。如果投不中,可以由他的同伴帮助投掷;再投不中,由他们集体表演一个节目。如果投中,游戏重新开始。

规则:接到球的"海洋动物"必须边模仿这种海洋动物的动作边到达投掷线投掷;游戏重新开始时,球由投中者开始传递。

组织幼儿游戏,重点关注幼儿投掷的动作是否规范。

三、播放音乐,引导幼儿放松身体的各个部位

教师组织幼儿静静站立,调整呼吸,随音乐节奏模仿大章鱼在海里游动,抖抖手腕,甩甩手臂,轻轻向同伴位置游动,为同伴捏捏肩膀,放松上肢与肩部的肌肉。

能干的小螃蟹

经验

1. 能手眼协调地准确练习向目标投掷,锻炼协调能力和目测能力。

2. 感受向活动目标投掷的乐趣。

材料

准备沙包若干、纸盒少许;圆形场地,场地外画4个小圆圈,螃蟹头饰。

玩法与规则

玩法:一名幼儿扮演"螃蟹",在大圆圈内站好,其余幼儿分散站在画好的小圆圈内。游戏开始,一只"螃蟹"拖着敞口的纸盒在圈内横着跑,站在小圆圈内的幼儿可以向盒内投掷沙包,直至将手中的沙包投完为止,最后以投中次数多的幼儿为胜。获胜幼儿扮演"螃蟹",游戏继续进行。

规则:"螃蟹"只能在大圆圈内拖纸盒跑,投掷者不可越出小圆圈。

提示:

1. 为引起幼儿的兴趣,可增加"螃蟹"的数量。

2. 游戏过程中,教师要注意观察谁投中得多,也可让幼儿自己计数。

主题活动生成案例

海边的传承

刘 磊

活动背景

我们世代居住的青岛市黄岛区(现青岛西海岸新区)位于黄海之滨。这里三面环海,一路连陆,人民"缘海而邑"。在长期的渔业生活中,他们用双手和心灵创造了独特的民间文化——渔文化。经过时间的沉淀,这种文化博大而灿烂。宽广无私的大海,为人们提供了丰富的海洋资源,为勤劳智慧的人民开发多种美食奠定了基础。因此,颇具特色的海洋饮食文化,成为渔文化中一颗璀璨的明珠。但是,随着社会的转型,工业化和城市化的加速,海洋资源的减少,渔业生产的逐步萎缩,渔区渔民生活、生产方式的改变,再加之对传统文化传承保护意识的缺乏,原有的许多渔业文化形态与方式,包括海洋饮食文化,正在逐步削弱或消失。幼儿园的小朋友,多数是渔民的后代,从小就了解这些珍贵的民俗传统,并使之得以继承和发扬,具有重要的意义。

渔文化,一是渔,二是文化,三是渔和文化的结合。它既是一种地域文化,又是海洋文化的重要组成部分。它是人类与"渔"直接发生关系所产生和创造出来的文化现象。《3～6岁儿童学习与发展指南》指出:幼儿园应与家庭、社区密切合作,综合利用各种教育资源,共同为幼儿的发展创造良好条件,引导幼儿实际感受家乡文化的丰富和优秀,感受家乡的变化和发展,激发幼儿爱家乡的情感。

活动目标

1. 了解开发区海边生产和生活经验,知道常见的及较有特色的海鲜名称,掌握粗浅的科学饮食海鲜常识,理解并传唱有特点的渔谣、鱼谚。

2. 会运用粘、画、撕剪、制作等方法,表现海边民俗建筑以及海鲜市场和码头。

3. 感受海洋文化的多样性、丰富性和民风习俗、传统文化、民间工艺的独特魅力,萌发爱家乡的情感。

活动准备

1. 收集渔民的民俗传说,请家长利用假期带领孩子参观渔船、渔港码头。去海鲜市场亲自选购海鲜,制作海鲜食品,并做成剪贴报和同伴分享。

2. 准备彩色包装纸、各色卡纸、冰糕棒、胶水、木块、蛋糕小盘等废旧材料。

3. 教师自制各种图卡,投入到益智区。

4. 幼儿参观开发区民俗馆。

活动实录

活动1　认识渔网和渔船

铮铮和爸爸去了渔港码头,带回来一些渔网和渔船的照片。在分享的时候,这些渔网和照片,立即引起了小朋友们的兴趣。随着一张张照片的展示,孩子们的兴趣愈发高涨。随之,一个个的问题也被孩子们提了出来:为什么船头要比船尾高?这些渔网都是怎么用的?上面的白色鱼漂有什么用?渔网这么长用什么拉?我发现孩子们的问题多是聚集在渔网上。所以,我们把这些问题放在了班级的"小问号"里,请孩子们回家找找资料。很快,关于船头比船尾高的问题,大家找到了答案。原来在海浪吹来的时候,这样做可以起到平衡的作用,避免船一头扎进水里。但是,孩子们对于相对专业一些的渔网问题答案很少;大家只是知道渔网上的白色的东西是海飘,对于捕鱼使用的渔网更是了解得很少。

孩子们到渔港码头探索渔船的秘密

正在这时候,中五班的一位幼儿的老渔民爷爷作为客座教师,为我们解答了这些问题。老爷爷看着这些照片,如数家珍地逐个告诉小朋友这些网的名称、用法等。他结合生产生活经验,告诉小朋友哪些是利用船只作为动力的拖网,哪些是挂鳃困鱼的流刺网、三重网、围网,哪些是常用捕捞工具的渔笼、四角网还有投网(手网,手抛网)、粘网等。为了让孩子们对各种渔船有进一步的了解,渔民老爷爷结合照片上的渔船,介绍了常见的渔船——舢板船、大捕船、小对船、流网船、张网船、机帆船、渔轮,并介绍了各艘船的制作年代、船的作用、捕鱼的方法。最让孩子们兴奋的是,老爷爷是地道的本地人,他用纯正的家乡话介绍渔家出海时的习俗,引起孩子们极大的兴趣。比如,渔民家家屋顶插着红旗,有两个含义:一是引导亲人认得回家的路;二是可以看看今天的风向和风力,决定是否可以出海工作。爷爷还讲了一些打鱼人家的"忌语",比如:渔家禁说"漏""翻""扣",要说"明""转""划";出海不说"远""近",要说"高""低";卸完鱼、虾,不说"卸完""没有",要说"满了";帆要叫"蓬";饺子不能下着吃,都是吃蒸饺;绳子断了要说"升了";"初十"(触石)以"俩五"代替;碰到鲨、鲸等大鱼,不能直呼其名,要称"老人家";行船时,严禁吹口哨、说笑话；勺子、饭碗不许扣覆，筷子禁止担在碗上，吃完饭要将筷子向前猛趋，以示行舟快而无阻；不准在船头上大小便，等等。爷爷的专业讲解引发了孩子们一阵阵会心的大笑。

渔民爷爷客座教师讲述捕鱼的故事

　　活动后，孩子们根据老爷爷的介绍，纷纷主动拿出画笔，对自己喜欢的渔网、捕鱼方式进行了表征。

孩子们表征"捕鱼的故事"

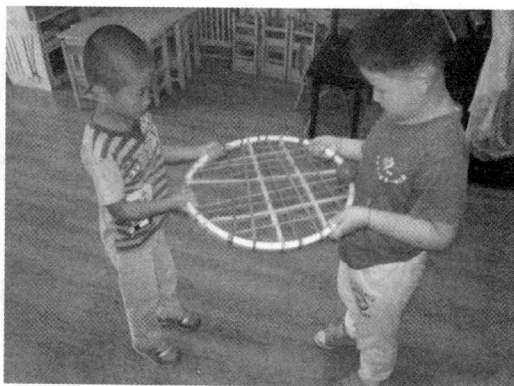

孩子们玩"织网"的游戏

班里的薛老师主动向我们说她会结网。在小朋友的邀请下,薛老师进行了现场表演。孩子们对薛老师打绳结的方法很感兴趣。于是,薛老师又客串了一节"织渔网"的活动。户外活动时,孩子们意外地发现了体操圈上的十字线像渔网,立即自发地玩起了"捕鱼"游戏。

▶ 活动小结

1. 客座教师的及时跟进,及时解决了专业的问题,另外在邀请客座教师前,孩子们事先设置一些问题,在课堂上和客座教师互动交流。

2. 孩子们因为有观察、有思考,所以就有话讲,无形中锻炼了孩子们的口语表达能力。

3. 在活动中,我尝试让孩子们自己发现问题、自己解决问题,这对锻炼孩子的探究能力十分重要。如个别孩子提出的问题,老师不急于告知答案,让孩子通过自己观察和思考来寻找答案,相互讨论达成共识。

4. 对于孩子们在活动中的一些有益的、富有价值的发现,教师要及时予以正面引导,在促进孩子达成目标的同时,通过强化训练,形成有益的经验。

活动 2　有趣的谚语

活动中,我们及时发现幼儿学习和探索的兴趣,不断生成、充实教学活动。例如,孩子们在幼儿园都说普通话,无人关注方言,但在客座教师老爷爷来过以后,孩子们对家乡话产生了浓厚的兴趣。于是,我们根据孩子们的兴趣,生成了"有趣的谚语""有趣的家乡话"等活动,组织孩子们开展了"搜寻家乡老话""民谣大赛"等活动,增进了孩子们对方言的兴趣和理解。在学习《鱼名谣》后,孩子们个个都摇头晃脑地念着:鳗鱼长,鲳鱼扁,大头鱼身体短。飞鱼飞,鲻鱼跳,海蜇水上漂。黄鱼黄,带鱼亮,鼓眼眼睛生两边。乌贼乌,两根须,背着砧板游江湖。渔民们用特有的简练语言,将一些海洋生物活动规律、生活习性准确、明了地展现在我们眼前。孩子们感受到了渔谚简练、明了的语言特色,学习渔谣的热情空前高涨。

我们利用孩子们收集来的渔谣"带鱼吃肚皮,讲话讲道理""一脚不能踏两只船,一手不能捉两条鱼"等,开展了"猜猜话里说了啥"活动。在这一方面,家里世代以捕鱼为生的薛老师,肚子里有数不尽的渔谣,诸如:"八月蛏,剩根筋""月光白茫茫,带鱼会上网""乌贼喜灯光,黄鱼咕咕叫。鱼随潮,蟹随暴""蟹立冬,影无踪""加吉鱼头鲅鱼尾,鲳鱼吃下巴""初三水,十八潮"。贾雯麟的妈妈带来了《黄岛的传说故事》一书,其中有关于海洋传说的故事。这是我们班每天午睡前故事的重头戏,孩子们会在海洋美丽传说的熏陶下,枕着"海涛声"入睡。

▶ 活动小结

民俗内容博大精深,从中截取孩子们能够理解、掌握的内容加以引导,可以获得意想不到的效果。孩子们从中收获的不仅仅是对渔谣这种简单明了语言特色的理解,更是热爱家乡的情感。

活动3　建海草房

幼儿园统一组织孩子们到民俗馆参观。参观归来,孩子们对海草房的屋顶兴趣盎然。海草房屋顶用特有的海带草苫成,堆尖如垛,浅褐色中带着灰白色调,古朴中透着深沉。在近海附近,曾经存在着大量这样的民居村落,这便是当地渔民叫惯了的"海草房"。现在这种已不多见的传统住宅,被列入青岛市黄岛区(现青岛西海岸新区)文物保护的内容之一。

用于建造海草房的"海草"不是一般的海草,而是生长在深5～10米的浅海的大叶海苔等野生藻类。沿海的人们,谁家要盖房子了,都会提前到海边收集海草。人们将这些海草打捞上来,晒干整理,等到盖房子时使用。由于生长在大海中的海草含有大量的卤和胶质,用它苫成厚厚的房顶,除了有防虫蛀、防霉烂、不易燃烧的特点外,还具有冬暖夏凉、居住舒适、百年不毁等优点,深得当地居民的喜爱。

为此,我们组织孩子们仿建"海草房"。孩子们用报纸做"海草"。在尝试建造海草房时候,他们遇到了困难,倾斜的屋顶上用报纸撕成的"海草"总是不听话地滑落。他们用胶水一条条地粘不仅太费劲,而且也粘不好,还费胶水。有的孩子说:"老师,海草房房顶那个草总掉,房子盖不起来,老师帮帮忙吧。"听到他们的话,我没有直接讲出我的办法,只是说:"为什么一定要用胶水?不知道用水会不会有效果?""水不粘。"乐乐说。"那海水也不粘,海草房不是好好的,风吹也不掉呀?"孩子们将信将疑地接来一瓶水试验了一下,结果海草房修建成功了。"我们也能建海草房了!"孩子们大声地喊着,他们的喜悦之情溢于言表。

海草房

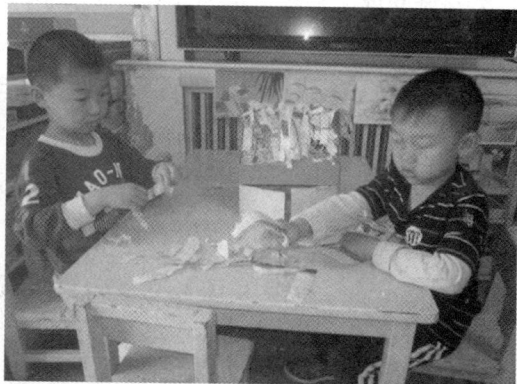

制作海草房

▶**活动小结**

在建造海草房的活动中,我们感受到孩子们知识经验的积累对创造活动的开展提供了重要保障。丰富的知识经验是幼儿进行创造活动的必要条件。因此,教师应该采取有效的措施,丰富幼儿的生活经验,并引导幼儿构建经验之间的联系,在需要的时候能够迅速激活知识经验,解决所面临的问题。

活动4　美味海鲜

临海而居的孩子自然离不开海鲜。我们组织了"我喜欢吃的海鲜"的活动,引导孩子们对"我喜欢吃的海鲜"做了统计,把自己喜欢吃的几种海鲜用图画的形式进行了表征。

孩子们表征的"我喜欢吃的海鲜"

中午,老师的饭里有龙须菜。义义说:"老师,这个是海里的,我吃过。""什么味儿?"琪琪问。两个人拿着我的饭议论起来。我说:"要不尝尝?"小家伙真的吃了,然后说:"没什么味,一般般。"义义说:"还没咱们中午喝的紫菜汤好哪。""紫菜也是海里的,谁还知道,海里还有什么好吃的?","海带好吃!""我在奶奶家吃过一种像果冻一样的菜,就是用海菜做的,叫凉粉!""海菜还可以做果冻吃?""石花菜真的可以做凉粉。"一时间,海里的什么菜好吃成了大家讨论的焦点。"老师不会做海菜,谁会做?要不咱们请人给小朋友做一次?""老师,我奶奶可会做了,我请他来好吗?""奶奶都会做什么海菜?""海苔!我最爱吃了!"接下来我们邀请奶奶真的来给孩子们做了一次烤海苔,孩子们高兴极了。

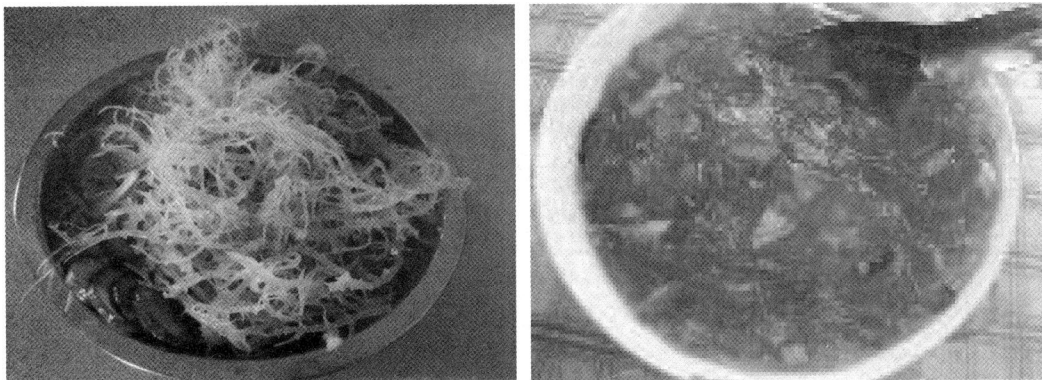

奶奶给孩子们制作的海凉粉

在谈论自己最喜欢吃的海鲜的时候,很多孩子都说,奶奶家的海鲜最好吃。为什么奶奶家的海鲜就特别好吃呢?为什么爸爸妈妈做的不如奶奶做的好吃,没有奶奶做得花样多呢?这些问题引起大家共鸣。为了解决这些疑问,我告诉他们只要你到奶奶家找找、问问、看看,一定能找到答案的。孩子们兴奋极了,纷纷表示要尽快到奶奶家去。

转天,有几位孩子带来了他们到奶奶家的照片,兴奋地和小伙伴们交流着。浩浩说:"我叔叔每天出海,把活鱼带回奶奶家。奶奶说,刚打上来的活鱼鲜。"奇奇说:"我也到奶奶家了,奶奶给我做了一大桌子海鲜,我还帮奶奶做了。奶奶家的锅很大!"说着,他拿出来一张照片。小朋友说用这种灶台真的就能烧出不一样口味儿的饭菜,和爸爸妈妈用煤气做的饭菜味道不一样。

奶奶家的老灶台

乐乐说:"老师,我觉得奶奶做的海鲜,花样特别多,有蒸的,有炸的,有红烧的,还有炒的……"乐乐的话引起孩子们的共鸣:"对对,我回奶奶家,奶奶也会给我做各种各样的饭菜,比在自己家吃的好多了。""奶奶年纪大,做过的海鲜多,所以经验丰富!"孩子们讨论的是海鲜的美味,我见到的是孩子们的成长。

活动反思

1. 开辟多元、互动的实施途径。

广阔的社会为我们提供了丰富的教育资源,弥补了幼儿园教学活动中教师、环境和课程在教育资源方面的不足。地域性文化的学习是一个漫长的积累过程,需要幼儿园、家庭和社会密切合作、协调一致,共同促进幼儿良好品质的形成。

2. 幼儿园开展海洋饮食文化的研究,不是为了让幼儿了解或掌握饮食文化知识,而是让幼儿感受家乡海洋文化的特点和海洋精神,这才是教育的真正目的。

中班下学期主题活动

海洋世界真奇妙

主题活动"海洋世界真奇妙"包括"我眼中的海洋世界""我是护海小卫士"和"小人鱼的故事"三个次主题活动,其活动目标及内容安排、区域活动与环境创设见表2-4-1、表2-4-2、表2-4-4、表2-4-5和表2-4-6。

表2-4-1 海洋世界真奇妙——"我眼中的海洋世界"活动目标及内容安排

目标	教育活动	生活活动	家长与社区	户外活动
1. 喜欢探索海洋，了解几种常见海洋动物的名称，特征以及生活习性；知道海洋动物是人类的朋友，需要大家一起保护它们的家园。 2. 能运用观察、提问的方法主动获取信息，并能用较完整的语言交流自己的发现；能用剪、贴、制作、绘画等多种方式表征海洋世界，并能与同伴合作表现有趣的海底世界。 3. 感受海洋世界的美丽和神奇，激发探究海洋世界的兴趣及保护海洋的情感。	1. 走进极地海洋世界（半日） 2. 大海妈妈的孩子真大（语言） 3. 美丽的海洋世界（美术） 4. 有趣的海洋动物（科学） 5. 快乐的小乌龟（打击乐） 6. 新编"小人鱼"的故事（语言）	1. 利用"一日活动"的过渡环节，组织幼儿交流自己眼中的海底世界。 2. 指导幼儿了解海洋的一些特产及其营养价值，适量吃一些有营养的海鲜，养成不挑食的好习惯。 3. 饲养小乌龟，引导幼儿观察乌龟的生活习性，探索乌龟喜欢吃的食物，定期给小乌龟换水、喂食，主动将自己的发现和同伴交流。	1. 教师与家委会成员协商，指导家委会组织家长利用周末的时间带领幼儿去海底世界或极地海洋世界游玩，感受海洋世界的奇妙。 2. 请家长和幼儿一起搜集关于海洋动物的图书或绘本，开展亲子阅读。 3. 家长可以给幼儿讲述关于海洋的故事，激发幼儿对海洋的兴趣，丰富其对海底世界的了解。 4. 家长可带孩子到海边捡垃圾，为保护海洋环境做出贡献。	体育活动： 拾贝壳 体育游戏： 摘鱼干 自选活动： 1. 提供各种圈，引导幼儿探索圈的玩法，如跳圈、钻圈、转圈、滚圈等。 2. 提供渔网，引导幼儿探索渔网的玩法，如撒网捕鱼等。

表2-4-2 海洋世界真奇妙——"我眼中的海洋世界"区域活动与环境创设

区域名称	活动内容	活动目标	环境创设
美工区	1. 海洋世界	学习用圆、三角、半圆等不同形状拼贴组合的方法,表现海洋世界的水生动物和美丽景色。	主题氛围营造: 将幼儿绘画、制作的各种海洋动物的作品布置在环境中,形成美丽的海洋世界,在感受美的同时体验成就感。
	2. 沙滩上的螃蟹	了解螃蟹的基本特征,学习用对边折、对角折的方法表现折"海豹"的主要特征。	
	3. 海豹	看图了解"海豹"的折纸步骤,并能根据步骤图探索折"海豹"的方法。	
益智区	1. 海洋动物拼图	能拼出海洋动物,联系生活经验说出图片上的内容。	互动墙饰: 神秘的海洋世界
	2. 海洋动物飞行棋	能和同伴一起轮流游戏,正确地说出图片上所画动物的特征及本领。	
科学区	海洋世界	认识海洋动物的名称,能说出海洋动物的特征及本领。	主题信息区: 1. 将幼儿搜集的各种海洋动物图片、照片、玩具张贴或摆放在信息区,教师利用餐后、自由活动等环节组织幼儿进行分享。
表演区	快乐的小乌龟	根据乌龟伸头、爬、高兴等情节创编身体动作,并选择乐器进行配器,表现乐曲的特点。	
阅读区	1. 有趣的海洋动物	喜欢阅读图书,理解图片内容,知道海洋动物的名称。	
	2. 海洋百科书	了解海洋生物的多样性,激发对海洋动物探究的兴趣。	2. 将幼儿收集的各种海洋动物玩具、图片以及书籍投放到区域中。
角色区	投演"人鱼公主"	初步尝试与同伴进行简单角色分配,尝试角色对话,表演故事。	
建构区	海洋公园	尝试利用垒高、平铺、交错等方法建立体建构,和同伴合作搭建"海洋公园"。	

表 2-4-3　海洋世界真奇妙——"我是护海小卫士"活动目标及内容安排

目标	教育活动	生活活动	家长与社区	户外活动
1. 了解保护海洋的重要性，能用自己的方式向周围的人发起保护海洋的倡议，积极参与"爱海、护海宣传"等各项准备活动。 2. 能与同伴分组讨论"爱海护海社区宣传"活动计划，并能大胆地表达自己的想法；能与同伴合作完成制作宣传海报和护海宣传单的任务；能大方、有礼貌地发放护海宣传单以及参与演出。 3. 体验环境污染对生活带来的影响，感受保护环境的重要性，提升保护环境的意识。	1. 爱讲故事的小鱼（科学） 2. 濒临灭绝的海洋动物（科学） 3. 大海的呼唤（语言） 4. 保护海洋朋友（音乐） 5. 鱼儿藏哪了（美术） 6. 我们的护海行动（半日）	1. 指导幼儿饭后能按正确的方法收拾整理餐桌，保持桌面整洁。 2. 关注班级和幼儿园环境整洁，能保持班级及幼儿园环境整洁，能向同伴及弟弟、妹妹宣传环保知识。 3. 在班级内设分类垃圾桶，引导幼儿将生活中的垃圾进行分类；建立废旧电池回收站，引导幼儿收集家中的废旧电池。	1. 请家长从自身做起，为幼儿树立环保的榜样，在生活中能支持、鼓励幼儿的环保行为。 2. 请家长协助幼儿搜集各类环保资料及废旧物品，供幼儿带到幼儿园进行制作、交流、分享。 3. 请家长向幼儿介绍有关电池污染的知识，引导幼儿了解废旧电池的危害及正确的处理方法。	体育活动： 跨越大海 体育游戏： 捉螃蟹 自选活动： 投放轮胎、梯子、呼啦圈、软棒、跳绳等多种体育器械，引导幼儿探索不同玩具和游戏的方法，并能和同伴进行分享。

表2-4-4 海洋世界真奇妙——"我是护海小卫士"区域活动与环境创设

区域名称	活动内容	活动目标	环境创设
美工区	1. 制作演出服装	能运用剪、粘、画的技能，设计制作纸袋、报纸时装；感受废旧物品制作服装的新奇、大胆地展示自己的作品。	主题氛围营造：悬挂幼儿制作的各种废旧材料工艺品，引导幼儿感受变废为宝的神奇。互动墙饰我设计的护海宣传海报主题信息区：
	2. 设计护海宣传海报	能选择自己喜欢的方式，进行保护环境宣传海报的创作。如：绘画、制作、水墨、拓印等。	
	3. 我设计的护海工具	能创造性地运用多种方式设计多功能环保工具。	
益智区	垃圾对对碰	了解垃圾的分类并能将垃圾放在相应的垃圾桶里。	1. 幼儿搜集各种关于子环境污染的图片，引导幼儿了解人类不合当的行为给环境带来的危害。
科学区	水上莲花	尝试用不同质地的材料做托板，探索哪种材料更容易让水莲花旋转起来；体会乒乓球底部沾水的多少与水莲花旋转快慢之间的关系。	2. 张贴幼儿制作的保护环境的宣传海报，引导幼儿与同伴一起讨论保护环境的方法。
表演区	废旧材料时装秀	能大胆、自信地在T台上展示自己设计的服装。	自然角：
阅读区	环保小常识	能大胆地与同伴交流环境污染的危害以及保护环境的方法。	利用废旧的瓶瓶罐罐种植麦子，引导幼儿观察不同生长环境中的麦子生长情况的不同。
角色区	爱心小厨房	能用半成品材料为环保人设计制作各种有营养的食物。	
建构区	垃圾加工厂	能运用叠高、围拢、穿插的方法，合作设计搭建"垃圾加工厂"。	

表2-4-5 海洋世界真奇妙——"小人鱼的故事"活动目标及内容安排

目标	教育活动	生活活动	家长与社区	户外活动
1. 乐于倾听故事，观察动画片中人物的服装、神态以及动作，了解人鱼公主善良的性格特征，尝试制作演出海报"海的女儿"。 2. 能运用身体动作创造性地表现鱼儿相互问好、交朋友、做游戏等情节；能根据故事的长处想象，用渐变色表现故事中自己喜欢的角色形象，并能创编出新故事情节。 3. 感受童话剧的趣味性，体验合作表演的快乐。	1. 我喜欢的角色竞选（半日） 2. 小鱼和小虾（舞蹈） 3. 美丽的人鱼公主（美术） 4. 我们的演出海报（社会） 5. 人鱼公主剧场（半日）	1. 利用一日活动中区域分享、过渡环节，丰富幼儿对于童话剧表演的认识，引导幼儿熟悉剧本。 2. 组织幼儿复习歌曲《迷路的小花鸭》，知道在公共场所远离成人的视线单独活动是危险的，树立和集体一起活动的意识。 3. 组织幼儿参与游戏"夸夸我的好朋友"，引导幼儿关注同伴的长处和进步，并能用完整的语言表达，如：我要夸我的好朋友月月，是月月教会我沿着直线剪出可爱的动物形象。	1. 请家长协助幼儿准备演出的道具及服装，在家中充当幼儿的观众，帮助幼儿熟悉角色，熟悉剧本。 2. 家长协助幼儿通过网络、书籍等搜集各种童话剧的节目海报，引导幼儿了解海报的特点。 3. 家长志愿者协助班级做好"人鱼公主"剧场的准备工作，如各种角色扮演的道具，布置相关的舞台及场景等。	体育活动： 娃娃兵 体育游戏： 跟着小鱼赛跑 自选活动： 1. 提供各种各样的球，引导幼儿探索球的不同玩法，如踢足球进笼、绕S线拍篮球等。 2. 提供沙水玩具，引导幼儿挖沙坑、架"水渠"。

表 2-4-6　海洋世界真奇妙——"小人鱼的故事"区域活动与环境创设

区域名称	活动内容	活动目标	环境创设
美工区	1. 我画小人鱼	能用对称的方法绘画小人鱼的尾巴,运用粗细不同的细条、花纹等进行装饰,表现小人鱼的美丽。	主题氛围营造: 将幼儿绘制的《海的女儿》演出海报粘贴在幼儿园大厅,告知全园幼儿童话剧即将开演,欢迎大家前来观看。
	2. 拓印"小人鱼"	运用对称的方法为小人鱼拓印美丽的衣服。	
	3. 泥塑小人鱼	运用搓条、压扁、团圆等方法制作平面泥塑小人鱼。	
益智区	1. 跳房子	能按顺数、倒数的方式进行游戏,理解顺数、倒数的意义。	互动墙饰: 我喜欢的童话剧角色
	2. 爬楼梯	能快速、准确地进行顺数、倒数。	主题信息区: 将幼儿搜集的各种演出海报图片、照片、书籍等张贴或摆放在区域中,引导幼儿在餐后、自由活动时进行分享。
表演区	我演"人鱼公主"	能有表情、动作熟练地表演人鱼公主,并尝试创造性地表现故事的情节。	
阅读区	1. 海的女儿	喜欢读童话故事,能够说出故事的主要角色和内容。	
	2. 人鱼公主	利用手偶和同伴一起讲述故事《人鱼公主》,能清晰地说出故事中人物的对话。	
角色区	走进人鱼公主小剧场	尝试创设小剧场,能创造性地进行表演。	
建构区	海洋公园真有趣	能与同伴合作进行立体建构。	

次主题活动一 我眼中的海洋世界

本活动包括"活动1 走进极地海洋世界""活动2 大海妈妈的孩子本领大""活动3 美丽的海洋世界""活动4 有趣的海洋动物""活动5 快乐的小乌龟""活动6 新编"小人鱼的故事以及区域活动。

活动1 走进极地海洋世界(半日)

活动目标

1. 了解海底世界各类海洋动物的名称、特征、生活习性。

2. 能通过认真观察、主动提问获取海洋动物知识,并能用完整、连贯的语言讲述自己的发现。

3. 感受海底世界的神奇和美妙,进一步激发探究海洋的兴趣及爱护海洋动物的情感。

活动准备

1. 向家长发放通知书,取得家长的配合,邀请家长志愿者与教师共同带孩子参观青岛极地海洋世界。

2. 引导幼儿商讨、制订参观计划,内容可涉及我的出行准备、注意事项、我想重点观察海洋动物等。

3. 对幼儿进行出行安全教育。

活动建议

一、分组参观,引导幼儿了解海洋动物

1. 将幼儿分组,4～5人一组,分别由家长志愿者带领进行参观,要求幼儿紧跟家长志愿者,不能分散自由活动。

2. 家长志愿者根据图示,向幼儿介绍各种海洋动物,鼓励幼儿大胆提问。(如果有条件,可邀请"海底世界"专业讲解人员为孩子讲解)

二、交流分享,引导幼儿讲述对海洋世界的认识

1. 引导幼儿用一句话描述自己印象深刻的某种海洋动物,并与同伴进行交流。

2. 讲述"我最喜欢的海洋动物",鼓励幼儿用完整、连贯的语言讲述自己所喜欢的海洋动物,丰富对海洋动物的认识。

(1)提出"我最喜欢的海洋动物"讲述主题。教师示范讲述,讲述内容包括喜欢的动

物名称、特征,喜欢的原因及自己了解的有关动物的知识。

（2）分小组讲述后,请个别幼儿示范讲述。根据讲述的情况,教师可与幼儿共同完善讲述内容,丰富对海洋动物的认识。

（3）引导幼儿用简短的语言描述自己参观海底世界的感受,回味海底世界的奇特和美妙,产生热爱海洋、保护海洋动物的情感。

注:没有实地参观条件的,可在教室里布置"海底世界",用食物标本或图片等布置"海底世界"场景。教师提前了解海洋动物有关知识,以讲解员的角色解答幼儿提出的问题。

三、组织表征,引导幼儿用绘画、泥工等形式表现海洋动物

1. 重点指导幼儿大胆地表现海洋动物的主要特征。
2. 启发幼儿和同伴交流、分享自己的作品。

活动2 大海妈妈的孩子本领真大（语言）

活动目标

1. 理解儿歌的内容,掌握儿歌的含义。
2. 能根据已有经验,运用"……会……"的句式仿编儿歌内容。
3. 萌发保护海洋动物的情感。

活动准备

课件《奇妙的海底生物》。

活动建议

一、图片导入,引出儿歌

教师提问:你们看图片上都有些什么呀? 他们会什么本领? （鼓励幼儿集体讨论各种生物的特点）

教师小结:螃蟹有钳子,海葵会开花,小飞鱼会飞等。

二、播放课件,引导幼儿理解儿歌内容

1. 教师完整朗诵,幼儿倾听,感受其艺术特点。

教师有感情地朗诵儿歌,介绍儿歌的名字:大海妈妈的孩子本领真大。

2. 引导幼儿结合课件再次欣赏儿歌,理解其含义。

教师提问:儿歌中夸奖了哪个宝宝? 它有哪些本领? 教师结合儿歌内容逐一进行小结。

3. 引导幼儿学习朗诵儿歌,感受儿歌的韵律美。

重点引导幼儿掌握儿歌的含义,感受儿歌的韵律美。

4. 引导幼儿尝试仿编儿歌,体验仿编的快乐与仿编成功的成就感。

(1)教师提问:你们觉得谁最厉害呢?为什么它最厉害?小贝壳还会生什么呢?硬壳乌龟还会去哪里呢?(教师通过提问,引导幼儿复述海底生物宝宝们的不同特点)

(2)引导幼儿根据已有经验,大胆地展开想象,创编"……会……"。

(3)幼儿展示自己创编的儿歌。

三、儿歌表演,激发幼儿热爱海洋的情感

引导幼儿有感情地表演儿歌《大海妈妈的孩子本领真大》,在朗诵中加深对海洋生物的喜爱之情。

附:儿歌

大海妈妈的孩子本领大

红珊瑚,搭舞台,
海带帷幕挂起来。
灯笼鱼点起五彩灯,
海葵花儿朵朵开。
小飞鱼呀飞得高
小海豚呀游得快
墨鱼放出烟幕弹,
鲸鱼喷出水花来。
海底世界多神奇。

活动3 美丽的海洋世界(美术)

活动目标

1. 了解油水分离画的绘画技巧,尝试进行油水分离画绘画。

2. 能与同伴分工合作、合理布局,画出各种海洋动物,创造性地表现海洋美丽、生动的场景。

3. 体验合作绘画的乐趣,感受海洋世界的美丽和神奇。

活动准备

1. 油画棒,图画纸,颜料,毛笔,抹布。

2. 各种海洋动物形象图片或课件。

活动建议

一、组织谈话,激发幼儿的活动兴趣

引导幼儿描述自己喜欢的海洋动物;教师出示相应的海洋动物图片,巩固幼儿对海洋动物特征的认识。

二、示范绘画方法,指导幼儿合作作画

1. 指导个别绘画水平高的幼儿示范性地画一种海洋动物。

总结画法:先画出动物身体的形状,再绘画身上的鳍、眼睛等。

2. 提出绘画主题,幼儿合作作画。

绘画要求:

(1)同伴商讨绘画的内容,分工合作画出各种海洋动物。

(2)注意布局合理,画面内容丰富,适当添画,富有层次。

(3)脱色时,用毛笔蘸颜料顺一个方向涂色;涂染大海时,不要涂到桌面上,注意保持画面整洁。

3. 组织幼儿绘画,教师观察指导。

(1)重点引导幼儿协商分工,创造性地画出各种海洋动物,并进行适当添画。

(2)引导幼儿将绘画内容编成一个有趣的海洋世界的故事,讲给小伙伴听。

三、作品分享

组织幼儿分享交流自己的作品。

1. 请幼儿将自己小组创作的图画编成故事讲给大家听。

2. 引导幼儿相互评价。

教师提问:哪个海底更美丽?为什么?引导幼儿在观察、评价中感受画面的丰富以及布局的科学、合理。

3. 表扬合作默契、分工合理的小组,共享成功合作的经验和快乐。

活动4 有趣的海洋动物(科学)

活动目标

1. 了解软体类、鱼类等海洋动物的不同特征。

2. 能说出常见的海洋动物名称,并根据软体类、鱼类、甲壳类等进行分类。

3. 体验探究海洋动物的乐趣。

活动准备

1. 活动前,请幼儿和家长共同搜集海洋动物的图片,了解它们的名称及主要特征。

2. 幼儿操作用的各类海洋动物小卡片(软体类:海参、水母、海蜇、乌贼;鱼类:带鱼、黄鱼、箭鱼、鳗鱼;甲壳类:虾、螃蟹、琵琶虾)。

3. 鱼类、软体类、甲壳类海洋动物挂图(鱼类:鲳鱼、面包鱼、鳕鱼、鼓眼鱼等常见鱼类;软体类:牡蛎、鲍鱼、扇贝等;甲壳类:虾、寄居蟹等)。

4. 分别张贴"软体类""鱼类""甲壳类""其他"4组分类板,便于幼儿分类粘贴。

5. 提供立体水草、石头及海底世界背景音乐等,创设海底世界场景。

6. 海洋动物遭受灾难的图片。

活动建议

一、交流分享,激发幼儿的活动兴趣

引导幼儿交流自己搜集的海洋动物图片,介绍其中的海洋动物的名称和特征。

二、出示各种图片,引导幼儿了解海洋动物的分类

1. 教师出示鱼类图片,引导幼儿说出名称及特征。

教师提问:你还知道哪些鱼?幼儿边说教师边出示相应的鱼图片。

2. 引导幼儿观察、比较、归纳鱼类的不同特征。

教师提问:这些鱼类有什么相同的地方?

教师小结:鱼的身体表面有鳞,都用鳃呼吸、靠鳍运动、用卵繁殖后代、生活在水里。

3. 依次出示软体类、甲壳类动物的图片,如扇贝、章鱼、螃蟹等,引导幼儿说出多种同类动物,观察、归纳软体类、甲壳类的特征。

教师小结:软体类动物身体柔软,左右对称,不分节,由头部、足部、贝壳等部分组成;有的软体动物体外覆盖有各式各样的贝壳,所以通称贝类。甲壳类身体外面包着硬硬的壳,有 5 对足。

三、分类操作,巩固幼儿对海洋动物认识

1. 选择海洋动物卡片,将其分类粘贴到分类板上。

2. 集体分享:这是什么?为什么它属于这一类?

四、出示海洋动物,组织幼儿讨论

教师提问:海马宝宝是谁生的?鲸鱼是鱼吗?为什么?引导幼儿分组讨论并交流讨论的结果。

教师小结:海洋里有很多奇特又有趣的动物,它们有奇特的本领,需要我们小朋友去探索发现。

附:资料

1. 海马爸爸生宝宝:海马的繁殖季节来到时,雄海马的体侧腹壁向体中央线上发生皱褶,慢慢地合成宽大的"育儿袋"。雌海马就将卵产在雄海马的育儿袋里(雌海马无育儿

袋)。卵总数在百粒上下,就在育儿袋里进行胚胎发育。这期间,育儿袋里即发生浓密的血管网层,和胚胎里的血管网取得密切联系,以供应胚胎发育期间需要的营养。等到幼海马发育完成,雄海马就开始"分娩"了。海马既是浅海的老住户,保卵适应当然比其他动物更要巧妙些;不仅雌海马将卵子产在雄海马的"育儿袋"里,而且它们由卵生演进到类似胎生的地步。这样,使全部的卵和小海马,再也不怕其他动物的伤害了。

2. 鲸虽然外表像鱼,但并不是鱼,而是一类哺乳动物,这与蝙蝠像鸟但并不是鸟也是一类真正的哺乳动物的情况相似。鲸和鱼不同,它是胎生的,一般都是每胎产一仔,两年一胎,幼仔靠母体的乳汁哺育长大;而鱼是卵生的,一次产卵可以成千上万,幼鱼一经孵化出来就能独立,没有哺乳现象。鲸的体温是恒定的,平均为 35.5 ℃,无论在冷水域或热带海区都维持这一体温;而鱼是变温动物,体温随环境温度的变化而变化。鲸用肺呼吸,需经常浮出水面换气;而鱼则是用鳃摄取溶解于水中的氧气,可一直待在水下。鲸和鱼在外形上的相似之处,是由于它们长期共处于一个相同的生活环境中而形成的,是一种"趋同现象"。

活动5　快乐的小乌龟(音乐)

活动目标

1. 完整欣赏乐曲,了解乐曲 ABC 的结构。

2. 能大胆地创编身体动作表现乌龟伸头、爬、高兴的情节,选择乐器配乐并注意看指挥演奏。

3. 感受乐曲的欢快,体验小乌龟快乐的情绪。

活动准备

经验准备:幼儿了解乌龟的特征及生活习性。

物质准备:乐曲《快乐的小乌龟》、乐器(木鱼、圆舞板、铃鼓)、课件。

活动过程

一、播放乐曲,组织幼儿感受乐曲的节奏,激发幼儿的活动兴趣

1. 完整欣赏乐曲,引导幼儿感受乐曲的节奏。

教师提问:听了这首乐曲,你有什么感受?

教师小结:这是一首节奏轻快,给大家带来快乐的乐曲。

2. 第二遍倾听乐曲,引导幼儿根据乐曲进行联想。

教师提问:听了这首乐曲让你想到了什么?哪个地方让你有这样的感觉?你能用动作表现自己的感受吗?

教师小结:乐曲节奏的快慢,声音的高低让人有不一样的联想。

二、倾听乐曲,教师绘制图谱,引导幼儿了解乐曲 ABC 结构

1. 教师引导幼儿观看谱图,分析乐曲结构。

教师提问:乐曲分为几段?你是怎么知道的?小结:乐曲为 ABC 结构,分为三段。

2. 完整倾听,引导幼儿创造性地表现小乌龟的样子。

教师提问:你从音乐中听到小乌龟在干什么?请你用动作来表现一下。

教师小结:音乐节奏快,小乌龟可能在伸头;音乐节奏慢,小乌龟可能在慢慢地爬。

三、教师出示乐器,指导幼儿了解配器方案

1. 教师出示乐器,引导幼儿说出乐器的名称以及使用方法。(铃鼓、四舞板、木鱼)

2. 引导幼儿讨论:三段节奏不同的乐曲可以使用什么乐器演奏?

教师提问:你觉得节奏快时,什么样的乐器能够表现小乌龟高兴的样子?(铃鼓)那节奏慢的时候用什么乐器最合适?还有什么不同意见?

3. 引导幼儿,根据老师哼唱认识节奏类型并制订配器方案;倾听乐曲,尝试演奏。

附:乐曲

快乐的小乌龟

1=C 4/4

(6 33 6 0 | 6 33 6 0 | 6 33 6 0 | 6 33 6 0 |

5 53 22 4543 1 | 77 3532 1 — |)

6 33 6 0 | 6 33 6 0 | 6 33 6 0 | 6 33 6 0 |

55 1 16 5 35 1 0 | 55 1 16 5 32 1 0 |

3 — — 53 | 2 32 12 3 53 | 2 2 32 1 0 | 32 1 1 1 |

活动延伸

教师出示镲,引导幼儿认识镲并知道镲的作用;教师跟随音乐运用镲进行演奏,激发幼儿探索镲演奏的乐趣。

活动6 新编“小人鱼”的故事(语言)

活动目标

1. 了解小人鱼善良、美丽的性格特征。

2. 学说角色对话,大胆地进行剧情创编,关注道具和场景变化。

3. 通过语言和动作大胆地表达自己对动画片的理解。

活动准备

1. 幼儿与父母共同收集《海的女儿》的连环画、图片、VCD 等,对《海的女儿》及人鱼公主有初步的了解。

2. 新编《小人鱼》故事。

3. 王冠、海洋背景等道具。

活动建议

一、出示图片,激发幼儿的活动兴趣

教师提问:这是谁? 喜欢人鱼公主吗? 为什么?

二、组织欣赏,引导幼儿分段熟悉故事剧情

1. 在播放龙宫场景时暂停,教师提问:这是在什么地方? 你是从哪里看出来的? 你喜欢这里吗? 为什么? 为什么小人鱼期盼 15 岁生日的到来? 引导幼儿关注场景的变化,说出自己的感受。

2. 故事讲到小人鱼看到王子落水的场面处静止,教师提问:小人鱼看到海洋污染了她是怎么做的?

3. 全部欣赏完后,教师提问:小人鱼讲了一件什么事情? 如果小人鱼不拯救海洋,海洋会变成什么样子? 你喜欢人鱼公主吗? 为什么? (引导幼儿用完整的语言进行清楚、连贯的描述)

三、分组表演,引导幼儿掌握角色对话

1. 引导幼儿按动画片中的角色数进行分组。

2. 启发幼儿用替代物布置场景,进行角色装扮。

3. 指导幼儿练习角色的典型动作、表情及语言。

4. 重点指导幼儿掌握角色的对话。

四、展示演出,引导幼儿分享表演的快乐

1. 请个别小组的幼儿向大家展示表演,重点引导幼儿观察角色的表情、动作,分享表演的快乐。

2. 对于创编好的小组给予表扬。

3. 指导幼儿做文明小观众。

活动延伸

引导幼儿在表演区继续进行“人鱼公主”的表演。

附:剧本

勇敢的小美人鱼

角色:美人鱼,小鱼,垃圾大王,小垃圾怪,水母婆婆。

音乐,海浪起。

旁白:在神奇的大海深处,有一条善良勇敢的美人鱼。她喜欢自己生活的这片大海,每一天都自由自在地游来游去。她每天和好朋友玩得可开心了,大家都说她是大海里最美丽的美人鱼了。

一起游玩舞蹈。

小鱼们:小美人鱼,小美人鱼,再过几天就是你的生日了,你高兴吗?

美人鱼:我很高兴,希望你们能和我一起庆祝我的生日!

小鱼们:太好了,太好了,小美人鱼要过生日了!

生日歌起,小鱼和美人鱼起舞。

美人鱼:我的生日愿望是,大海永远这么漂亮,我和我的小伙伴们永远这么开心。

小鱼:小人鱼,小人鱼,祝你生日快乐!

美人鱼:谢谢大家,我们一起跳舞吧!

小鱼们:哦!来,一起跳舞喽!

恐怖音乐,垃圾大王上场。

旁白:突然,海上狂风大作,吓得小鱼们都躲了起来。原来是垃圾大王带着他的小怪们来到了这里,大海顿时变了模样。

垃圾大王:哈哈哈哈……我就是有名的垃圾大王,我要带领我的小垃圾一起进军大海,从此以后,大海就变成我垃圾大王的天下啦!哈哈哈哈哈……小垃圾们快来吧!

音乐舞蹈,乱舞。

旁白:自从垃圾大王来到这里,大海就变得浑浊了,小鱼们就生病了。

小鱼游上场,躺下。

美人鱼:现在大海变得黑黑的,我好几天没有见到我的小鱼朋友了,我要去看看我的小鱼朋友。(游到小鱼边)小鱼,小鱼,你怎么了?

小鱼:自从垃圾大王来到大海,我们都生病了,小人鱼,小人鱼,你快帮帮我们吧,你快帮帮我们吧。(哭)

美人鱼:好了,好了,你们不要伤心,我会想想办法的!

旁白:于是,小人鱼直接自己一人去找垃圾大王。

垃圾大王上场,带两个小怪绕场,音乐。

美人鱼:垃圾大王,自从你来到了我们的大海,大海就都被你污染了,连小鱼也都生病了,请你赶快离开我们的大海。

垃圾王:哈哈哈哈……小人鱼,你休想让我离开你们的大海,我一定要把大海变成我的,哈哈哈哈!

音乐旁白:小人鱼看到垃圾大王游来游去,非常着急。忽然她想到了水母爷爷。

水母上场:小人鱼,你怎么了呀?怎么这么着急。

美人鱼:水母爷爷,水母爷爷,自从垃圾大王来了,我们的大海都被垃圾大王污染了,连小鱼都生病了。水母婆婆,你是海洋里最有本事的一个了。你快救救她们吧!

水母:小人鱼,你真是一个善良的孩子。好吧,我这里有一粒神丹,你只要想办法让垃圾大王吃下去,他就会变成泡沫永远地离开大海。

美人鱼:谢谢水母爷爷,我这就去。

音乐垃圾大王上场:哈哈哈哈,现在海面黑黑的,臭臭的,连小鱼也生病了,现在大海真的是我们的天下了……哈哈哈哈……(小人鱼上场)嘿! 小人鱼,你怎么又来了!

美人鱼:大王:我是来给您献宝贝的,您瞧!

大王:不会有什么诡计吧?

美人鱼:大王,这可是我们大海里最最珍贵的仙丹了,吃了它就能变得更加厉害,都能统治陆地了……

垃圾大王:哎哟! 真是个神奇的宝贝,那我可要好好尝一尝! (吃)啊! 不好了! 中了小美人鱼的计了,啊……(消失)

美人鱼:哦! 我把垃圾大王赶走了,大海又变干净了,小鱼快来!

舞蹈结束。

区域活动

美工区

1. 海洋世界

活动目标

1. 用圆、三角、半圆等不同形状组合拼贴的方式,表现海底世界的水生动物和景色。

2. 能在画面的空白处进行添画,创造性地表现海洋世界的神奇与美妙。

3. 感受海底世界的美丽。

活动准备

圆、三角、半圆等不同形状的纸片。

活动建议

1. 活动前请幼儿观赏海底世界课件或图片。可请幼儿互相说一说海底都有哪些生物,以此激发幼儿创作的愿望。

2. 教师引导幼儿自主选择活动形式。

3. 指导幼儿动手剪纸并进行组合粘贴。

指导幼儿运用对称的方法进行粘贴,在此基础上鼓励幼儿大胆地用圆、三角、半圆等不同形状进行组合,拼贴成各式各样的水生动物;鼓励幼儿粘贴上眼睛、腿或鱼鳃、鱼鳍等。

4. 师幼共同布置"海底世界"。幼儿将自己的作品粘贴在展板上,并和小伙伴一起讲述作品内容。

2.沙滩上的螃蟹

活动目标

1. 了解螃蟹的基本特征,能看图例折出螃蟹的外形并进行组合,在联系生活经验的基础上,添画海滩景色。

2. 养成做事有序、耐心细致的习惯。

3. 乐于参与折纸活动,体验折出螃蟹的成功感。

活动准备

正方形纸若干,沙滩背景图,折纸图例。

活动建议

1. 分享收集的螃蟹照片,引导幼儿观察并了解螃蟹的特征:螃蟹有一个身体、八条腿、两个大钳子,横着爬行。

2. 活动前,可在区域活动中提供折螃蟹的图例,引导幼儿了解折纸的步骤,对折螃蟹产生兴趣。

3. 活动中幼儿可根据图例,初步尝试独立折纸,对于不明白的折法进行提问。

4. 教师重点示范。

5. 活动结束后,引导幼儿把折好的螃蟹宝宝粘贴到沙滩背景图上,引导幼儿进行背景添画。

活动范例图片:

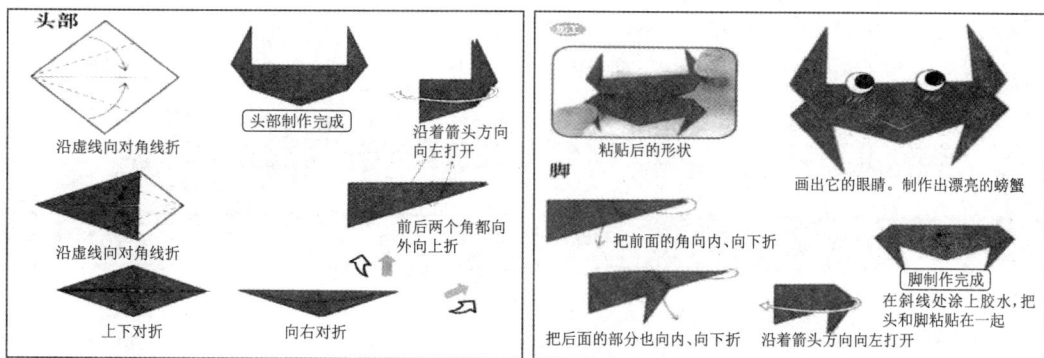

折"螃蟹"

附:儿歌

我是一只大螃蟹

我是一只,大螃蟹呀,

两个大钳,八条腿呀,

眼一眯呀,脚一伸呀,

爬呀爬呀,爬回家啊!

3.海豹

活动目标

1. 了解海豹的基本特征,利用折纸表现海豹的主要特征。

2. 能看图例折出海豹的外形。

3. 养成做事有序、耐心细致的习惯。

活动准备

正方形纸若干,背景图一份。

活动建议

1. 引导幼儿观察海豹图片,了解海豹的外形、动态及生活习性。

2. 活动前,可在区域活动中提供折"海豹"的图示,引导幼儿了解折纸的基本步骤,对折"海豹"产生兴趣。

3. 活动中,幼儿可根据图例初步尝试独立折纸,对于不明白的折法进行提问。

4. 教师重点示范。

5. 引导幼儿把折好的"海豹宝宝"放在"海豹妈妈"肚皮上,启发幼儿进行背景添画。

活动范例图片:

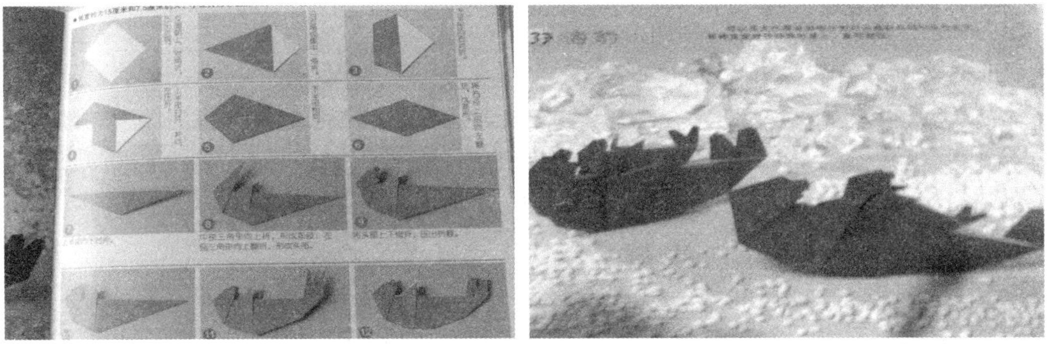

折"海豹"

益智区

1.海洋动物拼图

活动目标

1. 了解海洋动物的基本特征,根据其特征进行拼图。
2. 探索拼图的规律,养成做事有序、耐心细致的习惯。

活动准备

海洋动物拼图若干,原图若干。

活动建议

1. 引导幼儿观察分析图片,认识海洋动物的基本特征。
2. 找出拼图中各小块之间的关系。
3. 教师可引导幼儿参考完整的图片进行拼图。
4. 可鼓励个别幼儿向大家介绍自己的拼图经验,说一说自己为什么拼得又准又快。

2.海洋动物飞行棋

活动目标

1. 认识海洋动物的名字,了解飞行棋的玩法与规则。
2. 能与同伴一起轮流游戏,正确地说出图片上动物的本领。

活动准备

海洋动物棋一张,骰子2～4个。

活动建议

1. 指导幼儿了解海洋动物的名称,如飞鱼及本领。
2. 学习下"海洋动物飞行棋"。
3. 提醒幼儿在下棋的过程中要遵守游戏的规则。

附:海洋动物飞行棋

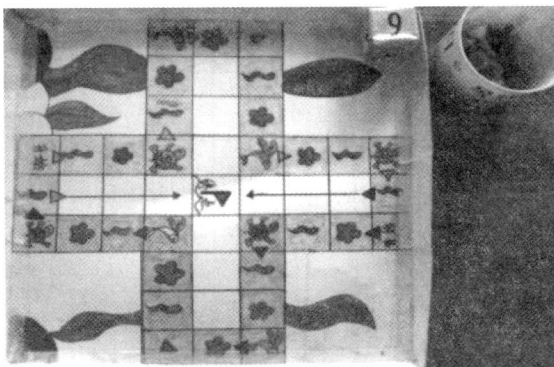

海洋动物飞行棋

科学区

海洋世界

活动目标

1. 认识海洋动物的名字,能说出海洋动物的特征及本性,能大胆地和同伴进行分享。
2. 感受海洋的奇妙、有趣,激发热爱海洋的情感。

活动准备

海洋动物玩具,图书,图片若干。

活动建议

1. 引导幼儿将幼儿搜集的图片、玩具等进行分类摆放,讲一讲分类的理由。
2. 指导幼儿认真阅读关于海洋动物的图书,并把自己的发现和同伴分享。
3. 指导幼儿利用玩具、图片布置"美丽的海洋世界"。

表演区

快乐的小乌龟

活动目标

1. 了解乐曲的结构,感受乐曲的欢快的情绪特点。
2. 创编乌龟伸头、爬、高兴的动作。
3. 掌握乐曲节奏,并大胆地选择乐器进行配乐。

活动准备

音乐,乐器(木鱼、圆舞板、铃鼓、镲),音乐图谱。

活动建议

1. 完整欣赏乐曲,并随音乐做律动,熟练掌握乐曲的节奏。
2. 根据情节,创编乌龟伸头、爬、高兴的动作。
3. 指导幼儿选择乐器,与同伴讨论配乐方案。
4. 根据幼儿的意愿,推选一名幼儿当小指挥,其他幼儿看指挥随乐曲演奏。
5. 根据幼儿的演奏情况,鼓励幼儿交换乐器演奏。

阅读区

1. 有趣的海洋动物

活动目标

1. 理解图片内容,知道海洋动物的名称及本领。
2. 喜欢阅读图书,知道对分享的图书应该好好爱护。
3. 养成良好的阅读习惯。

活动准备

各种有关海洋动物的图书。

活动建议

1. 教师和幼儿共同阅读有关海洋动物的图书,引导幼儿说一说图书中的内容。
2. 指导幼儿阅读时仔细观察画面,养成良好的阅读习惯。

2. 海洋百科书

活动目标

1. 了解海洋生物是多种多样的,对海底生物感兴趣。
2. 能够说出几种常见的海洋生物,并能大胆地与同伴分享。

活动准备

各种海洋百科图书。

活动建议

1. 师幼、幼幼共同阅读海洋百科书籍。
2. 引导幼儿分享海洋百科书籍的内容,介绍自己读的海洋生物的名称和生活习性。

角色区

我演"人鱼公主"

活动目标

1. 初步尝试与同伴协商进行角色分配。
2. 能大胆地与同伴合作表演,并尝试进行剧本创编。
3. 熟练掌握剧本中的角色对话。

活动准备

自制的"人鱼公主"服装、道具。

活动建议

1. 指导幼儿按自己的意愿布置舞台。
2. 引导幼儿大胆地与同伴合作表演,尝试创编表演。
3. 指导幼儿布置海底的场景。
4. 引导幼儿和同伴一起在表演后梳理表演过程中的问题以及商讨改进的方法。

搭建区

海洋公园

活动目标

1. 尝试利用垒高、平铺、交错等方法搭建立体"海洋公园"。
2. 能够与同伴合作进行搭建。

活动准备

青岛著名建筑及景点图片,纸箱,贝壳,纸盒,饮料瓶,蓝色塑料布,插塑等。

活动建议

1. 引导幼儿欣赏青岛著名建筑及景点图片,商讨搭建布局并进行合理分工。
2. 鼓励幼儿与同伴合作,运用叠高、围拢等技能进行构建。
3. 组织幼儿在集体面前介绍自己的搭建作品。
4. 重点引导幼儿分享"交错"等搭建技能。

体育活动

拾贝壳

活动目标

1. 能通过 20～25 厘米宽、40 厘米高的平衡木,并保持身体的平衡。
2. 喜欢"海边拾贝壳"的游戏情境,积极参与游戏。

活动准备

1. 小篮子 2 个,平衡木 2 个,砖大的小木板 8 块,贝壳若干。
2. 小木桩之间的距离可根据幼儿实际水平调整。
3. 场地布置如下:

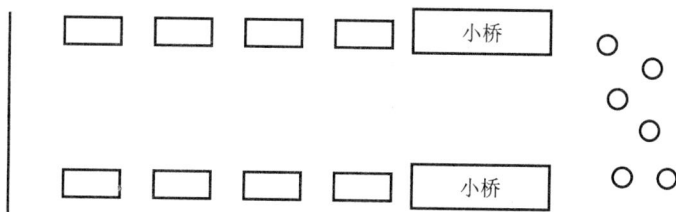

活动建议

一、以"大家来锻炼"导入,组织幼儿参与热身活动

幼儿随音乐做热身活动,主要活动头颈部、上肢、胸部、腰部和腿部,并重点练习伸腿。

二、练习平衡动作,引导幼儿掌握平衡的要领

1. 难点前置——练习"伸展术",为学习平衡做准备。

教师提问:看谁的身体能伸到最舒展?(幼儿自主探究、尝试)

教师小结:两臂伸展、目光前视,身体变大了。

2. 自主探究过平衡木,掌握平衡的要领。

教师要求:从平衡木走过,身体尽量保持平衡,不能从平衡木上掉下来。

幼儿分享走平衡木的经验,并请个别能力强的幼儿示范。

教师与幼儿共同总结平衡动作要领:头正,眼往前下方看,两臂自然摆动或侧平举。两脚脚尖朝前,交替向前迈步,动作自然放松。走时身体要稍前倾,步幅要比平时小些。

3. 幼儿练习走平衡木,掌握动作要领。教师做示范动作,指导幼儿自由练习。

三、组织游戏,引导幼儿进一步掌握平衡动作

第一次游戏,熟悉玩法规则,巩固平衡动作。

玩法及规则:幼儿分成人数相等的两队,站在起跑线后。游戏开始,听到口令后,两队排头幼儿手拿小篮向"海滩"跑去,走过一座"小桥",到"沙滩"上拾起一个贝壳放进小篮子里,再按原路返回,将小篮子交给下一个小朋友。依次类推,先跑完的一队获胜。

教师重点提醒幼儿:听到发令后才能开始游戏,每次只能拾起1个贝壳。

第二次游戏,增加4个"小木桩",提高平衡的难度。要求:若从"小桥"上掉下来,要走到"桥头"重新做此动作。

第三次游戏,再次比赛,激发幼儿的挑战欲望。

四、创设情境,引导幼儿放松身体

创设"晒太阳"的情景,幼儿随音乐做胳膊、腰、腿等部位的放松动作。

体育游戏

摘鱼干

经验

1. 练习原地纵跳触物,进一步发展弹跳力。

2. 体验通过自己的努力摘到鱼干的快乐心情。

材料

1. 鱼干的卡片若干(多于幼儿数),小篮子4个。

2. 用竹夹子固定在长绳上,绳子离地面约1.5米。场地上画起点线。

玩法与规则

幼儿分成人数相同的4队,在起点线后站好。游戏开始,大家念儿歌;念完后,两队的第一个幼儿跑到绳子前停下,原地双脚向上跳起摘"鱼干",然后放进小篮里;回来拍第2个人的手,站到队尾。这样依次进行,摘得快的队获胜。

"摘鱼干"时,必须原地双脚向上跳起。接力的幼儿要拍到手后才可以跑。

提示

1. 绳子离地高度以幼儿用力跳能碰到为适宜,挂"鱼干"的绳可挂得高低不同。教师引导幼儿根据自己跳跃的能力,分别摘到"鱼干"。跳一次摘不到,可跳两次。若第3次摘不到,可由教师帮助摘下送给他。每人每次只能摘一个"鱼干"。

2. 若班级人数较多,为避免幼儿等待时间过长,可分组进行该活动。

3. 游戏开始,可以以"帮渔民摘鱼干"引出,激发幼儿爱劳动的情感。

4. 复习游戏时可更换其他海产品,也可以根据幼儿的情况每次增加到摘两个"鱼干"。

附:儿歌

大大的鱼干,香喷喷,
小小的我们很认真,
摘了一筐又一筐,
丰收的景象喜煞人。

次主题活动二　我是护海小卫士

本活动包括"活动 1　爱讲故事的小鱼""活动 2　濒临灭绝的海洋动物""活动 3　大海的呼唤""活动 4　保护海洋朋友""活动 5　鱼儿藏在哪""活动 6　我们的护海行动"以及区域活动。

活动1　爱讲故事的小鱼（科学）

活动目标

1. 观察、了解旗鱼、刺豚、电鳐、石头鱼的主要特征。
2. 能与同伴共同商讨解救"小不点儿"的方法,加深幼儿对旗鱼、刺豚、电鳐、石头鱼特殊本领的认识。
3. 感受海洋的神奇,乐于探究海洋的秘密。

活动准备

1. 幼儿对海洋动物做一定的了解,能说出常见鱼类的名称及特征。
2. 课件《爱讲故事的小鱼》《神奇的海洋》。

活动建议

一、出示图片,激发幼儿的活动兴趣

结合课件,介绍爱讲故事的小鱼"小不点儿",引出它具有特殊本领的朋友。

二、播放课件,引导幼儿了解部分鱼的外形特征及本领

1. 依次出示旗鱼、刺豚、电鳐、石头鱼的图片,引导幼儿观察。
教师提问:这是谁？它长得什么样？
2. 播放视频,了解旗鱼游泳速度快、刺豚身体能鼓起来、电鳐能放电、石头鱼善伪装的特殊本领。

三、组织讨论,引导幼儿协商解救方法

1. 教师讲述"小不点"遇险的情节,提问:"小不点"的朋友会怎样救它？
2. 请幼儿两两结伴,成立救援小组,讨论解救"小不点"的计划。
指导幼儿运用对旗鱼、刺豚、电鳐、石头鱼特殊本领的了解设计解救方案。

3. 幼儿分享解救计划,体验解救成功的自豪与快乐。

鼓励幼儿大胆、清晰地介绍自己的解救计划。

四、播放视频,引导幼儿感受大海的神奇

播放视频,教师提问:看完视频有什么感受? 引导幼儿产生探究海洋奥秘的强烈愿望。

教师小结:海底世界太奇妙了,每种动物都有各自的本领,除了这些还有很多海洋的秘密正等待小朋友们去探究和发现。

活动2　濒临灭绝的海洋动物(科学)

活动目标

1. 了解海洋动物的生活环境,知道海洋动物的生活习性与环境之间的依存关系。

2. 知道濒临灭绝的海洋动物的危险,能大胆地同伴交流自己保护海洋的方法。

3. 体验环境污染对生活带来的负面影响,感受保护环境的重要意义,萌发保护海洋动物的情感。

活动准备

1. 活动前与幼儿共同收集各种动物图片,根据动物居住与活动地点的不同,指导幼儿制作"有趣的海洋"的动物生存空间分类册。

2. "海洋世界"挂图,"动物世界"视频。

活动建议

一、播放视频,激发幼儿的活动兴趣

播放关于濒临灭绝海洋动物的视频,组织幼儿观看,引导幼儿观察、比较、归纳出它们的外形特征、生活习性与其生活环境的关系。

二、分组讨论,引导幼儿了解海洋动物面临的灾难

1. 出示图片,教师提问:这些动物怎么了? 看到这些你们心里有什么感受? 怎样才能让它们快乐地生活?

2. 引导幼儿小组协商,画出保护海洋动物的方法。

(1)鼓励幼儿大胆地画出自己的想法。

(2)指导幼儿用符号表现自己想要说的话。

(3)引导幼儿绘画时注意合理布局画面,保持画面清晰、整洁和主题突出。

三、分享交流,引导幼儿了解更多的保护海洋环境的方法

1. 鼓励幼儿大胆地介绍自己的绘画内容,引导幼儿在小组内互相补充。

2. 教师小结:不猎杀海洋动物,不吃珍稀动物,如鱼翅;不向大海里乱扔杂物,排放污水,设立休渔期,让海洋动物产卵繁衍,这些都是保护海洋动物的方法。

3. 启发幼儿思考:你还知道哪些保护海洋动物的方法?以此引发幼儿进一步探究的愿望。

附:海洋 8 种濒临灭绝的动物

蓝鲸

就算是在广袤的太平洋中,蓝鲸看起来也是地球上超级大的生物。蓝鲸靠每天吃大约 4 吨的巨量磷虾来维持近 200 吨的体型。在被猎杀数十年后,蓝鲸终于在 1966 年受到了保护。但是,它们的数量恢复得很慢,如今蓝鲸仍然处于濒危的境地。

由于人类的捕杀和海洋环境的污染,1960 年,国际捕鲸委员会开始禁止捕杀蓝鲸,此时已有 350 000 头蓝鲸被杀,全世界的种群数量已经减少到不到 100 年前的 1%。目前,世界只生存着不到 50 头的蓝鲸。

水獭

这种动物,无论是生育还是睡觉,几乎每件事都是在水下完成的。在一个世纪以前,毛皮猎人一度将海獭推向灭绝的边缘,当时只有幸存 1 000~2 000 只海獭。

儒艮

出生时身长体重:1.15 m、25~35 kg。

最大身长体重纪录:4.16 m、1 016 kg。

寿命:78 年。

这些像是海牛亲戚的海洋生物,一定要在 5 分钟左右探个头,呼吸点新鲜空气。在从东非到澳洲的海域里,这种行为和它们典型的动作迟缓的特质,使它们很容易被需要它们的肉、油和牙齿的猎人锁定。

革龟

革龟是世界上最大的乌龟,重量超过 2 000 磅(900 千克)。它们也是这个家族最古老的分支,根源可以追溯到 100 000 000 年前。这些乌龟的数量不再像以前那么多了。

淡水苏眉鱼

厚大的嘴唇和隆起的前额是居住在礁石的淡水苏眉鱼的特质。在印度洋太平洋的很多水域,它们非常受潜水者和渔夫的欢迎。难以置信的是,一些苏眉鱼生来是雌性,但是在 9 岁左右,它们会经历性别转换,并终其一生为雄性。

鲸鲨

谈到吃食物的方式,尽管鲸鲨属于鲨鱼,但它更像是鲸鱼。这个滤食动物就是靠张开它的巨型嘴边来吃浮游生物和小鱼的。鲸鲨是海洋中的超大型鱼类,它的长度能够比上一辆典型的校车。它们是温和的巨人,但是它们的数量正在减少。

海牛

在寒潮来袭时,这些温顺的哺乳动物就不约而同地聚集在这样的一个地方,但是像2010年春天那样的极度冰冻情况,仍然能导致一些海牛的死亡。

玳瑁龟

在靠近萨巴的荷兰安的列斯群岛处,一只玳瑁龟正的海洋避难所的海底上方滑翔。这些海龟经常到全世界的热带海岸线,那里有便捷的筑巢海滩和在礁石上它们最爱的食物。每年,一只成年龟吃1 200磅(500千克)重的海绵动物。

活动3 大海的呼唤(语言)

活动目标

1. 理解诗歌内容及诗歌中所表达的含义。
2. 能有感情地朗诵诗歌,大胆地说出自己的想法。
3. 体会大海被人类破坏后悲伤、愤怒的心情,激发保护海洋的情感。

活动准备

1. 了解保护海洋的方法。
2. 课件《大海的呼唤》。

活动建议

一、谈话导入,激发幼儿的活动兴趣

教师提问:你们都有好朋友吗? 你们的朋友都是谁? 你们知道大海的好朋友是谁? 以此引出大海是人类的朋友。

二、出示课件,引导幼儿理解诗歌内容

1. 出示课件,引导幼儿观察画面。

教师提问:图片中的大海怎么了? 它在说什么? 被人类破坏了的大海心情会是怎样的?

2. 教师有感情地朗诵诗歌,幼儿初步理解诗歌内容。

教师提问:这首诗歌的名字是什么? 诗歌中的"我"是谁? 从诗歌中你都听到了什么?

3. 教师再次朗诵诗歌,幼儿进一步理解诗歌的内容。

教师提问:诗歌的名字叫"大海的呼唤",什么叫"呼唤"? 大海为什么要呼唤? 它在呼唤什么?

三、朗诵诗歌,引导幼儿体会大海被人类破坏后的心情

1. 接龙朗诵,师一句,幼儿一句。
2. 幼儿齐声朗诵。
3. 引导幼儿有感情地朗诵,用声音表现出大海悲伤、愤怒的心情。

四、结合生活经验思考保护海洋的方法,激发幼儿保护海洋的情感

教师提问:在生活中,你看到的海洋是什么样的? 你们有什么好的办法,让我们的海洋变回原来的样子?

活动延伸

在阅读区中引导幼儿欣赏诗歌《保护鱼儿的家》,设计保护海洋的宣传单。

附:诗歌

大海的呼唤

我——是人类的朋友,
我——是鱼儿的家。
我——不是人类的垃圾场,
我——不是被鱼儿遗弃的家。
啊! 不要那么自私了!
呀! 不要把我遗忘了。
我——是你们共同的朋友,
我—是你们共同的家。

保护鱼儿的家

大海大海真广阔,
一望无际真美丽。
我们大家手拉手,
齐心协力保护它。
鱼儿鱼儿海里游,
自由自在多快活,
人类要是破坏它,
鱼儿鱼儿无家归,
我们一同保护它,
鱼儿生命有活力。
大海大海多美丽,
我们一同保护它。

活动4 保护海洋朋友（音乐）

活动目标

1. 理解歌词内容,随音乐演唱歌曲。

2. 能通过声音、动作、表情表现自己对歌曲的理解,并能大胆地创编歌曲。

3. 体验歌唱的乐趣,感受保护海洋的重要性。

活动准备

1. 小鱼、小虾、小蟹、小乌龟的图片以及它们的家园被污染后的图片。

2. 歌曲《我们都是好朋友》。

活动建议

一、出示图片,激发幼儿的活动兴趣

1. 教师出示海洋动物的图片以及海洋污染的照片。

教师提问:第1幅图片上都有哪些动物? 它们都生活在哪里,都吃些什么? 第2幅图片上的环境怎么样? 为什么?（大海被污染了,因为人们不爱护环境）

2. 引导幼儿观察、对比第1张和第2张图片有什么不同,激发幼儿的活动兴趣。

二、清唱歌曲,引导幼儿理解并学习歌词

1. 教师演唱第一遍歌曲。

教师提问:海洋中都有哪些海洋小动物,都有哪些有趣的故事?

2. 播放歌曲,引导幼儿理解并学习歌词。

教师提问:你们都听到了什么? 歌中小朋友是怎么唱的? 他们是怎样帮助这些小动物的?

三、学唱歌曲,引导幼儿体会歌曲的意境

1. 教师范唱,幼儿欣赏。教师引导幼儿体会歌曲的情绪特点。

2. 幼儿学唱,教师重点纠正第三、四乐句的唱法,引导幼儿能开心地演唱最后两句。

教师重点指导幼儿演唱第四乐句和最后"更美好"部分,提醒幼儿注意节奏变化。

3. 幼儿完整地演唱歌曲,教师可弹琴,也可放伴奏让幼儿跟唱。

4. 幼儿熟悉歌曲后,教师可提出要求:唱歌时前四句要优美,最后两句要自豪;可站起来唱,注意换气。

5. 请个别幼儿表演,引导幼儿相互学习。

四、提供图片,引导幼儿创编歌词并进行表演

1. 教师提问:除了这些小动物以外,还有什么小动物也需要我们帮忙? 以此引导幼儿

将其他小动物创编到歌曲里。

2. 请四个小朋友接唱前四句自己创编的歌词,后两句齐唱。

3. 幼儿完整地表演,感受创编的愉快和成就感。

附:歌曲

我们都是好朋友

1=F 4/4

张世楷 词
祝昌中 曲

```
5 |: 5 3 0 5 3 · | 1 2 3 · 0 5 | 2 2 0 2 2 · | 1 3 5 · 0 5 |
   留 一片   绿草  给小兔,  留 一片  蓝天  给小鸟, 留
```

```
5 3 0 5 3 · | 1 2 6 · 0 5 | 2 2 3 3 2 | 2 2 1 · |
一片   清泉  给小鱼,  留 一片 森林给 小雄猫。
```

```
6 · 6 6 6 5 3 5 | 5 — — — | 4 · 4 4 3 1 2 3 | 3 — — — |
我 们 都是 好朋友,        世 界变 得 更美妙。
```

```
                                        I.            II.
6 · 6 6 6 7 6 5 | 5 — — — | 4 · 4 4 3 2 2 1 | 1 — — ( 0 5 : | 1 — — — ||
我 们 都是 好朋友,        世 界变 得 更美妙。       美妙。
```

活动5 鱼儿藏在哪儿(美术)

活动目标

1. 能根据线条进行想象添画,大胆想象,并尝试用各种线条进行装饰。

2. 感受线条的美,体验创作的乐趣。

活动准备

音乐《跳动的音符》,绘画纸,水彩笔,范画,相机,轻音乐。

活动建议

一、出示会跳舞的线条,激发幼儿的活动兴趣

1. 出示会跳舞的线条,引导幼儿观察并想象。教师提问:这些线条看起来像什么?

2. 幼儿随音乐空手模仿会跳舞的线,感受线条变化的奇妙。

二、教师示范,引导幼儿观察会跳舞的线

1. 幼儿观察会跳舞的线条,找出里面的"小鱼"。

教师提问:线条里面会藏着海洋里的"鱼宝宝",看看它们都藏在哪里。

2. 教师示范作画,引导幼儿了解各种鱼的主要特征。

3. 启发幼儿运用不同线条装饰"鱼"。

教师提问:怎样才能让"小鱼"变漂亮呢?

教师小结:线条交叉的地方就是一条"小鱼",小朋友可以用漂亮的花纹进行装饰,把"小鱼"打扮得更漂亮。

三、指导作画,鼓励幼儿大胆想象、创作

1. 提出绘画要求:

(1) 根据音乐,进行线条绘画,注意画面的布局。

(2) 大胆想象,进行创作。

2. 重点指导幼儿运用不同的线条装饰小鱼。

四、展示作品,引导幼儿分享创作的快乐

1. 引导幼儿相互评价,教师提问:你喜欢哪一幅作品上的"小鱼"? 为什么?

2. 表扬画出画面丰富、运用不同线条装饰、动态不同的"小鱼"的幼儿。

3. 播放幼儿线条创意画视频,引导幼儿观察线条的多种变化。

活动6 我们的护海行动(社会)

活动目标

1. 了解海洋污染对人类的影响,知道保护海洋的意义及方法。

2. 能用自己的方式向周围的人提出一起保护海洋的倡议。

3. 懂得保护环境就是保护自己,每个人都应该为保护环境做出贡献。

活动准备

1. 开展"护海宣传语"征集活动,鼓励家长和幼儿踊跃创编。

2. 教师事前布置演出场地,准备好音响设备。

3. 幼儿排练保护海洋的节目,准备演出服装、道具、绶带。

4. 幼儿对海洋及水污染有粗略的了解。

5. 课件、有关水质污染的新闻剪报。

6. 水彩笔、油画棒、绘画纸。

7. 护海宣传行动的横幅。

活动建议

一、观看新闻剪报,培养幼儿保护海洋的意识

1. 引导幼儿自主地或与同伴一起观看新闻剪报,了解海洋污染的现状,寻找海洋被污染的原因。

2. 组织幼儿自由讨论、互相交流,提出问题:我们应该怎样保护海洋?怎样让更多的人来保护海洋?

教师小结:可以张贴保护海洋宣传海报,发放倡议书、宣传单等,告诉身边的人从现在开始保护我们的海洋。

二、分组讨论,引导幼儿制订护海行动计划

1. 引导幼儿分组讨论活动时需要做哪些前期准备,鼓励幼儿大胆发表自己的想法和建议。

2. 指导幼儿每组推荐一名小组长,介绍本组讨论结果,教师负责用相应的符号记录到计划表中。

教师小结:准备内容有征集护海口号、设计海报、设计护海宣传单、张贴海报、发放宣传单、到社区宣传等。

三、制作海报,引导幼儿做好宣传准备

1. 指导幼儿用绘画的形式画出保护海洋的宣传单。

幼儿选用不同的绘画形式,画出自己保护海洋的宣传内容。画面要清晰,布局要均衡,主题要突出。

2. 幼儿以水墨画的形式制作护海海报。

幼儿根据自己的意愿设计海报,教师协助记录宣传的时间、地点、口号、人物等。

四、深入社区,组织幼儿进行护海宣传

带领幼儿到社区发放"保护海洋"宣传单,号召周围的人加入到护海行动中,治理海洋污染。

引导幼儿能有礼貌、大方地发放护海宣传单,用流畅的语言表达自己的想法,号召身边更多的人加入到护海行动中。

活动延伸

在生活中,继续向身边的人倡议"爱海、护海,从我做起",让更多的人加入到我们的护海行动中,让我们的家园更加美丽。

区域活动

美工区

1. 制作演出服装

活动目标

1. 知道废旧物品可以变废为宝,培养幼儿勤俭节约的好习惯。
2. 能根据自己的意愿利用废旧物品制作演出服,提高动手能力。

活动准备

塑料袋、塑料瓶、废旧报纸等。

活动建议

1. 引导幼儿选择自己出演的角色,根据角色内容选择相应的废旧物品制作演出服。
2. 组织幼儿利用粘贴、绘画、穿编等方法制作演出服。
3. 指导幼儿试穿演出服,根据老师、同伴的建议调整制作的细节。

2. 设计护海宣传海报

活动目标

1. 能选择自己喜欢的方式将保护海洋的方法以绘画方式表征。
2. 画面整洁,能突出护海宣传的内容。

活动准备

环保宣传画,绘画纸,水彩笔,油画棒等。

活动建议

1. 引导幼儿借鉴环保宣传画的模式绘画,表现自己设计的护海宣传海报。
2. 指导幼儿在绘画的过程中,注意布局合理、主题突出。
3. 组织幼儿将海报张贴在幼儿园的醒目位置,可利用入、离园时间,鼓励幼儿向家长介绍自己制作的海报,宣传保护海洋的常识。

3. 我设计的护海工具

活动目标

1. 大胆想象环保工具的功能,并能创造性地设计多功能护海工具。
2. 能够利用各种线条、花纹进行装饰。
3. 提高自身的环保意识。

活动准备

花纹小台历,刮画纸,刮画笔等。

活动建议

1. 引导幼儿根据自己的需要设计多功能的护海工具。
2. 引导幼儿利用各种线条、花纹进行线描装饰。
3. 鼓励幼儿将自己的设计思路向同伴、老师进行介绍,与大家共同分享,提高幼儿的语言表达能力。

益智区

垃圾对对碰

活动目标

1. 了解垃圾的分类,能将它们放在相应的垃圾桶(格子)里。
2. 形成垃圾分类的环保意识。

活动准备

贴满垃圾图画的纸牌,操作格子,贴着可回收与不可回收的小"垃圾盒子" 2 套。

活动建议

1. 结合幼儿已有经验,引导幼儿说一说垃圾的分类。
2. 幼儿互相摸牌,辨认牌上的垃圾种类,最终找到与之相同的垃圾的牌后,根据垃圾的种类,将垃圾牌分放在可回收或不可回收的"垃圾盒子"里,增强幼儿垃圾分类回收的意识。
3. 鼓励幼儿将游戏的经验运用到日常生活中。

科学区

🌊 1.水上莲花

活动目标

1. 观察乒乓球底部沾水的多少与小花旋转快慢的关系。
2. 大胆尝试用不同质地的材料做托板,探索哪种材料更容易让小花旋转起来。
3. 提高自身的动手能力,培养对旋转现象进行探索的兴趣。

活动准备

莲花,不同材质的板子,记录本,水彩笔,水桶,小勺子等。

活动建议

1. 提示幼儿慢慢倾斜塑料板,防止小花掉下来。
2. 引导幼儿同时在塑料板上放两个以上的乒乓球,并让它们同时旋转起来,看哪个乒乓球转的时间长。
3. 鼓励幼儿将结果记录在记录本上。

表演区

🌊 废旧材料时装秀

活动目标

1. 能大胆、自信地在 T 台上展示自己的服装。
2. 积极主动地与同伴协商设计展示的队列、队形。
3. 乐于展示自己,提高自信心。

活动准备

废旧材料制作的服装、道具等。

活动建议

1. 引导幼儿选择自己喜欢的服装道具进行装饰,并选择自己喜欢的音乐进行表演,提高幼儿的艺术鉴赏水平。
2. 鼓励幼儿交换服装进行表演或邀请其他区域的小朋友共同欣赏。
3. 指导幼儿和同伴协商设计不同的队列、队形并进行展示。

阅读区

🌊 环保小·常识

活动目标

1. 能与同伴大胆交流环境污染的危害以及保护环境的方法。
2. 喜欢阅读环保书籍,懂得爱护图书。

活动准备

与环境相关的图书如《神奇的海洋》《地球妈妈生病了》等。

活动建议

1. 指导幼儿仔细观察画面,通过画面传递的信息理解书的内容。
2. 引导幼儿结合阅读的感受,与同伴交流保护环境的方法以及环境污染给人们带来的危害。
3. 启发幼儿记录书中的保护环境的方法,写好后张贴在信息区内,供幼儿相互学习,丰富环保常识。

角色区

🌊 爱心小·厨房

活动目标

1. 能用半成品材料制作各种有营养的食物。
2. 能够合理地将厨余垃圾进行分类。
3. 大胆、主动地与同伴交流,创造性地开展游戏。

活动准备

各种餐点图片,辅助材料和半成品材料,不同的垃圾袋。

活动建议

1. 引导幼儿为做环卫工人的叔叔、阿姨制造爱心餐点,并能够正确地处理厨余垃圾。
2. 指导幼儿能和同伴协商分角色分工并开展游戏。
3. 鼓励幼儿创造性地利用替代物开展游戏。

搭建区

垃圾加工厂

活动目标

1. 能用叠高、围拢、穿插的方法合作设计搭建"垃圾加工厂"。
2. 提高与同伴合作搭建的能力。

活动准备

原木玩具,奶罐,易拉罐,盒子,花草树及各种辅助材料。

活动建议

1. 启发幼儿结合已有经验,合作制订搭建计划,绘制搭建设计图。
2. 引导幼儿根据搭建设计图合理分工搭建"垃圾加工厂"。
3. 鼓励幼儿向同伴介绍自己的作品和设计思路。

体育活动

跨越大海

活动目标

1. 掌握双脚向前快速行进跳的方法。
2. 主动探索软棍的多种玩法。
3. 体验合作游戏的快乐。

活动准备

软棍每人 1 根,大塑料筐 4 个,大沙包、皮球各若干,热身操磁带 1 盘,录音机 1 台。

活动建议

一、播放音乐,组织幼儿热身

1. 带领幼儿进入场地,四散站立,要求幼儿不要影响到别人,别人也影响不到自己。
2. 引导幼儿跟着音乐做热身操,重点活动脚部关节。

二、出示软棍,引导幼儿自由探索玩法

1. 提出要求:幼儿站成四路纵队,一个一个接力跑到对面拿一根软棍。

2. 幼儿自由玩软棍,教师巡回指导并提醒幼儿注意安全,启发幼儿想出多种玩法,如:用脚玩软棍,用下巴夹住软棍走;两人合作练习打枪;多人合作将软棍摆在地上练习跳跃动作,等等。

3. 教师有目地地请玩得与别人不一样的幼儿进行示范表演,鼓励幼儿互相学习,尝试多种玩法。

三、组织游戏,引导幼儿体验玩棍的乐趣

1. 组织游戏"过大海"。

(1)请幼儿把自己的软棍变成圈,站成四队,成体操队形散开,把软棍放在脚的正前方。幼儿站在软棍的一旁,练习双脚向前行进跳。

要求:一次跳进一个软棍圈内,鱼贯地进行练习;跳时不要碰到软棍,如果碰歪了,要主动修好。

(2)将软棍摆开,加大软棍间的距离,两队距离稍大,另两队距离稍小些。教师与幼儿一起摆好,幼儿自由选择练习。要求同上。

(3)改变摆放形式,交错摆放。教师在前面摆,幼儿在后面摆。幼儿鱼贯地练习,要求同上。

(4)增加难度,拉大软棍圈之间的距离,指导幼儿自由选择,练习快速行进跳。

2. 组织游戏"运玩具"。

教师启发幼儿帮助对面海岛上的小朋友,给他们送玩具。

(1)布置场地。在"海岛"上放上四个大塑料筐收集玩具。

(2)交代游戏玩法:小朋友要把玩具运到河对岸的岛上里,然后按原路返回拍一下第二名小朋友的手。依次类推,以速度快、运得好的一队为胜。

(3)强调游戏规则:运"粮食"是要依次跨过"大海",不能掉入"大海"中,不能踩到软棍,不能将玩具掉到"大海"里,要将玩具放进筐里而不要乱扔。

(4)组织幼儿游戏3～4次,每次游戏教师提出不同的要求:第一次只运一袋玩具(大沙包代替);第二次要求运两袋玩具;第三次要求一次运一袋玩具和一个"西瓜"(皮球代替);第四次游戏可自己决定,运什么都可以。

教师小结:表扬积极运货物并遵守规则的幼儿。

三、创造情境,带领幼儿放松身体

组织幼儿进行放松游戏"我们都是木头人",放松腿部肌肉,调整呼吸。

附:软棍的制作方法

将一米左右的宽布条长边缝在一起,内塞棉花和与布条同长的细铁丝;塞好后两头缝合,并在两头缝上暗扣,两头可接在一起成为圆圈。

捉螃蟹

经验

1. 能动作协调地钻进钻出捉"螃蟹"的网。

2. 提高迅速反应能力。

材料

1. 游戏前可学会儿歌。

2. 准备长松紧带 1 根。

玩法与规则

三分之一的幼儿用松紧带拉成一个大圆圈当捉"螃蟹"的"网",其余幼儿站在大圆圈外扮演"螃蟹"。

游戏开始,扮演捉"螃蟹"的"网"的幼儿齐念儿歌:"螃蟹螃蟹你别闹,不要横行再霸道;今天我们编大网,看你还往哪里跑。"念儿歌的同时,扮演"螃蟹"的幼儿钻进钻出捉"螃蟹"的"网"。当念到"跑"一声时,扮演捉"螃蟹"的"网"的幼儿立即蹲下。在大圆圈内的"螃蟹"被捉住。被捉住的幼儿站在大圆圈上当捉"螃蟹"的"网"。游戏继续进行,直到"螃蟹"全部被捉住,再换角色,游戏重新开始。

"螃蟹"要不停地钻进钻出"捉螃蟹的网"。当念到"跑"一声时,捉"螃蟹"的"网"中的"螃蟹"不能再钻出"捉螃蟹的网"。

提示

1. 初学游戏时,扮演"螃蟹"的幼儿可以少些,熟悉玩法后,可以增加扮演"螃蟹"幼儿的数量。

2. 为使幼儿遵守游戏规则,开始可要求"螃蟹"跑至捉"螃蟹"的"网"的中心,取一食物方可钻出。

3. 圈上的幼儿可边念儿歌边拉手侧行,扮演"螃蟹"的幼儿可模仿螃蟹的各种动作,以增加游戏的趣味性。

4. 念儿歌时引导幼儿由慢到快,注意发音正确,体验儿歌的韵律美。

5. 松紧带离地的距离可逐渐由高到矮,增加"螃蟹"钻进钻出的难度。

次主题活动三　我演人鱼公主

本活动包括"活动 1　我喜欢的角色竞选""活动 2　小鱼和小虾""活动 3　美丽的人鱼公主""活动 4　我们的演出海报""活动 5　人鱼公主剧场"以及区域活动。

活动 1　我喜欢的角色竞选（半日）

活动目标

1. 能根据自己的兴趣积极地报名参与角色竞选。
2. 大胆地运用语言、动作、神情表现人物特点。
3. 体验成功竞选角色的成就感。

活动准备

1. 熟悉故事内容。
2. 准备竞选的表格。

活动建议

一、组织讨论,引导幼儿选择自己想扮演的角色

教师可根据幼儿的兴趣提问,如:你最喜欢哪一个角色?你怎样表演可以赢得大家的认可?

二、填写报名表,指导幼儿扮演角色

1. 指导幼儿用自己的方式将名字填写在报名表中。
2. 和幼儿一起统计每个角色的报名人数,明确具体人选。
3. 指导幼儿根据自己竞选的角色进行分头准备。

新编《小人鱼》故事角色报名表

角色	小人鱼	他的朋友们	各种垃圾扮演	垃圾大王
幼儿姓名				

三、根据报名情况,组织幼儿参与竞选

1. 请报名参与演出的幼儿上台表演,引导幼儿注意语言、动作、神情的表现。
2. 组织幼儿进行投票,引导幼儿公平、公正地投票,要把票投给演得好的小朋友。

3. 组织幼儿梳理竞选的情况。

（1）启发幼儿思考：××角色,准备得好？哪里好？怎样表演会更好？

（2）请个别幼儿在集体面前展示表演的精彩片段,增进幼儿之间的互相学习。

四、公示结果,组织幼儿进行排练

在信息区公示竞选结果,指导幼儿在区域活动中进行剧目排练。

活动2　小鱼和小虾（音乐）

活动目标

1. 了解乐曲的结构,学习跳队列舞,能够灵活地调整队伍的距离。

2. 能创造性地想象各种交往方式,并用动作进行表现。

3. 了解传统集体舞中男、女双方的行礼方式,做懂礼仪的好孩子。

活动准备

1. 活动前可欣赏音乐,了解音乐的乐句和乐段。

2. 乐曲的 CD。

活动建议

一、欣赏音乐,激发幼儿的活动兴趣

引导幼儿了解这是美国的一首民间歌曲,既有活泼、欢快的节奏,也有进行曲般的节奏,适合跳队列舞。

二、分析乐曲结构,指导幼儿跳队列舞

1. 通过玩"冲海浪"的游戏,引导幼儿学习 A 段动作。

2. 重点引导幼儿学习调整队伍距离的方法。教师可带领幼儿讨论,经过讨论使幼儿明确舞蹈时只有"搭山洞"的人往后退、"冲海浪"的人往前走,才能保持原队形。

三、倾听音乐,鼓励幼儿创编 B 段音乐的动作

1. 引导幼儿创造性地创编 B 段各种交往的动作。（如：两人一蹲一站,站着的幼儿围着蹲着的幼儿拍手转圈,然后交换动作;或两人双手拉着,合拍的向前跳再向后跳;或两人双手拉着,合拍的左右摆臂等）

2. 教师与幼儿共同选择并确定几个具有代表性的动作,全体幼儿进行练习。

3. 尾奏处可请幼儿大胆想象相互敬礼的动作,帮助幼儿了解传统集体舞中男、女双方的行礼方式,做懂礼仪的好孩子。

附:乐曲

扬基歌

1=F $\frac{4}{4}$

A段

[前奏]　　　　　　　　　　　　[1]

（1 1 2 3 4 3 2 1 | 7 5 6 7　1　1）| 1 1 2 3 1 3 2 5 | 1 1 2 3　1　7 5 |

B段

[3]　　　　　　　　　　　　[5]

（1 1 2 3 4 3 2 1 | 7 5 6 7　1　1）| 6 7 6 5 6 7 1 6 | 5 6 5 4　3 4 5 |

[3]　　　　　　　　　　　　[尾奏]

（6 7 6 5 6 7 1 6 | 5 1 7 2　1　1 :‖ 6 7 6 5 6 7 1 6 | 5 1 7 2　1　1 ‖

动作介绍

[前奏] 幼儿站成六列纵列。其中第1、3、5列是男孩,第2、4、6列是女孩。男孩左手叉腰,右手上举拉女孩上举的左手,女孩右手拎裙子。组成三组"山洞"。

[1]—[2] 小节:每一个山洞的最后一排幼儿,将上举的手臂向前伸平,一拍一下地踏步,侧身钻过"山洞",走到最前面。

[3]—[4] 小节:幼儿将拉着的手放下,一拍一下地踏步转身至面对面。(注意与前后排幼儿对齐)

[5]—[8] 小节:幼儿合拍地、创造性地做两两配合的动作。(如:两人一蹲一站,站着的幼儿围着蹲着的幼儿拍手转圈,然后交换动作;或两人双手拉着,合拍的向前跳再向后跳;或两人双手拉着,合拍的左右摆臂等)

[前奏] 幼儿转身面向前方,搭好"山洞"。以下音乐依然是前奏,全曲回旋;幼儿动作程序同上,只是每一遍音乐,就更换一排幼儿钻山洞,更换一种交往动作。

[尾奏] 每个队列的幼儿面对面相互敬礼。男孩左手放背后,右手搭在自己的左肩上,向女孩鞠躬;女孩双手拉裙下角,面向男孩微微下蹲敬礼。

活动3　美丽的人鱼公主(美术)

活动目标

1. 了解参加生日派对的穿着礼仪,感知间隔色、暖色调、渐变色等色彩的运用。

2. 尝试用线条、图案、涂色等方法为小人鱼设计服饰,并能搭配相应的饰品。

3. 体验参加生日派对的热闹和快乐。

活动准备

1. 收集幼儿过生日时的课件,音乐。

2. 各种小人鱼造型、水彩笔、油画棒、水粉染料。

活动建议

一、出示图片,激发幼儿的活动兴趣

出示生日蛋糕图片。

教师提问:生日蛋糕你们吃过吗? 什么时候吃过? 那你参加过生日派对吗? 过生日的主人穿什么衣服? 来的客人都穿什么衣服? 为什么要打扮漂亮?

教师小结:参加生日派对时打扮得漂漂亮亮的是对主人的一种尊重。

二、播放课件,引导幼儿观察参加生日派对的小人鱼的服装特点

1. 出示幼儿过生日的图片,介绍名字。

教师提问:这是小人鱼,今天,他要过生日啦! 猜一猜,谁会参加他的生日派对? 他的姐妹可忙了,猜猜他们在忙些什么呢?

2. 出示一群穿漂亮衣服的小人鱼图片。引导幼儿观察服装的款式、花纹、色彩搭配。

教师提问:他们在干什么? 他们是怎么打扮的? 他们穿什么样的衣服?

重点引导幼儿感知间隔色、暖色调、渐变色等色彩的运用以及线条图案的装饰。

3. 出示小人鱼图片,激发幼儿绘画的兴趣。

教师提问:这些小人鱼们怎么了? (没有打扮)怎么办? 怎样打扮才能漂亮些? 还有什么新的方法?

三、指导绘画,组织幼儿创造性地设计小人鱼服装

重点指导幼儿关注花纹的数量、布局、色彩搭配,小人鱼的性别不同装饰方法也不同,选择不同的材料进行装饰。

四、欣赏作品,引导幼儿互相评价

教师提问:你喜欢哪一只小人鱼? 为什么?

继续播放课件讲述故事,请幼儿欣赏更多的装饰方法,拓展经验。

教师提问:看这些小人鱼们打扮的和你们打扮的一样吗? 有什么不一样?

启发幼儿一起随音乐跳起来,表现参加小人鱼过生日时的欢乐场面。

活动4 我们的演出海报(美术)

活动目标

1. 了解海报的特点,尝试制作"人鱼公主"演出海报。

2. 能与同伴协商,分工合作完成制作、宣传任务。

3. 体验自制海报的乐趣。

活动准备

1. 家长、幼儿、教师共同搜集的各种戏剧节目海报。
2. 制作各种海报的纸张、彩笔等工具。

活动建议

一、出示海报,引发幼儿的活动兴趣

引导幼儿展示自己搜集的戏剧节目宣传海报,一起讨论海报呈现的信息,熟悉海报应当包括的内容,如节目名称、演出单位、演出地点、演出时间、节目内容等。

二、分组讨论,引导幼儿制作海报

1. 教师和幼儿讨论所要演出的故事剧本,请各组幼儿为演出制作一张宣传海报,并确定时间、地点。
2. 引导幼儿之间协商分组,并合理分工。
3. 适时提醒幼儿有关剧情细节,引发幼儿制作海报的灵感。
4. 指导幼儿制作海报时突出主要内容,合理布局画面。

三、交流分享,引导幼儿修改海报

1. 引导幼儿从海报呈现的信息、海报的构图等方面欣赏同伴制作的海报。
2. 组内讨论每人的海报还有什么可以修改和补充的地方,并当场修改完善。

四、张贴海报,组织幼儿进行宣传

教师引导幼儿将自己组的海报张贴在幼儿园宣传栏上,进行宣传活动。

可启发幼儿到小班、大班给弟弟妹妹或哥哥姐姐进行活动介绍,请他们关注宣传栏上自己设计的海报。

活动5 人鱼公主剧场(半日)

活动目标

1. 能用不同语气、动作、表情表现《人鱼公主》中不同角色的性格特征。
2. 体验相互配合共同完成演出任务的快乐。

活动准备

1. 各种角色的扮演道具、服装,布置相关的舞台及场景。
2. 事先进行排练活动,指导幼儿分组并分配角色,尝试表演。

活动建议

一、交流注意事项,激发幼儿的活动兴趣

1. 幼儿交流各组的排练情况及在筹备过程中遇到的困难,共同讨论解决的办法,增强幼儿的合作意识。

2. 讨论演出中要注意的问题,教师进行汇总提示;重点提醒幼儿演出时应该注意的细节,如提前准备好道具、服装,提前候场,注意人物的出场顺序、台词与台步等,引导幼儿养成良好习惯。

二、相互合作,组织幼儿布置"剧场",做好演出准备

1. 将幼儿分组,明确每组布置剧场的任务,包括舞台背景、舞台景观、座位摆放、制作座号等。

2. 带领幼儿进行剧场布置,重点指导幼儿和小组成员协商共同完成各自的任务;提醒幼儿遇到困难时要想办法解决或寻求老师的支持与帮助,培养幼儿不怕困难的精神和引导幼儿体会集体的力量。

三、给予提示,提高幼儿自我管理的能力

1. 组织幼儿思考、梳理演出前要做哪些准备,帮助幼儿明确接下来自己要做的事情,提高幼儿的自我管理能力。

2. 分组做好准备工作,包括检查服装、道具,对台词,进行自我装扮,明确分工(道具、音响、演员)等。

四、共同演出,引导幼儿体验表演成功的快乐

1. 教师担当演出主持人,介绍演出的剧目及顺序,引导幼儿按照顺序演出,提高幼儿的表演能力和艺术鉴赏水平。

2. 教师鼓励幼儿大胆运用动作、眼神、语气表现不同的角色。

3. 演出后教师组织幼儿进行活动小结,明确活动的成功与不足。教师可请幼儿用绘画形式表现小结内容。

活动延伸

将演出活动延伸到社区,为社区小朋友进行"爱海护海"宣传表演,让更多的人参加到"爱海护海"的活动中。

区域活动

美工区

1. 我画"小人鱼"

活动目标

1. 学习运用对称的线条画"小人鱼"。
2. 会运用粗细不同的线条、花纹的有序组合表现小人鱼的美丽。
3. 体验对称的线条画带来的均衡美感。

活动准备

动画片,签字笔,记号笔若干。

活动建议

1. 引导幼儿在动画片中观察"小人鱼",激发幼儿对"小人鱼"的喜爱之情。

2. 活动前,教师可与幼儿共同搜集"小人鱼"图片、课件等,引导幼儿观察、感知"小人鱼"图案的线条、图案、色彩。

3. 活动中,引导幼儿了解绘制对称图案的一般步骤:从左到右、从上到下、从里到外。

4. 引导幼儿观赏各种线条画,激发幼儿对线条画的兴趣。

5. 在幼儿已有经验基础上,引导幼儿运用各种不同粗细线条对称的方法绘画"小人鱼"。

（1）鼓励幼儿运用弧线、线条、圆形、水滴形、波浪纹等各种线状的线条或不同粗细的线条进行表现。

（2）指导幼儿在线条的基础上加上图案进行装饰。

2. 拓印"小人鱼"

活动目标

1. 学习运用对称的线条和颜料拓印"小人鱼"。
2. 会运用各种不同的色彩的有序组合表现"小人鱼"的美丽。
3. 在创作中体验对称的拓印画带来的美感。

活动准备

提供吹塑纸,粗铅笔。

活动建议

1. 和幼儿一起梳理拓印画的画法,明确拓印步骤:先用笔头较秃的铅笔在吹塑纸上绘画蝴蝶的轮廓,然后涂上彩色颜料(可涂一种颜色,也可分块涂色),印在各种形状的纸上;待画面干后可以添画线条、花纹等。

2. 提醒幼儿在拓印过程中注意事物的左右对称,引导幼儿欣赏、感受对称美。

3. 组织幼儿和同伴一起交流、分享,加强幼儿之间的相互学习。

3. 泥塑《小人鱼》

活动目标

1. 学习运用搓条、压扁、团圆等方法制作平面泥塑。
2. 会运用各种不同的辅助材料有序地组合、装点小人鱼。

活动准备

提供橡皮泥、冰糕棒、豆类、纽扣等辅助材料。

活动建议

1. 引导幼儿观察、欣赏平面、立体泥塑做成的各种"鱼",激发制作兴趣。

2. 指导幼儿运用搓条、压扁、团圆等方法,在硬纸板上制作美人鱼平面泥塑,形成"美人鱼"的轮廓后,用辅助材料印压出各种图案装饰美人鱼。

3. 组织幼儿展示自己的作品,并和同伴交流自己作品中最满意的地方,并向同伴学习。

益智区

1. 跳房子

活动目标

1. 复习巩固 10 以内的顺数和倒数。
2. 体验和小伙伴一起玩游戏的快乐。

活动准备

"跳房子"游戏图。

活动建议

1. 教师引导幼儿了解游戏玩法与规则。
2. 指导幼儿进一步掌握从 1 数到 10、从 10 数到 1 的顺数和倒数的方法。

3. 可根据幼儿游戏情况增加计时器,鼓励幼儿倒数、顺数,增加游戏的挑战性。

2. 爬楼梯

活动目标

1. 知道从 1 到 10,顺数时逐个多 1,倒数时逐个少 1。
2. 感知 10 以内自然数列中序列之间的可逆性及可传递性。
3. 引导幼儿快乐地参加数学小游戏。

活动准备

楼房图、阶梯图各 1 个,小动物 10 个。

活动建议

1. 游戏开始阶段,可引导幼儿自由地上、下楼梯,上楼时顺数 1 到 10,下楼时倒数 10 到 1。

2. 根据幼儿活动情况适时给楼层编上楼层号,根据楼层号的数字在各楼层上、摆上相应数量的小动物。

3. 重点引导幼儿比较小动物数量的多少,感知从 1 到 10 这十个数字顺数时逐个多 1、倒数时逐个少 1 的关系。

4. 游戏玩得熟练后,教师可给阶梯图排上相应的数字后练习顺数和倒数。

表演区

我演"人鱼公主"

活动目标

1. 能运用身体动作和表情创造性地表现故事的情节及剧中的角色。
2. 体验与同伴共同进行童话剧表演的乐趣。

活动准备

美人鱼、人鱼姐妹、王子、女巫的头饰、道具、服装等。

活动建议

1. 指导幼儿创造性地进行角色的自我装扮。

2. 引导幼儿分角色表演故事的主要情节,鼓励幼儿用夸张的动作、生动的语言表现角色的特点。

3. 鼓励幼儿创编故事结尾部分,并进行合作表演。

阅读区

1. 海的女儿

活动目标

1. 喜欢读童话故事《海的女儿》。
2. 能够说出故事的主要角色和内容。

活动准备

图书《海的女儿》、动画片。

活动建议

1. 提供有关的图书,指导幼儿了解其故事内容。
2. 投放故事中的角色桌偶或手偶,引导幼儿复述故事,并和同伴合作进行手偶表演。
3. 重点引导幼儿熟练地进行角色对话。

2. 人鱼公主

活动目标

1. 喜欢读童话故事《人鱼公主》。
2. 能够进行故事中的角色对话。

活动准备

《人鱼公主》中角色手偶,背景图片。

活动建议

1. 指导幼儿熟悉《人鱼公主》童话故事的情节,掌握故事中角色对话。
2. 引导幼儿选用手偶和同伴一起讲述故事《人鱼公主》。
3. 鼓励幼儿大胆、自信地边表演手偶边讲述故事。

3. 走进人鱼公主小剧场

活动目标

1. 尝试和同伴一起创设小剧场。
2. 在模仿表演的基础上进行创造性表演。
3. 体验在舞台上表演童话剧的乐趣。

活动准备

自制服装、道具、面具，录音机，故事录音带等。

活动建议

1. 教师和幼儿共同创设小剧场的环境。

2. 鼓励幼儿面向全班招募小剧场演员。

3. 指导幼儿通过协商合理分配角色进行表演。

4. 启发幼儿排练不同的剧目进行表演。

5. 可以和绘画区活动联系起来组织幼儿设计演出票、绘制舞台背景等，提高幼儿的艺术表现能力。

建构区

海洋公园真有趣

活动目标

1. 能够主动与同伴分工合作进行搭建。

2. 创造性地表现"海洋公园"的主要构造。

活动准备

木质积木、易拉罐、奶粉桶、雪花片等。

活动建议

1. 引导幼儿在搭建前进行图纸的设计，并和同伴分工合作进行搭建，增强幼儿的合作意识。

2. 启发幼儿将辅助材料和积木进行组合，搭建"海洋公园"。

3. 指导幼儿根据图纸的设计，用雪花片拼插各种"海洋动物"摆在"海洋公园"中，丰富搭建内容。

4. 鼓励幼儿大胆、自信地向同伴介绍自己的作品，并与同伴分享，提高幼儿的语言表达能力。

体育活动

我是海军"娃娃兵"

活动目标

1. 掌握跑、爬、投的技能，提高身体动作的连贯性和敏捷性。

2. 以"娃娃兵"的形象参与游戏,增强在运动中的自我保护意识。

3. 体验与同伴合作并能坚强、勇敢地参与活动获得成功的快乐。

活动准备

1. 梯子 3 个(若没有,可用稍高点的大椅子代替),玩具冲锋枪 3 支,垫子 3 组,沙包(与幼儿人数相等),椅子 3 把,小红旗 3 面。

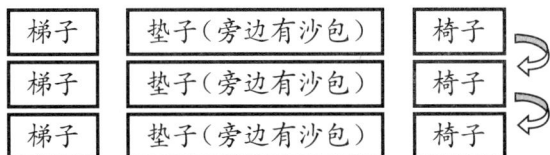

2. 场地布置如下:

梯子	垫子(旁边有沙包)	椅子
梯子	垫子(旁边有沙包)	椅子
梯子	垫子(旁边有沙包)	椅子

活动建议

一、创设情境,带领幼儿热身

随音乐做热身活动,重点活动脚踝及腰部。

二、自主探索,组织幼儿掌握动作要领

1. 出示垫子,引导幼儿自主探究垫子游戏,练习手、膝着地向前爬的动作。

2. 集体讨论,总结要领,再次练习。

重点引导幼儿练习双手、双膝都着地向前爬行。

3. 教师示范,引导幼儿掌握要领。

教师发令时,采用点将的形式如"敌人来了,3 号娃娃兵准备",训练幼儿的注意力,并引导他们愉快地投入到动作的练习中。

三、组织游戏,引导幼儿体验游戏的快乐

1. 游戏前激发幼儿做"娃娃兵"的自豪感和大胆投入练习的愿望,引导他们掌握跑、爬、投掷的动作要领。

2. 介绍游戏玩法:全体幼儿三列纵队齐步走入场地,并齐声说:"锻炼身体,增强体质,快快长大,保卫祖国。一、二、三、四!"游戏开始,教师扮演"指挥员",发出口令:"敌人来了,娃娃兵准备!"听到口令后,3 个组的 1 号"娃娃兵"同时跑至起跑线齐声说:"1 号娃娃兵到!""指挥员"发令:"出发!"3 名"娃娃兵"向前快跑登上"1 号阵地"(椅子)做开机关枪动作,嘴里发出"哒、哒、哒"的声音;接着跑下"1 号阵地",趴在垫子上做投弹(沙包)动作,嘴里发出"轰、轰"的声音,并爬过垫子;然后穿过"封锁线"(绕小椅子)返回,拍下一名幼儿的手,下一个幼儿再出发。依次进行,最后一个"娃娃兵"到终点时举起小红旗高喊:"我们娃娃兵胜利啦!"其他"娃娃兵"见红旗举起,也一起高呼:"我们胜利啦!"

2.提出游戏规则：

（1）一定要做到肩上投物,不能随意乱扔,并且只能投1个沙包。

（2）必须手脚及两膝着地爬过垫子。

（3）返回时必须绕过小椅子。

（4）最后一名"娃娃兵"举起红旗才算胜利。

3.游戏过程中教师及时鼓励胆小的幼儿勇敢攀登梯子,并适当予以辅助。

四、设置情境,带领幼儿放松身体

创设"娃娃兵晒太阳"的游戏情境,引导幼儿放松身体尤其是手臂、腿部的肌肉。

体育游戏

端着"小鱼"赛跑

经验

1.掌握平稳端球快跑的动作技能。

2.喜欢参与端球跑的游戏,懂得做事要坚持、要有耐心的道理。

材料

口杯、盘、小勺和椅子各2个（把）,玻璃球若干（上面贴有小鱼图案）。

玩法与规则

把全体幼儿分为人数相等的2队。每队起点处摆放1盘玻璃球"小鱼"、1把小勺,终点处放1把椅子,椅子上放1个杯子。游戏开始,每队排头幼儿拿起小勺,从盘子里捞起1个玻璃球"小鱼",端着向椅子方向跑去,放进杯中；然后绕过小椅子跑回,小勺交给第2人。依次进行,先完成的队获胜。

在活动过程中,幼儿必须用勺捞"小鱼"球,再端"小鱼"球行进；中途有掉"小鱼"球者,必须把"小鱼"球拾起,再继续比赛。

提示

1.游戏前教给幼儿拿小勺跑的正确姿势（像握接力棒一样握着勺柄）,避免发生危险。

2.游戏时,引导幼儿讨论平稳端球的方法,鼓励幼儿要耐心、要坚持到底。

3.教师可根据幼儿的实际水平增加游戏次数和难度。

主题活动案例

有趣的海洋世界

王亚楠

活动背景

《幼儿园教育指导纲要(试行)》提出:"各类幼儿园必须从实际出发,因地制宜地实施素质教育,要综合利用各种教育资源,为幼儿的发展创造良好条件,为幼儿一生的发展打好基础,引导幼儿接触自然环境,使之感受自然界的美与奥妙,激发幼儿的好奇心和认识兴趣;并且要结合和利用生活经验,帮助幼儿认识自然环境,初步了解自然与自己生活的关系。"

大海,对于生长在海边的孩子来说并不陌生。然而,当我问小朋友海洋有什么时,他们的第一回答往往只是鱼。其实,海洋的生物万万千千,可是由于自身知识和生活经验有限,小朋友对海洋世界的了解也很有限。他们会有很多疑问,如:在那美丽的海洋世界里,生活着多少小鱼和大鱼? 它们形态各异、天真烂漫,是否能和平友好相处? 它们的生活是不是无忧无虑的? 它们是否真的住着珊瑚和贝壳建造成的小屋,吃着丰富可口的海洋美食? 是否真的有一位美丽善良的人鱼公主,在等待着王子的出现? 海洋除了各种各样的鱼,还有什么? 于是,我们决定结合活动主题,带领孩子们一同去探索海洋世界的奥秘。

活动目标

1. 了解海洋世界常见海洋动物的名称,外形特征和生活习性,丰富孩子们对海洋世界的认知。

2. 能够运用观察、提问等方法,主动获取海洋动物知识,并能用较完整的语言讲述、交流自己的发现。自己或与同伴合作,采用多种方式如剪、贴、制作、绘画等,表征海洋世界。

3. 感受海洋世界的美丽和神奇,激发探究的兴趣,培养爱护海洋动物和热爱大海的情感。

活动准备

1. 家庭准备。

(1)请家长利用周末的时间,带领幼儿去"海底世界"或"极地海洋世界"游玩,欣赏海洋世界的美丽景象。

（2）请家长和幼儿一起搜集关于海洋动物的图书,家长与孩子一起根据相关图书内容制成绘本。

（3）家长给幼儿讲述关于海洋的故事,激发幼儿对海洋的兴趣,增加他们对海洋世界的了解。

（4）家长带孩子到海边捡垃圾,为海洋保持清洁做出一点贡献。

2. 班级准备。

（1）物质材料准备:准备各种关于海洋动物的图片和各种与海洋有关的图书,以及各种操作材料,如各种材质、颜色的纸,水彩笔,油画棒,剪刀,胶水等。

（2）区域材料投放。

图书区:浩瀚的海洋蕴藏的知识是无穷无尽的,在图书区里我们投放了有关海洋生物方面的书籍,这些精美的图书深深地吸引着孩子们,为他们的生活增添不少乐趣。

材料丰富的图书区

益智区:海洋棋及福禄贝尔玩具,为孩子们带来了新的乐趣。

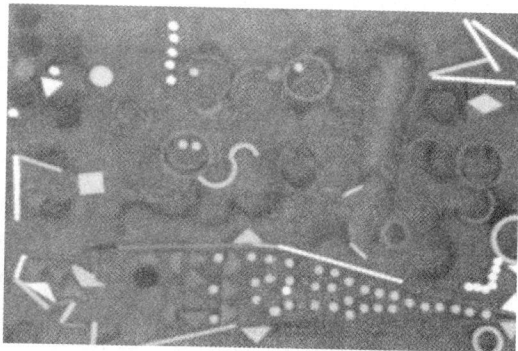

海洋棋　　　　　　　　　　　孩子们拼摆的"海洋世界"

科学区:投放海洋生物图片,介绍各种生物的基本结构及海水呈现的浮力现象。

搭建区:投放"极地海洋世界"的图片及各种海洋生物的图片,指导幼儿运用叠高、围拢、交叉连接等技能进行搭建。

"极地海洋世界"

孩子们搭建的"极地海洋世界"

角色区:投放海鲜食谱及各种海鲜食物,开设海边小厨房。

各种"海鲜"

小厨房的自治食谱

表演区:投放海洋背景板及服装道具,指导幼儿表演"人鱼公主"。

表演区的服装、道具

美工区:为幼儿投放大量的不同形式的图片及绘画范例,引导幼儿多角度地感受不同形式美术创作的魅力。

3. 创设主题信息墙。

主题信息墙是孩子们获得知识,提前了解主题信息最直接的一种方式。所以,每次在开展一个新的主题活动前,主题信息区是我们最先进行创设的主题环境。我们把图片、调

美工区的表征形式丰富多样

查问卷等张贴到信息墙上,让孩子们在第一时间里很直观地获取一些信息。在"有趣的海洋世界"这个主题活动中,我们根据主题架构网,提取了有关价值点作为信息墙的内容,如各种海洋生物、特殊的鱼、海鲜食物及海洋污染的危害及原因等版块。孩子们对墙面上的海洋生物图片都非常感兴趣,他们会时不时地蹲在那里相互讲述、相互分享。他们在这里知道了不常见的海洋生物的名称、特征及本领,了解到它们的营养价值,知道海洋世界里不仅仅有鱼,还有很多很多非常有特点的海洋生物,同时认识到保护海洋的重要性。

主题信息墙"有趣的海洋世界"

活动实录

活动1 海洋世界大探秘

为了确保主题的顺利开展,我组织孩子们进行讨论,了解他们对海洋世界的认识。我问孩子们:"小朋友,你们知道海洋世界都有什么吗?"孩子们异口同声地说:"鱼。"我继续引导他们:你们还知道其他的海底动物吗?有的说螃蟹,有的说海龟,有的说大鲨鱼,都是一些常见的海洋生物。于是,我便展示了更多的图片让孩子进行观察,让他们了解海洋的神奇,激发他们对海洋世界探索的兴趣。但是,仅仅靠对图片的观察,并不能够满足孩子们的好奇心。所以,我们在主题活动前,发动家长带领孩子去"海底世界"参观,探索更多海洋世界的奥秘。家长们积极响应,利用周末时间带孩子去观察,近距离地了解海洋生物。果然,在幼儿园里,孩子们都忍不住将自己的所见所闻与大家分享。乐乐告诉我,他去"海底世界"看到了好多好多的水母,可漂亮了,像一盏盏小灯,而且越漂亮的水母可能会越有毒哦! 平时不爱发言的睿睿也说,他去到"海底世界"看到好多好多漂亮的小鱼,什么颜色都有,他还喂它们了,还见到了漂亮的"美人鱼"呢! 孩子们你一言我一语,兴奋地交流着对海洋世界的认识和感受。在交流的过程中,我发现这次探秘行动,不仅让孩子们近距离地观察、了解更多的海洋生物,更是激发了幼儿探索的兴趣,从而为主题活动的开展奠定了良好的基础。

孩子们参观"极地海洋世界"

▶ **活动小结**

身临其境的观察、触摸等一系列的参与性活动,使孩子们更直观地认知和感受,探索兴趣得以激发。有了这样的感受,孩子愿意与大家进行交流与分享;在交流与分享的过程中,孩子们的语言表达能力增强了,自信心也提高了。

活动2 海洋世界真美丽

为了便于孩子们的表征,我们在美工区投放了多种材料,如水墨、拼贴、刮花、手工制作等。有一天,小冉在美工区拼贴"小鱼"的时候问我:"王老师,瞧,这些'小鱼'拼出来的都是扁扁的,我们能不能做一个圆圆的'小鱼'呀? 那样看起来才像真的。""圆圆的?"我表示有点不太明白。这时霖霖在旁边着急起来,说:"哎呀,王老师,就是我们以前用橡皮泥做的那种可以站着的'小鱼'啊。我们用纸可不可以做啊?"我明白孩子们说的意思了。原来,他们是想做有立体感的海洋生物! 于是,我便请实习老师做了两块海洋底板。然后,我引导孩子们用各色卡纸制作"小鱼"。将做好的平面"小鱼"中间轻轻地折一下,粘在海洋底板上,就好像是真的小鱼一样了。孩子们高兴地欢呼起来:"王老师真厉害,真是个大能人呢。"听到孩子们这样表扬,我还真是有点不好意思呢。孩子们在一片欢笑声中,便开始了自己的制作。有的做了"大鲨鱼",有的做了"大章鱼",还有的做了"海星"等。在我的帮助下,孩子们又添加了水草等辅助性材料,美丽的"海洋世界"便出现了。孩子们立即提议:"快! 快! 王老师我们摆到外面吧,让爸爸妈妈也看看。"就这样,孩子们学习了一项新本领。

孩子们用各种形式表征自己眼中的"海洋世界"

▎**活动小结**

兴趣是孩子最好的老师,当孩子对一件事物感兴趣时才会去探索。作为一名老师,我们应该把孩子的兴趣作为一条引线,将更多的相关事物串联起来并巧妙地融入孩子的生活中去,引领他们在探索中体验、在体验中收获、在收获中成长与发展。

活动3 美人鱼游来了

"在大海的最深处,有一个人鱼王国。王国里有一条可爱的小美人鱼,她是海洋世界里最美的公主……"每当听到这个开头时,孩子们便会忍不住地和我一起讲下去。善良可爱的小人鱼,让每一位孩子都很喜欢。当我和孩子们一起讨论庆"六一"版画系列活动内容的时候,孩子们喊道:"画小人鱼吧,她那么漂亮。"我觉得孩子们的提议不错,便和几个孩子一起用版画设计出大轮廓。"在美丽的大海深处有一座城堡,城堡里住着一位美丽的小人鱼公主。她每天都会在大海里和她的小伙伴们一起做游戏,生活得非常开心。"孩子们按照画面上的轮廓,开始了"艰难"的刻画创作。虽然在这一过程中有一点辛苦,但是孩子们丝毫没有放弃的念头。经过两天的努力,孩子们终于完成了底板的制作。接下来最关键的就是刷色及覆盖纸板拓印的过程。有的孩子会不小心将颜色弄到自己的身上,可是他们依旧在快乐地进行刻画。在大家共同努力下,版画上的内容成功地呈现在白纸上。孩子们虽手染颜料,但却开心地拍手叫好。

这种新的创作形式,给孩子们带来了极大的快感;同时,集体合作也促进了孩子们之间的交流学习。你在这里刻条小鱼,我在这里刻一只大螃蟹,孩子们互相商量,亲密无间,将人鱼公主的美丽善良通过作品分享给所有人。

▎**活动小结**

日常生活中感兴趣的事物,更容易引起幼儿的共鸣、激发幼儿的兴趣,从而引发幼儿想做、敢做、坚持做的欲望。这也正是这孩子们在参与过程中积极主动的原因所在吧。

版画《美人鱼》

活动4 亲子海洋绘本制作

亲子阅读可以促进孩子与父母之间的亲密关系,而对于学龄前儿童来说,亲子阅读显得更为重要。它可以让孩子们在阅读的过程中得到爱与快乐,同时还可以汲取知识,提高孩子们的语言表达能力及思维能力。孩子们在阅读的过程中,往往喜欢将有关内容结合在一起,这样就可以调动孩子想象力及创造力。所以,我们结合主题活动及读书节,开展了"亲子海洋绘本制作"活动。孩子们与父母一起进行了海洋绘本制作。在制作过程中,孩子们将心中所想通过双手呈现在绘本上。此活动不仅提交了动手能力,还拓展了孩子们思维。孩子们体会到书中的乐趣,增强了阅读的欲望。

▶ 活动小结

通过亲子绘本的制作,不仅会使幼儿爱上读书,而且锻炼了幼儿的动手能力。但是,幼儿制作的绘本质量高低不等,这需要我们不断提醒家长支持幼儿的创作,从而促使幼儿喜欢制作绘本、喜欢读书,并从绘本中得到快乐、提高能力。

活动5 保护海洋 人人有责

在主题信息墙上,我张贴了一些海洋污染图片。在午餐的过渡环节中,哲哲便和傅新轩两个人讨论起来:"瞧,多脏啊,都不能下海玩了,小鱼也都死了,太可怜了。"两人的讨论引起了旁边更多小朋友的共鸣。借此,我便在下午给孩子们上了一节保护海洋的教育活动课。当观察到处都是垃圾、被污染的小鱼漂浮在海面上的图片时,孩子们的表情是惊讶的。我顺势提问:"为什么大海会变成这个样子?"孩子们纷纷举手说:"因为人们往大海里面扔垃圾。""因为垃圾车里的垃圾倒进了大海里。""那么海里的小鱼为什么漂浮在海面上?"我接着追问:"老师,那些小鱼吃了垃圾,所以就被毒死了。""老师,小鱼的家都变成了垃圾场了。""老师,那些小鱼可真可怜呀!""我们应该怎样来保护大海,让大海变回原来的样子呢?"我又一次抛出问题。接下来,孩子们都说出了自己的想法。这时,我又引导孩子们用绘画等不同的形式,表征保护海洋的方法,使他们进一步认识到要爱护我们的环境,保护我们的大海,让大海永远纯净、蔚蓝。

老师组织孩子们讨论"如何保护海洋"

孩子们表征的"保护海洋"

▶ **活动小结**

说起大海，人们的脑海里就会浮现出蓝天、白云、沙滩。孩子们心里的大海，也是这样的。他们会想到在沙滩上跑来跑去的沙滩蟹、海面上的一艘艘渔船，还有美丽的海洋世界。当孩子们看见漂满垃圾的海面时，内心受触动了。孩子们对大海为什么会污染、应该怎样保护大海展开热烈的讨论，想出了各种方法。通过这次活动，不仅使孩子们对大海的喜爱之情更加浓厚，还对海洋有了更深层次的了解和认识。

活动反思

1. 主题活动开展有了家长的参与才能更有实效性。活动中，我们充分利用家长资源，请家长搜集相应的主题资料，与孩子一起进行亲子制作。有了家长的参与和支持，有了这些物质材料做基础，我们的主题活动就会更加深入、更加顺畅。

2. 教师要善于捕捉幼儿的兴趣点，并能根据他们的兴趣点开展活动。在活动中，要引导孩子不断深入探究，在探究中观察、发现、收获。

3. 教师要树立随机教育的意识。在日常生活中，把握适当的时机，利用幼儿已有经验和幼儿的兴趣点，激发幼儿积极向上、愿意学习的欲望，教育就会取得事半功倍的成效。当然，我们必须将随机教育和有目的、有计划的教育有机地结合起来，这样才能更好地实现幼儿园的教育目标。

大班上学期主题活动

海边的孩子爱大海

　　大班上学期主题活动"海边的孩子爱大海"包括"海上的船"(含分区活动,第一周进行)和"我是小海军"(含分区活动,第二周进行),其活动目标及内容安排、分区活动与环境创设分别见表 2-5-1、表 2-5-2、表 2-5-3、表 2-5-4。

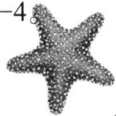

表 2-5-1 海边的孩子爱大海——"海上的船"活动目标及内容安排

活动目标	教育活动	生活活动	家长与社区	户外活动
1. 了解船的种类、构造及船的发展史；认识儿种常见的船——货船、客船、渔船、军舰、帆船等，知道船给人们生活带来的方便。 2. 能积极参与关于船的探究活动，并能用语言、绘画、制作、表演等方式表达自己对船的认识。 3. 感受船的种类之多及船给我们生活带来的便利，喜欢参与探索活动，并体验探索带来的快乐。	1. 各种各样的船（科学） 2. 参观青岛港（社会） 3. 造船工人来我班（科学、语言） 4. 划船歌（音乐） 5. 远航（科学、美术） 6. 续编故事——小船的旅行（语言） 7. 我做的船（美术） 8. 未来的船（美术）	1. 引导幼儿在一日过渡环节中分享自己见过的船，鼓励幼儿大胆表达自己的想法。 2. 引导幼儿在散步环节中分享自己在码头的收获，介绍在码头上的所见所闻，了解当季的海鲜有哪些。 3. 指导幼儿在洗手前注意挽衣袖，身体离水池边须有一定的距离，防止洗手时将衣物弄湿。 4. 指导幼儿户外活动时能够主动用纸巾或毛巾擦汗，避免见风感冒。	1. 请家长协助幼儿一起搜集关于船的资料，资料可以是文字、图片、影像、模型等。 2. 请家长带幼儿一起参观周边的码头，重点观察海边的船只，并做好观察记录。 3. 请家长协助幼儿搜集纸盒瓶子等废旧材料，用于幼儿制作大船。 4. 请家长和幼儿一起进行关于船的亲子阅读，丰富幼儿对船的经验。	体育活动： 勇敢的小水兵 体育游戏： 划船 自选体育活动： 1. 提供大摇绳，引导幼儿掌握大摇绳的方法，进行游戏"鲤鱼跳龙门"。 2. 提供小跳绳，引导幼儿掌握连续跳小跳绳的技能。

表2-5-2 海边的孩子爱大海——"海上的船"活动区活动与环境创设

区域名称	活动内容	活动目标	环境创设
美工区	1. 远航的船	能够运用团圆、压扁、搓条、切割等方法，用橡皮泥及辅助材料制作"船"。	主题氛围营造：墙壁画"船的发展史"；将幼儿和家长合作制作的"船"展示在橱柜上，布置成"船的展览会"，并为自己的"船"命名、做介绍等，供未来的家长、小朋友参观、欣赏。
	2. 我喜欢的船	运用剪、贴、组合等方式创造地制作"大船"，并能大胆地向同伴介绍自己的作品，完整地表述自己的想法。	互动墙饰："各种各样的船""未来的船"
	3. 大轮船	能用流畅的线条画出船的轮廓，并用点、线、面等元素进行创造性装饰。	主题信息区： 1. 张贴"船的发展史"，如竹筏和木筏→小木船→帆船→水泥船→铁质船→各种海洋巨轮。
	4. 帆船比赛	能够绘画出帆船比赛中人物的动态和表情，并用油水分离的形式画出背景。	2. 展示幼儿"船的分类"调查表、统计表。
	5. 小帆船	学习看图示进行折纸"小帆船"，掌握双梯形的折法。	
益智区	海上的船	能够用福禄贝尔玩具创造性地组合、拼贴自己设计的"船"，并能借用辅助材料进行创造性拼摆，突出船的特点。	
科学区	远航	尝试用不同的材料制作"小船"，并能使其平稳地漂浮在水面上，探究不同材料的沉浮现象。	
表演区	小白船、摇呀摇	能够与同伴边表演边演唱优美的歌声进行表演唱。	
阅读区	1. 刻舟求剑	理解故事内容，能够仔细看每幅图之间的联系，完整地讲述故事。	
	2. 小船的旅行	对绘本故事的内容进行续编，并能够用绘画的形式进行表征。	
角色区	海上游轮	了解产品的多样性，能够与同伴协商与同伴协商分配角色进行游戏。	
建构区	1. 造船	利用积木或废旧纸盒等材料与同伴合作搭建"船"，表现船的主要特征。	
	2. 海上之舟	了解船的特征，利用雪花片运用十字插、一字插和转向连接的方法拼插自己喜欢的船。	

表2-5-3 海边的孩子爱大海——"我是小海军"活动目标及内容安排

活动目标	教育活动	生活活动	家长与社区	户外活动
1. 认识海军，初步了解了有关海军的各种武器，认识航空母舰和潜艇。 2. 能够积极地参与到活动中进行探索，并能大胆地表达自己的见解，用自己喜欢的方式表现海军的特点，并能够与同伴合作进行方阵舞的表演。 3. 体验海军严明的纪律以及军人不怕累、不怕苦的精神，从而产生尊敬、热爱解放军的情感，激发对祖国的热爱和保卫国家安全的情感。	1. 海军来了（社会、语言） 2. 海上守护者——航空母舰（科学） 3. 我是小海军（音乐） 4. 潜水艇（科学） 5. 神奇的小海军（美术）	1. 指导幼儿在站队的时候能够像小海军一样站得整齐、安静。 2. 指导幼儿在散步的环节分享一下自己对军舰的认识，并能完整地表述自己的见解。 3. 指导幼儿饭后用餐巾擦嘴，擦完后将纸放在指定位置上，维护班级的公共秩序。 4. 指导幼儿脱掉外衣和外裤睡午觉，睡觉时不趴着睡，自己安静入睡而不打扰别人。	1. 请家长带幼儿走进海军博物馆，参观军舰等海军装备。 2. 请家长带领幼儿走进海军公园，了解海军的故事。 3. 请家委会成员牵头组织亲子参观海军基地，观看航空母舰。 4. 请家长帮助幼儿养成收集材料的好习惯，用于制作"航空母舰"。	体育活动： 甲板上的游戏； 体育游戏： 捡水雷 自选体育活动： 1. 提供海绵棒，引导幼儿创造性地进行"海绵棒"的游戏。 2. 提供竹筒等沙、水玩具，引导幼儿玩"引水流"的游戏。

表2-5-4 海边的孩子爱大海——"我是小海军"区域活动与环境创设

区域名称	活动内容	活动目标	环境创设
美工区	1. 航空母舰	大胆想象，设计"航空母舰"。根据自己的设计，运用画、剪、粘贴等方式进行制作"航空母舰"。	主题氛围营造： 1. 张贴幼儿搜集的关于海军和军舰的资料。 2. 创设海军武器展示区，引导幼儿展示自己制作的"武器"。 3. 粘贴海军的军旗等进行环境的渲染。
	2. 神气的小海军	能用碳棒画出海军的服装特点和职业特点。	
	3. 军舰	认识版画画的材料，学习版画技能，能够用版画的创作方法拓印"军舰"。	
益智区	海军本领大	了解海军的本领，能够用福禄贝尔拼摆出具有背景的动态人物形象。	
科学区	潜水艇	了解潜水艇制作的原理，学习制作"潜水艇"的方法。	互动墙饰： "神气的小海军"
阅读区	1. 海边故事多	喜欢阅读海洋类的图书，并能够将自己阅读收获与同伴进行分享。安静地阅读图书，养成良好的阅读习惯。	主题信息区： 1. 搜集关于海军的信息进行分类介绍。 2. 搜集关于航空母舰的资料进行介绍。
	2. 海上快讯	将自己收集的海洋信息资料拼贴成简报，讲述海上最近发生的故事。了解各种信息的搜集渠道：报纸、杂志、网络等，养成收集信息的好习惯。	
	3. 我爱大海	了解绘本的构成，能够将收集的海洋的保护海洋的方法结集成册。	
表演区	小海军	引导幼儿根据节奏图谱自由组合，自主配乐器，进行合作演奏。	
建构区	海上巨无霸	能够与同伴合作，运用围拢、转弯和连接的形式搭建"海上巨无霸"。	

次主题活动一　海上的船

本活动包括"活动 1　各种各样的船""活动 2　造船工人来我班""活动 3　参观青岛港""活动 4　划船歌""活动 5　远航""活动 6　续编故事:小船的旅行""活动 7　我做的船""活动 8　未来的船"以及区域活动。

活动 1　各种各样的船（科学）

活动目标

1. 认识几种常见的船:客船、渔船、军舰等,知道船的基本特征。
2. 能够大胆地用语言、绘画等形式表达自己对船的认识。
3. 感受高科技给人类带来的便利。

活动准备

课件,海洋棋。

活动建议

一、谈话导入,引导幼儿回忆已有的经验

教师提问:你见过什么样的船? 在哪里见过? 它是什么样子的?

二、进行"海洋棋"游戏,引导幼儿认识各种船

1. 出示海洋棋,引导幼儿了解"海洋棋"的游戏规则。
(1)认识筛子,知道筛子的使用方法。
(2)找准"海洋棋"的起点、终点,认识"游戏棋"的游戏路线。
2. 玩"海洋棋",认识各种各样的船只,了解船的特殊功能和用途。
玩法:两个棋子分别代表"老师"和"小朋友",经剪子包袱锤后,决定哪一方先走,走几步需要经过投骰子决定;走到哪就要介绍某种船只,或者根据要求进行其他游戏。
鼓励幼儿在游戏中能够大胆地说出自己认识的船,完整地介绍船的功能和用途,激发对船的探究兴趣。
3. 结合课件,引导幼儿找一找游戏中没有涉及的船只。
教师提问:哪一艘船我们在游戏中没有说到,你认识它吗?

三、观看视频,引导幼儿了解船的特点

1. 播放视频,引导幼儿初步了解船的结构和行驶的原理。

2. 集体讨论,猜想船行驶的原理。

请幼儿猜想,大胆表述自己的想法。

教师提问:你知道船为什么会前进吗?

3. "推推乐"游戏,感知力的作用是相互的,认识船前进的原因。

四、表征船只,相互交流

引导幼儿表征,自己最喜欢的船并在结束后相互之间进行交流。

活动2 造船工人来我班(科学、语言)

活动目标

1. 认识造船工人,初步了解船的制造过程。

2. 能够大胆地表达自己的想法,主动与造船工人交流。

3. 感受船给人们生活带来的便捷,懂得造船工人的辛苦。

活动准备

1. 提前与造船工人联系,备好课,做好相关准备。

2. 造船过程中不同阶段的图片。

活动建议

一、播放视频,激发幼儿的活动兴趣

1. 播放视频,引导幼儿初步了解造船工人的工作。

教师提问:仔细看,视频中有谁?他们在做什么?

2. 组织幼儿讨论,交流自己对造船工人的认识,激发幼儿对造船工人的崇拜之情。

教师提问:你觉得他们哪里了不起?

教师小结:造船是一件辛苦的事情,造船也是一个很伟大的职业。

二、客座教师介绍造船,引导幼儿了解船的制造过程

1. 认识造船工人,引导幼儿了解造船工人的工作。

引导幼儿有礼貌地与客座教师打招呼,观察造船工人的服饰、鞋帽等,引导幼儿了解造船工人的工作环境和工作内容。

2. 造船工人讲述造船故事,引导幼儿了解船的制造过程。幼儿倾听客座教师讲述造船的故事,通过观看图片和与造船工人互动,初步了解造船的过程。

3. 引导幼儿大胆并有礼貌地向工人叔叔提出自己的疑问,更深入地了解造船工人的工作。

教师提问:造船工人叔叔们每天在船厂做什么事情?造船先从哪里开始做?多长时间能造好一艘大船?指导幼儿做好记录,进行分享。

三、造船工人展示技术,引导幼儿体验造船工人的辛苦

1. 造船工人展示自己的专业技能,向幼儿介绍自己的工作的专业性。幼儿与造船工人积极交流,进一步了解船的构造及一些简单的造船原理,感受造船的专业性。

2. 幼儿与造船工人互动,加深对船的了解与认识。

四、赠送礼物,组织幼儿表达对造船工人的敬佩之情

1. 造船工人和幼儿一起利用废旧材料制作船只模型。

2. 幼儿向造船工人赠送礼物,表达内心的尊敬之情。

活动3　参观青岛港(社会)

活动目标

1. 了解青岛港,认识码头的简单设施,知道码头是船只停靠的场所。
2. 积极地参与参观活动,能够用自己的方式做好记录并表达自己参观的收获。
3. 感受船给人们带来的便捷,感受造船工人的伟大。

活动准备

1. 联系安排参观码头的时间、地点。
2. 教师整理幼儿在调查表中提出的问题,并针对比较集中的问题有针对性地安排相关活动。
3. 水彩笔、画纸等。

活动建议

一、组织讨论,引导幼儿了解参观活动注意事项

1. 集体讨论,梳理参观注意事项。

教师提问:我们要去参观码头,在去的路上要注意些什么问题?我们在码头参观时要注意些什么?

教师在总结孩子们经验的基础上再进行补充,总结参观要求:遵守纪律、懂礼貌、讲文明、注意安全。

2. 分组讨论参观中最想了解的问题。

（1）幼儿分组讨论。

（2）幼儿小组进行再次商讨及修改,做好最后的采访稿。

二、参观码头,引导幼儿了解港口运作情况

1. 集体参观青岛港,观察码头上的基本设施。

（1）引导幼儿注意观察码头里的设施。可提问:码头上都有什么?

（2）引导幼儿讨论:码头上有船吗? 码头上的船有什么特点?

教师小结:这里就是青岛港,是太平洋西海岸重要的国际贸易口岸和海上运输枢纽。在这里有很多的货船,它们装满着各种各样的货物。

2. 听码头的工作人员介绍青岛港,引导幼儿认识青岛港、了解码头的设备及用途。

（1）听码头工人介绍青岛港:码头可停靠 5 万吨级船舶的泊位有 6 个,可停靠 10 万吨级船舶的泊位有 6 个,可停靠 30 万吨级船舶的泊位有 2 个;主要从事集装箱、煤炭、原油、铁矿、粮食等进出口货物的装卸服务和国际国内客运服务。

（2）了解码头的设备及用途。通过工作人员的专业讲解,引导幼儿认识塔吊、装卸桥、运输带等设备,了解码头上的日常工作。

3. 主动并有礼貌地与码头工作人员进行交流,提出自己的疑问,引导幼儿了解更多关于青岛港码头的信息。

三、交流分享,组织幼儿绘画表征

1. 组织幼儿谈话,交流参观的感受。

教师提问:今天你看到了什么? 给你留下最深刻印象的是什么?

2. 引导幼儿利用绘画的形式表达参观码头的见闻和感受。

（1）指导幼儿将自己参观时感受最深刻的事情表征出来。

（2）指导幼儿创造性地进行表达,注意布局合理、画面整洁。

3. 引导幼儿相互交流与分享作品。

活动 4　划船歌(音乐)

活动目标

1. 理解歌词,学会演唱歌曲。

2. 学习用雄壮有力的歌声及不同的动作来表现歌曲的内容。

3. 感受劳动号子的音乐风格。

活动准备

自制图片、图谱,划船比赛的 VCD,一面小鼓。

活动建议

一、观看视频,引导幼儿感受划船比赛时的气氛

1. 观看视频,激发兴趣。

教师提问:他们在做什么?他们是怎样划船的?(引导幼儿学做划船动作)

2. 结合练声,进行气息练习。

引导幼儿用"嘿呦!嘿呦!嘿嘿!""加油!"的助威声为划船比赛鼓劲儿,同时感受劳动号子的魅力。

二、开展游戏,引导幼儿学习演唱歌曲

1. 完整欣赏歌曲,理解歌词内容。

教师提问:在歌曲中你听到了些什么?他是怎么唱的?你来试一试?

2. 教师根据幼儿回答,结合图谱引导幼儿学唱歌曲第一段。

教师提问:应该用怎样的声音来唱这首歌?(引导幼儿用雄壮有力的声音唱歌)

教师小结:这首曲子可以用雄壮有力的歌声表现歌曲的内容。

3. 初步学唱歌曲第二段,尝试创编动作。

教师提问:这一段和第一段有什么不一样的?幼儿学唱歌曲第二段。

4. 幼儿根据歌词内容尝试创编动作。

(1)教师提问:哎呀!不好,起风了,风浪越来越大,小船摇摇晃晃的,怎么办?

(2)引导幼儿编创多人合作划船的动作。

三、分组活动,组织幼儿边演唱边表演

1. 幼儿分组进行表演。

2. 教师敲小鼓,幼儿听鼓点进行表演。

四、做划船动作,在音乐中结束活动

幼儿在音乐中,做划船动作走出活动室。

附:歌曲

划 船

$$2 \quad - \quad | 2 \quad 0 \quad | \underline{2 \ 5} \ \underline{2 \ 1} \ | \ 6 \quad 5 \quad | \ 5 \quad \overset{\frown}{\underline{2 \ 6}} \ 5 \quad - \quad | \ 5 \quad 0 \ : \|$$

| 快 | 呀, | 绕 过 这 座 小 山 | 划 过 桥 | 呀! |
| 大 | 呀, | 绕 过 这 座 小 山 | 划 过 桥 | 呀! |

活动5 远航（科学、美术）

活动目标

1. 初步了解船的基本结构,知道船浮在水面上的原理。

2. 能自己动手制作"小船",并能使其平稳的漂浮在水面上。

3. 形成初步的空间知觉,体验制作小船的成功感。

活动准备

矿泉水瓶、木块、石块、剪刀、透明胶、铅笔、纸盘等。

活动建议

一、出示小船,激发幼儿的制作兴趣

教师提问:船有什么特点？为什么会浮在水面上？

出示教师自制小船,激发幼儿制作小船的兴趣。

二、出示材料,引导幼儿自选材料制作"小船"

1. 教师介绍材料,幼儿认识各种材料。

2. 鼓励幼儿大胆选择材料制作"小船"。教师指导能力较弱的幼儿,使每个孩子都能体验到成功的喜悦。

3. 引导幼儿动脑筋想办法制作可以浮在水面上的"小船"。

引导幼儿运用可以漂浮的物品制作"船"的船身,如泡沫、矿泉水瓶子、和塑料盒子。尽量避免使用纸做"船"的"船底"和"船身"。

三、"小船"试航,引导幼儿交流成败的原因

1. 请个别幼儿介绍做"船"所用材料,说明原因,并将自己的"船"试航。

2. 请所有的幼儿将"船"试航,观察自己的小"船"能否平稳的漂浮在水面上。

3. 幼儿讲述成功或失败的原因。

四、小组合作,组织幼儿进行帆船比赛

1. 将小"船"放在水中看谁的小"船"行驶的快,说说为什么。

2. 分组进行小"船"比赛,并为获奖者进行颁发奖牌。

活动6　续编故事：小船的旅行（语言）

活动目标

1. 理解绘本内容，学习词语"精神百倍""悠闲自在"。
2. 能够根据绘本内容续编故事，并大胆地讲述。
3. 懂得遇到事情不怕困难，勇往直前。

活动准备

绘本课件，纸，绘画笔。

活动建议

一、阅读绘本，激发幼儿的活动兴趣

教师提问：这是书的封面，看，上面有什么？你们觉得这艘小船会遇到什么样的事情？

教师引导幼儿观看画面，了解绘本封面内容，激发幼儿兴趣。

二、讲述故事，引导幼儿理解故事内容

1. 教师边引导看绘本，边讲述故事。
（1）在观看绘本的过程中引导幼儿进行猜想。
（2）在讲到词语"精神百倍""悠闲自在"两处时，可引导幼儿用动作及表情表现两个词语的含义。

2. 引导幼儿帮小船想办法解决遇到的困难。

在讲到小船遇大浪时，教师提问：小船遇到这样的事情会怎样解决呢？引导幼儿积极想办法，并积极表达自己的想法。

教师小结：我们小朋友在遇到困难时应该像小船一样积极动脑筋，想办法。

三、续编故事，引导幼儿进行绘画表征

1. 引导幼儿选择一种情况，将自己的想法表达出来。
2. 引导幼儿和同伴互相交流自己的想法，并编成故事讲给大家听。

四、展示绘画，引导幼儿深入感悟故事内容

1. 将幼儿的绘画内容全部展示出来，引导幼儿感悟故事内容。
2. 鼓励幼儿感受小船不怕困难、勇往直前，向小船学习助人为乐的良好品质。

附:故事

小船的旅行

这就是小船,它在小镇上每天运送旅客和货物。有一天,一个小男孩跑过来跟它说:"小船,你能帮我送封信吗,给一个远方的朋友""好啊!"小船精神百倍地出发了。目的地是一座大港口城市,那是它从没去过的地方。在辽阔的海面上,小船鼓足劲朝前开。"海风吹的真舒服呀!""扑通"—"扑通"—小海豚游了过来。"喂,小船。你去哪呀?""我要去很远的港口送信。""噢,好厉害呀,小心点儿!"越过了"鲸鱼"小岛、"尖顶"小岛、"猪头"小岛,小船使劲地朝前开。正开着—忽然,天空变黑了,下起了大雨。"哎呀呀,大浪卷过来了!""哎哟""扑通"……"啊,好险呀!"终于,天晴了。"哇,这么大的彩虹还是第一次看见呢!"快到傍晚了。"大港口城市,还很远吗?""在这休息一下吧!""哗哗哗……哗哗哗……"听着海浪的声音小船进入了梦乡。天亮了,"太阳早上好!"小船又精神百倍地出发了,一艘大船开了过来—转眼间,它就不见了。可小船没在意,不慌不忙、悠闲自在地继续前行。后来,不知道又开了多久……"啊!? 好多好多船!"到岸啦! 小船终于到达了大港口。小女孩笑着对它说:"小船,谢谢你!"

活动7 我做的船(美术)

活动目标

1. 了解船的外形和结构,学习捏梯形的方法。

2. 大胆尝试用牙签等辅助材料连接"船"的各部分,并根据自己的意愿设计各种各样的"船"。

3. 体验用泥工做"船"的成功感。

活动准备

课件(各种船的图片:渔船、轮渡、帆船),牙签,橡皮泥,泥工板。

活动建议

一、播放课件,激发幼儿的活动兴趣

1. 播放课件,观看各种各样的船只,引导幼儿进行回顾。

教师提问:这些船是什么样子的? 由哪几部分组成?

2. 教师小结:船由船底、船舱组成,帆船上还有船帆。

二、出示泥工作品,引导幼儿学习制作

1. 教师出示橡皮泥制作的"立体船",引导幼儿观察"船"制作的方法。

教师提问:这个"船"是用什么做的?它是怎么做出来的?

教师小结:可以先做船身再做其他装饰。

2. 重点示范船底梯形的捏造方法,引导幼儿尝试捏出梯形。

教师示范"船"底的做法:选出一块橡皮泥,团圆,捏造成梯形。此环节中,具体指导幼儿捏造成梯形的过程,注意两条边的长度不同且平行。

3. 启发幼儿想象,教师巡回指导。引导幼儿根据自己的意愿进行"船"的制作,尝试使用牙签进行连接各个部分。

教师提问:你觉得用什么工具可以把"船"的几个部分连接起来?

4. 鼓励幼儿用各种辅助材料对"船"进行装饰。

三、作品欣赏,引导幼儿感受完成泥工制作的成功感

将幼儿制作的泥工作品摆放在走廊供家长、老师和幼儿欣赏,共同感受制作的成功感。

活动8　未来的船(美术)

活动目标

1. 了解现代船的功能及特点。
2. 能够创造性地设计未来的船,并能大胆表达自己的设计。
3. 体验创意给我们带来的乐趣。

活动准备

1. 各种船图片与玩具,模型若干。
2. 有关各种船的知识。
3. 绘画用纸,笔,范画等。

活动建议

一、情境导入,激发幼儿的活动兴趣

1. 情境导入:我们是航海考察团,我是团长,我们开着船出发吧。(听音乐,做开船的动作)

2. 幼儿观察船。

提问:经过刚才的考察,你认为现在的船还有哪些地方需要改进?

二、观看图片,萌发幼儿的创作意愿

1. 出示图片,引导幼儿观察图片。

教师:孩子们,我们一起到未来的船城看一看吧。

2. 教师引导幼儿观看未来的船,介绍船的功能、形状、颜色等。

教师提问:如果你是船设计师,就请你来设计出未来的船,看谁设计得最有新意。

教师小结:未来的船不仅造型新颖、独特,在功能上也与我们身边的船不一样,它们具有了更多的新功能。

三、巡回指导,鼓励幼儿绘画表征

1. 鼓励幼儿设计出与别人不一样的船只,并能设计出独特的功能。

2. 鼓励幼儿从船的造型、功用等方面进行表征。

四、展示作品,引导幼儿交流与讲评

1. 组织幼儿讨论:你喜欢哪一件作品?为什么?

2. 引导幼儿一起布置"未来船展"。

五、自行设计,展现幼儿的想象力

在活动区为幼儿提供各种废旧物品,引导幼儿尝试用各种形式来制作未来的船,提高幼儿的动手能力,开发幼儿的想象力。

未来的船

区域活动

美工区

1. 远航的船

活动目标

1. 认识常见的几种船：客船、货船、渔船等，了解船的外形特点。
2. 能够运用团圆、压扁、搓条、切割等方法，用橡皮及辅助材料制作"船"。

活动准备

各种船的图片，各色橡皮泥，瓶盖、木片、吸管等辅助材料。

活动建议

1. 引导幼儿仔细观察图片，认识常见的几种船，了解船的外形特点。
2. 指导幼儿运用团圆、压扁、搓条、切割橡皮泥等方法制作"立体船"。
3. 幼儿可以尝试将"船"的各部分进行分解制作，然后再组合成"船"。
4. 引导幼儿创造性地使用各种工具及辅助材料进行制作，如瓶盖可以用来做救生圈、牙签可以用来做船上的栏杆。

2. 我喜欢的船

活动目标

1. 运用剪、贴、组合等方式创造性地制作大"船"。
2. 能大胆地向同伴介绍自己的作品，完整表述自己的想法。

活动准备

各种大小不一的纸盒，剪刀，透明胶、双面胶，彩纸、颜料、瓶盖、瓶子等各种辅助材料。

活动建议

1. 指导幼儿运用剪、贴、组合等方式制作大"船"。
2. 观察船的结构，引导幼儿每一部分都选取合适的材料进行制作。
3. 启发幼儿运用彩纸、颜料、辅助材料等创造性地装饰"船"。
4. 鼓励幼儿大胆地向同伴介绍自己做的"船"，完整地表述自己的想法。

3. 大轮船

活动目标

1. 能用流畅的线条画出船的轮廓，并用点、线、面等元素进行创造性装饰。
2. 感受线描画带来的不同视觉效果。

活动准备

各种船的图片，黑色的不同粗细的马克笔，各种点、线、面的元素经验板，纸，笔，油画棒。

活动建议

1. 引导幼儿观看船的图片，并能运用流畅的线条表现船的轮廓。
2. 指导幼儿用点、线、面等元素进行创造性装饰。
3. 引导幼儿用有规律的花纹进行装饰。
4. 鼓励幼儿在作品完成后用色彩勾画船的轮框，突出主题，感受线描画带来的不同视觉效果。

4. 帆船比赛

活动目标

1. 认识帆船，能够画出自己喜欢的帆船。
2. 能够绘画出帆船比赛中人物的动态和表情。

活动准备

各种不同的帆船比赛时的图片，纸，水彩笔，油画棒。

活动建议

1. 引导幼儿观察画面中人物的动态，并请幼儿模仿。
2. 指导幼儿在绘画中表现出帆船比赛时运动员的动作和表情。
2. 引导幼儿在绘画时正确表现人与帆的遮挡关系。

5. 小帆船

活动目标

1. 学习看图示进行"小帆船"折纸，掌握双梯形的折法。
2. 感受折纸活动带来的乐趣。

活动准备

折纸图示,折纸材料,大海背景图。

活动建议

1. 引导幼儿折纸前观看图示,说一说每一幅图的意思。

2. 鼓励幼儿根据图示进行双梯形折纸,并仔细观察双梯形如何转变为"小船"。

3. 引导幼儿将折好的作品粘贴在背景图上,组合成"点点帆船"的图画,添画人、海浪、海鸥、天空等景物。

附:活动范例

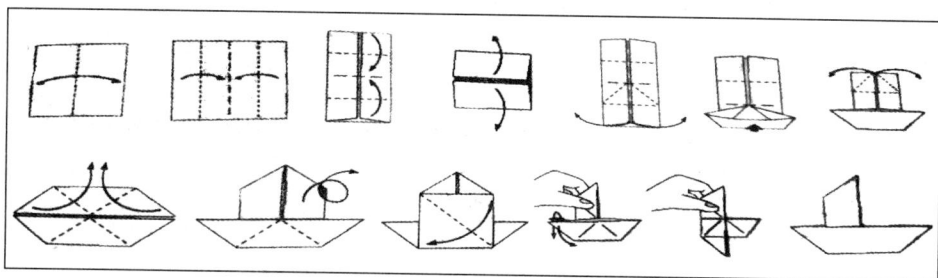

"小帆船"折纸

益智区

海上的船

活动目标

1. 能够用福禄贝尔玩具创造性地组合,拼贴自己设计的"船"。

2. 能够借用辅助材料进行拼摆,突出船的特点。

活动准备

各种各样船的图片,福禄贝尔玩具,贝壳、木片等废旧材料。

活动建议

1. 指导幼儿仔细观察画面中船的外部形状,创造性地运用福禄贝尔玩具组合,拼摆出自己喜欢的"船"。

2. 鼓励幼儿运用辅助材料进行装饰拼摆,突出船的明显特点。

3. 鼓励幼儿在同伴面前大胆地介绍自己的作品。

科学区

远航

活动目标

1. 尝试用不同的材料制作小"船",并能使其平稳地漂浮在水面上,探究不同材料的沉浮现象。

2. 感受制作小"船"带来的成功感。

活动准备

矿泉水瓶、纸盘、木块、筷子、石头、胶带、纸、笔、记录表等。

活动建议

1. 教师介绍材料,帮助幼儿对自选材料有初步的认识。鼓励幼儿大胆使用不同的材料,动手制作小"船"。

2. 幼儿动手制作小"船",教师指导能力较弱的幼儿,使每个孩子都能体验到成功的喜悦。

3. 请幼儿将"船"试航,观察自己的小"船"能否平稳地漂浮在水面上,并进行记录。

4. 引导幼儿积极探索船浮起来的奥秘,感受实验带来的惊喜。

5. 成功后请个别幼儿介绍做"船"所用材料,说明原因,并将自己的船试航。

表演区

小白船,摇呀摇

活动目标

1. 能够与同伴一起边表演边歌唱。

2. 感受歌曲旋律的优美,体会歌曲富有幻想的意境。

活动准备

小白船音乐,大海背景,小船、小兔等道具。

活动建议

1. 指导幼儿自如地在表演区中进行表演唱,声音要洪亮,表情要自然。

2. 指导幼儿与同伴一起为音乐创编动作,并能一起用优美的声音进行表演唱。

3. 鼓励幼儿上台演唱歌曲,告诉他们要放松,不要紧张。

4. 引导幼儿使用各种道具进行表演唱。

阅读区

1. 刻舟求剑

活动目标

1. 理解故事内容,知道事物是在不断发展、变化的。
2. 能够仔细看图分析各图之间的联系,完整讲述故事。

活动准备

《刻舟求剑》自制故事挂图,自制麦克风。

活动建议

1. 引导幼儿认真观看图片,讨论图片内容。
2. 鼓励幼儿完整地讲述故事,注意图之间的联系。
3. 提醒幼儿讲故事时要说清楚事情发生的地点、人物和主要情节。

2. 小船的旅行

活动目标

1. 根据绘本故事内容续编故事,并能够用绘画的形式进行表征。
2. 能大胆地向同伴讲述自己编的故事,体验创编故事带来的乐趣。

活动准备

《小船的旅行》绘本,纸,水彩笔,油画棒,订书机。

活动建议

1. 引导幼儿理解绘本故事内容,鼓励幼儿对绘本故事《小船的旅行》进行续编,并能用绘画的形式进行表征。
2. 鼓励幼儿将自己编的故事向同伴讲述,与大家共享。
3. 指导幼儿根据自己意愿进行涂色,填上序号,并用订书机将所画的画装订起来。

角色区

海上游轮

活动目标

1. 了解海产品的多样性,能够与同伴协商分配角色进行游戏。
2. 感受与同伴在一起玩"餐厅"游戏的快乐。

活动准备

1. 将区域布置成"游轮"的模块,并划分区域如餐饮区、娱乐区、休息区等。
2. 提供各种成品及半成品材料,提供各角色的服装和配饰,价格牌,自制货币若干。

活动建议

1. 引导幼儿了解海产品的多样性,能够自主分配角色并积极参与游戏。
2. 引导幼儿将收集的海鲜特产进行分类整理,并轮流扮演"厨师""顾客""服务员"。
3. 鼓励担任"服务员"的幼儿通过绘制宣传海报、设计广告语、本周推荐等形式推荐商品。

建构区

积木建构:船

活动目标

1. 利用积木或纸盒等废旧材料搭建"船",表现出船的主要特征。
2. 感受与同伴分工合作的乐趣,体验完成作品的成功感。

活动准备

大型积木,纸,笔。

活动建议

1. 能够与同伴商量设计图纸,根据图纸合作搭建"船"。
2. 重点指导幼儿掌握用积木表现上窄下宽的搭建技巧。
3. 引导幼儿利用积木或纸盒等废旧材料进行搭建,关注船上的具体内容,选择合适的材料表征船的特点。

2. 海上之舟

活动目标

1. 了解船的特征,利用雪花片,运用竖向、转向连接的方法拼插自己喜欢的"船"。
2. 知道做事情需要耐心才能够获得成功的道理。

活动准备

雪花片,渔船、帆船、轮渡、军舰等船的图片。

活动建议

1. 引导幼儿观察图片,了解不同船的特征。
2. 鼓励幼儿利用雪花片,运用竖向、转向连接的方法,拼插自己喜欢的"船"。
3. 引导幼儿创造性地添加"船"上的设施,培养幼儿做事情的耐心,培养幼儿的观察力和想象力。
4. 鼓励幼儿将自己的作品进行展览,共同对展览的场景进行布置和装饰。

体育活动

"甲板"上的游戏

活动目标

1. 探索桌子的多种玩法,感受桌子一物多玩的乐趣。
2. 适时地在活动中激发幼儿勇于挑战自我的勇气,引导他们体验成功的喜悦,提升他们的自信心。

活动准备

桌子 12 张,椅子 2 张,体操垫 4 张,示意图 3 张。

活动建议

一、走跑交替,热身运动

幼儿根据教师发出速度变化和动作变化的指令,绕桌子走、跑等,激发运动兴趣。要求:幼儿跟随教师动作、口令进行桌子间的走跑交替,提醒幼儿身体不碰桌子。

二、游戏探险,探索玩法

游戏一:"甲板急行军"(桌面、桌下交替爬行)——尝试控制身体,锻炼动作的协调性。

幼儿在教师引导下,通过看图片将桌子的宽边衔接,摆放成"一"字形。要求:幼儿分成两组,在桌面、桌底进行交替爬行,交汇时控制好身体,不掉下桌子。

1. 向前爬行;
2. 倒退爬行;
3. 桌面向前交汇爬行。

游戏二:"甲板探险"(桌子钻行)——体验爬与钻动作的不同,锻炼身体的灵活性和协调性。

将桌子横卧,左右交替排列。要求:幼儿分成两组,在桌子下面进行钻行,能区分爬与钻的不同之处。

游戏三:"甲板过峡谷"(自由探索桌子组合,尝试各种玩法),培养幼儿的平衡能力,丰富幼儿在运动中注意合理避让的经验。

幼儿自由探索桌子组合,与教师之前摆放的形式不同,要求:幼儿能自主对桌子进行摆放;幼儿按照一定游戏规则以分腿行走、单边行走等方式进行活动,教师随机指导.

游戏四:"甲板翻小山"(集体游戏:翻越桌子),培养幼儿的合作能力、解决问题的能力以及勇敢的心理品质。

将桌子竖起摆放,教师用脚踩住桌脚以起到稳固作用。要求:幼儿能仔细观察,发现在翻越时所面对的问题,通过思考有效地解决所面对的问题。(问题一:桌子高,上不去;问题二:怎样下桌子最安全)

三、放松运动

要求:将桌子以长边衔接摆放,幼儿分组,分站桌子两边,手拉手通过桌子障碍;行进中双手不放开,且尽量不撞桌子。鼓励幼儿伸展躯干,放松身体。

活动延伸

请幼儿继续探索更多的桌子组合方式与玩法。

体育游戏

划 船

经验
能够与同伴合作,协调地进行两人三足游戏。

材料
创设幼儿两人划船的情景,准备"两人三足"活动材料若干。

玩法与规则
创设两人划船的情境,从起点进行划船。游戏开始后两人共同到达终点为本组胜利。
创设海上障碍,引导两人一组进行划船,穿越障碍最先到达终点者为胜利者。
可在游戏的过程中逐渐加快小"船"行进的速度。

提示
1. 可引导幼儿根据口号一同前进,保持步伐一致。
2. 在转弯的时候要减速,里圈脚步小,外圈脚步大
3. 如发生摔倒的情况,则另一名小朋友要保护同伴,及时停止游戏。创设两人进行划船的情境,请小朋友两人一组探索"两人三足"器械的玩法,教师指导幼儿"两人三足"的动作要领。

次主题活动二　我是小海军

本活动包括"活动 1　海军来了""活动 2　海上守护者——航空母舰""活动 3　我是小海军""活动 4　潜水艇""活动 5　神奇的小海军"以及区域活动。

活动 1　海军来了（社会、语言）

活动目标

1. 认识海军，了解海军叔叔的工作环境。
2. 能大胆地与海军叔叔交流，表达自己的热爱之情。
3. 懂得海军叔叔的辛苦，愿意像海军叔叔一样做一个保卫国家的人。

活动准备

1. 经验准备：

（1）了解海军是一支什么样的部队。

（2）幼儿提前做好采访计划。

2. 物质准备：

（1）表现海军生活的视频、课件、背景音乐。

（2）联系海军某部队，商讨授课的内容与方法。

活动建议

一、播放视频，引导幼儿初步了解海军

1. 播放视频，引导幼儿初步了解海军。

2. 组织幼儿讨论，交流自己对海军的认识，激发幼儿对海军叔叔的崇拜。

二、与海军互动，激发幼儿对海军的敬佩之情

1. 引导孩子们大胆礼貌地向海军叔叔提出自己想知道的问题，了解海军的特点。

2. 教师讲述海军的故事，引导孩子们在故事中了解海军。

（1）教师播放课件讲述海军舰船出海的故事，引导孩子们了解海军是一支什么样的部队。

（2）借助于"蹲马步"游戏，让孩子们体验海军叔叔工作的辛苦。

3. 海军叔叔展示简单的旗语动作，激发幼儿对海军叔叔的敬佩之情。

（1）海军叔叔展示旗语的标准动作。

（2）幼儿尝试学习海军叔叔打旗语,体验打旗语动作的规范和力度。

三、讲述故事,组织幼儿为海军送上祝福

1. 教师讲述海军官兵在军舰上艰苦生活的故事,引导幼儿学习海军叔叔不怕苦、不怕累的精神。

2. 引导幼儿用自己的方式表达自己对海军叔叔的敬意。

活动延伸

小朋友为海军叔叔制作一张写满祝福语的卡片。

活动2　海上守护者——航空母舰(科学)

活动目标

1. 初步了解航空母舰,认识我国的航空母舰——辽宁号。
2. 能够用自己喜欢的方式表达对航空母舰的认识。
3. 感受航空母舰的威武及对保卫国家领海安全的意义。

活动准备

1. 幼儿收集航空母舰的图片及材料。
2. 海军叔叔介绍航空母舰的视频。

活动建议

一、谈话导入,激发幼儿的活动兴趣

出示航空母舰的图片。

教师提问:你知道这艘船是什么样的船?

二、分享资料,引导幼儿了解航空母舰

1. 分享资料,能够用自己的喜欢的方式表达对航空母舰的认识。

鼓励幼儿介绍自己搜集的航空母舰的资料,用诗歌、绘画和视频的形式表达自己对辽宁号航空母舰的热爱之情。

2. 播放视频,认识我国的航空母舰——辽宁号。

播放视频,感受航空母舰的威武和庞大。

播放视频引导幼儿认识航空母舰,仔细观察航空母舰,找出它和普通的舰船有什么不一样。

教师提问:航空母舰是什么样子的? 它有什么特点? 它和别的船有什么不一样?

教师小结：航空母舰是飞机与军舰结合的产物。航空母舰的主要武器是它装载的各种飞机(也称舰载机)，包括战斗机、攻击机、预警机、电子战飞机、救援直升机等。航空母舰可以利用舰载机进行空中截击、对地对海攻击，直接把敌人消灭在距离航母数百千米之外的地方。

2. 连线海军叔叔，鼓励幼儿通过提问解答心中的疑问。

通过连线，与海军叔叔接通视频电话。鼓励幼儿大胆地提出心中的疑问，与海军叔叔大胆地交流有关于航空母舰的问题。

3. 组织幼儿参观航空母舰，进一步了解航母的真实情况，激发幼儿对航母的兴趣。

三、观看图片，引导幼儿拓展视野

1. 观看航空母舰的图片和视频，了解航空母舰更多的本领。

2. 引导幼儿谈一谈我国拥有航空母舰意味着什么，感受祖国的富强和国防的强大。

活动3 我是小海军(音乐)

活动目标

1. 认识方阵舞，学习与同伴一起合作表演方阵舞。

2. 能根据音乐的节奏做动作，与同伴一起协商编创方阵舞。

3. 感受方阵舞带来的整齐和气势，体验团队创作的快乐。

活动准备

1. 小海军的音乐，简易图谱，方阵舞的视频，关于海军的视频，各种队形图。

2. 有排与列的概念。

活动建议

一、播放音乐，激发幼儿的活动兴趣

1. 播放音乐，引导幼儿感受乐曲特点。

教师提问：听了这首曲子，你有什么感觉？你想到了什么？

教师小结：这是一首非常有气势和力度的歌曲，体现出海军的勇敢和坚强。

2. 播放音乐，鼓励幼儿根据图谱集体演唱歌曲。

引导幼儿看图谱，用有气势的声音和动作表现歌曲。

重点引导幼儿根据音乐节奏做出表现小海军气势的动作，请个别幼儿进行展示。

二、结合视频，引导幼儿了解方阵舞

1. 播放方阵舞的视频，引导幼儿了解方阵舞，激发幼儿编创的兴趣。

教师提问：这个舞蹈有什么特点？你想和同伴一起来跳吗？你想跳什么样的动作？

教师小结：方阵舞是一种集体舞，需要团队中的人默契配合才能完成。

2. 幼儿分小组编创舞蹈。

幼儿自由组合成三个小组，根据音乐的节奏编创动作，并在图谱下做好相应的符号记录，提出对于方阵舞的具体要求。

3. 幼儿分组展示舞蹈。

教师提问：你喜欢哪一组舞蹈？你喜欢哪一个动作？将幼儿推荐的动作进行重新组合，编绘成新的图谱。

三、集体创编，引导幼儿感受集体成功合作的快乐

1. 幼儿结合音乐尝试新的动作，并与同伴一起创编方阵舞。

2. 通过多媒体成像，引导幼儿根据音乐与同伴做整齐的动作。

3. 集体展演，感受合作编创的快乐。

附：歌曲

小海军

1=F 2/4

常福生词
柴本尧曲

自豪地

(5. 55 | 5. 55 | 5 55 56 | 5 5) | 1.3 2.5 | 1 3 |

我是小海军，

5.5 56 | 5 — | 3.3 6 | 5.5 3 | 2.2 23 | 2 — |

开着 小炮艇， 不怕风，不怕 浪，勇敢 向前 进，

1.3 2.5 | 1 3 | 5.5 45 | 6 — | 5.5 66 | 5.5 3 |

炮艇 开得 快， 大炮 瞄得 准， 敌人 胆敢 来侵犯，

X X | X — | 6.6 6 5 | 2 3 | 1 0 :|

豪！ 豪！ 豪！ 打得 它呀海 底 沉。

2 3 1 0 | 1.3 5 6 | 5 — | 1.3 2.5 | 1 0 ||

海底 沉。 我是 小海军， 胜利 向前 进。

活动 4 潜水艇（科学）

活动目标

1. 学习制作"潜水艇"，知道小水瓶的上升与瓶内水的体积有关。

2. 乐于探索"潜水艇"上升的原因，并能够经过反复猜想、验证制作"潜水艇"。

3. 体验科学活动的严谨性。

活动准备

1. 潜水艇照片,水盆,大矿泉水瓶,小药瓶。
2. 试验记录表。

活动建议

一、观看图片,谈话导入,激发幼儿的活动兴趣

播放潜水艇的照片。教师提问:这是什么?它有什么作用?

二、出示作品,引导幼儿学习制作"潜水艇"的方法

1. 出示教师自制"潜水艇",引导幼儿猜一猜"潜水艇"的制作原理。

教师提问:猜一猜,潜水艇为什么能够升上去?

2. 鼓励幼儿大胆表达自己的猜想,并记录自己的猜想。

为幼儿提供记录表,鼓励幼儿将自己的猜想用最简单的符号记录下来。

3. 幼儿进行第一次试验。

三、二次实验,引导幼儿找出失败原因

1. 幼儿反思自己失败的原因,并找出新的方法,能够用语言完整地表述。

教师提问:你觉得失败的原因是什么?应该怎样改进?

2. 鼓励幼儿运用新的方法进行第二次试验。

鼓励幼儿根据自己的第二次猜想进行试验,如果不成功可以再次尝试。

3. 利用展台,请试验成功的幼儿介绍自己的经验。

教师小结:大瓶子盛满水,小瓶子盛半瓶水,快速将小瓶子放入大瓶子中,才能够成功。

四、反复试验,组织幼儿总结成功的经验

1. 请幼儿结合小朋友们分享的经验进行试验,并与同伴分享成功的结果。

教师小结:每一个科学实验都必须经过反复的猜想、实践和验证才能够取得最后的成果。

2. 分享科学家的故事,体验科学活动的严谨,鼓励幼儿向科学家学习。

活动5 神气的小海军(美术)

活动目标

1. 学习炭笔的使用方法,尝试用炭笔画海军战士。
2. 用炭笔抹画的方法表现动态人物,画出海军战士的显著特点。

3. 增进对海军的了解。

活动准备

1. 活动前引导幼儿观察海军战士的特征。

2. 课件"海军",牛皮纸,炭笔,海军战士范例一张,轻音乐乐曲,擦手布。

活动建议

一、出示海军的图片,激发幼儿的绘画兴趣

观看课件,引导幼儿回顾以往的经验。

教师提问:图片上是谁? 他有什么本领? 穿什么样的衣服?

二、自由绘画,引导幼儿表现动态人物

1. 出示教师绘画作品,激发幼儿作画的欲望。

教师提问:这是画的谁? 你喜欢这幅画像吗? 为什么? 这幅画哪里画得最好?

教师小结:在给人物画像的时候要抓住人物的主要特点,将人物的职业特点、动作表现出来,注意身体的遮挡关系。

2. 学习炭笔的使用方法,尝试用炭笔画海军战士。

幼儿观察了解范例的绘画方式,巩固用炭笔抹画的绘画方法。

教师提问:这幅画有什么不一样? 用的是什么绘画材料?

出示炭笔,示范炭笔涂抹的方法,教师重点示范炭笔抹画的方法以及注意事项。

3. 幼儿绘画,教师观察指导。

(1)提出绘画要求:抓住海军战士的特征进行表现,画面要饱满,时间约 15 分钟。

(2)指导幼儿抓住人物的主要特征,夸张地进行表现;鼓励幼儿尝试抹画,增强效果。

三、交流分享,引导幼儿感受海军的雄壮威武

重点分享人物动态,引导幼儿感受海军的雄壮威武,增进对海军的了解。

区域活动

美工区

1. 航空母舰

活动目标

1. 大胆想象,设计"航空母舰"。

2. 根据自己的设计,运用画、剪、粘贴等方式制作"航空母舰"。

活动准备

各种航空母舰的图片,各种纸壳、瓶盖等废旧材料,纸、笔等绘画材料,剪刀、胶带等。

活动建议

1. 引导幼儿观察航空母舰的结构,了解航空母舰的特殊功能。

2. 鼓励幼儿大胆想象,设计多功能"航空母舰"。

3. 鼓励幼儿根据自己的设计,运用画、剪、粘贴等方式制作"航空母舰",并向同伴讲述自己制作的"航空母舰"的特殊功能。

4. 教师与幼儿一起布置"航空母舰展览",邀请家长与其他班的小朋友欣赏。

2. 神气的小海军

活动目标

1. 能根据海军官兵的服装特点和职业特点进行绘画。

2. 萌发对海军官兵的崇拜和敬意。

活动准备

海军的图片、水分颜料、黑色卡纸。

活动建议

1. 引导幼儿观看有关海军的图片,了解海军。

2. 鼓励幼儿绘画时注意五官和身体的结构比例。

3. 鼓励幼儿注意观察海军官兵的服装特点及海军官兵的动作特点,在绘画中注意体现细节,关注对动态人物的表征。

3. 军舰

活动目标

1. 认识版画的材料,学习版画绘制方式。

2. 能够用版画的创作方法拓印军舰。

活动准备

1. 版画制作材料与工具:刻画板、刻刀、拓印工具、油墨、纸。

2. 军舰的照片若干张。

活动建议

1. 引导幼儿学习版画的绘制方法,在刻印版上尝试刻印出军舰,并注意安全使用刻刀。

2. 观察军舰的特点,鼓励幼儿在刻画的时候注意反映军舰的细节。

3. 拓印时引导幼儿用工具均匀用力抹平,保证军舰的每一个部位都能拓印到。

4. 揭开拓印作品时注意作品的平整性,需将作品进行晾晒。

5. 能力强的幼儿可尝试多彩的拓印,在一副版画里可以涂多个颜色。

益智区

海军本领大

活动目标

1. 了解海军官兵的本领,能够用福禄贝尔拼摆出具有一定背景的动态人物形象。

2. 激发对海军官兵的崇敬之意。

活动准备

海军官兵的图片,福禄贝尔材料,拼摆板及各种辅助材料。

活动建议

1. 引导幼儿了解海军官兵的具体工作,知道海军官兵的特殊本领。

2. 指导幼儿拼摆人物时能够注意人物的动态,拼摆景物时注意事物的重叠。

3. 鼓励幼儿运用多种辅助材料进行拼摆,创造性地表现事物的特征。

4. 鼓励幼儿大胆地介绍自己拼摆的作品,讲述自己心目中关于海军的故事。

科学区

潜水艇

活动目标

1. 学习制作"潜水艇"的方法,了解"潜水艇"制作的原理。

2. 经过不断地猜想、验证、反思后体验成功的快乐。

活动准备

潜水艇制作图例,矿泉水瓶子,玻璃瓶(小药瓶),盛有水的水盆。

活动建议

1. 引导幼儿根据图例尝试制作"潜水艇",探索制作方法。

2. 指导幼儿用不同的方法测量出小瓶子的一半容量。

3. 指导幼儿将玻璃瓶快速倒扣进矿泉水瓶内,拧上瓶盖。

4. 指导幼儿使劲挤压矿泉水瓶,观看小玻璃瓶的下沉情况,体验试验成功的快乐。

5. 鼓励试验不成功的幼儿寻找失败的原因,坚持反复的思考和试验,直至试验成功。

阅读区

1. 海边故事多

活动目标

1. 喜欢阅读海洋类图书,并能够与同伴分享自己的阅读收获。

2. 安静地阅读图书,养成良好的阅读习惯。

活动准备

关于海洋的绘本,阅读收获板及便利贴。

活动建议

1. 引导幼儿选择自己喜欢的海洋绘本进行阅读,能够一页一页地翻书,仔细观察绘本的每一个画面。

2. 鼓励幼儿在阅读过程中记录自己的收获,并乐意与同伴进行分享。

3. 引导幼儿在阅读的过程中爱护图书,阅读后养成及时整理图书的好习惯。

2. 海上快讯

活动目标

1. 将自己收集的海洋信息资料拼贴成简报,讲述海上最近发生的故事。

2. 探索搜集各种信息的渠道:报纸、杂志、网络,养成收集信息的好习惯。

活动准备

报纸若干,宣传册,剪刀,胶水,A3 纸若干,水彩笔等。

活动建议

1. 引导幼儿将报纸中关于海洋的报道剪下来,有目的地粘贴在纸上,拼贴成简报。

2. 引导幼儿将剪报内容大胆地讲述给同伴听,讲述海边最近发生的故事,让大家共同了解保护海洋、维护海洋权益的重要性。

3. 鼓励幼儿探索更多的信息收集的途径,养成收集信息的好习惯。

3. "我爱大海"

活动目标

1. 了解绘本的构成,能够将收集的保护海洋的方法记录下来结集成册。
2. 增强海洋保护的意识。

活动准备

订书机,画纸,水彩笔,油画棒。

活动建议

1. 引导幼儿了解图书的构成,认识封面、扉页、正文、封底等内容。
2. 能够根据自己的经验大胆表征各种保护海洋的方法,并收集同伴的方法结集成册。
3. 敢于大胆地介绍自己读过的书,向他人宣传维护海洋权益。

表演区

小海军

活动目标

1. 根据节奏图谱自由组合,自主分配乐器,进行合作演奏。
2. 感受乐曲铿锵有力的节奏。

活动准备

铃鼓,双响筒,响板,沙锤,节奏图,音乐伴奏带。

活动建议

1. 引导幼儿根据节奏图谱自由组合,自主分配乐器,进行合作演奏。
2. 鼓励幼儿轮流担任指挥,尝试编创新的节奏,创造性地表现乐曲。
3. 指导幼儿进行舞蹈、律动的编创,多角度地表现乐曲,感受乐曲铿锵有力的节奏。

建构区

海上巨无霸

活动目标

1. 能够与同伴合作,运用围拢、转弯和连接等形式搭建"航空母舰"。
2. 体验与同伴一起建构的快乐。

活动准备

航空母舰图片,木质积木,易拉罐若干,雪花片以及辅助材料。

活动建议

1. 指导幼儿与同伴商讨设计制作"航空母舰"的图纸,并根据图纸合理安排各部件的位置。

2. 引导幼儿尝试运用围拢、连接和转弯等技能,搭建"航空母舰",并向大家介绍"航空母舰"的布局及设施等。

3. 引导幼儿在搭建后运用辅助材料进行装饰。

体育活动

勇敢的小水兵

活动目标

1. 学习手脚着地爬行以及双手交替抓杠通过云梯的动作。

2. 能用轮胎创造性地搭建浮桥,并在浮桥上面手脚着地爬行,能利用云梯双手抓杠交替行进。

3. 向解放军叔叔学习不怕困难、勇于挑战的品质,体验学做解放军的自豪感。

活动准备

双层浮桥(两层轮胎架上云梯),轮胎若干,悬垂架两个,解放军抗洪救灾的视频,活动背景音乐。

活动建议

一、设置情境,组织幼儿开展热身活动

观看海军官兵的日常训练、海上救援的视频,感受解放军官兵坚强、勇敢、不怕困难的品质。

1. 设置情境:洪水就要来了。为了完成抗洪救灾的任务,让我们一起来到训练场锻炼身体。去训练场前,先检查一下装备。

2. 通过"检查训练装备"进行热身活动:挽绳子(活动上肢、手腕),穿救生衣(活动身体),穿雨鞋(活动腿部,脚腕)。

二、实地训练,组织幼儿练习手脚着地攀爬

1. 幼儿自由尝试如何通过双层浮桥。

2. 请个别幼儿示范手脚着地通过浮桥的方法。

3. 幼儿练习,教师提醒幼儿动作要协调、要注意保护脚踝。

三、自由探索,组织幼儿双手交替抓杠过云梯

1. 创设"过云梯救人"的情境,引导幼儿自由探索通过云梯的方法。

2. 教师示范讲解通过云梯的方法。

3. 幼儿分散练习,教师鼓励幼儿大胆尝试,对上臂力量弱的幼儿可要求抓杠悬空20下后,下杠通过。

四、综合挑战,引导幼儿体验学做解放军的自豪感

1. 教师布置"海上救援"任务并完整示范,幼儿完成"上轮胎——通过两层浮桥——过云梯救人"的任务。

2. 以海水水上涨的情境引导幼儿搭建"三层浮桥",指导幼儿爬上"浮桥"并通过"云梯",反复练习两次后,教师可用"海水很大,不要让海水冲走"的语言,提醒幼儿手脚着地在轮胎上安全爬行。

3. 不断提高游戏难度,鼓励幼儿挑战自我,搭建"四层浮桥"并通过"云梯"。在幼儿练习过程中,教师要引导幼儿延长悬挂时间,在云梯上交替前行。

五、任务结束,带领幼儿放松身心

跟随音乐放松腿部,敲一敲,锤一锤,同伴之间互相揉一揉。

体育游戏

捡水雷

经验

1. 练习单脚跳,掌握动作要领。

2. 学习海军官兵不怕苦不怕累的精神。

材料

小碗或杯子4个,贝壳若干,平坦开阔的场地。

玩法与规则

1. 创设"捡水雷"的情境,激发幼儿的兴趣。

2. 幼儿分成人数相等的4路纵队,排头幼儿单手端碗。游戏开始,各队排头幼儿单脚连续向前跳跃,跳到终点圆圈内可双脚站立,捡"水雷壳"放入碗里,换单脚跳回,把小碗传递给下一名幼儿,直到全队幼儿均完成游戏。

3. 关注幼儿遵守游戏规则的情况:来回需用单脚跳,进圈"捡水雷"时可以双脚跳。

提示

1. 根据幼儿情况增减难度,如单脚跳去、双脚跳回或跑回。

2. 起点和终点的距离以8 m左右为宜。

主题活动案例

我家住在大海边

赵 倩

活动背景

《幼儿园教育指导纲要(试行)》指出:"各类幼儿园必须从实际出发,因地制宜地实施素质教育,要综合利用各种教育资源,为幼儿的发展创造良好条件,为幼儿一生的发展打好基础。"我区有着丰富的海洋资源,独特的自然与人文景观。这里的孩子天天能见到大海,几乎餐餐都能品尝到海鲜,常常能听到渔乡的神话传说,处处都能感受到海洋的独特自然风貌和民俗风情。因此,本着以幼儿发展为本的理念,培养幼儿树立"亲海、知海、爱海、护海"的意识,我们开展了"我家住在大海边"的主题活动。在活动中,我们有效地挖掘和利用海岛教育资源,积极构建"亲近海洋"探索性主题活动课程,创设海洋教育特色环境,拓展活动空间和形式,让幼儿更好地投身到蓝色海洋环境中来,萌发热爱海洋、保护海洋生态环境的情感。

活动目标

1. 初步了解船的种类、构造,船的发展史,知道船给人们生活带来的方便,增强海洋开发与利用意识。

2. 能够大胆地利用绘画、拼贴、拼摆、立体制作等方式,表达自己喜欢的船只的形状;尝试与伙伴合作、协商、讨论"爱海护海社区宣传"活动计划,并用流畅的语言表达自己的想法;能合作完成制作社区宣传海报和护海宣传单的任务。

3. 感受船世界的神奇,喜欢参与科学实验,培养勇于挑战、探索的精神;懂得保护环境就是保护自己的道理,知道每个人都应该为保护环境尽一分力量,提升热爱海洋、保护海洋生态环境的情感。

活动准备

1. 物质准备:

(1)搜集船的发展史、各种船的图片等。

(2)搜集有关船的图书、课件。

（3）搜集有关船的科学实验材料。

2. 家长准备：

（1）招募一名客座教师举办"海洋环保讲座"。

（2）由家委会组织，带领幼儿参观海军博物馆，招募家长志愿者。

活动实录

活动1　海边的船

（一）我认识的船

本周是我们进入海洋主题活动的第一天，孩子们手里都拿着自己在家里和爸爸妈妈一起搜集的有关船的图片和资料走进幼儿园。这时，惟惟小朋友跑过来，迫不及待地想把他搜集的信息和我分享。我回应他："光和我一个人分享多没意思，我们班的小朋友都想听，要不早饭后我们再一起分享吧。"他很痛快地答应了。为了给孩子们充分表达的机会，我们便利用区域活动时间，让孩子们相互介绍搜集到有关船的图片和资料，进行共同分享。从孩子们的表述中了解到，他们对船的认识还是比较多的，包括船的种类、用途、作用等都能说出许多，这说明他们对这个主题还是非常感兴趣的。

为了让孩子们对船的构造有更多的了解，我们在搭建区、益智区和美工区特意张贴了各种船的图片，请幼儿用搭建、粘贴、表征的方式，表现船的外形特征，加深他们对船的了解和认识。

孩子们分享"我认识的船"

孩子们通过搜集、分享船的图片及资料，了解了船的种类、构造、用途等，进一步丰富了他们的经验，并对船产生极大的探索欲望。我们抓住这一兴趣点，请家长和孩子们在家里共同制作自己喜欢的"船"。一大早，孩子们拿着自己和爸爸妈妈制作的"船"来到幼儿园。从他们的脸上，我可以看出孩子们非常有成就感。他们制作的"船"，形状真是五花八门，所用的材料也各不相同。孩子们相互介绍自己的作品，教室里传出阵阵小伙伴们的议论声。

早饭后，我们将孩子们制作的"船"摆在桌子上进行展示，所有的"船"摆到一起真是壮观。这时，孩子们又纷纷议论起来："这是我做的，我的'船'上还有武器呢！""我的'船'

是用易拉罐做得,非常结实,大风来了也不怕。"为了让每个孩子都有分享的机会,我们便按顺序先后让孩子们介绍。在介绍的过程中,孩子们都听得很认真。在相互交流中,孩子也了解到做"船"的材料有很多,除了用纸壳、泡沫外,易拉罐、矿泉水瓶等材料都可以。

在科学区,我们给孩子们提供了不同材质的材料,让幼儿尝试用不同材料自己制作"船",并探索船的沉浮,孩子们非常感兴趣。

教师指导孩子们制作各种各样的"船"

(二)参观海军博物馆

通过一周的活动,孩子们对船产生了浓厚的兴趣。为了让孩子们亲身了解、感受船的内部构造、基本设施等,我们在家委会的帮助下,组织家长和孩子们一起参观海军博物馆。活动中,家委会专门邀请了一位工作人员带领家长和孩子参观,并负责讲解博物馆里的环境、有关船的内容。孩子们将自己的所见所闻、新的发现以表格的形式进行了记录。通过参观活动,孩子们对船有了更加深刻的了解。

活动后,幼儿在家长的协助下,将自己参观的过程做成了手抄报,并与同伴进行了分享,个别幼儿还对自己拍摄的照片进行了讲解。虽然有些孩子没有参加此次活动,但通过照片、手抄报,他们也了解到关于船的许多知识,收获还是非常大的。

参观海军博物馆

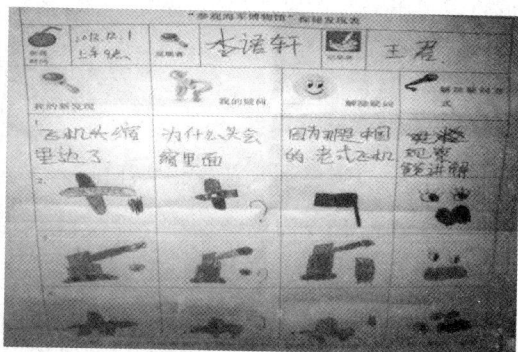

孩子们记录自己的发现

(三)未来的船

通过"认识船—讲述船—制作船—参观海军博物馆"等一系列的活动,幼儿对船有了进一步的了解。于是,我们组织幼儿讨论设计"未来的船",孩子们讨论得热闹非凡。阳阳说:"我设计的未来的船,船身很厉害,大风大雨都刮不翻。"惟惟说:"我的船上直接安装了导弹,解放军叔叔战斗的时候会更厉害。"子容说:"我的船上安装了太阳能板,太阳一照,船就可以行驶,非常节能。"孩子们的想法很有创意。大部分孩子在船的功能方面充分发挥自己的想象,想让未来的船给人们带来更多的便捷。

孩子们表征"未来的船"

► **活动小结**

1. 在科学益智区中,孩子们自己提出问题、进行验证、得出结论,真正实现了自主探索。在建构区里,孩子们不仅搭建出了船身的样子,还能对船内的环境进行创造性的搭建,然后再用生动的语言对自己的想法进行描述。这说明孩子们在探究的过程中,不仅善于观察,还能动手制作,想象的空间也是无限的。作为教师,就应该创设适合孩子发展的环境,让孩子们在此环境中充分释放和发展想象力。

2. 利用周末节假日时间,组织家长及孩子们参观海军博物馆。孩子们把参观的过程用手抄报的形式表现出来,并带到幼儿园与小朋友们一起交流。每个孩子对自己在观察过程中遇到的事情都能用完整的语言表述出来,有的孩子还对参观时的新发现以绘画的形式表现出来。可见,只有让孩子们亲身体验,他们才会有真实的感悟。

活动2 海边的孩子爱大海

(一)海洋环保讲座

"保护海洋,从我做起",这句话每个人都在说,可是真正落实到位了吗?这不得不让人反思。有时我会问孩子们:"小朋友,我们的大海为什么变成了现在的样子,鱼儿们为什么越来越少了?"孩子们都知道"人们将垃圾扔到了大海里""工厂排出的污水流到了大海里,污染了大海"……这些都是人类给大海造成的污染。

为了提高孩子们保护海洋的意识,我们特意邀请了在"大炼油"工作的帆帆的爸爸,为孩子们举办了一个精彩的环保知识讲座。帆帆的爸爸用图片和视频,给幼儿讲解了原油在生活中给人们带来的便利,也指出了原油会给人们带来很大危害。这也说明,每样东西都会有它的长处,同样也会有它的不足。帆帆的爸爸还给孩子们讲了如果原油流入海洋里,海洋里的生物和周围环境就会受到污染,严重影响海洋生物的成长,危及人们的身体健康。这样的讲座,生动形象,孩子们容易接受,利于幼儿树立环保意识。

客座教师给孩子们讲解保护海洋的主要方法

(二)制作保护海洋宣传海报

通过帆帆爸爸的讲座,孩子们进一步树立了保护海洋的意识,并积极地一起制作保护海洋的宣传海报。在制作海报的过程中,孩子们自主商讨,各自发表自己的看法和见解。有的说:"垃圾不能扔进海洋。"有的说:"告诉工厂,不能将污水排入大海中。"经过一番讨论后,孩子们心中有了新构思,便以绘画的形式制作宣传海报。第二天,我们带领孩子们一起到小区发放海报,号召身边的人,一起来保护我们的海洋。孩子们通过制作海报更加明白了,只有我们一起保护海洋,我们的海洋才能更加干净、美丽。

▶ 活动小结

1. 充分挖掘家长资源。围绕活动,我们应寻找身边可利用的家长资源,将具有专业性的家长引进幼儿园,对孩子们进行教育。这样的教育会更有吸引性和说服力,也能拉近家长和孩子之间的距离,教育效果会更加明显。

2. 让孩子们制作宣传海报,是引导他们走向社会、体验生活的一种形式。这种形式不仅使孩子们对海洋环保有了更深刻的体验和感悟,而且他们的口头表达能力也得到了锻炼。

活动反思

1. 对幼儿的教育应是整体性的,各种教育应相互联系。

教师遵循幼儿的学习特点,在"我家住在大海边"的主题活动中有机地将语言、科学、社会等各领域目标整合起来,促进了幼儿不同领域教育的相互联系,促进了幼儿不同经验之间的迁移。该主题活动体现了幼儿教育的整体性和生活性,使幼儿获得了较为全面的发展。

2. 教师是课程的组织者,更是课程的开发者、引领者。

对教学过程及时进行评价,加强对所遇到的问题的分析,是教师创造性教学必不可少的内容。活动中我们用心观察活动现象,分析幼儿现有的认知水平和兴趣点,在帮助幼儿丰富知识经验的同时,又将幼儿的兴趣推向更高水平。

3. 充分利用本土资源,带领幼儿置身于生动的教育情境中。

例如,利用节假日让家长带领幼儿参观海军博物馆等,使幼儿在主动参与、真实体验中获得了经验。我们应充分挖掘、利用身边的有关资源,并将它们纳入我们的课程当中,更好地为幼儿教育服务。

4. 善于挖掘家长资源,让家长资源成为重要的教育资源。

随着主题活动的不断深入,家长的合作意识也在不断提高,他们帮助幼儿收集资料,参与班级外出活动,协助做好有关主题活动的支持工作,满足了幼儿的需求,推动了活动的开展。教师要善于挖掘家长资源,让其真正成为我们的重要教育资源。

主题活动生成案例

我是"小海军"

蒲倩倩

活动背景

在进行"我家住在大海边"主题教育活动时,正值我国南海风云突变。孩子们通过看电视和听家长交谈了解这一消息,也很是关注。他们议论纷纷,有的说,我们生在大海边,要保卫我们的岛屿;有的说,长大后我要当海军,保卫我们的海疆。其中,有一个孩子问:老师,海军是解放军吗?

这时,我发现孩子们的兴趣点已经转移到海军的话题上,而且身为海边的孩子,有的对海军竟不是非常了解。于是,根据《幼儿教育指导纲要》提出的"教师应善于发现幼儿感兴趣的事物、现象和偶发事件中所隐含的教育价值,引导他们进行探索操作、分享交流"的要求,结合大班幼儿好奇、好问、乐于探索、喜欢尝试自己解决问题的特征,设计并实施了主题为"我是'小海军'"的生成活动。

活动目标

1. 初步了解有关海军的知识,能够区别海军与其他军种的不同,加深对军队的认识。

2. 积极探索,大胆表达自己的见解,能将自己参观海军博物馆和军训的感受创造性地表达出来。

3. 通过认识海军、参观海军博物馆、海军叔叔进课堂等活动,体验海军严明的纪律以及军人不怕苦、不怕累的精神,从而产生尊敬、热爱解放军的情感。

活动准备

1. 协助幼儿制作各种"船"和"武器",对班内环境进行装饰。将各区中的内容更换成与生成主题活动有关的内容,如美工区的折纸船、绘画"军舰"和"我心目中的海军"。

2. 教师与幼儿及家长共同搜集有关海军的资料。

3. 联系海军博物馆,商议有关参观的事宜,确定路线,制订计划。

4. 联系海军家长,商讨客座教师讲座内容,幼儿提前做好采访准备。

活动实录

活动 1　认识海军

孩子们对海军充满了好奇。为了让孩子们能够更加深入地了解海军,在"认识海军"的活动中,我们请到了一位海军叔叔,领孩子们走进海军、认识海军。听说海军叔叔要来,孩子们兴奋得不得了,他们用热烈的掌声欢迎海军叔叔的到来。孩子们问:"海军叔叔,你是做什么工作的?"海军叔叔简单介绍了海军的职责和任务。海军的首要任务是保卫我国的蓝色海疆。孩子们对"蓝色海疆"并不是非常理解,老师请海军叔叔为孩子做简单的解释。海军叔叔介绍说"蓝色海疆"就是我国的海洋领土。海军叔叔拿来地球仪,指着蓝色的部分让孩子们了解地球上哪里是海洋、哪里是陆地。

听海军叔叔介绍海军的职责和任务

孩子们看到海军叔叔穿的服装,感到非常威武和帅气。一身白色的礼服,上面有很多配饰,这些配饰吸引了孩子的眼球。瑞瑞突然站起来问道:"叔叔,那个徽章是什么?你身上为什么有那么多徽章?"借着孩子们的疑问,海军叔叔介绍了自己身上的几处徽章:帽徽、领花、资历章、胸标、臂章及其含义,并特别介绍了资历章和臂章的作用。

海军叔叔介绍了关于海军和其他军种的不同之处,出示他们的军旗让孩子们认识,并介绍军旗的含义;展示自己的军服,让孩子们了解到春、夏、秋、冬海军不同的衣服,以及海军衣服与其他兵种的不同。

听海军叔叔介绍海军军装

根据孩子们的问题,海军叔叔介绍了海军的分类:水面舰艇部队、潜艇部队、海军航空兵、海军岸防兵、海军陆战队,简单地说,就是有海上的、天上的还有海里的,各有不同的本领,还配有不同的武器。

海军叔叔介绍海军的军旗

海军叔叔还展示了操练动作:敬礼、稍息、立正、行进间步伐、静止间转法、军体拳。

同时,海军叔叔还向孩子们简单介绍了军队的生活,展示了如何叠被子和打背包,孩子们看得目不转睛。在了解海军生活的过程中,孩子们对海军官兵产生了崇拜和敬佩。孩子们不由地赞叹:"海军叔叔真厉害!"

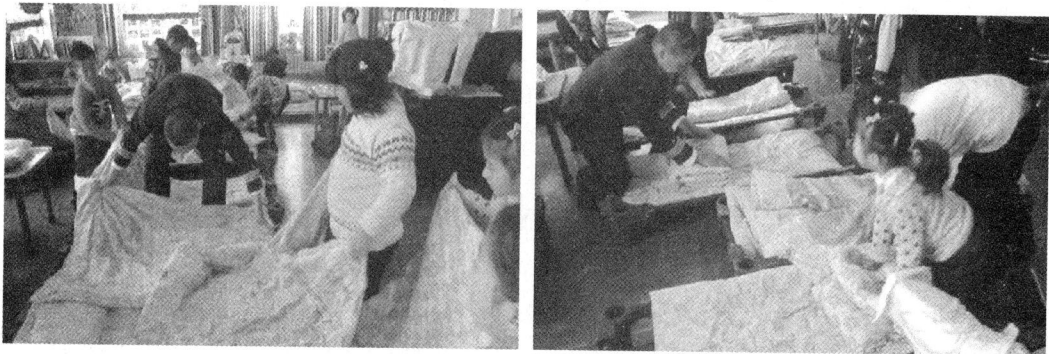

海军叔叔向孩子们展示如何整理内务

海军叔叔说:"海军战士还有一种特殊的本领,是会打旗语。"小朋友问:"什么是旗语?""旗语是船在海上航行的时候,用旗与旁边的船进行对话时所用的语言。"海军叔叔用旗语为孩子们进行了演示。在海军叔叔的指导下,孩子们学习了 HELLO 的旗语,同时还模仿学习了几种旗语的打法。

为了更全面地了解海军,孩子们还有很多问题想问海军叔叔。在海军叔叔到来之前,我们做好了采访计划,准备好了话筒。在活动结束后,孩子们采访了海军叔叔并记录了采访内容。

▶ 活动小结

1. 在"我是'小海军'"的主题活动中,海军是课程中的主体。活动中,我们邀请了海军叔叔进课堂,通过海军客座教师的介绍,让孩子们与海军叔叔面对面,去了解海军、感受海军的独特魅力,从而获得最真实的经验。这些激发了幼儿对新事物的兴趣,为课程的发展做了更好的铺垫。

2. 本次参与活动的海军叔叔是一名家长。在主题活动中邀请家长参与幼儿园的活动,不仅可以带给幼儿园丰富的教育内容,并能为幼儿园教育提供多种支持和帮助。充分挖掘家长资源,邀请海军叔叔走进课堂,弥补了幼儿园教师在有关业务方面的不足,带给孩子们最真切的感知。

活动 2　参观海军博物馆

在参观前,我们与家委会对参观场地进行了详细考察,制订了具体参观方案。

按照参观方案,我们首先参观了军服礼品展厅。这里展出的主要是古代、近代、现代中国海军历史资料图片 1 200 余幅。孩子们一进入展室就兴奋得不得了,指着图片问上面写着什么?我们用通俗易懂的语言,向孩子介绍了中国人民海军自 1949 年诞生以来各个时期的制式服装特点,还介绍了礼品展室内人民海军与世界各国友好交往中接受的 230 多件礼品等。孩子们从海军服装的变化了解了海军的发展,也看到了他们艰苦的成长道路,更加激发了珍惜现在幸福生活的情感。

随后,我们来到了武器装备展区。这里陈列的主要是退出海军战斗序列的小型舰艇、飞机、导弹、岸炮、水中兵器、通信设备、水陆坦克等。在听完海军叔叔的讲解后,宁宁说:"原来现代的飞机比以前的飞机能多装好多人。"海军叔叔说:"对啊,你观察得真仔细。我们的科技越来越发达,所以飞机里能装的人也越来越多。"

我们还看到了周总理检阅驻青岛海军舰艇部队时乘坐过的鱼雷快艇,曾经击落美侦察机的"巨浪一号"潜地导弹。

当然,孩子们最感兴趣的还是三艘军舰:"中国人民海军第一艘驱逐舰"鞍山"号,中国自行设计制造的第一艘导弹驱逐舰"济南"号,中国第一代国产防空舰"鹰潭"号。

我们参观的是"济南"号。上了军舰后,孩子们看到了高射炮。他们特别感兴趣,爬到上面转动炮身。同时我们还了解到了军舰上的装备和海军官兵的生活环境。孩子们感叹道:"这个军舰可真大,我们走了好久才转了一圈。"看了海军官兵的住所,孩子们说:"那里面可真小,海军叔叔多不容易。"

教师带领孩子们参观海军博物馆

参观后,我和孩子们交谈了参观的感受。文文说:"军舰很大。"宁宁说:"海军的武器可真多。"航航说:"为什么没有航空母舰?"……最后,孩子们用不同形式表达了参观的所见所闻,从不同的视角记录下难忘的时刻。

▶ **活动小结**

1. 幼儿阶段是一个人成长的重要时期。在本主题中,我们将活动不断地向社会延伸,充分利用社会资源拓展主题活动内容,丰富幼儿的感知经验。幼儿走进海军博物馆,看到各种军舰和武器都非常喜欢和惊讶,在参观的过程中不断萌发出兴趣点和关注点,教师需要及时捕捉这些兴趣点和关注点,跟着孩子们深入下一步活动。

2. 进入了海军博物馆,看到孩子们对武器如此着迷,捕捉孩子们的兴趣点走进海军武器世界是下一步活动的方向。于是,我们在家长中招募专业的了解海军武器的人员,为孩子们揭开海军武器的奥秘,为活动的开展做好铺垫。

活动3　海军武器多

参观海军博物馆的时候,孩子们看到了很多海军武器装备。孩子们对兵器有很强的好奇心,非常想知道每一样兵器都是用来干什么的。班里一名幼儿的爸爸就是一名海军军官。在参观的时候,他给我们讲了很多兵器知识。为了满足孩子们的好奇心,我们又邀请他到幼儿园专门讲海军的兵器。

首先,他给我们讲了航空母舰的性质和分类,介绍了航空母舰在保卫我国海疆中的作用,以及我国航空母舰的发展状况。通过视频,他引导孩子们认识了驱逐舰、护卫舰,还认识了舰炮、导弹、鱼雷、水雷和深水炸弹等几种海军作战用的武器。

了解了那么多的兵器以后,孩子们问海军叔叔一个问题:"怎样才能成为海军"?海军叔叔说,要当海军就要从小做起。海军叔叔对小朋友提出了要求:好好学习、坚持锻炼、要能吃苦耐劳。他希望小朋友们能够加强户外体育锻炼,如跳绳、跳跳球和跑步,同时还要多吃饭,天冷也不怕,多锻炼。

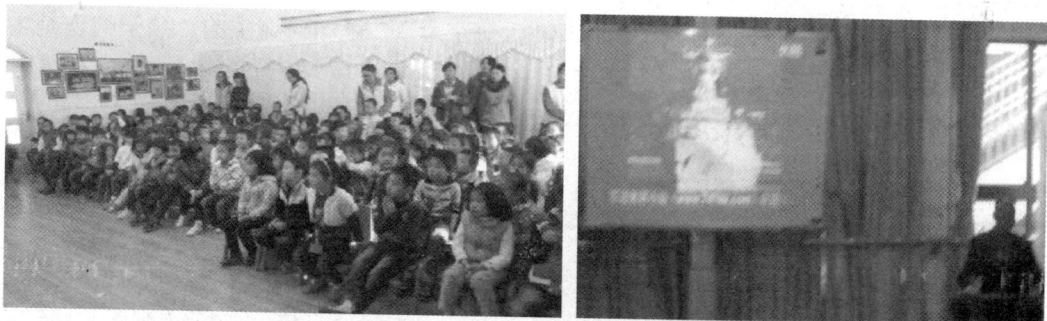

海军叔叔来园为孩子们介绍海军作战用的武器

▶ **活动小结**

1. 当孩子们参观了海军博物馆后,对武器有了零散的经验。在本次活动中,海军叔叔系统又深入地为孩子们介绍了武器,对孩子们已有的零散经验进行了梳理。孩子们在深入了解了武器后,凭借自己的认知在班级开展了"开大炮""扔鱼雷"等游戏。他们将收获的经验应用于活动中,萌发了想要成为一名军人的想法,从内心中产生了对军人的崇拜。

2. 在观看武器并了解了各种各样的武器及其作用后,孩子们想要制作武器的欲望得以激发。他们渴望拥有一只军舰,上面有神奇的歼击机,航行在大海之上。于是,在孩子们兴趣的引领下,我们搜集材料、发动家长和老师准备足够的材料,以便让孩子们尽情地用创作来表达自己的认知。

活动 4　制作海军兵器

海军叔叔的介绍和孩子们的参观,使孩子们对海军的兵器有了一定的了解。在他们的眼里,军舰是那么巨大、那么厉害。孩子们对航空母舰更充满了好奇,因为航空母舰是海上的"巨无霸",孩子们崇拜得不得了,希望自己的国家能够有更多的航空母舰来保护我们的蓝色海洋。于是,我们请孩子们画"我心中的航空母舰",并且介绍自己的绘画内容。同时,我们将小朋友认为画得最好的一艘"航空母舰"当作我们制作"航空母舰"的设计图,为开展制作"航空母舰"做好充分的准备。

首先,我们一起搜集材料。孩子们从家里面带来了许多制作"航空母舰"的纸盒。敏之和几个孩子开始制作了。他们先用几个纸盒制作好"航空母舰"的船底,然后运用纸盒重叠制作"航空母舰"的船舱。莹莹说:"这个'航母'是我们制作的,是中国的'航母'。"序序说:"对啊!应该做上中国的国旗。"莹莹和几个女孩把中国的国旗插到上面。敏之说:"我爸爸说,航母上面有可以升降的栏杆,我们的'航母'却没有栏杆。"我说:"那为什么不做上船身和围栏呢?""可是,船身用一块一块的纸壳做成的,很难拼起来。船身本身就应该是一个整体,这样才不会漏水。"那该怎么办呢,孩子们陷入困境。扬扬说:"那我们先把纸板拼起来,然后再用整张纸粘在船身上,这样不就是一张了吗,也不会漏水啊!"于是,他们一起合作来制作这个巨大的船身。几个小朋友把船身做好了,看上去还真的很像一艘壮观的航母。孩子们高兴地和所做的"航空母舰"合影。通过孩子们的介绍,我能深刻地感受到孩子们对"航空母舰"的喜爱,我也为他们做的"航空母舰"而自豪。

最后,在讲评的时候,我问孩子们你们的"航空母舰"是如何诞生的。孩子们说是大家一起合作完成的。于是,我们又一起展开了"合作能够成功"话题的讨论。孩子们一致认为,只有万众一心、团结一致,才能够取得成功。

孩子们制作的"航空母舰"

▶活动小结

本活动中,孩子们自己设计图纸,通过撕、剪、贴、画等方式与同伴合作完成"军舰"的制作。在这个过程中,幼儿胳膊上的小肌肉得到了充分的锻炼,做事情的计划性得到了体现,与同伴合作协商的能力也有了相应的进步。本主题活动偏于社会和科学领域,但是随着活动的开展孩子们各方面的能力都有了相应的提高。在一个主题活动下整合各领域的目标,可以使探索活动更适合孩子的发展。

活动5 好玩的潜水艇

除了航空母舰,孩子们心中还有一个更感兴趣的海军武器——潜水艇。在了解了潜水艇后,孩子们心中充满着激动,知道我们国家的潜水艇的功能非常强大,对潜水艇产生了更为浓厚的兴趣。"区域活动"中,教师将一个自制的潜水艇玩具和孩子们分享,孩子们对这个矿泉水瓶子里产生的现象很感兴趣,也很想尝试下制作一个有趣的"潜水艇"。

于是他们第一次进行了尝试,学着老师的样子把一个小的瓶子放进一个大的矿泉水瓶子里去,扭上盖子,开始试验。可是无论怎样用力挤压大瓶子,小瓶子就是没有任何反应。尝试后教师和孩子们一起探究"潜水艇"制作失败的原因。孩子们进行猜想,有的说:"老师的瓶子里面有空气。"还有的说:"老师瓶子里面的水都是满满的。"在各种猜测下,我们一起将猜测到的进行试验,可是都没有成功。

最后通过教师再一次的示范,孩子们发现不同点就在水的多少上。孩子们像是找到了新的大陆,开始了新尝试。这一次他们像是一个个小科学家,比量着瓶子中的水,反复试验后,航航惊喜地告诉老师:"我成功了。"

航航高兴地向大家展示了成功的作品,并将他的经验与大家进行了分享:"小瓶子里装一半的水,大瓶子里装满满的水才会成功。"听了航航的介绍,大家拿起了自己的瓶子又开始了试验,最终在小伙伴的帮助下大家都成功地做出了有趣的"潜水艇"。

活动里孩子们在一次次的失败中总结出成功的经验,通过试验得到了成功。对于每一次试验,孩子们都充满着兴趣,带着探索的精神坚持,努力地实践,最终获得成功的体验。

孩子们进行小实验"好玩的潜水器"

▶ 活动小结

　　在科学活动的探索过程中,让孩子们反复尝试、大胆猜想和坚持实践最终获得成功是十分重要的。自制"潜水艇"活动,充分体现了"幼儿在前、教师在后"的教育理念,引导孩子们在实践中总结经验、在实践中体验成功,保持对科学活动的探索精神。这样的主题活动,才最有教育意义。

活动反思

　　1. "军人",在我们这代人的心目中,是勇敢、正义和光荣的代名词。"长大要当解放军"曾是多少孩子童年时代的梦想。可是现在,我们很少有机会从孩子们的口中再听到这类词语,取而代之的则是"我是奥特曼""我是恐龙战队队员"等。我不由地思考:现在的孩子有富裕的物质生活,整天着迷动画片,模仿着动画片里的所谓英雄角色,而这些带给孩子的影响是利还是弊?解放军那种艰苦朴素、勇敢坚定以及严格的组织纪律性和集体主义精神在孩子们身上越来越少了。"我是小海军"这一活动,通过"海军走进来,幼儿走出去"的方式,充分引导孩子们与海军叔叔进行互动,探索海军的奥秘,从而激发孩子们对海军叔叔的崇拜、对祖国和家乡的热爱,学习海军叔叔不怕困难、勇敢担当的精神,促使孩子们全面发展、健康成长。

　　2. "我是'小海军'"这一生成活动,来自于孩子们对海军的兴趣和孩子们的生活话题。生活在海边的孩子对大海有深厚的情感,对海军也应该有深厚的热爱之情。根据孩子们的兴趣,教师始终在孩子们的后面,支持他们不断地进行的探索,最终获得崭新的经验。所以主题活动中最好的导向就是孩子们的兴趣,最好的脉络就是跟随孩子的脚步,一步一步走进主题活动的"深度",拓展主题活动的"宽度"。

　　3. 主题活动中探究的是"小海军"的秘密,但是实施中应注意各个领域的整合,在幼儿的活动中注意调动各种感官的功能,在每一个活动中都关注孩子们个体的发展和各种能力的培养,让孩子们在主题活动中充分地、自主地、大胆地进行探索,促进他们的全面发展。

大班下学期主题活动

快乐渔村行

主题活动"快乐渔村行"包括"走进渔村""渔村故事"和"我们与渔民同乐"三个次主题的活动。其活动目标及内容安排、分区活动与环境创设见表 2-6-1、表 2-6-2、表 2-6-3、表 2-6-4、表 2-6-5 和表 2-6-6。

表2-6-1 快乐渔村行——"走进渔村"活动目标及内容安排

活动目标	教育活动	生活活动	家长与社区	户外活动
1. 尝试自主收集整理渔村、渔民的相关资料，了解渔民出海捕鱼作业、工具、服装及捕鱼过程。 2. 能够连贯、有序、清楚地讲述参观渔村的经过，运用剪、画、折、贴等不同美术形式表现自己印象里的渔村。 3. 体会渔民生活的艰辛，渔业工具发展给渔民生活带来的便利，感受渔文化的博大精深和独特魅力，萌发爱家乡的情感。	1. 参观渔村（社会） 2. 渔舟唱晚（音乐） 3. 我爱渔民（美术） 4. 渔民爷爷讲故事（语言、社会） 5. 海鲜市场大调查（社会） 6. 海产品品尝会（社会）	1. 引导幼儿利用餐后时间观看信息区有关渔村的图片，了解渔村旧址和新居的图片以及开渔节、拉网节、海鲜节图片，了解渔民的生活习惯和捕鱼期间规矩。 2. 引导幼儿不随地乱扔垃圾、纸屑，初步树立环保意识。 3. 指导幼儿掌握先剥鱼身的两边，再去掉中间鱼骨的步骤，提醒幼儿吃鱼时小心地把鱼刺剔出来，不要卡到喉子里。	1. 请家长搜集有关渔村的相关图书或图片，引导幼儿初步了解渔村的文化。 2. 请家长利用海边休息时间带幼儿到海边捡拾海草、海带等，并洗净晾干。 3. 请家长带幼儿到海鲜市场上观察各种海鲜，知道常见海鲜的名称；和孩子一起买海鲜，烹饪海鲜，品尝海鲜。	体育活动： 我们一起捕鱼 体育游戏： 跳水运动员 自选活动： 1. 提供操圈，引导幼儿跳圈、钻圈、转圈、滚圈、踢足球等。 2. 提供足球、踢球的动作。 3. 提供渔网，自制海鲜等，引导幼儿开展"小渔民来捕鱼"的游戏。

表2-6-2 快乐渔村行——"走进渔村"区域活动与环境创设

区域名称	活动内容	活动目标	环境创设
美工区	1. 海草房	尝试使用测量的方法,尝试制作"房屋",注意房屋的结构特点。	主题氛围营造: 班级门口布置成渔村的样子,教室中悬挂水墨画《渔村》、蓝色纱曼吊起来幼儿做的海浪,小船,渔网及各种形式的帆船、海洋动物等。 互动墙: 我眼中的渔村
	2. 印象渔村	利用泡沫板、刻板工具、颜料、毛笔及渔村的图片,运用刻、画等方法,尝试用不同形式表征自己印象里的渔村。	
	3. 大海	通过捏、搓、团、按等方法,借鉴油画形式,太空泥创造性地进行抹画,感受油画作品的艺术魅力。	
益智区	分海货	学会玩"剪刀石头布"收海货游戏,复习巩固7以内数的分合及加减运算,体验数学运算游戏的乐趣。	
科学区	小鱼快快游	观察实验示范步骤图,尝试按图示进行实验。观察"小鱼"在肥皂水中的游动现象,了解其张力原理。	主题信息区: 1. 以探索渔村为内容,幼儿自主设计有关渔村的调查问卷。 2. 自主收集渔村资料,如《渔民海祭》《渔民的节日》《捕鱼的演变》《黄岛渔庙知多少》《海草房的演变》《小问与一陈姑庙》等。
表演区	小赶海	创编赶海的动作,能和同伴合作创编队形,表演舞蹈"小赶海";尝试变换不同角色进行表演。	
阅读区	赞渔乡	细致观察图片,初步了解图片之间的联系;能按事件发展的顺序正确排图,并运用优美的语言讲述自己参观渔村的过程。	
角色区	海边小餐厅	与同伴协商分配角色,根据经验进行创意的角色互动,丰富经验,自主设计海边小餐厅的情景,开展"餐厅"游戏。	
建构区	1. 唐岛湾	观察唐岛湾的图片,尝试利用积木、废旧材料搭建"唐岛湾",表现其周围环境特点。	
	2. 海边小船厂	细致观察图片中的细节,根据船的突出特征进行合作拼插,初步进行渔船的主体部分的拼插,提高立体造型的能力。	

表2-6-3 快乐渔村行——"渔村故事"活动目标及内容安排

活动目标	教育活动	生活活动	家长与社区	户外活动
1. 尝试自主收集整理渔村、渔民的相关资料;了解渔民出海捕鱼作业、工具,服装及捕鱼过程;学习制作简单的、科学搭配的海鲜食谱。 2. 能够连贯、有序,清楚地讲述参观渔村的经过,运用剪、画、折、贴等不同美术形式表征自己印象里的渔村。 3. 体会渔民生活的艰辛、渔业的发展给渔民生活带来的便利,感受劳动人民的智慧,感受渔文化的博大精深和独特魅力,萌发爱家乡的情感。	1. 开渔节(社会) 2. 新黄岛民谣(音乐) 3. 渔村剪纸艺术(美术) 4. 渔村秘密知多少(社会) 5. 陈姑庙的传说(语言)	1. 引导幼儿利用餐后时间观看信息区有关渔民生活的图片,加深对渔民日常生活的了解。 2. 指导幼儿关注天气状况,并根据温度的高低适当增减衣服。 3. 指导幼儿在过渡环节开展编网的游戏,体验编网的乐趣。	1. 请家长协助幼儿利用废旧纸壳、泡沫一起制作"渔船"。 2. 请家长利用周末休息时间带幼儿到"开渔节"开幕式地点游玩,参观。 3. 招募家长客座教师,招募内容:会织网或在渔村生活的家长等,以便为幼儿介绍渔民的生活。	体育活动: 勇敢的小兵 体育游戏: 捉龙虾 自选活动: 1. 提供滚筒、体操垫、梯子等,引导幼儿自由组合器械,练习平衡、钻爬动作。 2. 提供篮球,引导幼儿开展双手拍球,与同伴传球、边拍边带球等活动。

表2-6-4 快乐渔村行——"渔村故事"区域活动与环境创设

区域名称	活动内容	活动目标	环境创设
美工区	1. 编织渔网趣味多	认识网梭等渔民织网的主要工具,学习使用网梭;尝试和老师一起织渔网。	主题氛围营造: 将幼儿和家长共同拍摄的照片布置成"海边照片展";教室外布置"海边渔村的拼插展(或手工展)"。 互动墙饰: 渔舟唱晚 主题信息区: 1. 收集各种各样关于渔民的民俗传说以及渔谣、顺口溜等渔民语言生活中广泛传唱的语言表达形式。 2. 张贴《可以食用的藻类》《海边渔养殖》《美丽的贝壳》。 3. 提供海洋知识竞赛的相关活动信息:报名、准备、队标、口号、过程等。
	2. 我的渔村	了解渔村的主要特征,能够运用水墨、彩笔画、版画等不同形式表征自己印象里的渔村。	
	3. 渔家剪纸	尝试不同的剪纸方法,感受本土传统民俗文化的魅力。	
益智区	小海螺和蛤蜊	运用玩五子棋的方法玩海洋动物棋,培养动脑思考的能力。	
科学区	让船浮起来	探索沉浮的秘密,积极参与试验,大胆尝试使用各种材料并记录试验结果。	
表演区	小海螺和大鲸鱼	运用肢体语言表现角色,自己编创相关情节,提高编创和表现能力。	
阅读区	1. 渔谣、顺口溜	了解渔村的习俗和文化,感受渔民丰富多彩的生活。	
	2. 渔村趣事	清楚、流利地讲述渔村发生的趣事,提高编的表现力和表达的逻辑性;能仔细观察图片,发现讲述的要素。	
角色区	诱人的渔家宴	能利用各种旧材料和半成品材料自制"渔家特色菜";能进行简单的5元、10元和10元内的货币换算;练习简单的7以内的加减法,尝试使用符号记账,提升表征和记账能力。	
建构区	起航的渔船	能熟练地运用围拢、穿插、垒高等技能合作制作"渔船",重点观察驾驶室、甲板、楼梯等,提高观察能力和合作意识。	

表2-6-5 快乐渔村行——"我们与渔民同乐"活动目标及内容安排

活动目标	教育活动	生活活动	家长与社区	户外活动
1. 尝试自主收集整理渔村、渔民的相关资料。了解渔民出海捕鱼作业、工具，服装及捕鱼过程，学习简单的、科学搭配的海鲜食谱。 2. 能够连贯、有序、清楚地讲述参观渔村的经过，运用剪、画、折、贴等不同美术形式表征自己印象里的渔村。 3. 体会渔民生活的艰辛、渔业工具发展给渔民生活带来的便利，感受劳动人民的智慧、渔文化的博大精深和独特魅力，萌发爱家乡的情感。	1. 我和渔民同欢乐计划（社会） 2. 水草舞（音乐） 3. 群虾图（美术） 4. 大海笑了（语言） 5. 我们在渔村演节目（半日）	1. 利用餐后时间开展"我讲海洋的故事"活动，激发对海洋的兴趣。 2. 利用点名时间开展"有趣的谚语"活动，朗读渔谚、丰富词汇。 3. 掌握剥虾的方法，吃虾前按照剥虾头、虾皮、虾尾的顺序一一剥下，将虾皮等放到废物盘中，吃完后用餐巾擦拭嘴和手。	1. 请家长提前着手为幼儿准备"六一"演出服装及道具。 2. 请家长和幼儿一起提出倡议"保护海洋，从我做起"，为幼儿树立示范榜样。 3. 号召家长积极报名参加童话剧演出活动，演出的主题以保护海洋为主。	体育活动： 海洋旅游 体育游戏： 赶小鱼 自选活动： 1. 提供平衡木、篮球，引导幼儿开展在平衡木上双手拍球、托球等活动，发展身体平衡能力。 2. 提供各种贝壳、自制的海鲜玩具、渔网等材料，引导幼儿开展"渔家宴""捕鱼""晒鱼"等游戏。

表2-6-6 快乐渔村行——"我和渔民同欢乐"区域活动与环境创设

区域名称	活动内容	活动目标	环境创设
美工区	1. 大型贝壳制作	运用粘贴、拼插等技能，使用辅助材料制作大型贝壳创意场景。	主题氛围营造：将制作的海草房，布置在班级走廊中，并注明姓名、作品介绍等；利用养殖扇贝、网做隔断，并在其上装饰贝壳、幼儿绘画作品等以及卷轴画、水墨画、拼插作品等设置成"海底世界"。 互动墙饰：和渔民同乐。 主题信息区： 1. 本周与"六一"儿童节结合，讨论"我们怎样过'六一'，各班幼儿按'六一'"准照自己制订的计划进行庆"六一"准备活动。张贴幼儿在活动过程中关于所见所闻、所思所想的记录，并表征"六一"真快乐"。 2. 张贴"海边的孩子爱大海"亲子海报，营造过节的气氛。
	2. 卵石创意画	尝试借助不同形状的卵石进行想象，创意绘画。	
益智区	翻翻乐	复习巩固10以内的分合运算，培养思维的灵活性。	
科学区	做舱螺旋桨动力船	会制作"螺旋桨"，了解螺旋桨的基本原理。	
表演区	渔家时装秀	进行角色分配和任务分工，自己制定节目单，专人催台和报幕，有计划、有序地进行演出，培养协商、表现、创造能力。	
阅读区	1. 我是渔村小导游	利用参观渔村的照片和一些风俗图片，用完整、连贯、清楚的语言介绍渔村风情。	
	2. 渔家成语配画	根据关于渔村和海洋的谚语，讲述谚语的含义，尝试正确使用谚语。	
角色区	晒干鱼	利用鱼类半成品、支架，体验晾晒鱼干的过程。	
建构区	我心中的未来渔村	自主设计不同外观的"房子图纸"，会按照图纸施工；尝试"错层压砖"的建筑基本方法，主动添加相关景物。	

次主题活动一 走进渔村

本活动包括"活动 1 参观渔村""活动 2 渔舟唱晚""活动 3 我爱渔民画""活动 4 渔民爷爷讲故事""活动 5 海鲜市场大调查""活动 6 海产品品尝会"以及区域活动。

活动 1 参观渔村（社会）

活动目标

1. 了解渔民所居住房屋的主要特征,知道自己的家乡有着悠久的渔村历史。
2. 大胆讲述自己的所见所闻,能对自己感兴趣的问题大胆质疑并进行表达。
3. 欣赏渔村的特色风景,体验外出参观的快乐。

活动准备

1. 活动前初步了解渔村的特色及渔民们的生活。
2. 计划表、采访表、外出所需物品。

活动建议

一、制订计划,引发幼儿对参观活动的兴趣

1. 引导幼儿回忆前一天制订的计划,包括去参观什么、采访哪些问题、需要哪些前期准备、注意哪些事项等。

2. 提醒幼儿关注采访的要求。幼儿按采访表中的分类自行设计提问,询问的问题要具体,要清楚地画出要采访哪些人。

3. 教师向幼儿讲述黄岛区(现青岛西海岸新区)过去的故事,引发幼儿参观兴趣。

二、前往目的地,组织幼儿参观渔民村

1. 整理队伍,清点人数,检查幼儿衣着是否合适、物品是否带齐。
2. 途中引导幼儿欣赏沿途风景,强调幼儿要听从指挥,遵守参观规则。
3. 到达目的地后组织幼儿有秩序地进行参观。
4. 教师向幼儿介绍渔村,引导幼儿观察欣赏渔村的环境。
5. 引导幼儿分组进行采访,提醒他们有礼貌地、大胆地向渔民提问。
6. 引导幼儿找出自己最感兴趣的目标,重点观察并记录下来。

三、参观结束，引导幼儿回忆并进行绘画表征

1. 鼓励幼儿大胆表达参观渔村的感受。

2. 指导幼儿根据讨论的内容和照片，选定绘画内容。内容要鲜明，构图要合理，色彩要协调，能让大家看明白。

3. 教师引导幼儿相互交流自己的作品，说说画面中哪些地方能表现出这是渔村。教师协助幼儿将作品制成墙饰，把幼儿表达的内容展示出来。

活动2　渔舟唱晚（音乐）

活动目标

1. 了解乐曲 ABA 的结构特点，加深幼儿对乐曲旋律的认识，引导他们感受傍晚渔民满载而归的情景。

2. 能安静地欣赏、倾听古筝曲，加深对乐曲所表达情感的理解。

3. 感受民族音乐的魅力，激发民族自豪感。

活动准备

1. 了解各种民乐器的名称。

2. 相关乐曲、课件。

活动建议

一、欣赏乐曲，引导幼儿初步感受音乐的特点

1. 教师组织幼儿欣赏乐曲《渔舟唱晚》。

2. 教师提问：听到这首曲子，你想到了什么？你有什么感受？

3. 教师提问：乐曲是用哪些乐器演奏的？

二、分段理解，组织幼儿欣赏乐曲

1. 引导幼儿完整地欣赏乐曲，启发幼儿思考：这首乐曲有什么变化？在哪里变化的？

2. 引导幼儿分段欣赏。幼儿跟随音乐自由摆动身体，感受乐曲快慢节奏的变化。

3. 结合相关课件，引导幼儿再次完整地欣赏乐曲并思考：这首乐曲表现的是什么样的意境？

三、组织游戏，加深幼儿对乐曲所表达情感的理解

1. 幼儿边欣赏音乐边设计动作。

邀请一位幼儿配合，随着 A 段音乐开展双人划船的动作，如两人面对面坐于地上，手拉手前后摇动，做划船状。请幼儿两两配合，跟随 A 段音乐尽情地展示与众不同的划船动

作;鼓励幼儿跟随 B 段音乐设计捕鱼的动作。

2. 幼儿分成划船和捕鱼两组,开展"快乐的小渔民"游戏。

玩法:播放 A 段音乐,划船组幼儿自由划船,捕鱼组的幼儿则扮演小鱼,在水中自由地游动;播放 B 段音乐由捕鱼组活动,而划船组则又扮演"小鱼"开展游戏,让幼儿充分感受 A、B 段音乐的不同情调。

活动延伸

介绍乐曲名称和创作背景。出示古筝图片(放课件),知道《渔舟唱晚》就是用古筝演奏出来的,引导幼儿感受古筝的音色特点。

活动3　我爱渔民画(半日)

活动目标

1. 了解渔民出海时的工作情景,认识渔民的捕鱼工具。

2. 认真倾听渔民讲述出海的故事;尝试运用浓烈的色彩、独特的艺术手法表现渔民画鲜明的特色。

3. 感受渔民工作的辛苦和乐趣,欣赏民间美术的美。

活动准备

1. 教师与家委会协商并征集家长志愿者来园给幼儿讲渔民的故事。

2. 了解版画的绘画形式及特点。

3. kt 板、白纸、染料、笔。

活动建议

一、播放图片,引导幼儿了解渔民出海工作的情景

1. 家长出示渔民捕鱼图片,幼儿边欣赏边听渔民讲述捕鱼的故事。

2. 引导幼儿模仿划船、撒网、收网的动作,感受捕鱼的乐趣和辛苦。

3. 出示各种捕鱼工具引导幼儿,了解它们各不相同的功能。

二、欣赏渔民画,引导幼儿尝试运用版画结合浓烈色彩绘制渔民画

1. 出示几个不同画种,引导幼儿了解渔民画与其他画的不同。

教师提问:你更喜欢哪个风格的画?为什么?

2. 欣赏渔民画,介绍渔民画的名称,丰富对版画的认识。

教师引导幼儿发现渔民画线条和构图的特点:线条化、剪影式造型、空间弱化等。

教师提问:观察画面上的图案,它反映出渔民的哪些生活情境?色彩上有什么特点?

教师引导幼儿发现渔民画的涂色方式是单色平涂。

3. 引导幼儿了解版画绘画过程,学习版画绘画方法

(1)教师示范版画绘画步骤,幼儿观察教师绘画方法。

(2)引导幼儿说一说绘画中重要的步骤是什么。

(3)教师提出绘画要领,幼儿大胆创作渔民画。

提出要求:合理安排画面,注意作品空间关系,画面要饱满,内容要丰富,构图要合理。引导幼儿尝试使用单色平涂的方法涂色。

三、分享作品,引导幼儿体验画渔民画的快乐

1. 请幼儿讲出自己作品的主要内容。

2. 欣赏并评价他人的作品,学习同伴作画的方法。

3. 欣赏幼儿作品展,并张贴几幅渔民画,激发幼儿创作渔民画的兴趣。

附:渔民画

各种形式的渔民图

活动4 渔民爷爷讲故事(语言、社会)

活动目标

1. 了解渔民生活的变迁、捕鱼的经历、开渔节的意义,认识渔民捕鱼工具。

2. 能认真倾听渔民出海经历的故事,和同伴一起大胆地向渔民提问。

3. 体验渔民工作的辛苦和乐趣。

活动准备

1. 邀请家长来园做客座教师,提前和家长沟通所讲故事的具体内容(如出海经历、开渔节、生活变迁等)。

2. 课件,包括渔民出海图片、捕鱼工具、以前的村庄、现在的社区、开渔节的内容。

活动建议

一、自由谈话,激发幼儿的活动兴趣

教师提问:我们平时吃的海鲜是从哪里来的?你们见过渔民出海捕鱼吗?

二、渔民爷爷讲故事,引导幼儿了解渔民出海工作的情景

1. 出示渔民捕鱼图片,幼儿一边欣赏一边听渔民捕鱼的故事。
2. 请幼儿模仿划船、撒网、收网的动作,感受捕鱼的乐趣和辛苦。
3. 出示各种捕鱼工具,幼儿认识各种工具,了解它们的功能各不相同。
4. 出示开渔节的图片,幼儿了解开渔节时人们要开展的活动。
5. 出示渔民以前生活的村庄、现在生活社区图片,渔民讲述自己生活的变迁及感受。

三、现场采访,组织幼儿进一步了解渔民生活

1. 幼儿现场提问,请渔民回答幼儿所提出的问题。
教师提问:听了渔民爷爷讲的故事以后有没有问题想问?
2. 播放课件,欣赏渔民捕鱼活动、生活的变迁以及开渔节、拉网节等渔家特有的节日活动,体验渔民生活的辛苦和乐趣。

活动5 海鲜市场的调查(社会)

活动目标

1. 知道海鲜市场是买卖各种海鲜的地方。
2. 了解海鲜市场中海鲜的摆放方式,鼓励幼儿敢于和摊主对话。
3. 调查市场海鲜种类,体验调查的快乐。

活动准备

1. 教师考察好海鲜市场参观线路,与家委会协商并邀请家长志愿者参加秋游。
2. 每一组一张大纸,制订调查计划。
3. 照相机,记录笔,采访表。

活动建议

一、制订计划,组织幼儿根据计划准备所用物品

1. 教师提出活动的计划及目的地,幼儿分组讨论调查计划,如时间、目的地、路上要注意的问题、需要带的物品等。

2. 各小组推选代表介绍本组计划,互相补充。

二、市场调查,提示幼儿注意路上安全

1. 整理队伍,清点人数,检查幼儿衣着是否合适、物品是否带齐。

2. 途中强调幼儿要听从指挥,遵守参观规则。

3. 到达海鲜市场后组织幼儿有秩序地进行参观。

4. 教师向幼儿介绍海鲜名称,引导幼儿观察不同海鲜的外形特征。

5. 引导幼儿分组进行采访,提醒他们有礼貌、大胆地向售货员提问,如海鲜的名称、价格等。

6. 引导幼儿找出自己最感兴趣的目标,重点观察,并记录下来。

三、参观结束,引导幼儿绘画表征

1. 鼓励幼儿大胆表达海鲜市场调查的感受。

2. 指导幼儿根据讨论的内容和照片,选定绘画内容;内容要鲜明,构图要合理,色彩要协调,能让大家看明白。

3. 教师引导幼儿相互交流自己的作品,说说画面中哪些地方能表现出这是海鲜市场中有特色的海鲜。教师协助幼儿将作品制成墙饰,把幼儿表述的内容展示出来。

活动6 海产品品尝会(社会)

活动目标

1. 了解家乡海产品的种类,初步了解干海产品加工的过程。
2. 能够大胆地表达自己的所见所闻,主动搜集各种海产品的资料。
3. 萌发热爱家乡,热爱海洋的情感。

活动准备

1. 各种海产品图片,课件,干鱼片制作视频。
2. 了解海产品的名称和特点。

活动建议

一、自由谈话,引导幼儿说出自己吃过的海产品名称

1. 出示海产品图片——蛤蜊,引导幼儿回顾已有经验。
教师提问:这是什么?除了蛤蜊你还吃过什么海产品?
2. 出示幼儿所提到海产品的图片。

二、认识海产品,引导幼儿了解干海产品的价值

1. 教师提问:你们知道哪些海产品?能按它们的名字分一分吗?

教师引导幼儿对海产品进行简单分类。

2. 播放渔产品制作视频,幼儿了解海产品(贝类、鱼类等)的特性和制作方法。

3. 教师介绍各种常见海产品的营养价值,鼓励幼儿在日常生活中多吃海产品,促进身体健康。

三、举办海产品品尝会,进一步引导幼儿感受海洋物产的丰富

1. 请幼儿介绍自己带来的海产品,认识特殊的干海产品。

2. 请幼儿互相品尝带来的海产品,交流品尝后的感觉。

3. 播放其他特殊的海产品课件,由海产品引发出海洋物产丰富,从而激发幼儿热爱家乡、热爱海洋的情感。

区域活动

美工区

1.海草房

活动目标

1. 学习使用测量方法,加深对测量的理解。

2. 运用自然材料制作"海草房",注意房屋的结构特点以及屋顶的蓬松感。

活动准备

胶水,剪刀、纸盒、彩纸、废旧磁带、牛皮纸、皱纹纸等。

活动建议

1. 引导幼儿观察海草房的外形特征,鼓励幼儿选用自然材料制作。

2. 启发幼儿与同伴协商合作,正确使用工具测量、目测比较等方法进行测量,以制作"海草房"。

3. 引导幼儿将制作的"海草房"展示在活动区域中,并设置成"渔家小院"。

海草房

2. 印象渔村

活动目标

1. 了解渔村的主要特征,进行创意美工活动。
2. 能够运用水墨、彩笔画、版画等不同形式表现自己印象里的渔村。

活动准备

1. 泡沫板、宣纸、水墨、刻板工具和颜料毛笔。
2. 渔村的照片、图片。

活动建议

1. 指导幼儿熟练使用毛笔的中锋、侧锋进行绘画,尝试用不同形式表现自己印象里的渔村,尝试使用渲染的方法丰富画面内容。
2. 鼓励幼儿与同伴分工合作,进行印象渔村的长卷绘画,内容要丰富,着色要大胆均匀。

附:版画"印象渔村"

渔民村照片和图片

3. 大海

活动目标

1. 尝试用捏、搓、团、按等方法,借鉴油画形式创造性地进行抹画。
2. 感受油画作品的艺术魅力。

活动准备

橡皮泥、牛皮纸或黑卡纸底板,关于海洋的世界著名油画。

活动建议

1. 组织幼儿欣赏关于海洋的油画作品的特点,丰富美术鉴赏经验,加深对大海的热爱之情。

2. 指导幼儿在底板上尝试抹画,进行场景的构图,要求轮廓要大而饱满。

3. 启发幼儿选择各色橡皮泥进行模仿绘画,要求模仿绘画过程细致有序、颜色搭配和谐,注意过渡色的使用。

世界著名海洋油画

益智区

分海货

活动目标

1. 探讨九宫格棋的特点和玩法,熟练进行数量分合,巩固 7 以内数的加减运算。

2. 能根据九宫格棋的玩法,结合分海货的经验,设计不同数量的玩法。

活动准备

九宫格板,骰子,"小鱼"若干条。

活动建议

1. 教师讲解游戏规则:用剪刀石头布的方式,决定谁先捞鱼。第一位幼儿按骰子上的数字取出相应的"鱼",任意放入格子里。第二位幼儿掷骰子后,按骰子上的数字取出相应的"鱼",分别放到格子里。每格"鱼"的数量凑足 7 条,就收入"渔网"。

2. 提醒幼儿想办法,尽快将一个格子里凑足 7 条鱼。

3. 鼓励幼儿相互交换材料,尝试将每格"鱼"的数量凑足 6 条、8 条等不同数量,增进同伴之间的情感交流。

科学区

小·鱼快快游

活动目标

1. 观察实验示范步骤图,尝试按图示进行实验。
2. 观察"小鱼"在肥皂水中的游动现象,了解水的张力原理。

活动准备

色纸、肥皂、洗衣粉、洗洁精、盆子、水、剪刀、胶水、记录表等。

活动建议

1. 引导幼儿观察"小鱼"的制作步骤,尝试折纸制作"小鱼"。
2. 引导幼儿取一块小肥皂轻轻放在水中,离"小鱼"的位置最近,观察"小鱼"在肥皂慢慢溶解下"小鱼"游动现象,并鼓励幼儿做好记录。
3. 鼓励幼儿尝试投放不同的材料,再次观察小鱼的变化。

表演区

小·赶海

活动目标

与同伴合作编排队形,创编赶海的动作,表演"小赶海";尝试变换角色进行表演。

活动准备

服饰、音乐、海洋背景、动作队形参照图。

活动建议

1. 指导幼儿根据自己扮演的角色自主进行装扮,设计队形。
2. 鼓励幼儿大胆表演"赶海""游玩"等动作。
3. 提醒幼儿跟随音乐的节拍有节奏地进行表演。

阅读区

"赞渔乡"

活动目标

1. 细致观察图片,初步了解图片之间的联系。
2. 按事件的发展顺序正确排图,清楚、有序、连贯地讲述自己参观渔村的过程。

活动准备

参观渔村的趣事活动照片十张。

活动建议

1. 观察图片内容,理解图片的内容,尝试运用优美的语言讲述图片。
2. 根据自己的参观经验,选取四张以上图片进行讲述。
3. 合理安排图片顺序,并用词恰当地、有条理地讲述参观趣事。

角色区

海边小·餐厅

活动目标

1. 与同伴一起自主分配角色,根据经验进行有创意的角色互动。
2. 丰富经验,自主设计"海边小餐厅"的场景,开展"餐厅"游戏。

活动准备

收集各种贝壳、小石头、沙子、报纸等低结构材料;黑色、白色橡皮泥,红色、绿色纸彩色正方形纸。

活动建议

1. 自主创设"海边小餐厅"的场景,有厨房、餐厅、收银台等。
2. 指导幼儿自主分工,明确角色职责。
3. 大胆地创造性地进行游戏,如在厨房制作饭菜、为客人端饭菜、客人结账等。可引导幼儿按照"在厨房""在餐厅""在结账"的顺序分别进行游戏,熟练后可综合游戏。

建构区

1.唐岛湾

活动目标

1. 观察唐岛湾的图片,了解唐岛湾周边主要的标志性建筑。
2. 尝试利用积木、废旧材料与同伴合作搭建唐岛湾,表现其周边环境特点。

活动准备

1. 大型积木、干海草、报纸。
2. 唐岛湾周边的主要建筑、公交站点、大酒店、厕所和栈道的图片等。

活动建议

1. 指导幼儿绘制唐岛湾的设计图纸,表现唐岛湾周边的主要建筑和景观。
2. 指导幼儿合作搭建"高层建筑酒店""自行车道""木栈道"和"标志性雕塑"。
3. 指导幼儿合理分工搭建"建筑",将制作的"公交站点""公共厕所标志""自行观光车"等装饰在美工区中。

2. "海边小船厂"

活动目标

1. 进行"渔船"的主体部分的拼插,提高立体造型的能力。
2. 细致观察图片的细节,根据船的典型特征进行合作拼插。

活动准备

雪花片和各种插塑材料,各种船的图片。

活动建议

1. 引导幼儿观察船的图片,了解船的外形特征。
2. 指导幼儿运用十字插塑、围拢插塑、穿插插塑等材料,拼插"渔船"的主体。
3. 引导幼儿与同伴友好合作,共同完成插塑作品。

体育活动

我们一起捕鱼

活动目标

1. 了解渔民捕鱼时场景,练习快跑、快躲闪,锻炼幼儿身体动作的敏捷程度。
2. 能观察和探索"渔夫"和"小鱼"角色的动作要领,灵活地进行钻、跑运动。
3. 体验团结协作捕捉到"鱼"的乐趣。

活动准备

幼儿提前学会歌曲,观看捕鱼视频,活动场地画上大圆圈。

活动建议

一、创设情境,带领幼儿进行热身

幼儿跟随教师听音乐进入活动场地站成四队做准备活动。(重点活动下肢和腰部)
教师提问:你们看过渔民是怎样捕鱼的吗?小鱼是怎样逃脱的?

二、开展游戏，引导幼儿练习基本动作

1. 探索、练习渔民"合作追捉"的基本动作。

（1）鼓励幼儿模仿、探索渔民捕鱼"合作追捉"的基本动作，提高幼儿动作的规范性和灵活性。

（2）邀请几名幼儿分组示范基本动作，引导其他幼儿观察、练习。

（3）教师小结动作要领，指导大家一起练习基本动作。

2. 探索练习小鱼"跑"和"躲闪"的基本动作。

（1）鼓励幼儿模仿、探索小鱼"跑"和"躲闪"的基本动作，提高幼儿动作的规范性和灵活性。

（2）邀请几名幼儿做示范动作，引导其他幼儿观察、学习。

（3）教师小结动作要领，指导大家一起练习基本动作。

三、强调规则，组织幼儿开展游戏活动

1. 分组做两遍游戏，总结动作要领，强调游戏规则。

（1）请1、2组的幼儿扮作"渔民"，3、4组的幼儿扮作"小鱼"进行游戏，要引导幼儿注意自己扮演的是什么角色。

（2）教师和幼儿共同讨论游戏中出现的问题，总结"合作追捉""跑"和"躲闪"的动作要领，强调游戏规则。

（3）四组互换角色再次分组进行游戏。（方法同上）

2. 增加游戏难度，在圆圈内进行"拉网捕鱼"的游戏。

（1）教师讲解新的游戏玩法与规则。

游戏玩法：请两名幼儿扮作"渔夫"，手拉手当"渔网"，其他幼儿扮作"小鱼"。音乐响起，"渔夫"开始追捉"小鱼"，被捉住的"小鱼"要立刻与"渔夫"手拉手编成"渔网"继续追捉剩余的"小鱼"。

游戏规则：音乐响起，游戏开始；音乐停止游戏结束。游戏过程中"渔夫"的手不能放开，被捉住的"小鱼"要立刻与"渔夫"一起继续追捉剩余的"小鱼"；所有幼儿不能跑出蓝色圆圈。

（2）师幼共同总结游戏中出现的问题，讨论和解决问题。

教师提问：当渔网越来越大时，"渔夫"们应该怎样合作追捉"小鱼"？

3. 再次增加游戏难度，在同一场地内，增加一对"渔夫"开展游戏，使游戏具有更强的挑战性。

教师与幼儿共同总结游戏中出现的问题，一起讨论解决问题：当有多个"渔夫"捕"小鱼"时，"小鱼"应该怎样逃脱？

在日常体育活动中，继续增加游戏难度，引导幼儿想出更多合作"捕鱼"和"躲闪"的方法。

体育游戏

跳水运动员

经验

1. 幼儿练习从高 20～30 厘米处往下跳的动作,轻轻落地,保持稳定。

2. 养成听指挥、守纪律的好品质。

材料

高 20～30 厘米的平衡凳 3～4 条,放在场地四周做"游泳池"边。

玩法与规则

站在平衡凳上,两手前后自然摆动,身体向下稍蹲下,再充分向上伸展往下跳;落地时前脚掌先着地,膝盖稍弯曲呈蹲状。教师先正、侧、背示范三次,让幼儿观察。然后,教师发出指令,幼儿按照教师指导的要领,从平衡凳上跳下,在平衡凳中间的"游泳池"模仿游泳的动作。当教师说"休息一会吧"时,幼儿游回"游泳池"旁,游戏重新开始。

提示

1. 幼儿须听到教师口令后方可开始游戏。

2. 幼儿动作应规范到位。

次主题活动二　渔村故事

本活动包括"活动 1　开渔节""活动 2　新黄岛民谣""活动 3　渔村剪纸艺术""活动 4　渔村秘密知多少""活动 5　陈姑庙的传说"以及区域活动。

活动1　开渔节（社会）

活动目标

1. 了解开渔节的来历以及开渔节的一些文化活动。
2. 能够表达自己对开渔节的想法，了解开渔节的重要性。
3. 懂得保护海洋调资源的重要性，体验开渔节的乐趣。

活动准备

1. 让家长为幼儿收集一些关于开渔节的庆典活动照片。
2. 开渔节视频课件。

活动建议

一、播放视频，引发幼儿的活动兴趣

教师播放"开渔节活动"视频，引导幼儿观看，了解开渔节人们都做哪些活动，了解开渔节的来历以及开渔节的一些文化活动。

教师提问：视频中人们在过什么节日？为什么要过开渔节？

教师小结：中国沿海地区为了节约渔业资源，同时也为了促进当地旅游业的发展，诞生了一种"文化搭台，交际唱戏"的庆典活动，这种活动被称为开渔节。全国有很多地方都有这样的节日，如象山开渔节、舟山开渔节、江川开渔节。象山开渔节也称中国开渔节、石浦开渔节，创立于 1998 年。

二、交流讨论，引导幼儿表达自己对开渔节的看法

1. 组织幼儿交流讨论：青岛家乡是否应该设立开渔节？举办开渔节有哪些好处？

教师小结：青岛地处海边，对于渔业资源的节约也做了很多工作。青岛每年的 6 月 16 到 9 月 1 日是休渔期，这是保护海洋资源的重要措施。

2. 请幼儿谈谈对开渔节的认识，懂得保护海洋资源的重要性。

教师提问：保护海洋有哪些好处？

三、播放视频,深化幼儿的感受

再次播放视频,引导幼儿感受开渔节活动的快乐。

活动2　新黄岛民谣(音乐)

活动目标

1. 理解歌曲中黄岛的美,感受歌曲中表现的欢快节奏特点和积极的情绪。
2. 能唱准音乐节奏和歌词内容,创造性地运用身体动作表现对歌曲的感受。
3. 用声音、表情表现歌曲,表达热爱家乡的情感。

活动准备

音乐以及黄岛名胜图片。

活动建议

一、交流谈话,引导幼儿表达对家乡的热爱

引导幼儿分享黄岛的人土风情。

教师提问:你认为黄岛有哪些本地风俗活动?

二、欣赏歌曲,结合图片引导幼儿熟悉歌词内容

1. 教师清唱一遍,引导幼儿初步感受歌曲表达的欢快、抒情的音乐性质。

教师提问:歌曲有几段?是几拍子的?歌曲里提到了哪些风景名胜?

2. 出示图片,教师伴随旋律演唱,帮助幼儿再次感受歌曲。

说说歌中唱了些什么。利用图片引导幼儿进一步熟悉歌词内容。

3. 教师完整弹奏歌曲主旋律,请幼儿按歌曲节奏有感情地朗诵歌词。

4. 教师介绍这首歌的名称,提问:这是歌颂家乡美的歌曲,应该用怎样的声音来唱这首歌?(活泼欢快、热烈)

5. 教师分句弹奏歌曲旋律,幼儿自主尝试按句填歌词。

如果幼儿演唱不准确,教师随即示范,引导幼儿模仿演唱。

三、教师伴奏,引导幼儿完整演唱歌曲,感受歌曲的欢快节奏

1. 教师弹奏完整的歌曲,幼儿跟唱,尝试演唱完整的歌曲;鼓励幼儿用富有欢快的情绪表现歌曲。

2. 幼儿分组演唱。

附:《新黄岛民谣》

马濠运河长,齐长城蜿蜒,徐福东渡留下了神秘的徐山,
陈姑庙的香,菩提寺的禅,神女丢下珍珠链化作灵珠山。
月照月牙湾,泉涌金石滩,渔歌飘落竹岔岛,世外有桃源,
金沙滩冲浪,银沙滩扬帆,滨海风光一线牵,尽在唐岛湾。
还是蓝蓝的海,天是蓝蓝的天,一层层波浪一座座山,家在大海边。
云是白白的云,帆是白白的帆,心是那航船家是那岸,爱在大海边。
还是蓝蓝的海,天是蓝蓝的天,爷爷的渔网爸爸的船,家在大海边。
云是白白的云,帆是白白的帆,天上的风筝地上的线,爱在大海边。
灵珠山飞花,红石崖披采,凤凰岛上凤凰飞,飞舞云天外,
黄岛黄金岛,辛安人心安,长江滚滚汇大海,一路浪拍天。
还是蓝蓝的海,天是蓝蓝的天,潮落潮涨一年一年,家在大海边。
云是白白的云,帆是白白的帆,梦里歌里一天一天,爱在大海边。
隧道通五洲,长桥跨四海,前湾码头连世界,大海纳百川,
山水秀灵韵,山海舒情怀,天地人和新黄岛,盛世兴百年。
还是蓝蓝的海,天是蓝蓝的天,潮落潮涨一年一年,家在大海边。
云是白白的云,帆是白白的帆,梦里歌里一天一天,爱在大海边。

活动 3 渔村剪纸艺术(美术)

活动目标

1. 了解剪纸是渔村的一种传统文化,知道剪纸图案代表不同的寓意。
2. 尝试用八角折剪法剪纸。
3. 感受黄岛剪纸的美。

活动准备

1. 邀请老奶奶作为客座老师。
2. 红色即时贴、范例、剪刀、《黄岛剪纸》课件。

活动建议

一、出示课件,引导幼儿感受黄岛剪纸的美

1. 出示"黄岛剪纸"课件,初步认识黄岛剪纸。

教师提问:我们刚才看到了什么呀?(黄岛剪纸)你们知道这些剪纸都是用什么做的吗?

小结:一张纸和一把剪刀在一起就变出了这么多神奇的图案,我们黄岛人真聪明呀。

2. 教师提问:你看到剪纸上都有什么图案?

有红色的如意,红色的鱼,金色的花生……图案真多呀。剪纸的主色是红的,又配上了金色、蓝色、绿色,看上去特别地喜庆和美丽。

3. 教师提问:你喜欢黄岛剪纸吗?为什么?

教师:黄岛剪纸形状漂亮还有这么多意义呀,难怪大家都喜欢它。它送给渔民们美好的祝愿,祝愿大家吉祥如意。

4. 教师提问:你家有黄岛剪纸吗?你还在哪里看到过黄岛剪纸?

教师:这么多地方都张贴着黄岛剪纸,我们多喜欢呀。黄岛剪纸是我们黄岛的特色工艺品,是我们黄岛人的骄傲。

二、出示《黄岛剪纸》,邀请老奶奶演示剪纸技术

1. 请幼儿看图,教师提问:你在哪一步遇到了困难?

2. 邀请老奶奶教师示范,讲解剪纸的要求及注意事项,示范不同形式的剪纸,幼儿观察。

3. 幼儿操作,提出要求,教师巡回指导。

看图示剪纸,剪的时候要用力,但要细心不能剪断。

4. 张贴幼儿剪纸作品,互相欣赏。

教师提问:你的剪纸表示什么美好的祝愿呢?请幼儿相互交流。

三、分享作品,引导幼儿感受做黄岛人的自豪

1. 幼儿相互介绍自己的剪纸,邀请老奶奶点评。

2. 请奶奶为幼儿讲讲有关剪纸的文化和相关知识。

3. 送礼物给剪纸老奶奶,表达自己的感激之情。

活动4 渔村秘密知多少(社会)

活动目标

1. 了解简单的海洋的知识,提高海洋环保意识。

2. 能与同伴进行协商并解答问题。

3. 树立争当渔村小博士的志向。

活动准备

1. 课件。

2. 场地布置。

3. 节目准备。

4. 抢答器,雪花片,礼品(转笔刀、铅笔、本子)。

活动建议

一、做好准备,组织幼儿参与竞赛

1. 各班搜集海洋知识竞赛题,最后汇总。各班制定海洋知识竞赛题,并发放到幼儿手中。各班幼儿自主报名。

2. 幼儿前期做好准备,记忆竞赛题,分组商讨口号,各组制作海报。

3. 教师制作课件、写好主持稿,做活动前的准备工作。

二、组织竞赛,引导幼儿与同伴共同合作完成活动

1. 各队有序上场,进行自我介绍,按照以下顺序开始竞赛:

(1)必选题;

(2)判断题;

(3)任选题(抽号);

(4)抢答题;

(5)附加题。

重点指导幼儿分组按照比赛规则进行协商并解答问题。

2. 教师小结竞赛情况,引导幼儿总结成功与失败的经验。重点引导幼儿说出自己的感受,与同伴共同交流分享竞赛答题的情况。

三、比赛结束,引导幼儿做好总结

公布比赛结果,并发放奖状、礼品。

活动5 陈姑庙的传说(语言)

活动目标

1. 理解故事内容,知道陈姑庙的由来。

2. 能够清晰、连贯地讲述陈姑庙的传说。

3. 感受陈姑庙和村民之间的爱以及民间传说的魅力。

活动准备

1. 请幼儿提前了解家乡渔村的来历,了解陈姑庙的传说。

2. 黄岛区(现青岛西海岸新区)地图一份,故事《陈姑庙的传说》和《陈姑庙的历史》课件。

活动建议

一、出示地图,引导幼儿说出自己知道的渔村名称

教师出示薛家岛地图,引导幼儿观察、讨论。

教师提问:这是什么地方?这些渔村都叫什么名字?

小结:薛家岛有 16 个渔村,每一个渔村都有自己的来历。

二、讲述传说,引导幼儿理解传说内容

1. 完整讲述故事,幼儿初步理解故事内容。

教师提问:传说里讲了一件什么事?传说中故事的结果是什么?

2. 再次讲述故事,幼儿感受故事中的感人情节。

教师提问:

(1)陈姑是哪里人?她为什么要投海?她在哪里成为仙女?

(2)浙江商船船老大为什么要建庙?建了庙以后发生了什么变化?

(3)村民们做了什么?

3. 播放课件,尝试看课件讲述故事。

教师鼓励幼儿用自己的语言讲述故事内容。

三、出示课件,引导幼儿了解陈姑庙的历史

1. 出示课件,教师讲述陈姑庙的历史。

2. 出示陈姑庙以前、现在的图片,引导幼儿进行比较,感受渔民对出海的重视。

附:《陈姑庙的传说》

陈姑庙,位于薛家岛街道顾家岛村西侧,建于南宋年间。该庙有正殿三间、偏殿二间。陈姑庙建筑结构精巧,用珍贵的樟木做梁、檩、门、窗、柱等构件,青色棱瓦覆顶。

陈姑殿,以樟木柱供顶,飞檐翘角。所用木料,均用红色粉刷,显得格外鲜艳。殿内供奉的陈姑塑像,面带微笑,慈眉善目。殿前院内,设有焚香炉两座。

老母殿,与三官殿构筑一体,建筑结构与陈姑殿相似。殿内供奉的老母塑像,高 1.5 米,表面用金色沥粉涂刷。满殿金光耀目。

三官殿,除建筑结构与老母殿相似外,其他设置则别具一格。殿内神像众多,布满神龛,有三官爷正北坐,四海龙王列两边,雷公将军前面立,九个铜佛闪金光;另有送子娘娘等 27 座神像。

殿内墙壁上,绘有山水花卉、奇禽异兽和与建庙有关的南方商船图案。手持芭蕉扇的汉钟离、坐在花篮上的蓝采和、背负神剑的吕洞宾、吹箫的韩湘子、手捧宝葫芦喝酒的铁拐李等八仙图,栩栩如生。墙壁上端,绘有万龙聚会图。画中龙头伸向空中,张口鼓腮,有吞云吐雾之势。画面用红、黄、绿、蓝四种色彩配合,色泽鲜艳,五彩缤纷。

三官殿东侧,有一座钟楼,内挂一个巨大的铁钟,重一百多斤。每逢祭日,钟声响起,方圆数里可闻。

三官殿前有一影壁,影壁正南为陈姑庙正门。门楣上,用金色颜料写有"陈姑庙"三个大字。门面上,写有"神通广大,威震八方"八个大字。门两旁,有一对石麒麟。顺神道南行 12 米,有一对雕刻的立体石鼓并列。石鼓前,有青石牌一对。青石牌中心有穿孔,供

拜庙官员拴马用。

以前,陈姑庙由道士专门管理。每月的朔日、望日为两小祭;每年四月八庙会、七月二十八陈姑生日为两大祭。此外,每逢年节都是祭日。特别是陈姑生日这天,钟声一响,拜庙的人就会从四面八方涌来。殿内烟雾缭绕,烛光摇曳。每年唱大戏的那三天,更是热闹非凡。

1966年,神像被毁,庙宇尚在。1980年,为了保护这一古迹,村民们自发为陈姑立了一牌位。每逢祭日,乡里乡外的人便会来此拜庙,延续至今。2001年,区政府确定陈姑庙为区级重点文物保护单位。

关于此庙,还有这样一个传说。相传,陈姑是灵山卫人,其父叫陈柏李。陈姑容貌俊美,是一位贞节烈女。有一天,她被小珠山霸王抢去。不久,陈姑趁其不备逃走。霸王派人随后追赶。陈姑逃至积米崖海边时,愤而投海。

陈姑投海后,顺流漂至顾家岛村西海岸,成为仙女。这时,一艘来北方经商的浙江商船行至顾家岛村西海后,止航不前。船老大不知何因,便四处眺望。忽然,他发现顾家岛村西海岸边,有一少女时隐时现。船老大顿时想起了昨夜的一个梦,梦中一仙女拦船相告:"我名陈姑,船想顺行须立庙。"船老大立刻心领神会,令抛锚降帆,点上香火,许下"返回即立庙"的心愿。顿时,大船畅通无阻,顺风顺浪前行。

船老大生意兴隆,发了大财。不久,他便带着能工巧匠和满船的建筑材料,前来建庙。他发现顾家岛村西海岸边,有一乾坤聚秀之区、阴阳会合之所,龙穴沙石,美不胜收,堪称上吉之壤,正是建庙的好地方。于是,他便在此地建造了陈姑庙。颇有传奇色彩的是,当时建庙用的材料,一点不多一点不少,刚好用完。以后每逢节日、渔时,人们都会到此烧纸焚香祈求庇佑。

后来,每当船舶往来于唐岛湾时都会有人下船朝拜,尤其是江浙人士经常前来祭祀。或是路途的遥远,或是战乱的阻挠,八百年后的今天,远处的信徒已鲜有来者。但当地的渔民,依然供奉着海神陈姑。临近陈姑的生日时,这里的渔民几乎家家户户都在准备着农历七月二十八日的祭祀活动,在附近的村落里,陈姑的生日如春节般隆重、热闹。

区域活动

美工区

1. 编织渔网趣味多

活动目标

1. 认识网梭等渔民织网的主要工具,学习使用网梭。
2. 尝试和家长一起织渔网,掌握简单织网的方法。

活动准备

1. 邀请一名会编织渔网的家长志愿者;
2. 渔网线,网梭。

活动建议

1. 组织幼儿观看渔民编织渔网的视频,或者家长志愿者现场表演编织渔网。
2. 引导幼儿认识网梭,尝试反复传递网梭织网的编织方法。
3. 将织成的渔网投放到户外区域、作品展示区等区域中,组织幼儿用自己编织的渔网开展捕鱼游戏等活动。

2.我的渔村

活动目标

1. 感受渔民画的鲜明艺术特色及色彩夸张、对比强烈的绘画特点。
2. 尝试运用中锋和侧锋学习"浓破淡""淡破浓"的泼墨方法进行绘画。

活动准备

水墨、毛笔、笔架、水桶、吸纸巾或抹布、水墨的欣赏画。

活动建议

1. 引导幼儿学习"浓破淡""淡破浓"的泼墨方法。
2. 引导幼儿运用夸张的色彩和强烈的对比烘托渔村自然风光。
3. 指导幼儿尝试在砂纸上绘制渔民打鱼归来的喜悦场景,感受质地不同的画纸产生的不同艺术效果。

附:水墨画

水墨画表征的"我的渔村"

3. 渔家剪纸

活动目标

1. 欣赏渔家剪纸艺术鲜艳的色彩,夸张的形象。
2. 了解剪纸的基本方法,尝试对称剪和镂空剪图案的方法。
3. 感受本土传统民俗文化的魅力。

活动准备

各色纸张,剪纸的图片,民间艺人剪纸的视频。

活动建议

1. 播放视频,引导幼儿观看,欣赏非物质文化遗产传承人的剪纸表演,激发幼儿动手创作的愿望。
2. 指导幼儿尝试自己设计图案,运用对称剪和镂空剪的方法尝试剪纸。
3. 指导幼儿由易到难逐步掌握要领;引导幼儿大胆尝试,对成功者进励。

附:剪纸

剪纸作品欣赏

益智区

小·海螺和蛤蜊

活动目标

1. 运用玩五子棋的方法玩海洋动物棋。
2. 养成动脑思考的习惯。

活动准备

海螺壳和蛤蜊壳若干。

活动建议

1. 指导幼儿按照五子棋走步方法下棋。
2. 鼓励幼儿仔细观察棋局,主动思考、积极想办法将五颗贝壳连成一线。

科学区

让船浮起来

活动目标

1. 探索船沉浮的秘密。
2. 积极参与,大胆尝试试验,并记录试验结果。

活动准备

雪糕棒、木筷子、橡皮泥、塑料拼插、泡沫板、木板、硬纸壳、不同材质的纸、油画棒、水盆、记录表等。

活动建议

1. 鼓励幼儿自由探索哪些材料能让“小船”漂浮起来。
2. 引导幼儿尝试使用不同的辅助材料让“小船”漂浮起来。
3. 鼓励幼儿及时记录自己的发现,乐于和同伴分享自己的新做法、新发现。

表演区

小海螺和大鲸鱼

活动目标

1. 理解故事内容,主动协商分配角色,根据故事情节进行表演。
2. 自己创编相关情节,运用肢体语言表现角色特点,提高编创和表现的能力。
3. 体验合作演出的快乐。

活动准备

1. 两个区域:一是表演场地区,二是道具区。
2. 海螺、鲸鱼和各种海洋动物的服饰,故事图片、舞蹈示意图、角色分配表、服装、头饰、背景道具、音乐。

活动建议

1. 引导幼儿认识活动顺序:理解故事内容—角色分配—角色对话—舞蹈编排(能根据音乐节奏与同伴共同创编舞蹈动作)—童话剧表演。

2. 鼓励幼儿和同伴相互交流、相互提醒、相互学习,协助穿好演出服装。

3. 引导幼儿理解音乐,合理编排动作,提醒幼儿在活动中认识合作的重要性。

阅读区

1. 渔谚、顺口溜真有趣

活动目标

1. 了解渔村特有的习俗和文化。

2. 感受渔民生活的丰富多彩。

活动准备

收集地方特色的渔谚、顺口溜以及吃饭、出海的忌讳话语,了解关于海上天气的谚语等。

活动建议

1. 鼓励幼儿尝试用家乡话、快板等不同形式讲述渔民的顺口溜、鱼谚、禁忌等。

2. 指导幼儿熟悉快板的打法,记住快板内容。

3. 引导幼儿边表演边讲述。

附:渔谚

海鸥上了岸,大网户家无活干。谷雨前后打杂鱼。货(鱼虾)出赖怠天。春分黄鲫鱼。小满三日出乌鱼。钩鱼头,鳖鱼腮,刀鱼肚皮海蜇边。三月蟹子满壳黄,六月鬼头(蟹子)赛肥羊。春打杂,夏推虾,冬支鱼,秋黄花

2. 渔村趣事

活动目标

1. 清楚流利地讲述渔村发生的趣事,提高表达能力,增强语言表达的逻辑性。

2. 能仔细观察图片,掌握要讲述事件的要素。

活动准备

故事骰子,上面有时间、地点和所讲述事件的内容、情节。

活动建议

1. 引导幼儿仔细观察图片,发现要讲述事件的要素。

2. 鼓励幼儿能按照时间、地点、人物情节等几要素进行看图讲述。

3. 引导幼儿根据图片内容,大胆编创部分故事情节。

角色区

诱人的渔家宴

活动目标

1. 协商分配角色,合理分工,创造性地开展"渔家宴"游戏。

2. 设计不同的"海鲜菜品",练习简单的 7 以内的加减法;尝试用符号记录账单,提升数学能力。

活动准备

渔家宴所需的厨具、扇贝壳、海螺壳、餐具、钱币玩具、菜谱、烧烤材料等。

活动建议

1. 指导幼儿与同伴合作,进行"欢迎客人""点餐""做餐""结账"等餐厅游戏,体验游戏的快乐。

2. 游戏前,引导幼儿结合到餐厅吃饭的生活经验展开讨论,共同创设游戏区,合理分工,制定游戏规则;正确使用交流用语,能依据所处情景使用恰当的文明语言。

3. 指导幼儿自主分配角色,能利用各种废、旧材料和半成品材料自制"渔家特色菜",并进行 5 元、10 元和 10 元内的货币换算。

建构区

起航的渔船

活动目标

1. 能与同伴协商分工,相互合作搭建"渔船"。

2. 熟练地运用围拢、穿插、垒高等技能,进行搭建活动。

活动准备

渔船图片、船及船舱细节的图片、线、大型建构积木、辅助材料若干。

活动建议

1. 指导幼儿与同伴共同商量并设计拼搭"渔船"图纸。

2. 引导幼儿分工合作,分享搭建"渔船"的构想。

3. 指导幼儿注意对细节部分的观察包括驾驶室、甲板、楼梯等,提高幼儿的观察能力。

4. 引导幼儿交流自己制作渔船时的想法,以及渔船准备怎样出航。

体育活动

勇敢的小·战士

活动目标

1. 学习助跑跨跳的动作,掌握身体平衡及动作协调能力。
2. 培养不怕困难、勇敢向上的品质。

活动准备

跨栏:大的 3 个、中的 9 个、小的 3 个,小旗。

活动建议

一、组织热身活动,引发幼儿参与游戏的兴趣

教师组织幼儿进行热身运动:① 踏步走,② 高人走,③ 矮人走,④ 转膝盖,⑤ 转脚踝,⑥ 单脚跳,⑦ 双脚跳,⑧ 蹲跳,⑨ 慢跑,⑩ 下山坡走。

二、引导幼儿探索助跑跨跳的动作,学习其动作要领

1. 教师以故事的形式给幼儿布置任务,激发幼儿参与活动的兴趣。

今天指挥官要给你们一个任务,就是要请小兵们到敌营去侦察。侦察时小兵要跨过战壕,走过独木桥,爬过封锁线,最后回到军营。去侦察时,一条重要路线就是要跨过战壕,如果你跨错了,就会被敌人发现。

2. 教师示范跨过战壕,向幼儿介绍助跑、跨、跳的动作基本要领。

跨过"战壕":教师慢速示范并讲解动作要领:快速助跑,一脚蹬地,另一脚向前伸出并使整个身体腾空而起,以单脚落地并向前跑。教师连贯演示动作:蹬—跨—跑。

三、组织游戏,巩固练习助跑跨跳的动作技能

1. 幼儿顺序练习,熟悉游戏玩法。
2. 集体纠正动作,组织幼儿连续跨跳 3 个"战壕"。
3. 增加难度(将"战壕"加宽),引导幼儿再次自由练习,选择不同难度的障碍助跑、跨、跳。教师观察并且帮助个别幼儿纠正动作。

体育游戏

捉龙虾

经验
1. 学习单脚站立和单脚跳跃的动作。
2. 体验到参与游戏活动的快乐,树立合作意识。

材料

健康歌音乐。

玩法与规则

大部分幼儿单脚站立或跳跃当"龙虾",其中两名幼儿手拉手当"渔网"去捉"龙虾";若被抓住了,就当"渔网"与那两个幼儿手拉手去抓"龙虾",直到所有的"龙虾"被捉住,游戏结束;若快被捉住了,就蹲下来表示安全,不能去捉了。

附:儿歌

小龙虾

小龙虾,小龙虾,
我们把你带回家。
装在篓里蹦蹦跳,
躺在碗里羞答答。
大红旗袍红头发,
像个新娘要出嫁。

次主题活动三　我们与渔民同欢乐

本活动包括"活动1　'我们与渔民同欢乐'计划""活动2　水草舞""活动3　群虾图""活动4　大海笑了""活动5　我们在渔村演节目"以及区域活动。

活动1　"我们与渔民同欢乐"计划（社会）

活动目标

1. 自主制订与同伴一起为渔民表演节目的计划。
2. 能与同伴分组讨论活动计划，并用流畅的语言表达自己的想法。
3. 产生喜欢与渔民共同活动的美好情感。

活动准备

1. 对大海遭受污染情况有所了解。
2. 1张大的计划表（教师使用）。
3. 5张大纸，水彩笔。

活动建议

一、播放视频，激发幼儿参与"与渔民同乐活动"的愿望

播放幼儿园以往庆祝节日活动的画面，帮助幼儿回忆以往欢度节日的情景。

教师提问：以往的庆祝节日活动，给你最深的印象是什么？ 今年你想怎么与同伴一起给渔民们送欢乐？

教师小结：渔民是我们的朋友，把欢乐带到渔村是我们对渔民表达自己对他们的热爱和尊敬。

二、组织讨论，引导幼儿共同制订行动计划

1. 幼儿分组讨论，确定活动时间，讨论前期需要做哪些准备。鼓励幼儿大胆发表自己的建议或意见，并流畅表达出来。

教师提问：这份计划是给谁的？ 你想用什么方式给渔民送欢乐，怎样能让大家看出来？

小结：你想让大家了解你的表达方式，想邀请谁就告诉他。

2. 介绍讨论结果，教师将其用相应的符号记录到计划表中。

三、商讨活动内容,激发幼儿与渔民同乐的情感

1. 推选小主持人,倡议大家一起参与到与渔民同乐的队伍中。
2. 说说自己知道的(看过的、听到的)关于爱护保护海洋的节目。
3. 按照幼儿讨论的结果,张贴"到渔村与渔民同乐"的计划。

活动2 水草舞(音乐)

活动目标

1. 初步了解乐曲《水族馆》的结构以及优美流畅和活泼轻快的特点。
2. 尝试用语言、动作等创造性地表达对不同乐段的理解和感受。
3. 体验倾听、辨析、表现乐曲的乐趣,以及随音乐进行"水草"与"小鱼"的游戏所带来的快乐。

活动准备

1. 幼儿对海底世界有一定的了解,如水草的特点等。
2. 歌曲《水族馆》、图谱纸、水草、小鱼、鲨鱼图片。

活动建议

一、播放音乐,引导幼儿用语言表达对音乐的感受

提问:听了这首乐曲你有什么感受?

小结:同一首音乐,不同的人听感受是不一样的。

二、分析音乐,引导幼儿表达对不同乐段的理解和感受

1. 再次完整欣赏乐曲,教师用绘画的方式引导幼儿理解乐曲结构、特点。

教师随音乐画出图谱,提问:看一看,猜一猜,这些符号代表什么? 这首乐曲分为几部分?

2. 结合图谱完整欣赏乐曲,尝试用动作表现乐曲的特点。

(1)播放"水草"音乐,提问:这是谁在跳舞? 为什么?

(2)播放"小鱼"音乐,提问:这段音乐和上段音乐有变化了,它是谁?

(3)播放"鲨鱼"音乐,提问:接下来发生了什么?

引导幼儿用动作表现水草生长、小鱼畅游、鲨鱼威武游的情景,分段感受乐曲每个部分的音乐情调和特点。

3. 完整倾听乐曲,用动作感受乐曲的特点。

重点引导幼儿随着音乐的节奏,用丰富的表情、不同的动作表现水草的柔美、小鱼的活泼可爱和鲨鱼的大气。

三、随音乐进行游戏,引导幼儿体验音乐与游戏融合所带来的快乐

1. 分角色开展第一遍游戏,引导幼儿听音乐创造性地与同伴合作进行游戏。

提问:大鲨鱼来了,水草和小鱼该怎么办? 它们用什么好办法避开鲨鱼?

引导幼儿快速变成"小鱼"和"水草",鼓励认真倾听乐曲,并迅速控制自己的身体,做出相应动作的幼儿。

2. 交换角色,开展第二遍游戏。

进一步引导幼儿用恰当的动作和丰富的表情表达对乐曲的感受。

3. 介绍乐曲的作者,鼓励幼儿了解更多圣桑《动物狂欢节》的系列作品,提高幼儿的乐曲感受力。

活动3 群虾图(美术)

活动目标

1. 欣赏齐白石大师的《群虾图》,了解其绘画风格。
2. 能细致观察,运用浓、淡墨表现虾的不同侧面、远近关系及不同的动态。
3. 感受群虾形象多变、作者浓墨淡墨的巧妙运用以及达成的动态效果美。

活动准备

1. 幼儿有一定的中锋、侧锋绘画基础。
2. 《墨虾》《群虾图》图片,国画纸、墨汁、毛笔等国画工具。

活动建议

一、出示齐白石的画像,引导幼儿了解其绘画风格

1. 教师介绍齐白石爷爷个人信息:中国近代最有名的国画家之一,他画了许多画。他的画贴近生活,最喜欢画小鱼、小虾、小鸟、花草鱼虫等。

2. 幼儿倾听齐白石虾画的故事,了解其学画经历及绘制《群虾图》的背景。

教师提问:齐白石爷爷画的虾好看吗? 你喜欢虾的哪一部分? 为什么?

小结:用浓墨点的虾头,透明的躯干,长须弯曲、开合的变化。

教师提问:齐白石爷爷画的虾都一样吗? 哪里不一样? 引导幼儿观察游动着的虾和静止的虾的腿部和钳子样子不一样。

3. 出示《墨虾》和《群虾图》两幅图,引导幼儿分辨它们分别画有的虾的不同。

教师提问:这两幅虾画一样吗? 哪里不一样?

小结:《墨虾》是齐白石的早期画,画法是虾头的上部、下部和虾头两边的薄壳4笔画完,虾身5笔画完,虾尾在落笔时又提起向后拖笔作两次画,然后上、下各两笔画虾尾的薄

壳共4笔画完,虾小腿8～9笔画完,整个虾形短而粗。《群虾图》是齐白石晚年画的,虾用笔简略;虾尾正面看只三笔,侧面画仅用两笔,省去1～2笔;小腿五笔,减去3～4笔;虾形长而优美,透明质感强,整体效果非常入神。

二、观察《群虾图》,引导幼儿尝试用不同的墨色表现虾的不同部位

1. 引导幼儿观察《群虾图》中不同的墨色。

教师提问:齐白石爷爷的虾是怎么用墨色表现的?墨是怎样变浓变淡的?

重点引导幼儿注意墨色的浓、淡、干、湿的变化。

2. 教师边讲解边示范用浓墨、淡墨画出虾的头部与身体,用粗细不同的线条勾画出虾的腿、钳子、长须。

教师讲解:齐白石爷爷画虾时很认真。他仔细观察虾的动态变化,巧妙地用浓、淡不同的墨色画出虾的透明身体、黑亮的眼睛。虾的头部和胸部感觉很硬,腹部一节一节的,好像能够蠕动。虾的长臂钳分成三节,最后一节较粗,显得很有力。虾的长须有直、有弯、有变化。

3. 介绍国画纸及国画工具的使用。

4. 幼儿自由作画,请幼儿选择自己喜欢的工具画出自己最喜欢的虾。

三、组织画展,引导幼儿相互欣赏

将幼儿所有的画都展示出来,无论好坏都让幼儿体验成就感,互相评价,也可以互相赠予。

活动延伸

1. 欣赏齐白石的其他作品。

2. 欣赏其他国画家的作品,并与齐白石的画作进行对比。

3. 欣赏油画,观察油画与国画的区别,提高幼儿的审美水平。

附:《墨虾》《群虾图》

齐白石先生的《群虾图》

活动4　大海笑了（语言）

活动目标

1. 理解故事的内容，了解"小丑鱼"哭的原因。
2. 能复述故事内容，用完整的语言讲述保护海洋的方法。
3. 增强保护海洋生态环境的意识。

活动准备

1. 课件（污染的海洋中无力游动的"小丑鱼"和一个舒适整洁的海洋中自由自在游动的"小丑鱼"）。
2. 布置"脏海洋"的场景（大盆中放入一些污染物品）。
3. 海洋污水背景若干幅。
4. 易拉罐、奶瓶、绿色水管、干树枝、皱纸、剪刀、糨糊等。

活动建议

一、谈话导入，激发幼儿的活动兴趣

1. 操作课件（屏幕上几只"小丑鱼"边哭边游出来），引导幼儿通过和"小丑鱼"对话知道他们很伤心。

教师提问小丑鱼："小丑鱼，你们为什么哭？"

2. 引发讨论，幼儿思考"小丑鱼"怎么了。

教师提问："小丑鱼"为什么哭呢？为什么不理我呀？

3. 教师小结："小丑鱼"哭的原因是大海里的水又脏又臭，"小丑鱼"找不到妈妈了，他很伤心。

二、完整讲述，引导幼儿理解故事内容

1. 播放故事课件，讲述故事，组织提问引导幼儿理解故事内容。

教师提问：小丑鱼为什么会被塑料袋缠住脖子？小朋友们一开始做了些什么？最后怎么样了？

2. 引导幼儿用自己的话复述故事，加深印象，强化保护海洋环境的意识。

教师提问：听了小丑鱼的故事，你有什么想法？保护海洋的方法还有哪些？

3. 教师和幼儿一起讨论，帮助"小丑鱼"寻找原因、想办法。

（1）播放课件"大海边的环境"，讲述总结，引导幼儿知道大海变脏变臭的原因是"工厂污水流入大海""工厂排放废气""垃圾倒入大海""工地车往大海倒沙土"。

（2）组织幼儿讨论：怎样才能让"小丑鱼"的家变干净？

三、分组操作,增强幼儿保护海洋的意识

提供多种材料,启发幼儿为"小丑鱼"布置一个干净、舒适的家,引导幼儿强化保护海洋生态环境的意识。

a组:引导幼儿把大海背景图中的有关污染环境的图片撕去,并在白色版面上自由想象,画上蓝蓝的海水、海中各种欢快的鱼、海底绿绿的海草等图画。

b组:引导幼儿在布置成"大海"情境的脸盆中捞垃圾,并想办法让水变清。

c组:组织幼儿自由找伙伴讨论解决的方法,帮助幼儿用形象的图形进行记录。

活动延伸

将故事改成童话剧剧本,指导幼儿排练童话剧。

附:故事剧本《大海笑了》

人物设置:男孩甲,男孩乙,女孩丙,小丑鱼A,小丑鱼妈妈,其他小丑鱼,生活在海边的一群小海娃。

场景介绍:1. 大海边 2. 浅海里

第一幕

幕起,微风吹过,海浪声起,在碧绿的椰树、棕色的礁石、松软的沙滩、蓝色海洋的映衬下,一群小海娃伴着欢快的音乐,蹦蹦跳跳地来到了大海边欢快地跳舞。

海娃,海娃,光着小脚丫;来到大海边,争着把海下;两只小手手呀,当作船桨划呀;五彩救生圈,红的,黄的,蓝的,绿的,像是水中画。

[音乐声渐弱至无,小海娃们以各式动作定格于背景前。男孩甲:喂,你们快来呀! 这里有好多好多的贝壳。男孩甲伴随着海浪声和音乐声上场]

[男孩乙、女孩丙上场]

男孩乙:看,这个贝壳多漂亮!

男孩甲:大海螺,用它来做话筒,小丑鱼一定能听见。

男孩乙:你是说《海底总动员》中间的小丑鱼吗?

男孩甲:是呀。

女孩丙:我最喜欢小丑鱼啦。

男孩甲:说不定这片海里就有小丑鱼呢。

男孩乙:哎! 我包里有好多吃的,我们扔到海里喂给它们吃吧。

甲丙:好啊! 好啊!

[三人拿出食物分撒到大海里,连包装袋也扔一同扔了进去]

男孩乙:快看,那边有个黑影。

男孩甲:在哪儿? 在哪儿?

男孩乙:在那儿,那是我爸他们的石油钻井台。

男孩甲:石油不会流到大海里去吧?

男孩乙:应该不会吧?

女孩丙:小伙伴们,我们到别的地方去玩吧!

男孩甲、乙:好啊!

[在灯光与布景的掩护下,海滩小卫士退场]

第二幕

[海浪声与音乐声响起,一群可爱的小丑鱼在妈妈的带领下游了过来]

小丑鱼歌舞表演。

有一群可爱的小丑鱼,在水里游来又游去,看见水草摆摆尾,看见水草摆摆尾,昂首挺胸游过去……

小丑鱼妈妈:孩子们!快!快跟上,别掉队了。

小丑鱼们:我们要到哪里去呀? 小丑鱼妈妈:我们要在石油飘过来之前离开这里。

[小丑鱼们在妈妈的带领下快速游了过去]

舞台灯光全暗,汹涌的海浪声中,一条被石油黏着的小丑鱼在追光的跟踪下,摇摇晃晃地游了过来。

小丑鱼A:妈妈!等等我,妈妈!等等我,妈妈!妈妈!

[身处困境的小丑鱼A,在叫喊声中昏迷了过去]

第三幕

[海边的另一片沙滩上,女孩丙在轻轻的海浪声中出场]

女孩丙:咦!小丑鱼。

[小女孩发现了被海浪冲上沙滩的小丑鱼]

女孩丙:你们快来呀!这儿真的有一只小丑鱼呢!

[三人围拢在小丑雨身边,仔细地观察它]

男孩乙:它浑身黑乎乎的,真脏。

男孩甲:是石油!

男孩乙,女孩丙:我们来帮它看看吧。

[小丑鱼A在三人的讨论声和触摸下苏醒过来]

小丑鱼:啊!你们要干什么?

女孩丙:别害怕,我们是来帮助你的。

小丑鱼A:我不信。你们人类总是制造垃圾、污染大海、破坏我们的生存环境。要不是你们,我才不会和妈妈分开呢。"呜…呜…",我要妈妈,我要妈妈……

男孩甲、乙,女孩丙:别哭,别哭。

男孩甲:我们先帮它清理以下吧。

男孩乙,女孩丙:好啊。

[三人帮助小丑鱼摆脱了石油的缠绕,并将它从新放归到大海]

小丑鱼:谢谢你们,再见。

男孩乙:小丑鱼,我们还会再见面吗?

小丑鱼:只要人类不再制造污染、破坏环境,还我们一片蔚蓝色的大海,我们一定会再回来的。

男孩甲、乙,女孩丙:我们记住了。再见!

[小丑鱼在三人的注目下向远处游去]

男孩甲:快去告诉你爸爸,不要再往海里倒废弃的石油啦。

男孩乙:我一定会告诉他的。

女孩丙:让我们一起动手还小丑鱼一个干净的家园吧。

甲乙:好啊!

第四幕

[音乐声再次响起,小海娃们上台表演歌舞。海娃,海娃,光着小脚丫,提着小竹篮,海边来玩耍,不捉小螃蟹呀,不捉大对虾呀,大家一起捡垃圾,果皮、废纸、易拉罐、塑料袋,一点儿不剩下……中途音乐声渐弱,三名主角上场。其中男孩甲肩扛"爱护环境"的木牌]

男孩乙:告诉你们一个好消息,我爸爸他们把倾倒在海里的废石油全都弄干净了。

女孩丙:好极了,看! 海水又变蓝了。

男孩甲:小海娃们,让我们把沙滩上的脏东西捡干净吧!

所有人:好啊!

[小丑鱼在歌舞声中上场]

孩子们:小丑鱼,快来呀! 快来呀!

小丑鱼们:我们回来了。

[孩子们和小丑鱼在音乐声中快乐地舞蹈,最后所有演员以"爱护环境"的木牌为中心定格造型结束]

活动5 我们在渔村演节目(社会)

活动目标

1. 了解渔民的一些生活方式与生活乐趣。
2. 能够大胆地表演自己准备的节目,表达对渔民的尊重和喜爱。
3. 感受与渔民同乐的快乐。

活动准备

1. 提前做好送给渔民的礼物。
2. 幼儿为渔民表演节目所需要的服装、头饰、音乐、背景。

活动建议

一、做好准备,引导幼儿了解注意事项

1. 介绍活动的内容,引导幼儿讨论"给渔民送欢乐"活动中会出现的问题,如:表演节目的服装、头饰是否准备好? 给渔民朋友送礼物时说些什么?

2. 引导幼儿互相交流让渔民喜欢看所表演的节目的办法。

提问:你到了渔村后会做什么?怎样做一位合格的演员?怎样做一个文明的小观众?

二、与渔民共乐,组织幼儿给渔民送上精彩节目

1. 幼儿为渔民送上精彩节目。

2. 邀请渔民也为幼儿送上节目。

3. 幼儿与渔民一起表演同乐。

4. 赠送礼物,与渔民告别,留下美好祝愿。

引导幼儿将准备的精美礼物送给渔民,礼貌地与渔民告别,送上自己对渔民美好的祝愿,组织幼儿安全有序地回到幼儿园。

三、交流分享,引导幼儿感受与渔民互动的喜悦

1. 请幼儿介绍自己刚才和渔民互动的情况,如:你为渔民做了什么,你们之间有什么交流?你遇到困难了吗,是怎么解决的?

2. 引导幼儿说说给渔民送节目的感受和想法,激发幼儿向周围的人表达爱的欲望,体验给大家带来欢乐的自豪感。

3. 指导幼儿将与渔民同欢乐的情景画下来,装订成"我与渔民同欢乐"的自制图书。

区域活动

美工区

1. 大型贝壳制作

活动目标

1. 掌握合作制作大型贝壳创意场景的方法。

2. 运用粘贴、拼插等技能进行制作,学会使用辅助材料。

活动准备

各种贝壳、海绵胶、纸壳、若干辅助材料等。

活动建议

1. 鼓励幼儿主动与同伴协商制作场景的内容。

2. 指导幼儿与同伴分工制作不同的场景。

3. 引导幼儿按照规划合理布置场景,并使用相关辅助材料丰富场景内容。

2. 卵石创意画

活动目标

1. 欣赏各种石头,感受石头上花纹与图案的美。

2. 初步尝试利用各种作画工具在石头上创造性地进行彩绘。

3. 能根据自己的想法大胆地绘制,体验在石头上创作的乐趣。

活动准备

1. 奇石图片若干,石头手绘图片若干。

2. 与幼儿一起收集的石头以及事先涂好底色的石头若干。

3. 绘画工具:水粉颜料、排笔、水彩笔、蜡笔、调色盘、抹布、水桶。

活动建议

1. 引导幼儿欣赏图片中石头上的不同图案。

2. 鼓励幼儿尝试在石头上画一些美丽的画面,了解石头彩绘的特点。

3. 介绍蜡笔、水粉颜料、水彩笔等,提醒幼儿大胆用笔、自由创作,颜色要鲜艳,轮廓要清晰。

4. 指导幼儿学习用各种作画工具进行彩绘;能根据自己的想法,大胆构图进行彩绘。

附:卵石创意画

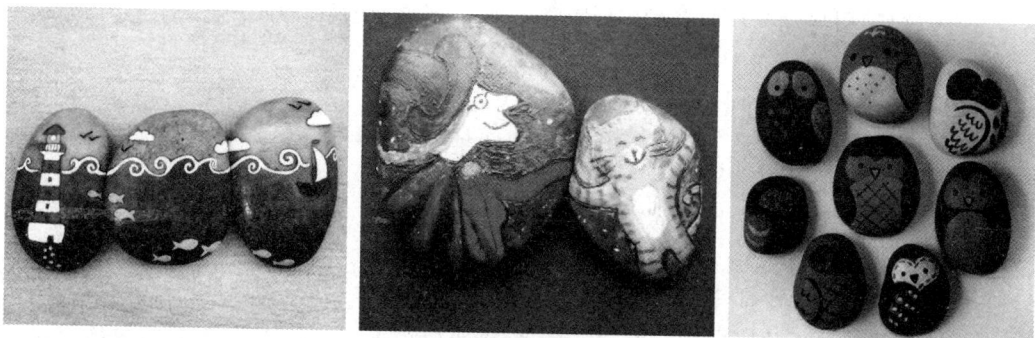

卵石彩绘作品欣赏

益智区

翻翻乐

活动目标

1. 练习快速目测点数。

2. 复习巩固 10 以内的分合运算。

活动准备

牌面张贴有不同数量、不同种类海洋动物的扑克牌 40 张,骰子 1 个。

活动建议

1. 教师介绍游戏玩法与规则:四人一组,将牌平均分成四份,幼儿轮流出牌,将牌面上的海洋动物数量进行加减运算,凑足 10 个同一种花色图案的为胜者。

2. 请幼儿将游戏中凑足 10 的方法记录下来。

科学区

🌊做艘螺旋桨动力船

活动目标

学会制作螺旋桨,了解螺旋桨基本原理。

活动准备

渔船及其螺旋桨的图片、皮筋、纸壳、水盆、剪刀、泡沫板等。

活动建议

1. 在活动前,让幼儿明确螺旋桨可以产生一种可以让船前进的动力。

2. 引导幼儿用废旧材料学习制作螺旋桨。

3. 做好后,引导幼儿反复试验、认真观察、找出规律并做好试验记录。

表演区

🌊渔家时装秀

活动目标

1. 能与同伴协商进行角色分配和任务分工,有计划、有秩序、创造性地进行演出。

2. 幼儿敢于在时装秀表演中大胆、自信地展示自己。

3. 增强热爱渔民的情感。

活动准备

1. 幼儿自己准备渔民时装。

2. 节目单、队形参照图、服装道具。

活动建议

1. 活动前要鼓励幼儿在家长的指导下,选择自己喜欢的渔家时装。
2. 指导幼儿相互协商设计,一起制定节目单,分工合作,推选报幕员和催台人员。
3. 启发幼儿大胆编创动作,表达自己对渔家服饰的理解。

附:渔家服饰

渔家服饰欣赏

阅读区

1.我是渔村小导游

活动目标

1. 用完整、连贯、清楚的语言介绍渔村风情。
2. 了解导游的工作特点。
3. 进一步感受渔村特有的习俗和文化,热爱渔民,热爱家乡。

活动准备

导游话筒、导游图纸、导游旗、图片。

活动建议

1. 引导幼儿根据图片内容,用连贯、完整的语言介绍渔村特色、风俗以及人们的生产、生活情况。
2. 可让幼儿装扮成"导游",以"导游"身份向同伴介绍渔村风情。
3. 活动前引导幼儿了解导游的工作特点。

2. 渔家成语配画

活动目标

1. 理解成语含义,能正确使用成语。
2. 尝试给成语配上图画。

活动准备

若干成语,如精卫填海、惊涛拍岸、落日余晖等成语故事。

活动建议

1. 鼓励幼儿尝试按自己的理解给成语配上图画,并解释成语的寓意。
2. 引导幼儿根据成语的意思说一句话,正确使用这些成语。
3. 引导幼儿对有趣的成语故事进行编创,并在表演区进行表演。
4. 引导幼儿将自己的作品布置在信息区,向同伴介绍,与大家分享。

附:与"渔"有关的成语及解释

从中渔利

渔:劳取。渔利:乘机谋取不正当的权益。人当中捞取好处。

焚林而田,竭泽而渔

竭:使……干涸;渔:捕鱼。烧毁森林捕捉野兽,排干湖水去捕鱼。比喻只顾眼前的利益,无止境地索取而不留余地。

涸泽而渔,焚林而猎

涸:使水干枯;泽:聚水的洼地;焚:烧毁。把池水庳干来捕鱼,将林地烧毁来打猎。比喻只图眼前利益,不作长远打算。

竭泽而渔

掏干了水塘捉鱼。比喻取之而不留余地,只图眼前利益,不作长远打算;也形容反动派对人民的残酷剥削。

渔夺侵牟

渔夺:掠夺;侵牟:侵夺。指掠夺、榨取百姓财物。

渔人之利

渔人:这里比喻第三者。比喻双方争执不下,两败俱伤,让第三者占了便宜。

渔阳鼙鼓

渔阳:地名,现河北省蓟县,唐时安禄山驻军在此;鼙鼓:古代军中用的小鼓。渔阳郡响起了战鼓,指有战事发生。

鹬蚌相持,渔翁得利

比喻双方争执不下,两败俱伤,让第三者占了便宜。

坐收渔利

比喻利用别人的矛盾而从中获利。

东猎西渔

指处处涉猎而不专精。

涸泽而渔

抽干池水捉鱼。比喻只图眼前利益,不作长远打算。

樵村渔浦

指山村水乡,泛指乡村。

渔海樵山

入海打鱼,上山砍柴。借指隐居生活。

渔人得利

趁着双方争执不下而从中得到好处。

渔翁得利

趁着双方争执不下而从中得到好处。同"渔人得利"。

渔翁之利

犹言渔人之利。

渔阳鼙鼓

指公元755年安禄山于渔阳举兵叛唐事。鼙鼓,骑兵用的小鼓。后亦用为外族侵略之典。

角色区

晒干鱼

活动目标

1. 了解渔民晒干鱼的过程,与同伴分角色做游戏。
2. 体验渔民制作干鱼的辛苦,懂得尊重别人的劳动成果。

活动准备

各种鱼类半成品,自制鱼竿、支架等。

活动建议

1. 引导幼儿观看渔民晒鱼干的视频,了解渔民晒鱼干的过程。
2. 引导幼儿观察鱼干的成品,知道鱼干是什么样子的。
3. 指导幼儿按照晒干鱼的步骤进行干鱼制作。
4. 提醒幼儿制作中要注意安全,不要被鱼刺刺伤。

建构区

我心中的未来渔村

活动目标

1. 自主设计外观不同的"房子"的图纸,按照图纸施工。
2. 尝试使用错层压砖垒墙的基本方法,主动添加相关景物。

活动准备

建构模型、白胶等。

活动建议

1. 引导家长和幼儿一起了解"中天模型"的使用方法。
2. 引导幼儿领会半砖错层结构的方法以及要领。
3. 引导幼儿借鉴学习同伴的创意,充分发挥想象力进行建构。
4. 启发幼儿构建"未来渔村",布置相关景物。

体育活动

海底旅游

活动目标

1. 进行奔跑、跳、平衡等动作的练习,探索各种材料的玩法,并尝试合作游戏。
2. 萌发探索海底秘密的愿望,感受团结协作、遵守规则获得成功的喜悦。

活动准备

景点布置,沙包布袋、小竹棍、竹梯、轮胎等。

活动建议

一、创设乘潜艇的情境,组织幼儿活动身体

教师扮演"导游",带领幼儿乘上"潜水艇"到"海底"去旅游。教师边介绍景点,边模仿各种动作:向前、吸水、下沉、转弯、穿上潜水衣等。

二、提供材料,引导幼儿自主探索材料的多种玩法

1. 幼儿自主选择材料、尝试各种玩法。

教师引导幼儿自主选择不同材料创造性地玩,并与同伴交流玩法。

2. 教师观察及指导要点:

① 全面观察幼儿所选择及使用材料的情况；

② 注意幼儿的活动密度与强度，适当调节；

③ 捕捉幼儿的闪光点，及时给予鼓励；

④ 鼓励幼儿合作，创新玩法。

三、设置"海边留影"的情境，组织幼儿进行身体放松活动

指导幼儿和小伙伴配合，互相捶捶背、揉揉肩、捏捏腿，放松身体的各个部位。

体育游戏

赶小鱼

经验

1. 练习将圆柱体向指定方向滚动，感知圆柱体的特性。

2. 创造性地玩易拉罐，并能创造出多种玩法，练习用棍拨的动作。

3. 培养良好的合作精神与对体育游戏的兴趣。

材料

棍棒人手一根，易拉罐若干，纸箱 4 个，木珠若干，音响设备。

玩法与规则

幼儿分四队活动，以最快速度，用棍棒把"小鱼"赶到指定地点"吃食"。然后，把吃饱了的"小鱼"赶回小"河中（纸箱）"。先到者为胜者。活动前，幼儿手持一个易拉罐，排头的小朋友手执棍棒赶"小鱼"回"家"后，迅速将棍棒交给下一位幼儿，游戏依次进行。每只"小鱼"，每次只能吃五颗"食物（五粒木珠）"。

附：海洋运动项目及规则

★小虾向前冲

活动目标：锻炼幼儿大腿的肌肉，提高幼儿合作意识。

活动准备：虾的头饰及尾巴。

活动规则：（1）两队从起点出发，每一队的尾巴要超过线之后才能摘下帽子。

（2）每一队的"小虾"不能够从中间断开，断开则违规，输掉比赛。

★海豚顶绣球

活动目标：锻炼幼儿的手眼协调以及同伴间配合的能力。

活动准备：（1）小椅子。

（2）每一队一个绣球。

活动规则：（1）每一对幼儿背对背做好，将绣球扔给后面小朋友。

（2）每组幼儿不能起立，只能坐在小椅子上进行活动。

（3）带海豚帽子的小朋友再次回到第一个为胜利者。

★螃蟹赛跑

活动目标:锻炼幼儿的手脚协调能力。

活动准备:手套。

活动规则:(1)幼儿不能屁股着地。

(2)每组幼儿到达终点后要手摸线才算完成。

主题活动案例

快乐渔村行

管文杰

活动背景

《幼儿园教育指导纲要(试行)》明确指出:"充分利用自然环境和社区的教育资源,扩展幼儿生活和学习的空间。""充分利用社会资源,引导幼儿实际感受祖国文化的丰富与优秀,感受家乡的变化和发展,激发幼儿爱家乡的情感。"

孩子们从小生活在黄岛区(现青岛西海岸新区)这个三面环海的环境里,虽然拥有大海所带给他们的一切,但却唯独对于渔村的认识较为陌生。黄岛区有渔村吗?他们从来没有确认过,没有细致地了解过,甚至都没有想过。而"快乐渔村行"主题活动的开展,无疑意味着要引领孩子们"就地取材",充分利用黄岛区所特有的自然资源,拓展知识经验;伴随着幼儿各种经验的丰富,让他们对于家乡的情感在活动中潜移默化地得到最大限度的提升和发展。

上学期随着"我家住在大海边——海上的船"主题活动的开展,孩子们通过一系列的探究活动,对于渔船已有所了解,这为带领他们走进渔村起到了承上启下的作用。下学期,孩子们有极强的求知欲、创造欲,在"渔船"已有经验的基础上进行探索,引导他们玩得有意思且有意义就显得极为重要。

活动目标

1. 尝试自主收集整理渔村、渔民的相关资料,了解渔民出海打鱼的工具、打鱼服装及打鱼过程,认识简单的海鲜食谱。

2. 能够连贯、有序、清楚地讲述参观渔村的经过,运用剪、画、折、贴等形式表现自己印象里的渔村。

3. 体会渔民生活的艰辛,感受劳动人民的智慧和渔文化的博大精深和独特魅力,萌发热爱家乡的情感。

活动准备

1. 经验准备:幼儿已有的参观渔船经验,外出参观采访的经验和亲子活动的经验。

2. 物质准备：搜集渔村文化相关资料，制作课件；准备幼儿小组参观采访的物品（话筒、记录表、照相机）；活动区材料的投放。

活动实录

活动1　走进渔村

对于渔村，孩子们是不熟悉的。为了让孩子们了解渔村，结合上学期他们对渔船的直观了解，我们决定从孩子们身边最熟悉的渔船入手。

翻出去年参观积米崖渔港码头的照片，孩子们立即兴趣高涨地说："管老师，这不是我们去参观码头的照片吗？""对呀，看样子这件事情你们还记得。那你们还记得它们吗？"我指了指和他们一起出现在照片里的渔船。"当然记得，这不是渔船吗？"孙凯用了似乎嘲笑我的语气大声地嚷着。听了他的话，很多孩子也纷纷表示记得。我见状接着说："这里的渔船你们见过，可是你们见过渔村吗？""渔村是哪里呀？"很显然，孩子并不知道什么是渔村。于是，我神气地说："怎么样，没见过了吧？我不止见过那里的渔船，我还参观过渔村。"孩子们见我很骄傲，不服气地说："那里有什么好看的？"很显然，他们有种"吃不到葡萄说葡萄酸"的感觉。于是，我把提前照的渔村海草房、渔民出海打鱼的照片拿出来给孩子们看，并讲述了陈姑庙的传说。结果可想而知，孩子们是多么向往去一探究竟。

当听到要去渔村参观的时候，全班立刻沸腾了。而当我宣布本次的参观活动每位小朋友都是要带着小任务去的时候，一个个又似乎像霜打的茄子一样没了精神。有时候，看他们变换迅速的小表情，也是一件有意思的事情。"这次的小任务可是非常有意思的，我们要组成小分队，像探险家一样，去完成任务。""什么任务？"孩子们急切地想要接受任务。"你们的任务就是要和渔民沟通，看看渔民的工作和生活，并且找到海草房。要将你们看到的拍下来、记下来，还要进行现场采访！"

在接到任务的那一刻，孩子们纷纷行动起来。几个孩子自由组成了小分队，迅速制订计划，明确分工，责任到人。执笔人是本次活动的小组长，也是联络人员。采访人员采访的问题要保密。他们对如何和渔民沟通、如何才能进到家中参观拍摄等问题，都做了充分准备。

这次参观渔村是由家委会组织，家长带领孩子去的。活动前，我们向家长发放了本次活动的详细方案，说明了本次活动的目标以及任务，明确了各小组的人员职责。这对大班的孩子来说，按照分工合作行动是一次考验，对爸爸妈妈带领孩子参加这样的活动也是一次考验。

周一，孩子们兴致勃勃地带着自己小分队的收获回来了。他们把自己拍摄的各类照片向我们一一介绍，将自己小分队的问题一一讲述。比如："一般什么时间出海打鱼？""打鱼最多能打多少斤？""一般出海打鱼几天，休息几天？"他们还将自己的录像和大家分享。有的孩子告诉我们一个成语"三天打鱼，两天晒网"。当我们三个老师听到这个成语从孩子的嘴巴里说出来的时候，开心地大笑起来。孩子们很惊讶地看着我们。我问他们这是什么意思。他们的解释是："渔民出海打鱼大约三天的时间，而渔网在经过浸泡之后空隙会变得很大，捕到的鱼会顺着空隙逃走。休息两天，晒一晒网，网眼又会缩小，鱼不再会漏网了。渔民的体力可以恢复，家人也可以聚在一起。"被孩子这样一解释，突然感觉我们笑得是那么不可理喻。孩子们的问题一个接一个提出,解释也一个比一个精确、一个比一个明白。每一个孩子都有收获,我们老师也长了不少见识。这一次,孩子们是真的成功了。瞬间,期待变成了惊喜。

▶ **活动小结**

1. 结合幼儿熟悉的生活实施课程。从幼儿身边比较熟悉的生活入手作为课程的起点,引导幼儿结合自己一定的生活经验,按照主题活动的目标去观察、体验、探索,在生活中潜移默化地实施课程,实现教育的"无痕"。

2. 利用家长资源优化教育。在日常生活中,幼儿和父母有目的、有计划地参与一项活动的机会非常少。以家庭小组为单位开展活动,不仅促进了亲子关系更加密切,还加强了家庭之间的合作,使家庭教育融入课程的实施过程。

附:活动照片

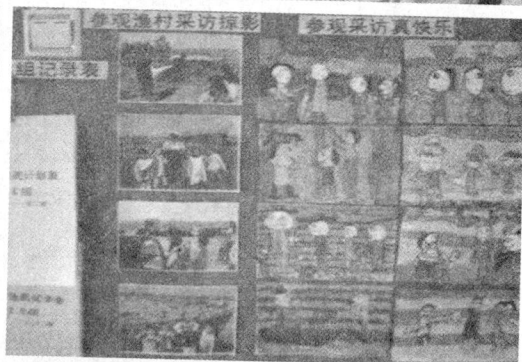

活动 2　水墨画《其乐融融的渔村》

因为有了参观和采访的体验，孩子们对于出海打鱼的渔船以及渔民的打鱼生活有了一定的认知。所以，他们对于自己的所见所闻进行表达，也就得心应手。

捕鱼画是一种民间流传的赞扬渔民辛勤劳动的画种，其形象突出、色彩艳丽，具有淳朴浓郁的乡土气息。所以，我们将捕鱼画和水墨画进行结合，让孩子们根据自己的所见所闻描绘自己眼中其乐融融的渔村。

在绘画的过程中，有几个孩子是一起合作绘画的。因为每位孩子的认知经验是不一样的，所以他们需要进行相互协商和讨论，最终达成共识。

孩子们根据参观渔村的所见、所闻，通过小组协商绘画的方式进行水墨画创作。之所以起名为"其乐融融"，是因为孩子们说渔村的海边既有忙碌的渔民，也有快乐的孩子，总之是热闹的、感觉是幸福的。孩子们想过了无数的名字，最终用"其乐融融"这个词语代表孩子对参观渔村的感受。

▶ 活动小结

学会合作，共同发展。对孩子们来说，小组合作可以和同伴进行协商、相互帮助。有的孩子觉得自己绘画水平不高，就特别喜欢和别人一起合作，希望得到别人的帮助。绘画好的孩子也喜欢帮助他们，大家相互合作、相互帮助、共同提高，合作出来的作品往往让他们觉得非常有成就感。小组合作不仅可以让孩子们相互学习、取长补短，而且锻炼了他们之间合作、协商、配合的能力，这可谓是一举多得。

附:活动照片

参观渔村后孩子们表征对渔村的感受

活动3 剪影画《渔舟唱晚》

渔民生活是一种淳朴精神的传递,应该引导孩子们感受渔民在生活中所创造的美。不管是劳动精神之美,还是伴随朝阳所表现出来的捕鱼美,这些都是孩子们表达的极好内容。剪影画是中国民间艺术的瑰宝,其所表现的形态之美,既抽象又吸引眼球,能够让人产生无限的遐想,而这一特殊古老与质朴表现形式,正好符合渔民的气质。所以我们组织孩子们,在活动中拿起剪刀,将自己所设计的渔民捕鱼的形象剪了下来。看着手中黑色的渔民剪影,孩子们相互猜测着:"这是渔民在撒网,这是渔民在划船。""瞧!还有一只鸬鹚在船上呢,你剪得可真好呀。"孩子们相互感叹着同伴精美的艺术作品。伴随着红色、橘黄色彩的过渡与黑色色彩的对比,孩子们所剪出来的每一个渔民打鱼的形象都栩栩如生,每一幅作品所表现出来的都是一种艺术的存在。孩子们喜欢,为之陶醉,这是因为他们把自己的感受用美的艺术手法成功地表现了出来,所以他们感到骄傲。

▶ **活动小结**

美术活动是培养幼儿审美能力的一个重要领域,如何让幼儿喜欢它并在此基础上表达美,是需要我们思考的。其一,要带领幼儿尝试不同的"玩美术"的方法,让幼儿尝试不同的表现方式,让幼儿觉得好玩、喜欢玩,从而愿意去表现美,最终获得美的成功体验,促使幼儿创造美。其二,要探索具有能够展现作品内涵的美术表现形式,引导幼儿感知作品的内涵,引导幼儿感受、创造、表现美。

附:活动照片

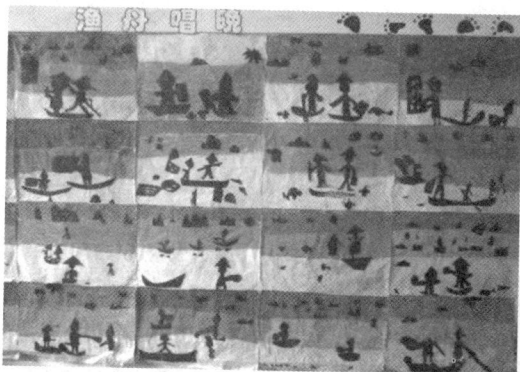

孩子们的剪影作品《渔舟唱晚》

生成活动:制作干海产品

本主题活动,孩子们接触最多的除了渔民再就是各种海产品了。而对于干海产品,很多人喜欢吃,但是因为干海产品的腥味,孩子们却很少有愿意吃的。记得,当时正值《舌尖上的中国Ⅱ——相逢》播出,视频中展示了一段渔民给远方的亲人制作最美味的干海产品——海虹干的过程。孩子们对此特别感兴趣,所以我们就决定和孩子们一起制作干海产品。

前期,孩子们已做了准备。当我们把两大盆面条鱼和蛤蜊摆在孩子们的面前时,孩子们瞪大了眼睛,纷纷凑上来你一言我一语地议论起来:"这个我吃过,它叫面条鱼!""这个就是蛤蜊呀!我家经常吃!"润峰说:"老师,这个面条鱼,我们得先把它洗干净再晾晒,这样吃起来会更加的干净、卫生!"我点头笑了。孩子们迫不及待地想要亲身体验。事不宜迟,我们带领着孩子们来到户外。周老师将盆中灌满了水,孩子们见状纷纷撸起袖子,跃跃欲试。每个孩子兴高采烈地用自己的小手洗刷着蛤蜊。其间,孩子们对蛤蜊壳表面的花纹产生了兴趣。吴宇说:"哎!你们看!这个蛤蜊壳上的花纹是波浪线的!"其他孩子们也纷纷观察起了蛤蜊壳的表面花纹。"我这个花纹是长城线的!""我的蛤蜊壳上的花纹像彩虹一样弯弯的!多漂亮啊!""看,这个蛤蜊里竟然包着个寄居蟹!"……孩子们你说我笑地忙碌着。劳动也可以这么快乐,真好!曹文泽选择了洗面条鱼,洗完后跑过来告诉我:"管老师,你看,这个面条鱼是有油的,水面上都浮起好多的油!这可真神奇!"简简单单的一次洗海鲜的过程,就可以带给孩子们这么多丰富的体验,他们收获到了在课堂上所体验不到的惊喜!

为了后期的晾晒,我们将两样海鲜送到了食堂煮熟,然后将煮熟的蛤蜊拿回来,与孩子们一起扒蛤蜊肉。刚开始,孩子们总是不能完整地将蛤蜊肉取下。正在孩子们懊悔的时候,俊彤突然大声说:"老师,我扒下一个完整的蛤蜊肉啦!"其他孩子们纷纷跑过去看。有的孩子开始向俊彤讨教经验。原来蛤蜊肉内有个小柱柱,要细心地用手指甲从蛤蜊肉的深处扣下,才能完整地取下。孩子们有了这个经验再次尝试,效果让他们很满意。

不一会儿工夫,就得到了一大盆蛤蜊肉。孩子们高兴极了,选派代表把扒出的蛤蜊肉送到厨房进行烘烤。第二天,孩子们一大早就来询问我蛤蜊和面条鱼的烘烤情况。当烘烤过的蛤蜊肉和面条鱼摆放在孩子们面前时,他们高兴地欢呼起来:"老师,我们成功了!""今天的太阳还很不错,我们把它们拿出去晾晒吧!"在孩子们的建议下,我和孩子们把亲手制作的蛤蜊和面条鱼摆放在户外。孩子们兴奋地围着讨论:"你得把那边的面条鱼分开些,这样晾晒效果会更好些!""这种干的面条鱼我在家里就吃过。""昨天晚上,我还和爸爸妈妈说制作干面条鱼的方法呢!"杜润峰突然跑过来说:"管老师,我记得以前吃的干面条鱼是咸的,咱们这个也是咸的吗?"对,我忽视了一个小小的细节。我把孩子们叫到身边,将润锋所提出的问题告诉了孩子们。孩子们讨论后,也不知道问题的答案。最终我告诉孩子们,干海产品是经过很多工序才能制作完成的。工人叔叔为了更好地保存其营养价值和新鲜程度,在晾晒前都要撒上盐。我提议,等到晾晒干了我们可以一起品尝验证一下,孩子们表示非常赞同。

▶活动小结

要结合课程,捕捉幼儿生活的兴趣点,带领幼儿贴近生活进行活动,引导他们动手操作,亲身体验,在体验中尝试成功的快乐。一次亲身的制作体验,让幼儿从中收获的不仅仅是知识,更多的是体会到了制作成功后的喜悦和与同伴互相合作的乐趣。

附：活动照片

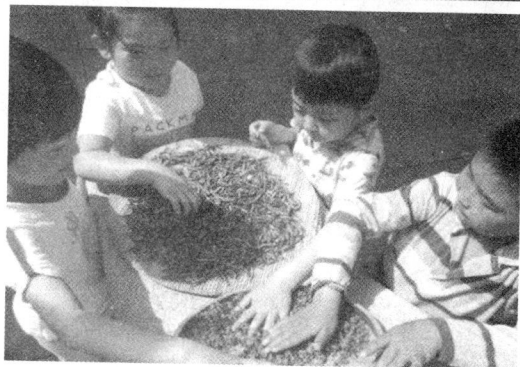

孩子们正在制作干海产品

活动反思

　　1. 本主题活动"快乐渔村行"，从幼儿的生活着手实施课程，给幼儿提供了生活情景，让孩子们融入自然环境，走入社会，从广阔的社会生活中获得活生生的知识与经验。

　　2. 孩子们的探索与学习以直接经验为基础。在主题活动进行的过程中，应创设丰富的教育环境，最大限度地支持、满足幼儿的实际操作的需要，捕捉教育契机，带领幼儿在活动中探索、在探索中发展。

　　3. 根据开展主题活动的需要，应重视对家长教育资源的挖掘和利用，让家长走进课程，与孩子们一起感受、体验，与幼儿一起成长。

研讨中的收获

收获是在实践中探索，在探索中研究，在研究中发展获得的成果。只有经过栉风沐雨的辛勤耕耘，才能有硕果累累的收获。这样的收获，不仅能带来丰收的喜悦，还能给人以奋发向上的勇气和力量。

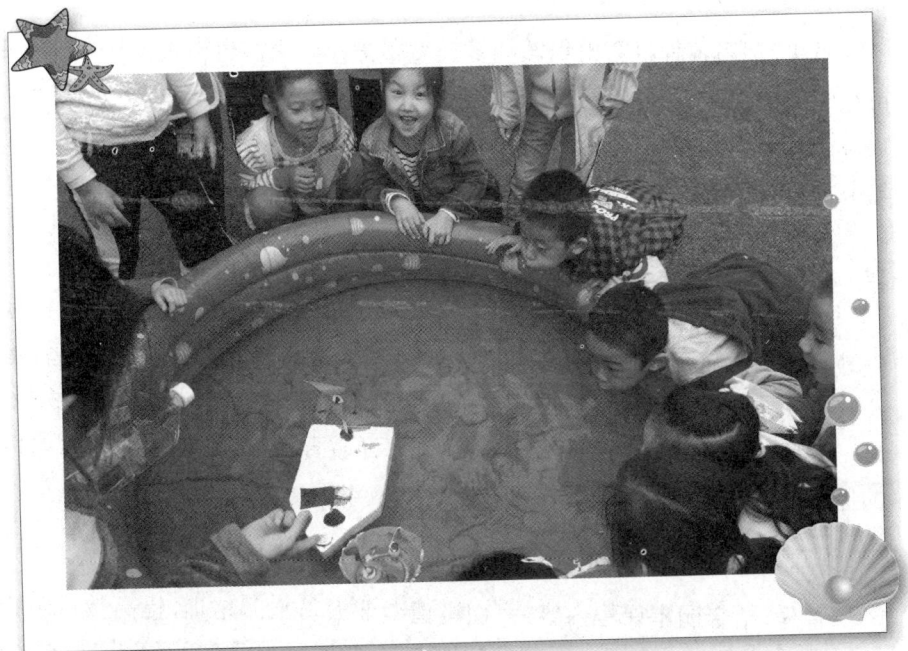

创造性开发蓝色海洋课程资源
促进师幼共同发展

邵 瑜

在"幼儿园蓝色海洋教育课程资源创造性开发与利用研究"课题研究中,我们组织教师围绕课题的研究目标和内容,从提升教师海洋文化素养、开发海洋教育资源、构建海洋特色课程三方面着手,凸显了课题研究的实效性,增强了教师开发课程资源搞好"蓝色海洋教育"的意识,拉近了幼儿与海洋之间的距离,激发了教师和幼儿热爱海洋、保护海洋的意识与情感。

一、提升教师海洋文化素养,铺垫课题研究基石

为确保课题研究的顺利进行,自课题研究方案确定以来,我园在充分调查教师海洋文化知识现状的基础上,认真分析教师开展课题研究所需要的各种关于海洋的知识,进行了多种形式的培训与教研活动,提升了教师海洋文化素养,为课题研究的顺利进行奠定了良好的基础。

(一)以海洋知识为主的多途径学习

首先,利用各种机会组织教师参加专题培训。我们组织了全体教师分批参加了青岛市组织的学校蓝色海洋教育专题培训,聆听专家们的讲座,丰富了教师的海洋文化知识,提升了教师的文化素养,使教师理解了开放、包容的海洋文化精神内涵并坚定了搞好"蓝色海洋教育"的信心。

其次,幼儿园建立并不断丰富海洋教育资源库,购买了丰富多彩的海洋教育图书,为教师实施课程提供了知识支持。

再次,我们开展了"海洋教育一人一课"活动,即每周利用一个中午时间,专门组织海洋教育集中教研活动——海洋教育知识论坛。教师踊跃参与、精心准备,借助多媒体、图片等方式搜集各种信息资料。此举进一步调动了教师参与科研活动的积极性、主动性,凸显了教师在科研活动中的创造性,为实施海洋教育实验、促进我园教师海洋教育科研水平的提高打下了坚实的基础。

(二)以课程内容为核心的目标式培训

首先,结合园本课程内容,我们邀请专业人员来园培训,提高教师实施课程的能力。例如,我们曾邀请青岛职业学院的教授来园,开展了有关海洋生物造型和色彩运用等方面

的讲座。

其次,我们组织了海洋主题课程专题活动,即在海洋主题活动实施前,专门组织海洋教育集中教研活动,包括海洋知识体系架构、系列活动的开展等。同时,幼儿园还组织教师认真学习了青岛市小学海洋教育地方课程。这套教材内容涵盖量大,目标明确,层次清晰,呈现方式生动活泼,生活化气息浓,为我园海洋教育课程建构提供了很好的借鉴。

二、利用分园优势,深化课题研究

在研究中,我们充分利用各分园优势,将课题进行合理分解,形成研究合力。香江路分园确立了海洋教育资源内容,包括海洋地理、历史、艺术、气象、生物、国防、环保、经济、科技、旅游、文化等,供幼儿园在"蓝色海洋启蒙教育"课程建构中选择、利用,为课题研究的深入开展奠定了基础。天泰分园利用海洋资源,创造性地开展了海洋教育主题课程的研究。盛世江山分园进行了"蓝色海洋教育"课程在幼儿艺术领域的开发与利用的研究。怡和嘉园开展了吸纳海洋文化优质教育资源,创设具有地域特色幼儿园环境的研究。各园制订了详细的研究方案,活动内容明确具体,活动安排科学有序,保证了课题研究的顺利进行。

三、遵循海洋资源开发四原则,增强资源利用的实效

在课题研究过程中,幼儿园组织教师根据课题研究需要,查找各种有价值的资源,如海边的美景、海里的物产、海边的渔民、海边的风情、海上的军队等。在筛选这些资源时,幼儿园引导教师关注以下四个方面。

(一)课程资源的利用突出幼儿的兴趣需要

人在幼儿时期认识世界的最大动力就是好奇。因此,教师在幼儿的生活当中必须时时刻刻关注并敏锐地捕捉促使幼儿产生好奇心的人、事和物,从而将有教育价值的内容纳入课程中促进幼儿的发展。

例如,大班在开展"海边的孩子爱大海"主题活动时,从保护海洋出发,陆续开展了海洋环保、海防、海上工程等方面的主题活动。追随孩子们的兴趣,我们随之生成了"海洋保卫者——海军"的主题活动。为了让孩子们更多地了解海军的生活及工作,我们特意邀请了海军官兵来园做客座教师。海军官兵利用课件,生动、形象地向孩子们介绍了海军的服饰、武器装备、生活环境以及保卫祖国海疆的任务等内容。通过海军官兵客座教师的讲解,孩子们对海军产生了崇敬之情,很多孩子不约而同地感慨道:"我也想成为一名海军,长大了我也要保卫祖国!"

为了进一步增强孩子们对海军、海洋国防的了解,幼儿园又组织他们参观了青岛海军博物馆。孩子们来到海军博物馆时,立刻被大炮、军舰、坦克、飞机等装备所吸引,围绕着这些武器装备进行着热烈的探讨。参观时军舰上的梯子很陡,孩子们却丝毫没有惧怕,好像自己也成为一名勇敢的海军战士,他们热爱海军、保卫祖国的强烈情感进一步被激发

出来。

（二）课程资源的利用依赖幼儿的真实生活

生活是课程实施的主要课堂，同时又是最为真实、生动的课程资源，教师应引导幼儿在生活中认识社会、感知世界、学会生活、学会学习。

生活在海边的我们，每天餐桌上都会有各种海鲜美味，吃海鲜已经成为海边人的饮食习惯，但对海鲜市场上琳琅满目的海鲜，很多孩子却又说不出名字。于是，我们便从开展海鲜市场大调查的活动入手，深化主题活动"我家住在大海边"的内容。活动中，教师组织幼儿通过观察、统计、采访等形式，分组进行了海鲜调查活动。通过活动的开展，幼儿认识了海鲜市场供应的各种各样的海产品，增进了对海洋动物的了解，感受到家乡海鲜特产的丰富，体验了作为一名小小市场调查员的自豪感，激发了热爱海洋、热爱家乡的情感。

（三）课程资源的利用强调幼儿的主动参与

教师要引导幼儿主动学习，就要创设幼儿主动探索、发现的条件，给予幼儿自我表达、自由创作及体验活动乐趣和成功感的机会，支持幼儿以各自独特的方式来表达他们对世界的认识。

2013年"六一"儿童节期间，我园组织开展了"首届幼儿园海洋文化节"活动，内容包括以海洋特色为主题的教育活动、海洋文化环保作品展、保护海洋绘画长卷绘制、海洋生物大调查、海洋科普知识展，以及"爱海护海"宣传等社会公益活动。这些活动为孩子们搭建起积极参与活动的平台。在这里，每个孩子都有参与的机会，都有展示自己的机会。活动的开展进一步丰富了开展海洋科学启蒙教育的方式，提升了孩子们对海洋文化的认知能力，增强了他们的海洋意识。

（四）课程资源的利用凸显浓郁的本土文化

浓郁的本土文化，是幼儿园海洋教育课程的"活"资源，家乡的一草一木、一山一水以及日新月异的家乡变化、辛勤劳作的渔民，都是幼儿可见可闻、可理解、可接受的本土文化资源。

在"凤凰岛的传说"主题活动中，为了让孩子们更加深刻地了解自己故乡的渔文化，教师带领孩子们来到"码头"。这里有大大小小的渔船，有各种各样的捕鱼工具。在参观过程中，各种疑问在孩子们的脑海中闪现：为什么船头要比船尾高？渔网都是怎么用的？网上的白色漂子有什么作用？渔网这么长用什么拉？……面对这些问题，教师鼓励孩子们自己去采访渔民伯伯或爷爷寻求答案，培养了孩子们主动与人交往的能力以及敢于表达、善于表达的能力。

生活在黄岛的老一辈爷爷、奶奶们都是靠海生活的。于是，我们邀请渔民爷爷走进课堂。教师再次启发孩子们向渔民爷爷提问：为什么渔网是不一样的？怎样捕鱼会捕得多？为什么渔民的家里要插红旗？渔民爷爷结合着照片，如数家珍地逐个回答孩子们的问题，随之也告诉孩子们当年捕鱼过程的艰辛和一些趣事。孩子们在自主、快乐、充实的氛围中探索海洋的奥妙，体味家乡特有的民俗风情。

不断探索,将海洋活动融入园本课程

高伟华

在"蓝色海洋教育"研究课题开题第二年,我们根据实验方案的安排,制订了科学、适宜的海洋知识和文化启蒙教育方案;同时,围绕课题研究的需要,以科学研究的态度组织教师有目的、有计划地实施主题教育活动,并将其融入园本课程中,逐步形成海洋教育课程特色。在开展此课题研究前,我们组织教师依据幼儿的年龄特点和兴趣点,共同制订了以突出海洋教育为特色的主题活动方案。随着课题研究的深入开展,孩子们对海洋文化的理解越来越深刻,对海洋知识的学习愈发感兴趣了。

一、丰富海洋知识,调整课程内容

根据"蓝色海洋教育"课题研究三年规划的安排,幼儿园调整了实施方案。幼儿园组织教师在原有海洋课程的基础上,依据幼儿的年龄特点,整合本地周边海洋课程资源,将主题活动内容确定为贴近幼儿生活,便于幼儿操作、探索的课程;邀请大学教师来园给教师做"海洋环境和海洋贝类"的培训,使教师掌握了有关的海洋知识,拓展了视野,促进了海洋主题活动的有效实施。在此基础上,幼儿园进一步调整了大、中、小班海洋教育主题活动方案,使海洋教育课程内容更贴近幼儿的生活,如大班的"快乐渔村行"、中班的"我家住在大海边"、小班的"小贝壳大世界"。

二、紧抓课题研究,促进幼儿发展

在主题活动实施的过程中,老师们自始至终营造着宽松、愉快的教育环境,鼓励孩子们积极主动地探索外部世界。老师们带领他们走近大海,充分运用大自然和大社会所提供的宝贵教育资源。

为了让孩子们了解渔民的生产生活,感受民俗风情和传统文化,大班充分利用黄岛渔村多的这一优势,设计了"快乐渔村行"主题活动,并相继开展了采访渔民、渔村探秘、海边赶海、热闹渔港行等活动。为增强孩子们的体验,让他们探索故乡传统的渔村文化,更加深刻地感受渔家生活,前期老师们考察了有特色的渔村,了解了相关的渔村文化,如海草房、打鱼归来、渔民故事、祭海庙、赶海等,请当地渔民介绍渔村的情况,为幼儿进入渔村做好铺垫。参观前,老师和孩子们一起收集整理了大家感兴趣的问题,并将孩子们分为渔村探秘组、渔民采访组和快乐赶海组,引导他们带着问题走进渔村,有目的、有针对性地开展系列活动。

第一组"渔村探秘组"：了解渔村文化、渔村的传统风俗，参观陈姑庙，收集渔谚、顺口溜等。

第二组"渔民采访组"：进入渔村分别参观渔民生产工具和具有渔家特色的海草房，了解渔村住宅的变迁发展；听老爷爷讲出海的故事，了解渔民的生产、生活情况。

第三组"快乐赶海组"：参观渔港码头，感受渔民满载而归的丰收喜悦；采访渔民们捕鱼的经历，了解附近海域的鱼种、渔民在渔船上的生活、打鱼所需要的工具等。

这些活动，使孩子们对渔村的了解更加深入，从而激发了他们求知、探索的兴趣和热爱家乡的情感。

参观回来，教师组织孩子们进行分享、交流，孩子们又提出了一些疑问："为什么渔网是不一样的？怎样捕鱼会捕得多？渔民出海要多少天才能回来？他们到哪个海捕鱼？他们会到附近的海岛上休息吗？"于是，老师们又组织孩子们对提出的问题进行了深入的探究，引导孩子们学会用各种方式解决问题、化解疑惑。

三、追随幼儿兴趣，预设与生成相融

在"幼儿园一日生活"中，我们创设了宽松、自由、丰富的活动环境，引导幼儿自主地选择、主动地发展；追随幼儿的兴趣，将预设和生成的课程内容巧妙融合，最大限度地满足幼儿的发展需求。

中班在开展"美丽金沙滩"主题活动前，让孩子们到金沙滩进行调查，他们发现，沙滩周围的风光十分优美，可是也存在一些不尽如人意的地方。为了激发孩子们热爱家乡的情感，我们随之生成了"我是金沙滩小导游"的主题活动。教师邀请家长们一起，利用休息日带孩子们到金沙滩赶海、玩耍，让孩子们在大自然的怀抱中感受海洋的魅力，对大海产生喜爱之情。在活动中，很多孩子不约而同地表达了自己的心声："我也想成为一名小导游，向外地客人讲金沙滩的美丽！"为了增强孩子们的兴趣，从小树立保护环境的意识，教师组织孩子们拣拾海边的垃圾，向社区居民进行环保宣传，用自己的行动告诉来海边游玩的人要自觉保护海洋。

为了进一步增进孩子们对金沙滩的了解，我园和家委会共同组织孩子们在沙滩上举行大型亲子沙雕活动。孩子们手拿各种工具再次来到沙滩上，围绕着沙雕进行着热烈的探讨。孩子们置身于玩沙之中，在挖、铲、堆、切中增进了他们对沙和水的认知。

四、巧用海洋资源，开展特色活动

在课题研究实施的过程中，我们打破了"以幼儿园为主，以课堂为主、以教师为主"的传统活动方式，充分利用家庭、社区资源，结合季节、节日及黄岛文化旅游节等特有的庆祝活动，把握时机，创造性地开展了一系列内容丰富、形式多样的活动，从而使课题研究取得了更佳效果。

例如，"六一"儿童节期间，我园组织举办了第二届"幼儿园海洋文化节"活动，内容包括"海边的孩子爱大海"摄影展、"爱海护海"社区公益活动、未来的海边渔村创意亲子制作、大型贝壳亲子组合制作、海洋主题创意帽子制作等活动以及唱海洋歌曲、讲海洋故事、"海洋绘本"漂流活动、海洋主题童话剧展演、海洋生物时装展等。

另外,各班根据课程要求,开展了形式多样的活动。小班开展了系列亲子游戏,家长们带孩子们到沙滩赶海、捡贝壳、挖蛤蜊、追浪花,孩子们在家长的陪伴下亲近海洋、喜欢海洋。中班幼儿及家长将活动定为"海景隧道""烽火台""渔船"三个主题,通过挖、铲、堆、雕、刻等技能引导孩子们进行沙雕活动,体验沙雕活动的快乐。大班设计了内容不同的拓展活动,让每个家庭在海边进行了一个彰显海洋魅力、感受海洋亲和力的活动,使孩子们大开眼界。

通过以上活动,深化了海洋科学启蒙教育的内涵,提升了孩子们对海洋文化的认知能力,增强了他们热爱大海、热爱家乡及保护海洋的意识。

创造性利用海洋资源开展主题探究活动

南海玉

天泰分园根据子课题"教师创造性利用海洋资源开展主题探究活动的策略和方法"的实施方案,扎扎实实地开展研究工作,并将发现的问题进行了认真细致的梳理,潜心指导各教研组创造性地利用海洋资源开展主题探究活动,取得了显著的效果。

一、静心反思问题

我们在开展海洋主题活动之前,有意识地组织教师反思以往开展海洋主题活动过程中存在的问题。

(1)大、中、小三个年龄班主题的选择缺乏适宜性。主题活动内容与幼儿的实际年龄和发展水平不甚相符,教师在制定主题目标时含糊不清,有的目标存在重复、雷同现象。

(2)主题活动的脉络不够清晰。在主题活动进行的过程中,教师预设了一系列活动,然而这些活动与活动之间的关系零碎松散,缺乏递进性,不符合幼儿对事物的认知规律,因此幼儿在主题活动结束时所获得的经验比较凌乱,缺乏系统性。

(3)主题活动实施的形式缺乏创新,区域活动和主题结合得不紧密。教师在进行区域环境创设时感觉无从下手,活动的效果不明显,缺乏有益经验的获得。

(4)幼儿对主题的兴趣不高,参与活动的主动性不强。教师在活动中的主导和干预成分较多,违背了幼儿园的教育观念,结果是教师感觉很累,幼儿感觉无趣。

二、理论引领实践

基于对以上问题的反思，我们进一步认识到教育应该开发和利用幼儿感兴趣的事物和想要探究的问题，并将之扩展为教育内容。因此，本学期在设计"蓝色海洋教育"的主题活动时，我们引领教师充分地走进幼儿，把幼儿感兴趣的海洋事物作为海洋主题活动的基本内容。

（一）主题内容符合幼儿的认知特点和发展水平

不同年龄阶段的幼儿具有不同的认知发展水平。《3～6岁儿童学习与发展指南》指出，小班的幼儿在认识、探究事物和现象的过程中，目标主要定位在"认识常见的动植物，能注意并发现周围的动植物是多种多样的，能感知和发现物体和材料的软硬、光滑和粗糙等特性"上。因此，小班本学期的主题活动内容确定为"海边的宝贝多"，要求教师组织孩子们在海边进行寻宝的活动。活动中，孩子们欣喜地见到各种宝贝：海星、海参、小螃蟹、小鱼、贝类、海葵、海菜等，教师引导孩子们通过摸一摸、闻一闻、比一比等多种感官认知海边宝贝的千奇百怪。

中班的幼儿在这方面的目标要求则大大提高。《3～6岁儿童学习与发展指南》指出，中班幼儿"能感知和发现简单的物理现象，如物体形态和位置变化"以及"能对物体进行观察比较，发现其相同与不同"。因此，中班教师设计了"餐桌上的海鲜多"的主题活动，并生成活动"制作海米"。幼儿在调查、收集信息及制作海米的过程中，通过观察和实际操作，认识到海米加工前后的变化等。

《3～6岁儿童学习与发展指南》指出，大班幼儿"能够发现常见物体的结构和功能之间的关系"，"知道国家一些重大成就，爱祖国，为自己是中国人感到自豪"。基于这样的目标要求，大班教师设计了"海上的船儿多"的主题活动，并组织孩子们参观海军博物馆。在参观的前一天，教师根据孩子们的兴趣点和主题的目标，设计了参观青岛海军博物馆调查问卷。在参观的过程中，孩子们围绕问卷中的调查内容，在家长的引导下，进行了认真的观察、简明的记录、愉快的访问，收获满满。通过参观，孩子们认识了各种海军服装、标志及各种海上作战武器，整个活动推向了高潮。孩子们在战舰上，通过自身观察与倾听，了解了战舰的内部结构及各个部分的功能。当时，孩子们强烈地感受到祖国国防力量的强大，激发了他们立志当一名中国小海军的情感，提升了主题活动的内涵，收到了非常好的教育效果。

（二）主题内容源于幼儿的生活，并在生活中自然拓展

教育来源于幼儿的生活，只有和幼儿生活息息相关的事物，才能激发幼儿内在的学习动机。为此，中班的教师设计了"饭桌上的海鲜多"这一主题活动，以孩子们日常都能吃到的海鲜作为活动的内容，带领他们进行了海鲜市场大调查活动。活动前，教师和孩子们一起制订了详细的参观计划，进一步明确了参观的目的以及参观时的注意事项；教师还设计了了图文并茂的海鲜市场调查表，供孩子们参观时记录，这些措施为保证参观取得良好效果提供了保证。

在调查和参观活动中,孩子们通过看一看、闻一闻、摸一摸等方式进一步认识、了解了餐桌上常见海鲜的种类、名称以及特征;特别是对干海产品的参观,大大激发了孩子们进一步探究的兴趣。活动中孩子们通过记录和统计调查,使他们运用符号表达的能力和统计的能力都得到了不同程度的提高。更重要的是,活动极大地丰富了孩子们的生活经验,使他们深刻地感受到家乡物产的丰富和海边特有的饮食文化的魅力,增强了他们热爱家乡、热爱海洋的情感。

在这一主题活动进行的过程中,孩子们还生成了"制作海米"的活动。活动开始时,教师以集体教育活动的形式和孩子们一起探讨,引导孩子们总结出了海米的制作方法,然后组织他们亲自洗虾、煮虾、晒虾,让他们对海米的制作过程有了一个完整的了解,丰富了他们的实际操作经验。孩子们在洗虾的过程中,对虾的结构有了清楚的认识;在煮虾的过程中,通过观察虾的颜色变化,掌握了煮虾的方法;在晒虾的过程中,通过自己选择晾晒地点,了解了晒虾的环境要求以及翻晒的方法。

在制作海米的过程中,孩子们全程参与、自己动手,凸显了在活动中的主体地位。活动后,教师引导孩子们讨论制作其他干海产品的方法,激发了他们进一步探索干海产品秘密的兴趣。

(三)内容凸显课程中多领域的整合,并与日常活动巧妙相融。

海洋主题活动实施时,恰逢"六一"儿童节到来,教师巧妙地将海洋教育的主题活动和庆祝"六一国际儿童节"结合起来,举办了以"大海的畅想"为主题的"庆六一"系列活动。本次活动共设阅读、美工、童话剧三个专场,其中阅读专场突出了视听结合的特点。教师和家长制作了精致的课件,生动地呈现了海洋故事和诗歌的内容。孩子们大胆、自信地站在舞台上,以朗诵的形式表达自己对大海的喜爱之情,真切地感受海洋的魅力,激发了热爱海洋的情感。美工专场,教师巧妙地将美术和表演结合起来,鼓励孩子们自由地运用手中的画笔,表达"海边的孩子爱大海"的特殊情感;同时还给孩子们提供展示自我的机会,鼓励他们通过T台走秀的方式,在悠扬的音乐伴奏下,他们充分地展示了自己独具创意的海洋美工作品。童话剧专场是报名人数最多的专场,教师也积极参与海洋童话剧场的演出。教师和幼儿同台演出的精彩海洋剧目,将"六一"儿童节庆祝活动推向了高潮。

"六一"儿童节活动刚结束,"六五环境日"又悄然而至。教师抓住这个契机,组织开展了"争当海洋环保小卫士 争做海洋小使者"社区宣传活动,使孩子们爱海护海的意识进一步得以增强。活动中,孩子们通过童话剧《小黑鱼》《大海笑了》表演以及散文诗朗诵《大海,我的家》、歌表演《我爱蓝色的海洋》等精彩剧目,告诉人们只要大家共同努力,从身边的小事做起,从自身做起,积极地保护海洋,就可以让我们的家园变得更加美丽。活动中,孩子们一次又一次把前来观看的社区居民带到了色彩斑斓的"海洋世界"。演出结束后,孩子们还将自己绘制的宣传海报、保护海洋的宣传标志等发放给社区居民,得到社区居民的好评。

这次宣传活动,充分地发挥了幼儿在活动中的主体作用,更为重要的是,幼儿通过自己的努力,将爱海护海的情感和愿望传递给周围社区的人们,让更多的人加入到保护海洋的行动中来,充分体现了主题活动的价值。

吸纳海洋文化的优质教育资源
创设具有地域特色的幼儿园环境研究

赵春霞

我园承担了"幼儿园蓝色海洋教育课程资源创造性开发与利用的研究"课题,在总课题的基础上,确立了子课题《吸纳海洋文化的优质教育资源,创设具有地域特色的幼儿园环境研究》,经过研究,收到了良好的成效。

一、创设与利用园内环境,提升"蓝色海洋教育"课程的隐性教育价值

幼儿园的物质环境是幼儿生活学习的直接环境,幼儿园里人、事、物的变化都是幼儿关注和探究的对象。因此,幼儿园的环境创设自然成为极其便利的、唾手可得的重要教育资源,对幼儿的发展具有特殊的价值。

我园根据研究主题,利用怡和嘉园分园新建的契机,从一开始就确立了打造海洋教育幼儿园的目标,从建筑设计、环境布置等方面,努力使海洋的元素渗透到幼儿园的每一个角落,营造海洋教育的氛围,凸显鲜明的海洋文化特色,并力求体现海洋教育中幼儿快乐探索的深层内涵。例如,我园创设了充满童趣、隐含探索精神的"小海螺"主题墙和体现快乐无限理念的形象墙;在多功能厅,将代表每一个小朋友形象的"小鱼"吊挂成一组壮观的"鱼群",让幼儿感受到大海包容的精神,激发幼儿探索海洋秘密的热情;走廊里则挂满了以大海为主题的幼儿绘画作品。这些隐性环境的创设为幼儿认识海洋、了解海洋打下了良好的基础。

二、凸显"海趣"特色,优化班级环境

各班巧妙地融入了大量海洋教育的元素,尤其是教师结合"蓝色海洋教育"主题课程设置了"我家住在大海边""美丽的贝壳"等活动,创造性地创设了班级的环境,从互动墙饰到主题信息分享区,从活动区墙饰到幼儿活动材料的提供,都充分地体现了课程目标的要求,有效地激发了幼儿参与主题活动的兴趣,为幼儿获得海洋知识、体验爱海护海的情感搭建了直观生动、富有儿童情趣的平台,凸显了环境的隐性教育价值。

例如,小班结合幼儿的年龄特点,将班级环境创设成一个"海洋世界",墙面以各种各样的海洋动物为主调,创设"章鱼美工区""鲸鱼娃娃家""螃蟹搭建区""乌龟图书角""小鱼益智区""海星表演区"等板块;中班在班级创设了一个大海的场景,用蓝色的纱幔当

"海浪",上面张贴着幼儿自己制作的各种形态的"海洋生物",每个区域悬挂的装饰物都与海洋有关,幼儿也把自己当成一条条"小鱼",并给自己起了一个"鱼"的名字;大班用不同种类的"船"来寓意小朋友都是"舵手",在大海中扬帆起航。

各班在不同的区域,根据海洋的特点进行了区域环境创设,如自然角饲养小乌龟、小鱼、小海星等,供幼儿观察小鱼怎样游泳、呼吸,乌龟怎样爬行,无形中激发了幼儿喜欢海洋小动物、关心海洋小动物的情感。

在"美工区"中,螃蟹壳、贝壳类、沙等废旧材料也被请进来。这些材料给幼儿带来许多创意,它们在幼儿手中变成了宝贝。幼儿在这里享受到创造的快乐。他们可以在螃蟹壳或石头上作画,可以用贝壳粘贴画,可以把贝壳制作成风铃挂饰悬挂在教室里。这一切都蕴含着幼儿的想象力、创造力。幼儿在操作中学会了很多技能,锻炼了他们手指的灵活性,提高了他们的观察力、创造力和表现力,培养了他们的审美情趣。

"益智区"是最能开发幼儿思维的一个区域。在这个区域中,各班根据幼儿年龄特点,创设以游戏为主的情境,构建幼儿活动的趣味平台。例如,钓鱼是幼儿特别感兴趣的一项活动,可以训练幼儿的手眼协调能力,有的班级就开设了"钓鱼小能手"区角活动。在这一活动区内,幼儿可以专心致志地"钓鱼",然后把钓到的"鱼"拿到"小小晒鱼场"去晒。

搭建区是训练幼儿思维和立体空间活动的场地。幼儿在这里可以搭建海底隧道和海上大桥,可以把自己生活中的与海洋有关的物体在老师的指导下搬进来,同时还可以进行有关海洋的创意搭建,如建造"海上家园""海底宫殿"等。在这里,幼儿体验到了成功和创意的快乐。

良好的室内外环境激发了幼儿对海洋的兴趣,启发了幼儿对海洋的思考和想象,同时也促成了一个个教育活动的生成。

三、挖掘"海洋"资源,创建特色区角环境

区域活动是幼儿最喜欢的活动。各班教师根据海洋主题活动的开展,和幼儿一起准备材料,充实区域活动的内容,丰富海洋主题活动。例如,大一班角色区的"海边小厨房"里,放置了各种贝壳、海鲜食谱和一些辅助材料,引导幼儿根据食谱加工海鲜;大一班的表演区,创设了"海底世界"的背景,让幼儿有置身大海的感觉,还制作了海洋动物模型和各种海洋动物服装、美人鱼头饰等供幼儿进行表演;大三班的美工区前悬吊幼儿作品水墨画《唐岛湾一角》《美丽的金沙滩》,让大家在水墨世界中欣赏美丽的黄岛;大三班的益智区投放了各种不同的贝壳,引导幼儿探索不同的玩法;大三班的图书区提供了各种有关海洋的图书,用来满足孩子们对于海洋知识的渴求;大三班的美味屋提供各种贝类和各种海鲜食谱,教师引导幼儿制作"海鲜汤",并绘制了海鲜烧烤推荐海报;大三班的搭建区提供了海底世界的图片,并引导幼儿绘制了设计图纸,等等。

教师和幼儿将这些具有海洋特色的物品投放到班级区角中,让幼儿在班级小小的环境中感受大海、了解大海、喜欢大海。

四、充分利用各种资源，丰富海洋课题研究内容

我园所在的黄岛面对黄海，毗邻胶州湾，具有独特的海洋自然资源与海洋人文资源，拥有美丽的凤凰岛、亚洲第一大沙滩——金沙滩、迷人的银沙滩、有海上西湖美誉的"唐岛湾"等地域资源。在创设海洋特色环境的基础上，我园整合周边具有特色的社区、自然资源，制订了科学、适宜的海洋教育主题教育方案；同时，围绕课题研究的需要，以科学的态度组织教师有目的、有计划、有针对性地实施活动，并将活动内容融入园本课程中。通过主题活动中的教育活动、生活活动、环境与区域活动、家园与社区活动、户外活动五大活动版块，运用搜集到的各种资源，为逐步形成我园的海洋教育课程特色打下基础。

"蓝色海洋教育"课程资源在幼儿艺术领域的开发与利用

郭 华

"蓝色海洋艺术领域教育"课题研究，给我园开展"蓝色海洋教育"注入了新鲜活力，使我园的办园特色更加立体化。盛世江山分园依据"蓝色海洋教育"总的课题研究的要求，秉承将"蓝色海洋艺术教育"有机融入"绿色教育"的研究思路，在深化"绿色教育"研究的基础上，着力挖掘"蓝色海洋艺术教育"的文化内涵，打造具有艺术特质的教师队伍，从研究活动方案的制订到具体活动各环节的组织，从跟踪—反馈—改进活动到逐一落实、扎实求真，在实践中思考前行，为逐渐形成具有本土特色的"蓝色海洋教育"奠定了基础。

一、深挖海洋艺术文化内涵

盛世江山分园成立了"蓝色海洋艺术教育"课题研究小组，由保教主任任组长，教研组长、业务骨干为组员，担任子课题的研究任务。课题研究小组认真学习和剖析了幼儿园"蓝色海洋教育"研究课题三年规划方案，发动并组织教研组长、教师共同将三年规划细化和分类，最终形成了具有艺术特色的"蓝色海洋艺术教育"课题研究三年实施方案，保证了海洋艺术课程的有效实施。

二、开展海洋知识培训

要保证"蓝色海洋教育"在艺术领域中的实施,就要充分发挥教师在海洋课程实施中的重要作用。为确保研究的顺利进行,我园对教师进行了多种形式的培训,并组织了有关的教研活动。首先,确立了海洋教育主题活动的内容,并组织教师利用网络自学海洋知识,观看米罗可儿美术活动 PPT;组织部分教师,以师带徒的形式,尝试上一节美术教育活动课。其次,邀请了青岛职业学院的美术专业教授来园,开展了有关海洋生物造型和色彩运用等方面的讲座。再次,进行了海洋主题课程自培活动,即在海洋教育主题活动实施前,集中组织海洋教育教研活动,包括海洋知识学习、海洋艺术表现作品的预操作。此举调动了教师参与课题研究的积极性、主动性,为海洋艺术教育课题研究的开展打下了坚实的基础。

三、构建海洋艺术教育课程

根据"蓝色海洋教育实验三年规划"的安排,在创设海洋艺术特色环境的基础上,我们整合海洋艺术教育课程资源,制订了科学的、适宜的幼儿海洋艺术启蒙教育实施方案;同时,围绕子课题研究的需要,从艺术的角度,组织教师有目的、有计划、有针对性地开展米罗可儿创意美术活动,并将这些美术形式和活动内容融入园本课程中。在此过程中,园领导组织部分骨干教师依据幼儿的年龄特点,共同完善了大、中、小年龄班,以突出"海洋艺术教育"为特色的课程。

大班从"利用""开发""保护"海洋三个维度出发,设置了"我家住在大海边"主题活动,开展了沙画《漂亮的鱼姐妹》、水墨画《螃蟹》《虾》、线描画《海洋动物》、手工制作《船》、剪纸《小鱼游来了》、泥工造型《海上钻井》以及设计海洋环保标志、制作海洋环保宣传单等艺术教育活动。

中班从周边家乡的海洋资源出发,组织了"我是黄岛小导游"主题活动,开展了油水分离画《海滨的渔船》、水墨画《齐长城》《马濠公园》、创意美术《海鲜超级变》、手工制作《海草房》《火车头》、剪纸《鱼儿对对碰》等艺术教育活动,凸显了黄岛海洋艺术教育资源特色。

小班从幼儿喜爱的海洋动物入手,组织了"鱼儿水中游"主题活动,开展了撕贴制作《美丽的小鱼书签》、蔬菜拓印画《热闹的小鱼家》、借形想象《鱼儿的舞蹈》、涂色练习《打扮鱼朋友》、图形拼贴画《吉庆鱼》、泥工《漂亮的热带鱼》、折纸《快乐的小鱼》等艺术教育活动。

在活动的实施过程中,我们还营造了宽松、愉快的艺术教育氛围,鼓励幼儿细心地观察外部世界,大胆地运用灵巧的小手和富有创意的艺术眼光,表现自己的所见所闻。

创造性地开发与利用"蓝色海洋教育"课程资源

南海玉

我园《幼儿园蓝色海洋教育课程资源创造性开发与利用研究》课题在市、区领导和专家的引领下,根据研究计划扎实开展且初显成效。我们围绕课题研究目标和内容,从三个方面入手开展课题研究,即:关注海洋元素与环境的融合,倡导海洋课程的创造性实施;深化资源的整合与利用,由浅入深地开展研究,突出课题研究的实效性;增强教师开发课程资源的意识,拉近幼儿与海洋之间的距离,激发教师和幼儿热爱海洋、保护海洋的意识与情感。

一、反思课题研究的亮点,总结研究的阶段性成果

千姿百态的海洋元素在环境中的渗透和融合,成为海洋教育的显性资源,使幼儿园环境时时流露出独特的海洋魅力,处处洋溢着浓郁的海洋气息。

(一)巧妙创设富有海洋气息的整体环境

园所特色是幼儿园文化的核心,也是传递幼儿园文化理念的载体。我园从建筑设计、环境布置等方面倾力打造创意美术特色,凸显海洋艺术文化特色,使其渗透到幼儿园的每一个角落,努力展现海洋艺术文化教育的特征。具体做法是:建立了创意美术教育文化墙,进行了海洋鹅卵石创意装饰展等,让幼儿在认识丰富的海洋资源的同时,感受浓浓的海洋艺术文化氛围,而且透过这些外显的、富有美术特点的环境创设向外界传达幼儿园的教育理念。除此之外,各个年龄班结合幼儿的年龄特点和生活经验,充分挖掘、精心创设了充满童趣、富有海洋艺术特色的班级环境。踏入每个班级,都像进入了一个神奇的"海洋世界":渔网、贝壳、海星、风帆、船锚、船桨、沙画、沙雕建筑、渔民生产生活工具的展示,各种海洋生物的图片资料等等,每一处都洋溢着浓浓的海洋气息、展现着浓郁的海洋文化魅力。

(二)充分利用富有海洋特色的区域材料

根据各年龄段幼儿的特点,创设了具有海洋特色的创意活动区,并投放了低成本、易收集、活动功能灵活多样的操作材料。例如,我们从海边挖回的沙子,捡回的各种贝壳、海星、海草等,根据其不同的特性进行整理、归类,加工成半成品,合理、巧妙地投放到了各个区域中。美工区:小班幼儿用沙子在瓶子上、纸盘上进行创意沙画,在各种贝壳上进行彩绘;中班幼儿借助各种贝壳的奇异造型进行创意制作;大班幼儿则在螃蟹壳、海螺壳、大扇

贝壳、鲍鱼壳上绘画脸谱等创意作品。表演区:用各种贝壳串联自制成串玲,用大海螺做的号等打击乐器,用各色渔网和贝壳结合制作衣服,用饲养扇贝的笼子制作成遮阳帽等供幼儿活动。另外,我们还在班级内其他的区域融入海洋的元素,如在科学区投放各种捕鱼工具、在建构区投放海草房等。

二、倡导海洋课程的创造性实施,促进幼儿全面发展

我园的"蓝色海洋教育"课程,随着课题研究的深入不断地完善。创造性地设置海洋课程,成为我们的研究重点和努力方向。在海洋主题活动实施前,我们专门组织了海洋教育教研活动,教研内容包括海洋知识体系的建构、系列活动的开展等。在课题研究的过程中,幼儿园组织教师根据课题研究需要,调查各种有价值的资源,如海边的美景、海里的物产、海边的渔民、海边的风情、海上的军队等。在筛选这些资源时,幼儿园引导教师将幼儿视为主体,有效支持、引发幼儿主动探索和交往,满足幼儿自主活动、自发学习的需要,使海洋教育课程实施中的每一次教学都成为教师和幼儿发挥潜力、展现个性、愉悦心情、提升素养且充满诗意的探索历程。

(一)以幼儿个性化的发展需求为主旨创新主题活动形式,让海洋教育课程张扬幼儿的个性

《幼儿园教育指导纲要》明确指出:"幼儿园教育应关注个别差异,促进每个幼儿富有个性的发展。"因此,我园教师在创造性实施海洋课程的同时,将发展幼儿个性、促进每个幼儿在原有发展的基础上不同程度地获得提高作为日常教育工作的重要目标。工作中,教师竭尽全力通过各种形式,在海洋教育主题活动实施的过程中引导幼儿按照特定的方式发展自我、完善自我,形成独特、健康的个性。

例如,在"热闹的海洋节"这一主题活动中,为充分发挥幼儿的主动性、创造性,激发幼儿的自信心与成就感,展示每个幼儿独特的风采,促进每个幼儿最大限度的发展,幼儿园举办了以"大海的畅想"为主题的系列活动。本次活动共设阅读、美工、童话剧三个专场。其中,阅读专场引导幼儿大胆、自信地站在舞台上,以朗诵的形式表达自己对文学作品的理解,使他们真切地感受海洋的魅力,了解海洋并更加热爱海洋;美工专场,幼儿自由地运用手中的画笔表达"海边的孩子爱大海"的特殊情感;童话剧专场是报名人数最多的专场,教师和幼儿同台演出的精彩剧目彰显出幼儿的个性。 别样的海洋节活动,以尊重和满足每个幼儿的兴趣和不同的发展需求为根本,给他们提供了展示自我特长、表现自我能力的舞台,在带给幼儿全新感受和体验的同时,唤起他们热爱海洋文化、弘扬家乡特色、珍惜海洋资源的强烈愿望和情感,铸就他们纯真的海洋梦想,促进了每个幼儿的全面发展。

(二)以幼儿的生活为基点设计海洋课程内容,让海洋教育课程伴随幼儿的生命成长

融教育于"一日生活"中是幼儿教育的显著特点,这就要求课程的设计与实施必须以幼儿的生活为基点,选取幼儿现实生活中常见的、经常参与的活动作为主题活动内容。

例如,中班教师组织并实施了生成主题活动"餐桌上的海鲜多",组织幼儿进行了制

作海米的活动,幼儿通过亲身参与、动手操作,体验着海边的孩子特有的快乐,促使幼儿更加热爱生活、热爱家乡。

(三)以幼儿的兴趣为契机拓展海洋主题的内容,让海洋教育课程成为师幼共同的期待

"预设"和"生成"是交织在一起的,体现着教师和幼儿的同生共长。因此,教师除了要把握好海洋课程中预设的活动,还要仔细地观察、分析幼儿,及时捕捉幼儿的兴趣点,研读每一个幼儿,关注幼儿发展的每一个平常时刻,真正做到尊重幼儿的意愿和需要、满足幼儿探索海洋奥秘的需求,并利用偶发事件中所隐含的教育价值不断生成新的海洋主题内容,使教师和幼儿共同成为幼儿园蓝色海洋课程的主动建构者。每个学期末,幼儿园都要举办"蓝色海洋课题实施经验交流会",介绍主题实施过程中的亮点活动,分享活动实施的创新做法。

三、深化资源的整合与利用,打造海洋课程特色

(一)利用社区资源,凸显海洋课程的地域特色

在"蓝色海洋教育"主题活动中,我们巧妙地整合周边的社区资源,带幼儿走出园门、走进社区,引导幼儿感受家乡独特的渔文化。

例如,大班幼儿在实施"快乐渔村行"主题活动过程中,带领幼儿分成"渔民采访组"和"渔村探秘组"走进渔村,先后观看了渔民织网,参观了海草房。在渔港码头上,他们亲眼见证并分享了渔船归来渔民收获的喜悦。在渔村的海边,他们体验到赶海的乐趣,聆听了陈姑庙的由来以及庙会等生动的本土文化。幼儿在与渔民的互动中,了解了许多有趣的故事,如:已有80多年历史的海草房,具有冬暖夏凉的特殊功能;养殖扇贝原来住在9~10层的"楼房"里,而且为了让扇贝有足够的呼吸空间,每层的托盘都带有小洞洞。幼儿聆听着如同童话故事般的传说,他们既惊讶又好奇,萌发了对渔村进一步探究的欲望。

为有效实现"完整的教育",我们在该主题活动的实施过程中又拓展生成了"我和渔民同欢乐"的活动,组织幼儿再次赴渔村,以大海为背景,以渔民为观众,开展了"我和渔民同欢乐"演出活动,在活动中表达对渔民的敬重和热爱之情。

(二)深挖园内资源,释放海洋活动的魅力

我们将户外活动区域分成自然游戏区域和体育活动区两大部分,把班级的海洋特色区域活动有效地延伸到户外自然游戏区域,引导幼儿在户外游戏区再现海边人们的生活情境,感受本土海洋文化特色,加深对海洋文化的理解。

例如,在实施"美丽的凤凰岛"主题活动时,中大班教师组织幼儿在户外自然区域开展"渔民生活"的情境游戏,在森林公园的草地上举办盛大的海鲜宴会,在木廊上进行海洋环保时装秀,在渔船上模仿渔民打鱼、晒鱼;小班教师则从幼儿喜爱的玩沙活动入手,设置了"好玩的沙"主题户外活动,进行了"好玩的沙池""有趣的蚂蚁洞""沙子瀑布"以及沙画"沙子大力士""亲子沙盘画展"等活动,引导幼儿在自然、童趣的氛围中获取知识。

沙子在幼儿手中变成了一座"长城"、一个"鱼塘"、一块精美的"蛋糕"……有的幼儿则常常把各种各样形状不一的树叶变成了"小鱼",将树叶用树枝穿成"鱼串",开展"餐厅"游戏。沙水池中,幼儿活动方式千变万化、层出不穷,挖"隧道"、筑"公路"、修"城堡"、建"大桥"……充分体现了幼儿丰富的想象力和创造力,在玩沙的过程中演绎着一个又一个有趣的故事。

造　船

管文杰

在经历一个星期对于船的探索活动之后,孩子们对于船的了解已经达到了"了如指掌"的地步。有的画大船,有的做大船,有的搬个小椅子当船开……船在近一个周的时间里完全"住"进了孩子的心里。

户外活动,孩子们像往常一样玩着自己手里的玩具,不亦乐乎。这时,不远处听到一个小朋友大声吆喝:"开船了,你们快上来吧!"只见小铭站在攀登架的平台上大声招呼着沙池里的喆喆和宁宁。而沙池里的他们正在努力地用手挖着沙子,对着小铭大喊:"等会,我们正在开渠道,还没有开闸呢,船开不了。"他们的叫喊声瞬间吸引了好多孩子围观。喆喆见势,不时"拉拢"在沙池外的小朋友:"快来帮忙呀!要开船了!"有几个孩子纷纷放下手里的玩具参与到喆喆他们的游戏中。看样子"了不起的造船人"主题活动让他们想真正地体验造船的神奇。

孩子们把造船的已有经验进行储存、内化。当到达一定高潮的时候,伴随着兴趣,所有的想象和创造会跟着已有经验奔涌而来。他们将攀登架比作一艘航行的船,将沙池想象成船航行的渠道,而这些想象源自孩子们。

利用这一机会,追随幼儿,我也参加到孩子们的行列中去,而且是"拉拢"了一大帮孩子一起参加。在尝试中孩子们发现,想要开渠造船真的需要做不少工作,而且缺少很多的道具。比如,孩子们主动提出要有螺旋桨、方向盘、闸门以及挖渠道的工具。凯凯则提出,渠道的修建就像管道一样,需要有图纸,孩子们也表示赞同,而这个提议让我着实大吃一惊。应孩子们的要求,我们首先一起设计了挖渠道的图纸,收集了孩子们想要的材料,包括扫帚、纸盒、硬纸板、彩纸、胶带、铲子等一切孩子能想象到的材料。

活动在孩子们的期盼中开始了,他们对照图纸分工合作,有制造"船舱"的,有挖"渠道"的,忙得不亦乐乎。让人感到惊讶的是,两个小女孩竟然在她们所谓的"船尾"处,抱着扫帚安装"螺旋桨"。原来有些兴趣是不分男孩和女孩的。孩子们在沙池里有上有下、有分工有合作,而教育的真谛似乎在此时展现得淋漓尽致。

听海风的声音

刘青青

孩子们最感兴趣的就是听海螺里海风的声音。每次活动时,孩子们总是会把海螺放在耳边不停地享受着海风的美妙。他们会不停地提问:"老师,海螺里为什么会有海风的声音?"看着孩子们一双双渴求的眼睛,我想这不就是孩子们在主动寻知吗?作为老师,应该鼓励他们的自主探索。对于孩子们的频频发问,我并没有立即给出答案,而是引导他们通过自主探索,试着去寻找问题的答案。我问:"这里面的所有海螺都能听到海风的声音吗?"听我说完,孩子们马上开始尝试,我也特意把一些很小的海螺拿来让他们听。孩子们也兴趣盎然地每个都试听一番。这时,一向细心认真的晖晖告诉我说:"老师,这个很小的海螺就听不见海风的声音了。""对呀,同样是海螺,为什么这很小的海螺就听不见海风的声音呢?"小朋友们的心里都产生了一个大大的问号!我知道,该是揭晓答案的时候了。我说:"那我来告诉大家吧!螺壳里面的形状是弯曲的,里面贮满了空气,所以当你在周围环境很嘈杂的地方,这些嘈杂的声音使螺壳里的空气振动,因此,你把海螺贴近耳边就会听到类似海风的声音。但是这个很小的海螺,它的螺壳特别的小,里面的空气就特别少,所以空气振动产生的声音就会很小很小,因此我们就听不见了。"

"哦,原来是这样呀!"孩子们的疑问得到了解答,渐渐散去。对于小班孩子是否真的从科学的角度理解了这些现象,我报以怀疑的态度,但孩子们得到了答案,即使不是特别理解也就没有孩子再来发问了。我以为事情就此结束了,没想到这其实是孩子们自主探索的开始!有一天,我站在饮水机旁边看孩子们喝水,程程说:"老师,我发现了一个小秘密!你听!"我弯下腰程程就把手里的空杯子杯口对着我的耳朵说:"你听,是海风的声音!"我顿时心里有一种莫名的惊喜。于是,我问:"你是怎么发现这个秘密的呀?"程程说:"我觉得海螺壳里面是空的,能听见海风的声音,那杯子里面也是空的,应该也会有海风的声音。"程程是我们班最喜欢观察和思考的孩子,我顺势表扬了他的这种自己思考探索的精神。他的这一举动,带动所有的孩子都拿起杯子听海风的声音。一个孩子的探索行为引起了所有孩子的共鸣,这就是孩子们自主探究精神的体现。在孩子们的心里种下一棵自主探索发现的小种子,我们的任务就是要保护这颗小种子,使其在孩子们的心田里慢慢生根发芽、茁壮成长!

"海鲜饭店"的启示

张 玲

有趣的区域活动开始了,小雨、小杰选择了海鲜餐厅。商定角色后游戏开始了。

在今天的角色扮演中,小雨是"厨师",小杰是"服务员",佳佳是"客人"……他们各自忙碌着。这时候,我就听见搭建区的"工人们"喊道:"中午到了,我们吃点啥呢,去吃海鲜吧。""好吧,我们一起去吧。"接着,他们来到"饭店"跟"服务员"点了几道"海鲜大餐",美美地吃了起来。刚开始"海鲜饭店"的生意很红火,可是没过多久,我发现"海鲜饭店"的几位"工作人员"都不知道干什么去了。我进去一看才发现,"饭店"里几乎没有"客人","大厨"自己在"厨房"里吃着"海鲜",而"工作人员"已经跑到别的区去玩了。

我走上前去问道:"小雨,你们饭店怎么成这样了,咋都没人了呢?""哎,他们都不来吃饭了,员工也都跑了,饭店要倒闭了!"小雨无奈地说道。听完后,我对他说:"我很理解你现在的心情,可是有了问题,我们必须想办法解决呀。你想一想,我们用啥办法可以把客人给拉回来,比如推出新的菜让客人试吃?""哈哈,我想到了,我们可以办海鲜自助。这样客人想吃什么就可以吃到什么了。"这个想法不错,可是人家都不知道怎么来。"没关系,我可以去各个地方宣传呀。"说完,他就跑到各个区域进行宣传:"我们推出海鲜自助餐了,想吃到我们饭店来啊!"不一会儿,我来到"饭店"一看,"饭店"又恢复了生机,里面吃饭的人有好多。

通过这件事,我觉得作为老师,作为孩子们的引领者,要时刻注意孩子们的动向,时刻观察孩子们的兴趣点;当孩子们遇到困难兴趣点转移时,要及时地去引领孩子们,启发他们动脑筋解决问题并产生新的兴趣,让孩子们明白在面临困难时要动脑去解决困难,而不是一味地等待。

真知源于生活

张晓磊

　　"美丽的凤凰岛"这个主题活动开始之前,我请孩子们和他们的爸爸妈妈一起利用周末,收集了关于凤凰岛新城旧貌的图片。周一一早,孩子们从家里带来了自己收集的各种各样的图片及影像资料。我们请孩子们把自己带来的图片与其他小朋友一起进行分享。洲洲小朋友指着带来的图片,像模像样地介绍了起来:"这是青岛啤酒,它有不同的颜色,蓝色商标的是崂山啤酒,绿色商标的是青岛啤酒。这是爸爸最喜欢喝的,一喝就醉。"说完自己哈哈大笑了起来。霖霖一边指着带来的图片,一边给小朋友介绍:"这是我们的跨海大桥,爸爸前几天刚带我去过。我们从这里直接就到了青岛市里,从车窗看出去外面全是大海,可漂亮了!""老师,还有海底隧道可以直接开车去青岛市里呢!"晶晶抢着说。我发现孩子所带来的图片大多都是现在的凤凰岛,对于过去的凤凰岛是什么样子都不是很了解。我以此为契机,向孩子们介绍起了凤凰岛的过去。"小朋友你们知道凤凰岛原来是什么样子的吗?她为什么叫凤凰岛呢?"孩子们都纷纷摇头。"那我们一起来看看吧,这是原来我们居住的地方,你们看到了什么?"我边出示图片边请孩子们观察。"房子不一样,这是矮矮的、一个连着一个的房子。"眼睛亮的小贾大声说道:"对,这是人们居住的平房,马路都是泥土的、窄窄的;现在人们搬迁了。"我出示了一张搬迁情景的照片说:"人们把原来的房子拆掉后,就搬到了现在的高楼大厦里,就像你们现在住的地方一样。现在的水泥路宽敞干净,马路上的车辆也多了起来。""那她为什么叫凤凰岛呢,不是叫黄岛吗?"晶晶问道,我接着向孩子们讲述了凤凰岛的传说。孩子们对凤凰是什么样子特别好奇。"在金沙滩就有凤凰,我爸爸在那上班呢。"洋洋大声说道,她带来的图片正是金沙滩的凤凰雕塑。她向大家介绍了去金沙滩玩的情景。昊昊补充道,这里还有沙滩排球场,他和爸爸去看过比赛。

　　在分享了各种图片之后,我引导孩子进行绘画《我眼中的凤凰岛》,孩子们用画笔画出自己对家乡的喜爱。在语言区,我们提供了各种图片,引导幼儿大胆讲述自己了解的凤凰岛,讲述凤凰岛的传说。在建构区,孩子们搭建了凤凰岛的"代表性建筑"。

　　通过对图片的讲述分享,孩子们对自己所熟悉的景点有了更多的了解,也对凤凰岛有了重新的认识。在这个过程中,孩子们不仅了解了家乡的风光、物产、文化等,丰富了幼儿的感性经验,而且在解说的过程中学会了使用适当的、礼貌的语言进行交流,使幼儿的语言表达能力得到了锻炼。这一切充分证明了:真知源于生活。

"我也想分享"

故事主人公:南南

故事发生时间:2016 年 10 月 21 日

故事发生地点:教室

故事记录人:赵倩

分享环节到了,小朋友们各自搬着小椅子坐到了分享板的前面。这时,你拿着手中的作品也想和大家进行分享。但是,当走到分享板前面的时候,你发现分享人员已满,不能进行分享了。于是,你情绪很低落,嘴巴不停地嘀咕着:"我也想分享嘛!"没有办法,我只能告诉你,过会儿还可以进行小组分享。你回应我:"我不想跟一部分小朋友分享,我想跟全体小朋友分享。"

看来我的提议并没有满足你强烈的分享愿望。你是一位非常乐于分享和表现自我的男孩子,你喜欢把你的新想法讲给每个人听。当然,每次的分享你总能给我们带来惊喜,我们也很期待。由于你分享的热情这么高,我决定单独给你找个时间与小朋友们进行分享。于是,我把离园前 10 分钟留给了你。

你终于可以将自己的作品与大伙分享了。首先,你介绍了自己绘画作品的名称——新式破冰船;然后,你告诉大家,这是在"蓝色海洋教育"活动中自己创作的画。从你作品的名字中可以清楚地了解到,你并不是在画现实中的破冰船,而是设计了一艘新一代的破冰船。到底有什么不同呢?大家都在期待着……你用生动、有趣的语言,给小朋友介绍着。你清晰地告诉大家你所设计的每个细节。例如,你在船尾处设计了一个特殊装置,专门用火进行破冰,这改变了以往用刀片破冰的方式。当破完冰后,为了避免冰再次凝固在一起,你还在船上安装了专用凝胶,可以使碎冰不再黏合。你还在船舱中设计了专门的防护室,当冰四溅时,人可以躲在里面不被碎冰击到,从而很好地保护自己……听了你的介绍后,小朋友们自发地拍手鼓掌。这说明你发明的新式破冰船真的很有创意、很受欢迎。从你的介绍中,可以看出你的思维开阔,会关注细节,能想出和别人不同的点子,并且你讲述的语言生动、有趣,深受大家的喜欢,这也是一种语言魅力,这是你身上最有吸引力的地方。

你的分享并没有结束,接下来你还将自己的作品编成了一个生动的小故事,故事内容完整、情节生动,吸引了全部的小听众,又一次赢得了大家的一致掌声。故事讲完后,你并没有像往常一样说一声"谢谢大家",而是提了个问题:"小朋友们,听了这个故事你有什么想法呢?"你的随机应变能力确实很强,不得不让我为你点赞。你讲述的故事思路清晰、语言流畅,这是每位小朋友值得向你学习的地方,你真是个"讲述大王"。今后,我会给你提供更多展示的机会,并发挥你身上的这一亮点,带动全班小朋友。加油哦!

南南的"新式破冰船"

不一样的设计

故事主人公:睿睿

故事发生时间:2016年9月21日

故事发生地点:美工区

故事记录人:马迎春

背景:在"美丽的凤凰岛"主题活动下,幼儿在美工区的表现片段。

本周开始我们进入了"美丽的凤凰岛"这一主题活动。结合这一主题活动的特点,我们在每个区域都投放了相关的材料。早饭后,你兴致勃勃地来到了美工区,看到我们正在拿着黑色的卡纸进行粘贴,你笑着说:"马老师,你们在干什么呢?"我对你说,我们正在进行剪影画。你又笑着问:"我也可以的,对吗?"我点点头示意你当然可以,你马上坐在了小椅子上。

小朋友们都在认真地看着范例图片,进行剪影画的制作。我看到你一直盯着范例图片看,足足看了将近5分钟。5分钟之后,你指着范例图片说:"马老师,为什么这个老人要扛着一个杆子呢?为什么后面还要有一个小朋友跟着呢?为什么这个网不是剪出来的而是画上去的呢?"我耐心地给你解答。其实,这个解答并没有什么标准答案,这只是我对这幅图片的一个理解而已。

开始做剪影画了,你的速度很快。我正在指导别的小朋友,你却告诉我:"老师,我的作品完成了。"我看到你做了一幅和范例图片不一样的作品。你的作品里有自己的想法。我指着一块方形说:"你能说一说这是什么地方吗?"你笑眯眯地说:"这个老爷爷晚上捕鱼回来,天都黑了,我给他安上了路灯,这样就不怕黑了。要不,万一摔倒怎么办?"另外,你作品中的渔网是自己剪下来的,并不是按照范例图片那样添画上去的。从这样一个小小的细节中可以看出，你是一个细心的孩子，能想到晚上夜黑危险，设计上路灯保证安全。在这里，我看出了你的认真、细腻。通过你的表现，老师也有所反思，在今后主题活动中提供范例的时候应考虑得详细周全一些，不能因为一张范例而限制了孩子们的思维。老师要谢谢你，谢谢你给我们的有益启示。

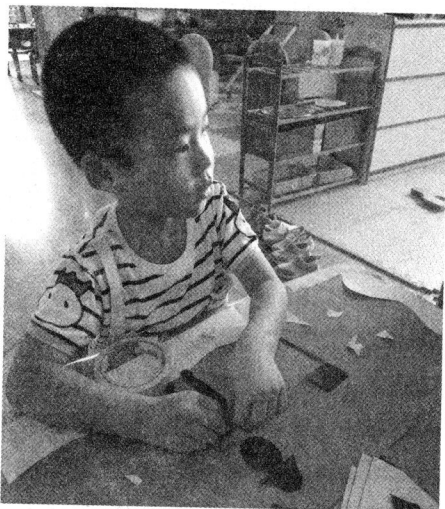

睿睿与他的设计

游来游去，快乐无比

故事主人公：妙妙
故事发生时间：2016 年 9 月 27 日
故事发生地点：美工区
故事记录人：马迎春

本周我们开展的主题活动是"我是小导游"。结合这一主题，我们在美工区投放了水墨画的材料供大家使用。区域活动一开始，你就来到了美工区自己嘟囔着说我也要画画。说完，你自己拿起了毛笔蘸上了墨汁开始了绘画，你画的是美丽的金沙滩。刚开始画的时候，你没有掌握好力度，布局有些乱，但是你很快就观察到这一点了。你坐下来想了想，接着又开始了绘画。因为你是和涵涵共同合作，所以你又征求了自己同伴的意见，你问涵涵怎么绘画更好看。于是，你们又开始了合作绘画。整个绘画的过程中，你都是那么的认真，没有一点的分心，还真有一点大师风范呢。你给同伴介绍说，只要我们的环境好了，大海变蓝了，大海里的鱼儿们就会游来游去，快乐无比。你还告诉同伴，今天看了护海宣传的海报，看到蓝色的大海心情就很好，所以你也要画上蓝色的大海，让自己的心情很美好，让海里的鱼儿很幸福。

你喜欢美好的感觉,能将自己的所见所闻运用到活动中。你想通过自己的努力改变周围的环境,让大家都拥有美丽的环境。你是中班刚刚转过来的小朋友,所以跟班级的小朋友还不是很熟悉。在活动中,你主动和小朋友交往。现在的你已经有了很多新朋友,老师真的为你高兴。老师希望你在今后的生活中也像鱼儿一样游来游去,快乐无比。

妙妙(左)在和同伴合作绘画

各种各样的轮船

故事主人公:翔翔

故事发生时间:2016 年 10 月 20 日

故事发生地点:益智区

故事记录人:刘晓晓

随着"船的世界真大"这个次主题活动的开展,你来到了益智区,打算把自己周末去轮渡看到的轮船拼摆出来。很快,大轮船的画面出现在你的脑海里。你胸有成竹地进行选材,然后进行拼摆,嘴里不断嘟囔着这是什么那是什么……不一会儿"轮船"的大体结构已经呈现出来,它包括"船底""船身"还有"驾驶舱"。为了让图画更完整,你还加上了各种的花纹和图案,里面点、线、面俱全。可见,大班阶段的你对事物的表现能力很强,能将你看到的船较完整地表现出来,并加上自己的想象。除此以外,你的观察力也很强,能注意到轮船各个细节部分。

为了让拼摆的画面更丰富更完整,下次,我将给你们提供一些关于船的图片,让你们边观看边用福禄贝尔玩具拼摆,并进行故事续编。这样,既能锻炼你的语言表达能力,又能锻炼你思维的灵活性。

翔翔在拼摆大轮船

不断进步的你

故事主人公:润润

故事发生时间:2016 年 5 月 16 日

故事发生地点:益智区

故事记录人:官姗姗

区域活动时间到了,你选择了益智区活动——"给海洋动物找家"。本想大胆去尝试的你,刚到益智区便又转身离开。我仔细观察着,发现你去了娃娃家,又去了表演区和美工区,最后你还是回到了益智区,站在了旁边看小梓活动。

你转了一圈又回到这里,看得出来,你很喜欢益智区的这个活动,你能根据自己的兴趣选择自己喜欢的区域。

不知什么原因,你一直静静地站在旁边观看。这时,我蹲下来询问道:"润润,怎么了?为什么一直站在这里?"你不好意思地回答道:"我也想玩,可是,露露和锐锐已经在这里了,我没有地方。"我恍然大悟,轻轻说道:"没关系,大胆想办法,只要你的方法正确合理,我相信,她们两个会同意与你一起玩的。"停了一会儿,你大胆对露露说道:"露露,请问,我可以跟你们两个一起玩吗?"这时,露露痛快地答应道:"可以。"

你很勇敢,能接受别人的提议,有礼貌地提出加入别人活动的请求。润润,以后当不知道该怎样加入小伙伴的游戏中时,可以尝试一下你今天用的这个方法哦,相信你会有更多的收获。

接着,你说道:"我们三个一人一个单元吧!"你指了指锐锐说:"你一单元,露露二单元,我三单元。"她们同意了你的提议,你们便开始了游戏。

一遍又一遍,你们的速度越来越快。露露说:"真没意思。"你紧接着回应道:"那我们交换玩吧。"说着,你们交换了位置,又开始玩了起来。游戏过程中,你们一直互相提醒、互相加油、互相检查,有趣极了。

　　活动中,你学会了关心尊重他人,会用商量的口吻,有礼貌地向别人表达自己的要求和想法,而且在活动中能主动出主意想办法,这让我看到了你的自主、自信。你的进步很大,真棒。

润润(右)在益智区给"小动物"找"家"

坚持才能成功

故事主人公:栋栋

故事发生时间:2016 年 5 月 19 日

故事发生地点:益智区

故事记录人:官姗姗

　　给"海洋动物找家"游戏调整后,你非常感兴趣。区域活动时间,你又和好朋友一起选择了这个区,开始了新一轮的比赛。"官老师,官老师,你能来给我当裁判吗?你就给我喊一声'预备,开始'就行了。""没问题。"我痛快地答应道。

　　"预备,开始!"一声令下,你们激烈的比赛开始了。你的好朋友小源和多多都手拿小动物图片,嘴里念着房间号快速对应。而你,则认认真真地一边拿小动物对照着,一边用食指指着房间数字念着"3-0-2";确定好了,你再准确地把小动物送回家。

　　游戏规则是,谁先给这一单元所有的小动物找完家就拍铃,这样才算获胜。每赢一场比赛,就可以得到一枚小贝壳,六枚小贝壳可以兑换一个小粘贴。你们比赛得很激烈,四局比赛过去了,你们的速度越来越快。这四局,多多赢了三局,小源赢了一局。你一边皱着眉头一边说:"多多,你怎么就那么快呢。"多多没有回应。第五局开始了,小金鱼住在

403，我发现你在念房间号的时候，是从右往左念的："3—0—4。"于是，你把小金鱼放在了304。当你在放304的"小动物"的时候，发现你前一个摆错了，然后要重新调整。就这样，一局下来，你在调整上浪费了很多时间。你自己并没有意识到这个错误。于是，我蹲下来悄悄地跟你说："栋栋，房间号需要从左往右来读。"然后，我指着楼层图给你示范了一遍。你高兴地跟我说了声"谢谢"，又继续开始游戏了。

虽然，看起来你有一点失落，但你能继续坚持比赛，值得我把掌声送给你。当我告诉你"从左往右数"之后，你再也没有犯过同样的错误，说明你已经能清楚地辨别左右了，真不错。

输了好几局的你并没有泄气，而是想办法跟多多说："我们交换一下吧。"他们两个都同意你的提议，你们交换了位置继续比赛。

你能主动提出互换位置的请求，说明你在遇到困难时能主动想办法大胆尝试解决。输掉比赛时，你并没有选择放弃，而是一直坚持。不放弃、有自信是一种非常好的品质，希望你能继续保持。

当比赛进行到第十局的时候，我发现，你用了个小小的技巧，裁判还没有喊开始的时候，你手里就已经准备好两个你已经看准位置的"小动物"。当我喊道"预备，开始"的时候，你先把这两个"小动物"放了上去，然后再去慢慢看别的"小动物"。就这样，你终于获胜了，我真为你感到高兴。

世上无难事，只怕有心人。在这个游戏的过程中，你让我看到了你的另一面。比赛时你越战越勇，同时还能积极动脑筋想取得胜利的办法。此刻，胜利属于你，但我认为你的这种品质才是最精彩的。

就这样，你们三个好朋友一局接一局地玩着，玩得满头大汗，这气氛又紧张又欢乐。最后，多多赢得了6枚，小源赢得了3枚，你也赢得了3枚。当多多兑换了小粘贴之后，你悄悄地跟小源说了一句话，然后你们一起跑到我身边说："官老师，我们两个商量过了，想用我们两个的贝壳加起来来兑换一枚小粘贴。"你们的想法让我大吃一惊，我顺势问道："那兑换的这一枚给谁呢？"你犹豫了一下说道："那给小源吧。"小源也说道："还是给栋栋吧。"你们的相互谦让让我十分高兴。

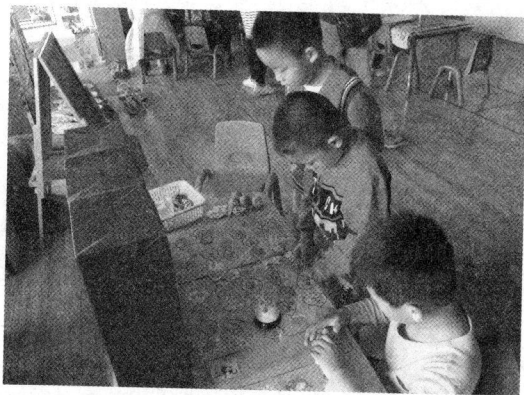

栋栋（右二）和小伙伴在专注地活动

这诸多良好的品质,让我看到了一个不一样的栋栋,以后老师会为你提供更多类似的游戏。咱们一起加油吧!

勇敢的尝试

故事主人公:桐桐

故事发生时间:2016 年 10 月 26 日

故事发生地点:大二班教室

故事记录人:管晓晓

在"海边的船"主题活动中,我们制作了属于自己的"小船",并要参加"小船航行比赛"。今天我们要将制作的"小船",向中班的弟弟妹妹推荐,为自己拉票。

当我统计谁有一艘属于自己的"小船"时,你并没有主动举手。可是我知道你有,因为那是我们一起制作的。于是,我故意说,"桐桐,你也要带着'小船'参加。"你看着我,满脸的不情愿,想说什么却没有说出口。但是你小声地对王子说:"我不想去,你帮我吧!"王子是你的好朋友,你愿意把自己的情绪告诉他,并寻求帮助。可是王子没有领情,他说:"还是你自己来吧,我也要介绍我自己的'船',忙不过来的。"你有些着急,从图书区出来,在我身边转悠。我问你:"桐桐,你有事情要跟我说吗?"你马上说:"我不想介绍。"我问你为什么,你告诉我就是不想介绍。我还是鼓励你试一下,不尝试怎么知道能行呢?在我的鼓励下,你决定介绍自己的制作

活动开始前,你一直在后面转。小朋友们都邀请你站在他们的旁边,看来你的人缘很不错。童童拉着你站在了她的旁边,你说:"我不会,怎么办?"童童立马说:"我教你。"你能够向同伴提出自己的困难,友好地请求帮助。童童先大声示范了一次,介绍推荐的方法。轮到你了,你却怎么也说不出口。小朋友纷纷向弟弟妹妹介绍时,你只是在拿着"船",并没有说话。当官老师带着中班弟弟妹妹来时,你开始尝试介绍,尽管前面的弟弟妹妹没有停下脚步,但我看到你敢于尝试有一定难度的任务了。官老师问你:"桐桐,这是你做的'船'吗?"你说:"这是我和晓晓老师一起做的。"你很认真地向官老师介绍,看得出你能够认真负责地完成自己所接受的任务。最后,官老师把票投给你了,你高兴极了。

统计票数的时候,我特别表扬了你的进步,小朋友也为你送上了掌声,你的小脸上一直洋溢着笑容。只要勇敢地去尝试,你一样很棒!下一次我会给你更多的机会,陪你一起介绍,和你一起讲述。我发现你喜欢在图书区看书,经常反复看自己喜欢的图书。分享图书的时候,我会给你提供讲述的机会,哪怕一两句也可以。我相信你,你一定能行!

教师在欣赏桐桐(左三)做的"船"

不同的色彩,不同的心情

故事主人公:青子

故事发生时间:2015 年 6 月 4 日

故事记录人:蒲倩倩

故事发生地点:教室里水墨画活动区

今天你主动要求进入水墨区去画水墨画。在绘画的前期,你熟练地应用中锋将你想要表现的海洋动物勾勒了出来,和同伴的合作也显得特别自然,相互独立又相互合作,别人画到的地方你不会干涉和介入,还会有意识地去避让一下同伴。

不久,美丽的海底世界在你们的笔下呈现了。要准备上色了。几笔颜色涂过后,你开始改变涂色的行为。你走到颜料区找了三盒颜料:橙色、玫红、紫色。你用笔沾了一些玫红色,又涮了涮笔沾了些紫红色,搅拌在刚才的玫红色中。我很吃惊,你这是要干什么?盘里面明明有很多的国画颜料,你要干吗?

早上起来自己扎的小辫子遮挡了眼睛,你捋了捋它又开始仔细地搅拌,仿佛在等待着什么。我忍不住问你:"青子,你这是在干吗?"你说:"我在调色。"我问:"这两个颜色能调出来什么颜色呢?"因为这两种颜色本来就是相近色,它们调和起来不会出现太大的改变。你没有抬头看我,眼睛仔细盯在颜料上,生怕有什么精彩错过,慢慢地说:"我只知道黄色和蓝色可以调成绿色,但是不知道紫色和玫红色可以变成什么颜色,我想试试看。"我欲言又止。

过了一会你好像调好了,和伙伴说:"你看我调出来偏紫色的玫红色。"

你欣赏着这个新的色彩,高兴地把这个颜色涂到了你们画的大鱼上……就这样,你们画的鱼整个色系是红色。但是,最厉害的是每一种红色都是不一样的。

在很多时候,老师会发现你们特别明显的变化,可是未曾发现细心的你,可以用你的眼睛去发现世间不同事物微妙的变化。这些微妙的变化,在你不断地用小手一次次的调试中呈现。你坚持等待奇迹的发生。就这样,你和宝宝一直坚持了一个半小时,终于在户外结束了你们的调试。

我们一起欣赏你的作品时,你高兴地给我介绍着这条鱼身上的色彩:有紫色的玫红、橙色的粉红、玫红的粉橙……这些颜色的名字我都没有听过,我相信将来的艺术世界一定会有你的位置。

青子进行水墨画《美丽的海底世界》创作

让兴趣成为最好的老师

故事主人公:赫赫

故事发生时间:2016 年 10 月 22 日

故事发生地点:美工区

故事记录人:王艳美

这个周,班里围绕着"船"的主题进行着各种各样的活动。你在这个主题中表现得尤为活跃。在搭建区能见到你忙碌搭建的身影,美工区里呈现出你制作的"船只",科学区里你专注地做着"小船沉浮"的实验。老师高兴地看到了你在这个主题活动中的发现、探索和收获。在和你爸爸的交流中,我知道了,你去过海军博物馆,被一艘艘雄壮威武的军舰深深地吸引住了。回家后,你让爸爸帮助你搜集各种各样船的图片和有关书籍。

今天,你要和小朋友们一起设计"未来的船"。你们要设计的"船",和普通船的外形、功能是不一样的。在设计的过程中,你和小朋友一边交流,一边进行着设计绘画。其实,设计绘画并不是你的擅长,因为每次你在绘画时总是跟老师说:"老师怎么画呀?"但是，今天你呈现出来的作品很大气，主体突出，线条流畅。在你的设计下，一艘雄壮奇特的"船"跃然纸上。在分享环节中，你自信地向我们介绍你的作品："我设计的未来的船，它是一艘多网船，可以四面八方的撒网捕鱼，还可以在大海上进行各种健身活动。大大的甲板是一个足球场，人们可以在上面踢球。为了防止球提到大海里，我特意设计上了高高的围栏……"你讲得很生动，小朋友们听得聚精会神。这时，我从你的眼睛里看到了满满的自信，这是我原来没有发现的。你的这些进步，老师和爸爸妈妈都看在眼里。"兴趣是最好的老师。"我想这句话在你的身上就是最好的体现。因为有兴趣，你主动地去探索，去和别人分享，你的内心变得强大、充满自信。

一个兴趣点让你有了如此大的转变，这也让老师以你为例，去发现班级其他小朋友的兴趣点，让他们在兴趣的导引下实现自主的探索，体验成功的快乐。

赵良赫画的"大船"

船的航行

故事主人公：轩轩

故事发生时间：2016 年 10 月 2 日

故事发生地点：操场

故事记录人：杨丰语

"大二班船的航行大赛，马上就要开始啦，参赛的小船员们准备好了吗？""准备好啦。"伴随着一阵高亢的呐喊声，我们班船的航行大赛正式拉开帷幕。

首先参赛的是航航和一一。这是一艘小红船和大纸壳船的较量。比赛开始，两艘小船刚刚落入水中，一一和航航就开始吹，只见小红船和纸壳船并列向前，作为旁观者的你像参赛者一样，蹲下身子，仔细得观察着这两艘船比赛的情况。

我们班的"航行大赛"

没一会儿,你兴奋地喊起来:"快往前划呀!"然后,你边说边开始朝船的方向大口大口地吹着。在你的帮助下,这一轮航航获胜。你高兴的样子像是自己获胜了一样。你对一旁的露露说:"航航这艘船看起来还真是厉害,我用力吹还真帮到他的忙了呢。"作为旁观者的你,发现比赛的趣味性,感受到比赛的快乐,并且积极投身于比赛之中。

大家投身于比赛情境中

终于轮到你和轩轩进行比赛啦。哨音一响,你们同时将船放入水中。从船的面积来看,轩轩的船要比你的船大很多。从材料来看,你的船是用塑料瓶制作的,轩轩的船是用漂制作的,都很轻盈,也利于船的航行。起初,轩轩的大船似乎占优势,将你的小船落在后面。没想到,你却大口地向前连吹几口气,奇迹出现了,你的小船竟然转败为胜,很快到达对岸。见此情景,你兴奋得跳了起来。没错,你获胜了。

在比赛过程中,你非常专注,完全沉浸在比赛中,而且完成了你自己设定的任务。你在观察他人比赛的过程中,寻找到了经验,在探究中找到了窍门。虽然你的船比较小巧,从船的结构来看,圆形船向前行驶会受到阻力,但是,你会想办法,用力吹气,将小船很快地推了出去,以最快的速度到对岸。在探索中,你能够观察、思考并大胆尝试,这是值得肯定的良好的学习品质。

老师相信你一定能够不断地继续探索感兴趣的事物,在探索中有更多的发现。

不一样的绘画——沙画

故事主人公:晴晴

故事发生时间:2016 年 5 月 13 日

故事发生地点:美工区

故事记录人:杨丰语

在"美丽的海底世界"主题活动中,美工区增添了新的绘画工具——沙画台,细细软软的沙子是你们喜欢的材料,大家总是忍不住抓起一把沙子玩一玩。

在欣赏了沙画制作过程的视频后,你对沙画很感兴趣,目不转睛地看着。你在了解撒沙、抹沙、漏沙、捏沙等方法后,便来到了沙画台开始了自己的创作。你先是将沙子抹平,然后又抓起一把沙子撒在沙台。原来你是在尝试几种沙画的制作方法。你能够尝试新事物,并且主动地探索新事物的玩法。你专注地做着自己手里的工作,并且一次次努力地练习,完全沉浸在自己所做的工作中。几次尝试后,你抬起头告诉我:"老师,我已经会了,我现在要开始画画了。"在尝试新事物前,你并没有选择直接进行,而是先掌握其中的方法,然后再做。你用工具将沙子刮到一边,然后拿起沙漏开始认真地创作。你小心翼翼地用沙漏在沙台上绘画,动作很轻,手法也很熟练。不一会,一条三角形的"小鱼"出现在画面上。接着,你又用沙漏画了两只"水母"和两只跳跃的"海豚"。此时的画面看起来很丰富。你开始撒沙,并用手指抹出一条条"浪花"。你的第一次沙画作品大功告成。我问你:"这里面会发生了什么故事?"你想了想说:"它们在海里玩游戏。"

相对上学期,你的语言表达能力有很大提高。你愿意向她人表达你的想法了。下一步我会引导你将自己的作品,编成一个有趣的故事,并为你收藏你的沙画作品。加油啊!

晴晴在画沙画

晴晴手下的海洋世界

有责任心的"水母爷爷"

故事主人公:成成

故事发生时间:2016年5月6日

故事发生地点:表演区

故事记录人:杨丰语

在"美丽的海底世界"主题活动中,我们班进行了《勇敢的小人鱼》童话剧竞选活动。你钟爱其中的"水母"角色,于是主动地报名竞选。经过努力,你的表现赢得了大家的喜欢,你成为童话剧中的"水母爷爷"。

在区域活动中,你们开始积极地进行童话剧的排练工作。前期的准备工作,已经让你了解了表演的主要内容,你认真地练习角色的对话。你和琪琪、派派、琳琳几个"小人鱼"角色一起根据剧目,一次次商量着童话剧里各自角色的动作。你提议:"咱们一起来表演童话剧吧!"你们先开始打扮自己,为自己选择服装。"人鱼"的服装已经准备好,你在衣架找到选择了一件白色的裙子穿在身上。作为小男孩的你,并没有因为穿裙子而感到不舒服。我问你:"你问什么选择这件衣服呢?"你说:"因为水母是白色、透明的啊,这个衣服很像水母的样子。"你和三个小女孩完整地进行童话剧表演,不仅能够大胆地表达自己的情感,还伴随着音乐表演动作。琳琳对你说:"你能和我们一起跳舞吗,我们还缺一个人。"你没有拒绝,和她们一起站在舞台,跟着音乐的节奏摇摆身体。开始你有些放不开,站在一边默默地看着她们。琪琪说:"你也可以像我们一样跳啊!"你开始被带动起来,身体也跟随音乐舞动起来。第一次排练结束后,我说:"你们刚才表演得很精彩,如果舞蹈动作再多样一点,变化一下队形,就更棒了。"你紧接着和她们商量:"我们还可以变成一排,还可以变成三角形。"在你的提议下,小伙伴又开始了彩排。在这次童话剧排练中,你有自己的想法,喜欢探究的你有强烈的表演欲望,体现出十足的自信。在今后的活动中我会为你提供多种表现的机会,提高你的自信心和表演能力。

成成演的"水母爷爷"

我是护海小卫士

故事主人公:芮芮

故事发生时间:2016 年 9 月 28 日

故事发生地点:美工区

故事记录人:尹亭亭

随着主题活动的开展,美工区投放了用水墨画设计的护海宣传海报。上午的区域活动时间,你来到了美工区,选择了所需要用到的所有材料,铺好桌布,准备好毛笔和墨汁还有涮笔的小桶。一切准备工作就绪之后,你便准备开始了你的创作。通过画画之前你的所有表现,可以看出你是一个做事情特别认真的孩子,能根据自己的需要提前做好各种准备。

一切准备工作完成之后,你没有马上拿起笔来画,而是静静地看了一会儿,然后才拿起笔来,在纸的左侧画了人物。画人物时,你是按照先画人物上身然后画人物下半身的顺序来的。不一会,你的画就基本完成了。从你画画的速度来看,你已经掌握了水墨画基本的作画方法,而且你画人物的比例掌握得也不错,身体和头部的比例比较协调。不难看出,你对美术不仅有兴趣,而且功底也不错哦。

芮芮用水墨画的形式制作海报

"老师老师,你过来一下,我想请你帮帮我。"听到你的求助,我来到你的身边。你跟我说,你不会画小朋友的手,想让我帮助你画一下。我并没有直接画给你看,而是让你观察我的手有什么特征。你看了一会说:"老师你的手掌像半圆,五只手指头长长的,我就把它们组合起来吧。"你懂得有困难的时候应向老师求助,并能根据老师的提示大胆地动脑思考得出自己的结论。

最终,你的水墨画大作完成了。你告诉我,你画的是你在海边玩的时候捡垃圾的情景。你希望人们不要在海滩上乱丢垃圾,应该把垃圾分类放进垃圾桶里,不要让垃圾污染我们美丽的大海。你希望大海永远的蔚蓝,所有的人要爱护我们的环境。你是一位很有爱心的小朋友,知道要爱护我们赖以生存的环境,真是个护海小卫士。

"腾腾黄黄"号轮船

故事主人公:腾腾
故事发生时间:2016 年 5 月 26 日
故事发生地点:搭建区
故事记录人:臧春晖

在"美丽的海底世界"主题活动中,你对各种各样的船十分感兴趣。你很想搭建一艘"轮船"。搭建之前,你兴奋地告诉我:"臧老师,我想设计一艘属于我自己的船。"你有自己的想法,能主动制订计划,这也正体现了你的学习品质。对于你的想法我很欣赏,同时给你提出了建议:"能把你的想法画下来吗?属于你的船会是什么样子的呢?我很期待。"你迫不及待地开始设计属于自己的船。你认真想,仔细画,很快就把图纸画出来了。图纸画好后,你看了看搭建技能图,根据自己设计的图纸,搜集了许多小长方块,开始按照图纸搭建你设计的"轮船"。你一层一层地搭建。你用镂空的方式"造船"。从方块的摆放位置上看得出来,你有一定的空间感,你的船呈长椭圆形共三层。

"船"的轮廓搭建完毕后,你开始考虑"船"的内部结构。你告诉我:"这是船的指挥塔,我在这里指挥开船。"你边说边用长木块搭起一座平台。你搭建时十分专注,完全沉浸在自己所做的事情中。其他的小伙伴都在玩乐高玩具,而你一直坚持完成自己的"造船"任务。在"造船"过程中你也遇到了问题,游客坐在哪呢?你开始走进"船"里装饰。在装饰过程中,"船"的轮廓会调皮地倒塌,但你并没有因此不耐烦,而是将倒塌的"船体"重新叠高。你走出"船"里取积木时,看见一旁的黄黄正在用玩具汽车拉积木,就对他说:"黄黄,你能帮帮我吗?帮我用汽车拉积木送到船里,行吗?"黄黄看了看你搭建的"船",欣然同意了。你开始和身边的黄黄合作。黄黄将积木运送到"船"边,你来负责搭建"船"的内部。遇到问题后,你主动寻求小伙伴的帮助,和他人一起工作。在"运输员"和"造船员"的共同配合下,你设计的"轮船"诞生了。你对我说:"老师,这艘'船'是黄黄帮我一起搭建的,这艘船叫腾腾黄黄号'船'吧。"看得出来你是一个心里想着他人的孩子,这种品质深深感动着我。我想这艘"腾腾黄黄"号轮'船',将成为你们童年时代的美好回忆。

腾腾在将倒塌的"船体"重新叠高

学习家乡大秧歌

故事主人公：喆喆

故事发生时间：2016 年 9 月 28 日

故事发生地点：活动室表演区

故事记录人：李莉娟

在"美丽的凤凰岛"主题活动中，我们带领幼儿开展了许多相关的活动，当然也投放了不少的材料。本周，表演区投放了红色长绸缎，小朋友们好奇地问我："这是干什么用的？"我说："教你们来跳家乡大秧歌啊！你们想不想学啊？"小女生兴奋了，纷纷表示要学习扭秧歌。有的说自己看过，就是拿着绸缎甩来甩去。

就这样，区域活动开始了。你果断地跑到表演区拿起绸缎让我给你系上。我说："不着急，我们先来玩个脚上的小游戏。你看，老师把地板上都贴上了什么标志啊？"你说："是十字架，医院的标志。"你想到了医院的红十字标志，确实有点像。我说："今天老师贴的这个十字架，是来帮助小朋友们练习大秧歌基本步法的。咱们先一起来试一试好不好？"你兴奋地喊着："好！好！好！"看得出来你很迫切，你很感兴趣。

"跟着我的节拍，一二三四，五六七八。二二三四，五六七八。好，慢慢来，看清了脚落下的位置。慢慢地加快步伐试一试，看看能不能跟得上？"你哈哈哈大笑起来，跟着我做。开始，显然你的步子跟不上了，只能慢节奏地走。我问你："难不难？还来吗？"你笑着说："难，太难了，但我想学。李老师真厉害，不仅是个画家，还是个舞蹈家呢！"你总是把我说得天花乱坠。哈哈，你是个嘴皮子很甜的小女生。我问你要不要咱们再来练习一下，你欣然同意。我告诉你要领：你跟老师的脚步慢一点，记清脚步的先后顺序，双脚分开站后两个格子,先迈左脚到右脚的上方格子,再迈右脚到左脚的左侧,然后再迈左脚回到原先的位置,右脚也是。你按照老师说的要领,一次又一次地练习,你的步伐越来越熟练了。我说:"现在开始尝试加上红色绸缎吧,走的时候胳膊随着脚移动就可以了,颤抖着上下移动。你试试跟我一起做。"可是,加上绸缎的你,动作总是很别扭,顾得上脚忘了手,顾上了手又忘了脚,有些忙乱。有难度才有挑战,你不怕困难、坚持练习,终于学会了家乡大秧歌。你一边扭着家乡大秧歌,一边对老师说:"老师,你看我扭得怎么样,我是不是很棒啊!"我和小朋友为你鼓掌。加油,宋茗喆!只要你努力,什么样的事情都会做好的。

喆喆坚持练习"家乡大秧歌"

像我这样一点点地来

故事主人公:晗晗
故事发生时间:2016 年 6 月 22 日
故事发生地点:美工区
故事记录人:李莉娟

今天,你和万蕴川、董佳琪还有金芯亦一起在美工区里玩"好吃的鱼排"游戏。因为是第一次投放这些材料,开始你们似乎玩得不太顺利。我看到从你们自己撕"鱼刺"到对称贴上"鱼刺"的过程你们都不很顺手,你为自己上下撕得不好,不像"鱼刺"而在纠结,一次又一次地撕。我过去劝你,不一定非要撕得像老师示范的那样规范,但是你还是依然坚持,我很欣慰。你已经具有了做事情要认真的态度。虽然过程复杂,但是王梓晗,你知道吗?你那专注的眼神,迫切想要学习新本领的样子,以及极强的动手操作能力告诉了我,你在不断进步。

晗晗在专注地贴"鱼刺"

晗晗,我发现你是一个特别懂事的孩子,你的动手能力很强。不管是交往能力还是语言能力,你都发展得较好;唯一需要努力的,就是你有时候情绪不稳定,容易产生焦躁不安的情绪。这次做"美味的鱼排"游戏中,因为你要求完美的原因,对自己撕出来的"鱼刺"显然不满意,但你能控制住自己的情绪,没有像之前那样刚试过一遍就放弃。当你开始撕不好的时候,我就鼓励你:"没关系,因为你是小孩子,手部的肌肉没有老师这么好,等你长大了会和老师一样的,甚至比老师做得还好。"开始,你似乎还是不懂我说的意思,但你还是肯定地点点头,充满了自信。你一步步地撕"鱼刺",一点一点,就这样,一条"鱼刺"终于撕完了。看得出来,你很用心、很认真。虽然我们用了很长的时间才撕了几条"鱼刺",但我相信,你的收获却远远超过这些。而贴"鱼刺"要你能上下对称地贴上,更需要你耐心地、一点点地把事情做好。从你的身上我看到了你坚持不懈、耐心、认真的态度,这是多么难能可贵的品质。

这次的游戏,虽然花了大量的时间,但我相信你学习到了许多,不会在遇到困难就闹情绪,同时也提醒我们老师在对孩子能力鉴别的时候不要过于严苛。

后　记

　　"十二五"课题《蓝色海洋资源创造性开发与利用研究》虽然已经结题,但研究仍在继续。回望我们的研究之旅,感慨良多;尤其是本书的编写得到了太多人的关注和支持,我们甚为感激。正是有了他们的鼓励、指导与帮助,才使我们信心十足、一路前行。

　　感谢青岛市教育局、青岛西海岸新区教育局领导为我园搭建起海洋教育研究的平台。2012年,我园被确立为"青岛市海洋教育实验园",使我园的"绿色教育"经过十年的研究找到了拓展与延伸的生长点,极大地丰富了我园"绿色教育"研究的内涵。

　　感谢各级领导为我园搭建起展示平台。2016年,全国学前教育宣传月启动仪式在我园举行,我园开展的"海边的孩子爱大海"主题活动得到国内外专家、各级领导的高度评价。联合国儿童基金会驻华办事处教育与儿童发展处处长苏丽文博士在致辞中赞扬道:"我看到了在全球范围内高质量的学前教育。"这是对我们团队最有力的鼓励,极大地提升了我们的专业自信,增强了我们深入研究的决心。

　　尤其要感谢杨福林老师、王瑞华老师、刘宗寅先生。我们每一次的研究和活动,都得到他们的支持和鼓励。他们长期深入"一幼",引领老师们,使课题研究能够顺利进行;更为重要的是,幼儿园老师们在与他们近距离的接触中,学习了他们严谨、精细、执着的工作品质,认真、深入、务实的工作精神,以及沉稳、淡定、谦和的工作态度。

　　感谢中国海洋大学出版社的大力支持,使这本书能够如此顺利地呈现在读者面前。

　　本书的内容是全体参与者常态研究的结果、实践智慧的结晶,所以要特别感谢扎根实践、潜心研究、默默奉献的老师和家长们。正是他们,让课题研究日益丰满,让研究成果日渐丰硕。

　　不忘初心,砥砺前行。今后,我们将在习近平新时代中国特色社会主义思想的指引下,认真探究蓝色海洋教育的内在规律,进一步将蓝色海洋教育融入幼儿园的整体教育之中,从娃娃抓起促进全民海洋意识的提升,为幼儿素养的全面发展而努力工作。

2018 年 8 月